高等院校财经类专业应用型本科系列教材

销售管理

XIAOSHOU GUANLI

◎主　编　马瑞婧

◎副主编　刘洪深　李习平　何　昊

重庆大学出版社

内容提要

本书在阐述推销和销售管理基础理论的基础上,重点围绕人员推销过程、销售人员的管理和客户管理展开研究。全书共分为4编21章:第1编论述了推销和销售管理基础,包括第1~5章;第2编,人员推销过程,包括第6~10章;第3编,销售人员的管理,包括第11~16章;第4编,客户管理,包括第17~21章。每章都有核心概念和引例,引导学生深入到课程内容中,每章中间穿插了小贴士,结尾都有小结、案例分析、思考题和参考文献等,便于学生更好总结复习。

本书可作为应用型本科工商管理、市场营销等相关专业的教材,也可作为相关行业从业人员的培训用书。

图书在版编目(CIP)数据

销售管理/马瑞婧主编.—重庆:重庆大学出版社,2016.8

高等院校财经类专业应用型本科系列教材

ISBN 978-7-5624-9966-4

Ⅰ.①销… Ⅱ.①马… Ⅲ.①销售管理—高等学校—教材 Ⅳ.①F713.3

中国版本图书馆CIP数据核字(2016)第150569号

高等院校财经类专业应用型本科系列教材

销售管理

马瑞婧 主 编

刘洪深 李习平 何 昊 副主编

策划编辑:尚东亮

责任编辑:文 鹏 刘玥凤 版式设计:尚东亮

责任校对:关德强 责任印制:赵 晟

*

重庆大学出版社出版发行

出版人:易树平

社址:重庆市沙坪坝区大学城西路21号

邮编:401331

电话:(023) 88617190 88617185(中小学)

传真:(023) 88617186 88617166

网址:http://www.cqup.com.cn

邮箱:fxk@cqup.com.cn (营销中心)

全国新华书店经销

重庆市正前方彩色印刷有限公司印刷

*

开本:787mm×1092mm 1/16 印张:23.5 字数:543千

2016年8月第1版 2016年8月第1次印刷

印数:1—3 000

ISBN 978-7-5624-9966-4 定价:48.00元

前言 PREFACE

马克思在《资本论》中说:“商品到货币是一次惊险的跳跃。如果掉下去,那么摔碎的不仅是商品,而是商品的所有者。”这句话足以说明商品到货币的成功跳跃对商品所有者企业来说是何等的重要。而企业要实现这种成功跳跃就必须做好销售。

现代销售活动已经不像从前那样只通过个人的努力就行,而需要从市场战略的大视野出发,精心组织、科学安排才能完成。本教材正是基于销售的重要性,为满足现代销售活动的管理需要而编写的。

销售管理是研究企业销售及其管理活动过程的规律及其策略的学科,是市场营销管理的一门分支学科。它是一门建立在市场营销学、行为科学和现代管理理论基础之上的应用学科。销售管理课程是市场营销专业学生必修的专业主干课程之一。

目前,销售管理教材并不多,本书在编写过程中,力争博采众长,形成一本有自己特色的教材。对比以往的销售管理教材,本书有如下几个特点:

1.不求大而全,重点突出。本书仅仅四编内容,在阐述推销和销售管理基础理论的基础上,重点围绕人员推销过程、销售人员的管理和客户管理展开研究讨论。

2.实践性强,案例丰富。本书每章都有引例和案例分析,方便学生理论联系实际,掌握并运用相关知识。

3.编写体例科学,方便学习。每章都有核心概念和引例,引导学生深入课程内容,每章中间都穿插了小贴士,结尾都有小结、案例分析、思考题和参考文献等,便于学生更好地总结复习。

全书共分为4编21章:第1编论述了推销和销售管理基础,包括1~5章;第2编是销售人员的推销过程,包括6~10章;第3编是销售人员的管理,包括11~16章;第4编是客户管理,包括17~21章。

中南财经政法大学马瑞婧承担了本书的总体策划和设计。本书的编写分工是:长沙理工大学刘洪深第1、2、3章;湖北中医药大学李习平第4、5、6章;中南财经政法大学马瑞婧第7、8、9、10章;新疆塔里木大学盖微微第11、13、14章;新疆塔里木大学晁伟鹏第12、15、16章;长沙理工大学何昊第17、18、19章;新疆塔里木大学贾强第20、21章。马瑞婧、刘洪深、李习平、何昊对本书的不同章节进行了审稿,马瑞婧对全书作了总审。

本书在编写过程中参阅了大量的书籍、文献和网站,在此谨向原作者致以诚挚的谢意!

由于编者水平有限,加之时间仓促,本书的不足和疏漏之处在所难免,恳请广大读者批评指正,以便修订完善。

马瑞婧

2016年5月于武汉

目录 CONTENTS

第 1 编　推销和销售管理基础

第 2 编 人员推销过程

第 3 编 销售人员的管理

第 4 编　客户管理

第 1 编

推销和销售管理基础

第 1 章　销售管理概述

【核心概念】

销售;营销;销售管理; 销售经理。

【引例】

吉尔·艾蜜蕊的故事

吉尔·艾蜜蕊(Jill Amerie)女士是位于德克萨斯州奥斯汀的 Xtreme Xhibits by Skyline 公司的销售经理。她小时候并没有想过要在长大后成为一位销售主管或者企业家。事实上,她甚至不知道企业家是做什么的。“当然,我知道人们从事着自己的事业,但我并没有考虑过事业是如何建立、管理、经营和发展的,”艾蜜蕊说,“但是,我所确信的是,我要做自己的老板,从事销售给了我这种机会。”

艾蜜蕊的母亲是一位艺术家,父亲从事销售事业,这使得艾蜜蕊具有了一种创业的激情。她说,虽然是偶然进入贸易展示领域,但她立刻就意识到销售正是自己梦寐以求的职业。“以前我并不知道贸易展示行业有这样一种职业,我发现这个职业能发挥我的创造力和交际能力。同时,它也能让我觉得开心,并使我有比较可观的收入。”她说这个职业的特征激励了她,让她充满激情,变得专注。

在销售领域的工作中,艾蜜蕊不断提高自己的技能。“一个有经验的顾问曾对我说,要不停地学习在销售中能够学到的东西,这样顾客才能把你看成值得他们信任的顾问,”她说,“所以,这些年来,我一直在学着成为销售业的学生。那个顾问还对我说,如果我不能对我所做的事情或销售的物品充满热情,就不能说服潜在顾客,不能使他们对我将要提供给他们的物品感兴趣。”在她的职业生涯中,这些箴言一直激励着她。

最终,在实现了成为销售代表这一个人目标之后,艾蜜蕊又成了一名销售经理。

(资料来源:小约翰·F.坦纳《销售管理》)

人生处处皆销售,这是一个销售为赢的时代。销售已大大超出其原本职业的含义,而成为一种生活方式,一种贯穿和渗透于各种活动中的生活理念。销售能搞定客户是生存,让客户追随自己则是发展。

1.1 销售的基本概念

关于销售,我们在这里要了解它的内涵和作用,并明了销售观念的发展历程。

1.1.1 销售的内涵

一般而言,销售(Sales)是指企业说服和诱导潜在顾客购买某种产品或服务,从而实现企业营销目标并满足顾客需求的活动过程。对生产企业来讲,销售活动大多发生在与各种中间商的交易过程中;对经销商或零售商来讲,销售是指向最终消费者出售商品或服务。

根据销售的概念,销售有广义和狭义之分。广义的销售包括人员销售和非人员销售,而狭义的销售仅指人员销售。非人员销售则包括广告、公共关系、营业推广(又称销售促进)等。

事实上,随着实践活动的发展,销售的内涵也在不断地更新和延伸。销售不但是一个心理互动、信息交流、产品交换、内外协调的经营活动,而且销售者通过有效沟通,建立关系,发现并满足顾客需求,最终通过创造顾客价值,达成双方长期的共同利益。这强调了销售并不是简单的一次售卖和得到一个订单,而是建立能提供双方长期利益的一种关系。销售包括出售产品、帮助顾客确认问题、找出潜在解决方案的信息,并且提供售后服务以保障顾客的长期利益。总而言之,此时的销售概念更加注重关系的视角和创造顾客价值的视角,反映了新时代的特征。

1)销售与推销的区别与联系

推销(Selling)是指说服顾客购买某种产品和服务,并协助满足其需要的一种活动。表面上看,推销与销售非常相似,而实质上,销售与推销是两个不同的概念。推销是一种"推"的策略,顾客在推销活动中一般处于被动地位;而广义的销售概念不仅包括"推"的策略,而且还包括"拉"的策略,即不仅包括人员销售,而且包括广告、营业推广和公共关系等促销手段,以吸引消费者主动上门求购产品和服务。

2)销售、促销和营销的区别

为了更清楚地了解销售,需要进一步将销售、促销和营销加以比较。

事实上,广义的销售等同于促销,包括人员推销、广告、营业推广和公共关系;而狭义的销售就等同于人员销售/人员推销。一般情况下,人员推销也被称为直接销售;而广告、营业推广和公共关系被称为间接销售。另外,促销只不过是市场营销组合(4Ps)中的一个部分,市场营销组合包括产品(Product)、价格(Price)、促销(Promotion)和分销(Place)(见图1-1)。

从商战的角度讲,销售(狭义的概念)是战术行为,促销是战术的支援,营销则为战略规划。企业要获得市场竞争的胜利,必须将这三种手段组合运用,这就是现代的营销"SPM"(Sales , Promotion, Marketing)策略。这里需要厘清以下问题:

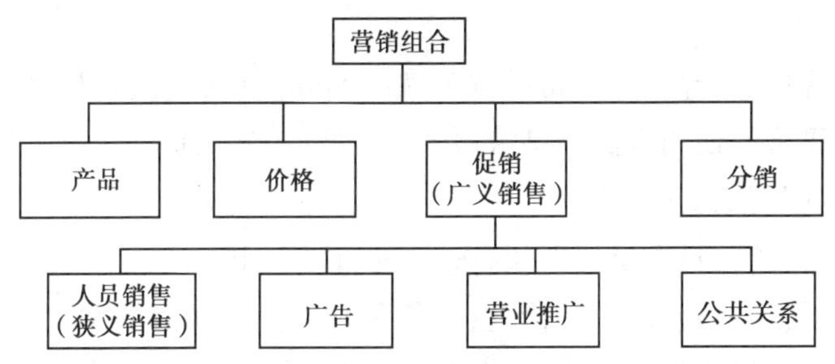

图 1-1　销售、促销和营销之间的内在联系

①营销是一项有组织的活动,它包括创造“价值”,将“价值”沟通输送给顾客,以及维系管理公司与顾客间的关系,从而使得公司及其相关者受益的一系列过程;而销售是说服潜在顾客购买某种产品或服务的过程。

②销售是把生产好的产品,想方设法卖出去,以产品为中心;而营销则是站在客户的立场,以客户为中心,设计、生产和销售客户需要的产品。

③促销是一种说服性的沟通活动,其本质是沟通、赢得信任、激发需求、促进购买与消费。促销只是市场营销的一部分,还没有到达市场营销中战略与决策的高度。

1.1.2　销售的作用

当今从事销售工作的人员,尤其是一线销售人员常常被误解,例如,为了销售成功,销售者必须不择手段;销售人员只为赚钱,不敬业。另外,销售工作也被看作不受欢迎的工作,例如,销售工作是求人的地位低下的工作等。事实上,销售无论是对社会、企业、顾客还是销售人员本身都具有重要的意义。

1)销售对社会的作用

在现实生活中,销售人员持续不断地努力,创造并刺激了消费需求,成为市场经济条件下不可缺少的一股力量。销售业也将成为我国吸纳劳动力的主要行业之一。所以,销售不仅能够提供大量的就业机会,而且在促进社会技术创新、提高商品附加值、引导消费、使再生产得以实现等方面,均能够起到积极的作用。我们任何新的产品、新的技术都要通过销售人员的努力,才能够进入市场,才能丰富我们的物质生活。销售人员的辛勤努力,周到的服务,能够使产品的附加值得到提升,并使顾客同时得到物质和精神双方面的享受。

2)销售对企业的作用

人员销售是许多企业营销项目中的基本因素,并在企业促销活动中起到不可替代的作用。销售人员对企业的贡献主要体现在以下三个方面:首先,销售产品,创造利润。对于企业来讲,顾客购买了本企业的商品后,企业的利润也会同时上升。因此,身为销售人员,最重要的责任就是创造利润,也就是要销售企业所生产的各类商品,以获得利润。其次,避免产品积压。积极销售可避免产品积压,缩短货币回笼时间,提高企业的经济效益。最后,可以收集、提供信息。企业可以从销售人员的许多非销售活动中获得额外的利润。精力充沛的销售人员,可收集同行业竞争对手的许多信息或情报,收集顾客需求的变化情况,提供给企业作为参考,从而为企业创造价值。

3)销售对顾客的作用

销售人员为顾客提供产品信息,帮助顾客解决实际问题,设法满足顾客的实际需要,把商品的详尽说明与正确的使用方法提供给顾客。总之,销售人员能为顾客创造价值。

4)销售对销售人员的作用

对销售人员而言,销售具有挑战性和高经济回报性。由于要和各种各样的人打交道,而人们的想法、需求和行为方式又不同,因此,销售很可能是一项最为多样化、富有挑战性、令人兴奋的职业。借助于报酬分配方法,销售人员既能获得为某一公司工作的职业安全感,又能因自己管理自己而获得工作自由和独立性。有的优秀销售人员收入比总经理还高。另外,据统计,过去总经理多来自生产部门的管理者和工程师,传统经济时期尤其如此;而现在总经理则多来自营销、推销部门,如格力集团董事长董明珠就是推销员出身。

1.1.3 销售观念的发展

销售观念指企业对销售活动及管理的基本指导思想。任何企业的销售活动都是在特定的观念指导下进行的。

1)传统销售观念

传统销售观念以企业和产品为中心,在这一观念下,企业在从事销售活动时认为,产品是"卖出去的",而不是"被买去的"。因此,企业的销售工作是致力于产品的推销,以求说服甚至强制消费者购买。

2)现代销售观念

20 世纪 50 年代后,市场产品增多,消费者的收入大大提高,消费者的选择性购买行为和苛刻要求,迫使企业改变以往单纯以企业和产品为中心的思维方式,转向认真研究消费者需求,正确选择目标市场,不断调整自己的营销策略。此时,销售观念也发生了变化。企业在从事销售工作时不再仅局限于产品的销售,而是从识别顾客的需求出发来推销企业的产品。现代销售观念的发展经历了三个阶段。

(1)买卖双方互动观念阶段

买卖双方互动观念是指销售的完成是在一定的环境下买卖双方互动的结果。因此,顾客是否购买所推销的产品,一方面取决于推销人员的销售技巧,另一方面取决于推销环境的影响,取决于双方是否具有相应的信息和心理互动。这种观念最早由克士格(Barry J. Hersker)于 1970 年提出,即销售工作应有一种回应机能,由推销员与准顾客之间的信息交流、回应及交往构成(如图 1-2)。可见,在现代市场经济条件下,在销售过程中,顾客不再是被动的,而是处于主动状态,推销工作要能充分调动顾客的积极性才能完成。而要调动顾客的积极性就要研究顾客的心理和需要,做到有的放矢地进行销售。正是在这一观念的影响下,演化出问题式销售、利益式销售和咨询式销售三种模式。

其中,问题式销售是指针对顾客面临的问题提出解决方法,而这一解决方法又与销售企业的产品和劳务结合起来;利益式销售是指强调推销的产品和劳务能给顾客带来利益,从而使顾客接受并购买该产品和劳务;咨询式销售又称建议式销售,是指通过发掘顾客的真正需

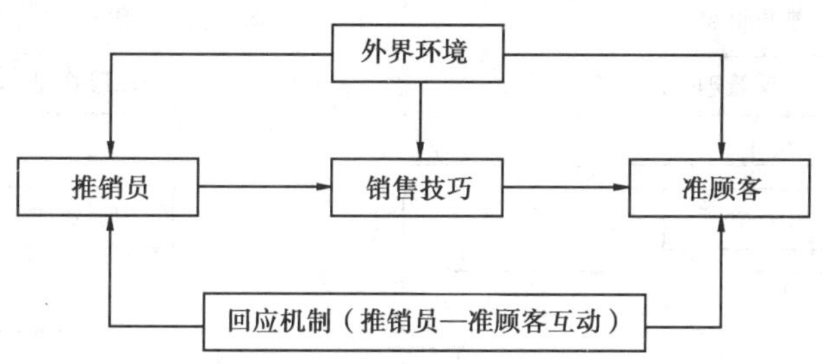

图 1-2 销售工作回应机能图

要，帮助顾客采用企业产品和服务，以实现短期和长期的战略目标的过程。这三种模式都是针对顾客的心理和需求来激发其积极性，改变顾客在接受推销时的被动状态，达到销售产品的目的。所不同的是，问题式销售是以解决问题为出发点，利益式销售是以给顾客带来利益为出发点，而咨询式销售是以满足顾客需求为出发点。在市场竞争越来越激烈和消费越来越个性化的影响下，咨询式销售日益成为企业销售的主要模式。

【小贴士】

全球销售领域研究泰斗尼尔·雷克汉姆(Neil Rackham)从价值角度，将客户分为三种不同的类型：内在价值型客户、外在价值型客户和战略价值型客户。与不同的客户追求各自的价值相匹配，分别对应着三类销售类型：交易型销售、顾问型销售和企业型销售。

(2)买卖双方组织联系观念阶段

买卖双方组织联系观念认为，买卖双方的联系不是个人行为，而是组织与组织间的行为。销售的目的是通过销售人员的努力，建立和保持买卖双方组织间的交换关系(如图 1-3所示)。可见，销售人员是买卖双方组织之间的桥梁，销售工作的重点是将销售组织的销售功能与采购组织的采购功能相配合，使双方满意，从而维持长久的组织关系。一般来说，生产企业面临的买主都是组织型顾客，销售关系建立在组织层面上比建立在个人层面上要稳定、持久，既可以防止因买方人事变动而丢失业务，又可以防止己方因业务员跳槽而带走业务。因此，现代企业都要求销售人员以企业代表的身份出现，销售人员要从双方组织的能力、权利及地位关系中引导双方组织的交流，以保持双方之间良好的业务交换关系。

由于市场竞争、经济全球化和科技发展，企业的业务范围不断扩展，采购和销售都不再以个人形式出现，而是以团队或小组的形式出现。因此，对于今天的许多销售公司而言，销售人员不是独立工作，而是以小组的方式工作。销售人员的职能是充当买卖组织之间的主要联系纽带，使顾客知道销售人员身后存在的资源网络。正因为如此，许多专家和销售管理者认为，销售人员在销售过程中不再是个体作战，而是团队作战。

(3)关系销售观念阶段

在经济日益复杂化和竞争日趋激烈的今天，买卖双方都想从长远建立业务关系。这就要求销售人员访问顾客的目的不仅是达成一笔交易，而且还是建立关系的开始。因此，关系销售观念认为，顾客不应被看作是上帝，而是朋友、商业伙伴，销售的目的应是从双方互惠互

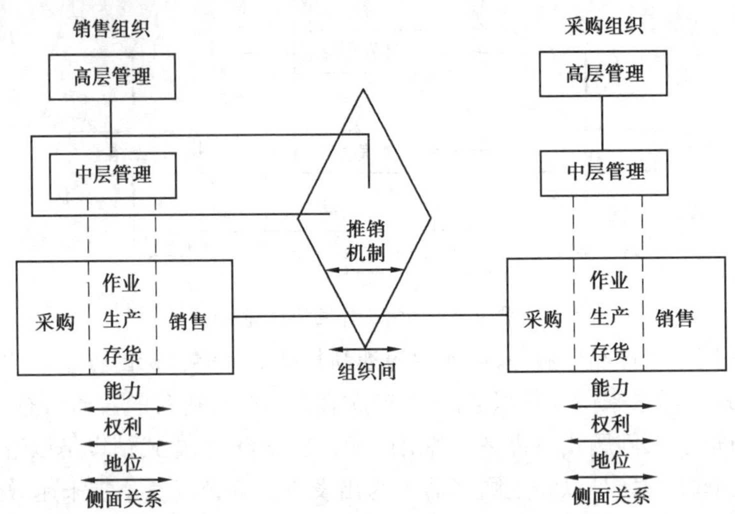

图 1-3　买卖双方组织联系观念

利的角度建立长期、持久的关系。与过去许多销售人员认为达成交易之后自己的工作就完成了相比,这是一个巨大的变化。

在这一观念的指导下,产生了现代比较流行的"关系销售法"。关系销售法同以前的销售模式与方法相比,它强调销售以服务和价值创造为基础,注重于解决方案和建立长久关系的整合。关系销售法包含两种销售模式:双赢销售模式和合作销售模式。双赢销售模式是指销售是个连续的过程,销售人员通过找出一个最佳点,使自己在帮助顾客达成目的的同时,顾客也能帮助自己达成目的。合作销售模式则不仅在于产品与价值的交换,而且要充分利用买卖双方的核心能力,改造公司的战略,尽量利用双方的战略价值关系。因此,在合作销售模式下,很难区分谁是买方,谁是卖方,这是一种商业上实力相当的公司的联盟,双方共同努力,以获取超高水平的新价值。

1.2　销售管理的基本概念及研究内容

弄清销售管理的基本概念和内容非常重要。

1.2.1　销售管理的基本概念

关于销售管理的定义,国内外学者有着不同的理解。

西方学者普遍认为,销售管理就是对销售人员的管理。例如,营销学之父菲利普·科特勒认为,销售管理是对销售队伍的目标、战略、结构、规模和报酬等进行设计和控制;美国学者约瑟夫·P.瓦卡罗认为,销售管理就是解决销售过程中出现的问题,销售经理应该是一个知识渊博、经验丰富的管理者;拉尔夫·W.杰克逊和罗伯特·D.特里奇在《销售管理》一书中这样表述:销售管理是对人员推销活动的计划、指挥和监督。

我国学者对销售管理也有着不同的定义。例如,李先国等人认为,销售管理就是管理直接实现销售收入的过程;欧阳小珍等人则认为,销售管理是对企业销售活动进行的规划、指导、控制和评估,力求做到在满足顾客需求的同时实现企业的目标,重点是对人员销售的管理。

正如销售有狭义和广义之分一样,销售管理也有狭义和广义之分。广义的销售管理是对所有销售活动的综合管理。我国绝大多数学者对销售管理的观点就是广义上的,这是因为我国市场经济发育不完善,企业中营销活动划分不是太详细,销售活动包括的范围较广。而狭义的销售管理专指以销售人员为中心的管理,在市场发育比较好,企业营销职能部门划分较细的西方发达国家多持这种观点。本书所定义的销售管理是指对企业所有销售活动进行的计划、组织、训练、领导和控制,以达到实现企业价值的过程。也就是说,本书研究的是广义的销售管理。

1.2.2 销售管理研究的主要内容

关于销售管理研究的主要内容,很多学者观点不一。

1)西方主要观点

菲利普·科特勒认为,销售管理涉及三个方面的内容:①公司在设计销售队伍时应作什么决策,这涉及销售队伍的目标、战略、结构、规模和报酬等问题;②公司怎样招聘、挑选、训练、指导、激励和评价他们的销售队伍;③怎样改进销售人员在推销、谈判和建立关系营销上的技能。

查尔斯·M.富特雷尔则认为,销售管理包括五个方面的内容:①制订销售计划,要建立一个面向有利可图的顾客的销售团队;②设计销售组织,要选择合适的人,并建立适当的组织结构;③对销售人员进行科学训练;④引导和指导销售人员提高销售效率;⑤对销售人员和销售结果进行评价以指导未来的销售活动。

【人物小传】

查尔斯·M.富特雷尔(Charles M. Futrell),美国德克萨斯农工大学梅斯商学院营销学教授,曾在高露洁、惠氏实验室等知名企业任职。其研究方向为人员销售、销售管理、调研方法和营销管理等,其成果发表于国际诸多期刊,而且入选"全美最佳销售研究人员"。2005年因其在销售领域研究中的出色表现,被美国市场营销协会(AMA)授予"终身成就奖"。2007年荣获国际营销和市场执行委员会(SMEI)年度教育人物。其所著《销售ABC》被列为美国权威销售教程。

2)国内主要观点

熊银解主编的教材里将销售管理研究的主要内容分为制订销售规划、设计销售组织、指挥和协调销售活动、评价与改进销售活动四个方面。其根据企业销售管理的实际,而且为了便于销售经理操作,将企业销售管理的内容概括为"一个中心,两个重点,五个日常管理",即"125模式"。

李先国主编的教材里将销售管理研究的主要内容分为以下四个方面:①销售规划管理,包括销售计划管理、销售区域管理、销售渠道建设和促销管理决策;②客户管理,包括客户关系管理、信用销售管理、客户服务管理和重点客户管理;③销售人员管理,包括销售队伍管理、销售人员的招聘与培训、销售人员的激励和销售人员的考评与薪酬;④销售过程管理,包括销售准备、访问客户、促成交易和货品管理。

欧阳小珍主编的教材里将销售管理研究的主要内容分为以下三个方面:①销售技术探索,主要是探讨如何开发客户以及如何与客户面谈等;②销售规划与设计,主要是关于制订销售目标、制订销售策略和设计销售组织方面的内容;③销售人员管理,主要内容是如何选择、培训、激励和监管销售人员。

3)本教材的观点

由于目前市场竞争日益白热化,企业要想在激烈的竞争中立于不败之地,就不仅仅需要顺利地销售产品给新客户,而且还期望更多的新客户都成为老客户,因此,进行客户分析管理就成为至关重要的内容。故本教材研究的主要内容为:①人员推销过程:这里主要阐述销售过程中的一系列工作,包括人员推销基本理论、销售准备、销售展示、处理顾客异议以及促成成交与服务跟踪等内容;②销售人员的管理:这主要涉及销售人员的招聘、培训、激励与绩效考核等内容;③客户管理:这主要包括客户分析、客户忠诚度管理、客户投诉管理以及重点客户管理等内容。

1.3 从销售人员向销售经理的转变

在一个组织中,不同的领导会使组织的发展有截然不同的结果。拿破仑曾经说过:“一头狮子带领着一群绵羊肯定能够打败一只绵羊带领的一群狮子。”可见,一个优秀的领导对于整个组织来讲是非常重要的。企业不仅需要优秀的推销人员,更需要杰出的销售经理。

1.3.1 销售经理的种类

一般而言,销售经理可以分为六个级别:销售组长、销售主任、区域销售经理、大区销售经理、销售总监和销售副总经理。

①销售组长。销售小组是销售团队中最小的组织,一般由3~5人组成,共同拓展销售业务,完成公司下达的销售任务。销售组长是销售小组的负责人。

②销售主任。销售主任一般负责3~5个销售小组,销售人员人数相应增长至20~30人。销售主任负责组建、培训、管理销售团队,完成公司下达的销售任务。

③区域销售经理。区域销售经理一般负责某一区域的销售管理工作,建立和维护经销商网络,执行公司的规章制度,反馈客户意见,完成销售任务。

④大区销售经理。大区销售经理承担公司在规定所辖区域市场的全面拓展,组织实施营销推广计划,制订相应的促销计划,完成区域的销售目标和利润目标。

⑤销售总监。销售总监负责组建销售渠道,协调企业内外部关系,进行市场调研,发现新机会,策划市场方案,组建销售队伍,参与重大销售项目的谈判和合同签订等工作。

⑥销售副总经理。销售副总经理根据公司发展战略,拟定公司市场营销战略、规划、策略、年度营销计划及方案并组织实施;建立和完善市场营销管理和风险防范体系并持续改进;完成市场营销目标;持续提高公司产品市场份额和市场定位。

1.3.2　销售经理的职责

销售经理为完成本部门的销售目标,依据公司的整体营销规划,全面负责本部门的业务管理和人员管理。因此,无论是高层的销售副总经理,还是基层的销售组长,都要履行如下职责。

1) 制订销售战略

销售战略涉及销售策略、销售目标、销售计划和销售政策等。具体包括:

①进行市场分析与销售预测;

②确定销售目标;

③制订销售计划;

④制订销售配额与销售预算;

⑤确定销售策略。

2) 管理销售人员

销售人员的管理是销售经理的重要职责,其具体内容包括:

①设计销售组织模式;

②招募与选聘销售人员;

③培训与使用销售人员;

④设计销售人员薪金方案和激励方案;

⑤陪同销售及协助营销。

3) 控制销售活动

控制销售活动包括:

①划分销售区域;

②销售人员业绩的考查评估;

③销售渠道及客户的管理;

④回收货款,防止呆账;

⑤销售效益的分析与评估;

⑥制定各种规章制度。

销售经理的基本职责如图 1-4 所示。

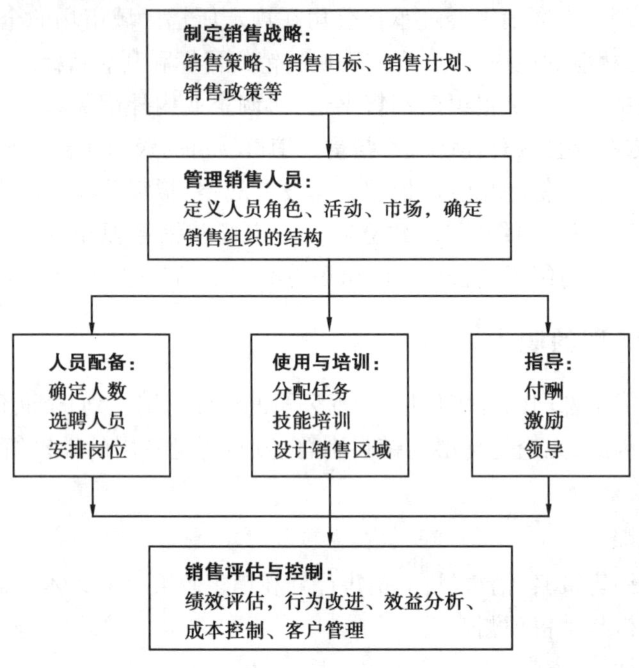

图 1-4　销售经理的基本职责

1.3.3　实现从销售人员向销售经理的转变

一名销售人员从步入销售行业到成长为公司的高级销售管理人才的职业晋升，是一个坎坷而多磨难的过程，其职业途径大致如图 1-5 所示。

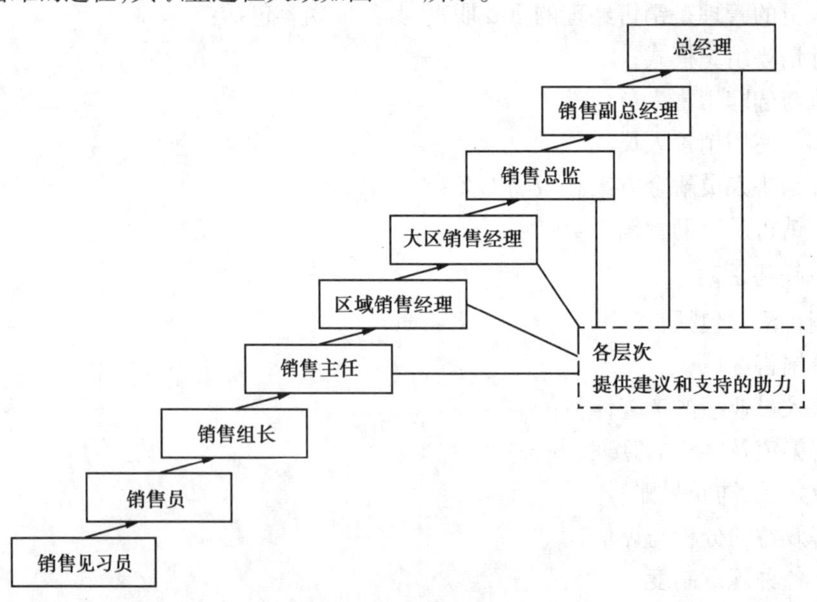

图 1-5　销售经理职业成长轨迹

与之前的推销人员身份相比，成为销售经理后角色发生了变化，与之相对应的能力要求

也是不一样的(见图 1-6)。因此,要完成从推销人员向销售经理角色的转变,必须注意以下几点:

图 1-6　推销人员与销售经理的能力要求图

1)思维观念方面的转变

销售经理考虑问题应从全局和长远着眼,要有战略思维,不能仅仅考虑将个人的工作做好。

2)职业责任方面的转变

推销人员的职责是完成个人任务,而销售经理的职责是组织任务的完成。因此,销售经理在完成自己的销售任务的同时,要规划、监督、协助和指导其他销售人员完成任务,以达成本单位总体任务的完成。

3)职业能力方面的转变

销售经理除了实践操作能力以外,还要学会沟通、谈判、制订计划、激励员工、培训员工等方面的技能。

4)角色方面的转变

成为销售经理后,与同事、上级、下属关系发生了变化,角色定位也不一样,即从被管理者变成了管理者。

1.4　销售管理的发展趋势

销售管理理念是不断发展的。

1.4.1　现代销售管理理念

现代销售管理理念认为,销售管理者要营造一个公开、公平、公正的企业环境,对任何销售人员都要“一碗水端平”,不能因为管理者个人的好恶而有失公允、有所偏袒,什么事情都要对事不对人,合法、合理、合情地对待每一位销售人员。

1)制度化

没有规矩不成方圆。任何企业要想进步,必须具有相应的制度约束员工、管理企业,销售管理也是如此。销售管理需要一定的规章制度作为支撑,而这些要依靠销售管理者去实施,要通过制定相关的制度加以保证。销售管理制度化是销售管理的基础。销售管理制度化是指企业或组织要制定一套高效、系统、完善的制度，使销售管理者与销售人员有“法”可依，才能做到有“法”必依，违“法”必究，执“法”必严。只有销售管理制度化才能保证企业适应市场环境并高效运转起来。

2）简单化

管理制度并不是越多越好，更不是越复杂越好，而应该越精简越好。销售管理的简单化是必要的，因为简单化可以节约资源，提高效率。销售管理的简单化是可行的，这就要求销售管理者树立把管理工作简单化的思想，通过思想观念的创新、技术手段的创新，把复杂的流程、标准、制度、运作变得简单方便。总之，销售管理简单化是销售管理的至高境界。

3）人性化

人是复合体，是一种复杂的、变化的、不同于物质资料的特殊资源，而并非简单的“经济人”或“社会人”，所以人性也不能简单地以性“善”或性“恶”来概括。销售管理人性化中的人性指的就是人的天性，即人“善”“恶”并存的天性。所以销售管理人性化应该是在充分认识人性的各个方面的基础上，按照人性的原则去管理，利用和发扬人性中有利的东西为管理和发展服务；同时，对人性中不利的一面进行抑制，弱化其反面作用。在实现销售目标的前提下，给销售人员更多的个人空间，而不仅仅是靠理性的约束和制度的规定进行管理。

4）合理化

合理化即不断地将不合理调适为合理的努力过程，亦即进行更好的改善，以确保企业拥有竞争优势，永续经营发展。在现代社会中，人类的价值得到普遍尊重。销售管理者采取不合理的管理策略收到的效果肯定会事与愿违。销售管理工作要合理化，企业上下要达成全员共识，形成共同的经营理念，打造优秀的企业体制及文化。

1.4.2 销售管理的新趋势

竞争激烈的商务环境为企业提出了日益多样化的挑战，一线销售人员的成本会逐渐升级，同时销售组织面临增加销售额却需要不断降低经营成本的压力。正是如此，美国学者托马斯·英格拉姆等认为，销售管理正出现着某些新的趋势。

1）从交易推销到关系推销的转变趋势

随着经济的全球化，传统的交易推销模式逐渐向关系导向型推销模式转变。这就要求销售人员不再强调在短期内能推销商品，而是能通过解决顾客问题、提供机遇并在更长时间内为顾客业务增加价值等发展长期的顾客关系。例如，海尔、联想等大公司大量减少供应商的数量，他们只想与一个或少数几个供应商打交道。因此，在这种情况下，供应商没有选择余地，而要想推销产品则只能接纳关系推销的方式。

2）从个人推销到团队推销的转变趋势

过去销售精英在企业大行其道，如今“单枪匹马、超级明星式”的销售人员的重要性在许多销售组织内正在下降。尤其是当重点从仅仅销售产品转向解决顾客问题、增加顾客价值时，在许多情况下，一个人不会拥有判断和解决顾客问题所需要的全部知识和技巧，此时，就需要某种类型的团队工作。这种团队协作可以是在销售组织内不同的个人之间，可以是在销售和市场营销部门之间,或者是在企业内不同职能部门之间。虽然已有许多不同的团队协作方法,但是从个体向团队转化仍应保持有不断增长的趋势。

3)从销售量到销售效率的转变趋势

一个销售组织的基本任务是推销产品以达到理想的销售量,销售人员和销售经理的评估与奖励通常是依据在一定时间内完成的销售量来确定的。尽管如此,许多企业发现不同的"销售"的效果并不一样,有些"销售"就比其他"销售"能多赚些利润。因此,许多销售组织不再只关注"为销售而销售",而是关注销售利润。这就使得销售管理关注点从单纯的销售量转向了销售效率。销售效率包括与一定的销售量和服务的客户密切相关的成本和利润。销售管理的效率导向,使销售人员更有效地或效率更高地工作,在成本一定的条件下能够完成更多的销售量。

4)从管理到领导的转变趋势

过去许多销售组织都是一个官僚的等级制结构,即不同级别的销售经理通过直接监督下一级,同时又对上一级管理层直接负责来实现管理控制。于是,现场销售管理者就作为"老板"管理销售人员,销售人员要向他们汇报。他们要对这些销售人员的绩效负责,尝试以不同的控制方法使销售人员实现预期的成果。结果发现,这种管理模式效果越来越差,而对销售人员实行领导方式的管理效果却很好。因此,销售经理要将自己打造为领导式的经理。

5)从本地到全球的转变趋势

当今的市场是全球性的市场,产品和服务都是世界性的生产与销售。大多数企业目前都以某种方式进入国际市场,未来的销售管理可能会更加国际化,所以,企业将面临国际企业的压力与竞争。即使是那些只在国内或仅仅在国内的一个地区开展商务活动的企业,也可能要与来自其他国家的企业竞争,受国际事件的影响,为来自不同国家的客户服务。所有这些情况都要求一个销售组织要实现从本地到全球化的扩展,要有国际眼光。销售管理要从国际化角度入手,主动进入国际市场展开竞争。

【本章小结】

销售无处不在,无时不在,通过与促销、营销等概念的比较,本书对销售进行了定义,即一种狭义的概念,也可以理解为人员推销。销售是基本的社会活动,无论是对社会、企业、顾客还是销售人员本身都具有重要的意义。同时,销售观念也随着时代的发展而有所不同。

国内外学者对销售管理的概念及其内容有着不同的见解,为此,本书依然从狭义的角度进行分析与阐述。

企业不仅需要优秀的推销人员,更需要杰出的销售经理。本书首先探讨了销售经理的种类和职责,然后分析如何从销售人员向销售经理转变。

现代销售管理理念强调制度化、简单化、人性化和合理化,从而促进了销售管理的新趋势:关系推销、团队推销、全球推销等。

【案例分析】

A公司的销售观念

深圳A公司一直致力于计量测试领域、电子测试仪器领域的产品开发与销售，并进行进口仪器的销售，主要产品有：相位源NM560、钳形表校验仪NM1000、多用表校验仪NM3000、现场仪表检验仪NM3600、三相交流标准源NM50000、多功能校准仪NM5200等。主要销售的进口品牌有：法国CA、日本共立、瑞典保伽玛、美国FLUKE、英国T&R、德国德图、意大利SAS流量计等。该公司从一个销售公司起家，发展为集研发、生产、销售为一体的公司，经历了销售观念的不断变化。最初他们只是将国外的仪器销售到各工厂和研究部门，做贸易生意，然后利用现有的技术，开发一些他们认为有市场的产品。但是，A公司目前开发和销售的产品，均是他们在销售过程中，不断有顾客提出生产中遇到的问题，需要解决而产生的。当其原有的产品不能满足要求时，或顾客认为进口产品的价格难以承受时，他们立即开发相应的产品以解决客户的问题。同时，他们又可以将这个产品销售给相关的其他企业，形成自己的系列产品。有些甚至是顾客的研究项目，他们帮助一起开发，不断完善。有个客户将自己工作的特殊要求不断地告知A公司，要求修改原有的仪器以适应其要求，一连换了好几台机器，耗时两年多。A公司销售这台仪器是亏本的买卖。但是在不断地适应该客户的要求的同时，A公司一种非常适合计量部门使用的新产品诞生了。A公司的销售人员还经常为自己的客户寻找商机。曾经有一个客户有一个新产品正准备销售，恰好A公司的销售人员认识一个厂商需要使用这类产品，他主动帮助该客户促成这一生意。这使得公司与客户之间的关系更加紧密。该公司在金融危机的背景下平安地度过了危险期，扭亏为盈。

（资料来源：欧阳小珍《销售管理》）

问题：

1.在销售过程中，A公司持有的是什么销售观念？

2. A公司销售的变化反映了销售管理的什么趋势？

【复习思考题】

1.什么是销售？其与促销和营销有什么区别？

2.简述销售的作用。

3.传统销售观念与现代销售观念有什么不同？

4.如何实现从销售人员向销售经理的转变？

5.销售管理发展的新趋势是什么？

第 2 章　人员推销概述

【核心概念】

人员推销;推销功能;顾问式推销; 推销程序。

【引例】

一天访问 13 次推销复印机

据说一位专门从事推销 M 型复印机的林先生,一天内访问同一个客户 13 次之多,而最后终于成交了。

有一天,他向某公司的总务处长推销复印机,这位总务处长同往常应付其他推销员一样回答说:“我考虑看看。”林是一个老实人,听他这么说就答道:“谢谢您,那就请您想想看。”然后便离开了。当那位处长正松了一口气时,林又来了。处长以为他忘了什么东西,但林却问道:“您想好了没有?”然而,他看到的则是处长满脸吃惊的表情。于是他说:“那我等会儿再来。”大约过了 30 分钟,林再次问:“您大概已经……”处长仍是一脸的困惑。林又说道:“我过会儿再来。”

过了一会儿,林又来了。处长心想:“我该以何种表情面对他呢?”虽然他以自己及林都承认的可怕眼神瞪了林,但他的心里却越来越不安:“那个家伙会不会再来呢?”当处长正如此想时,林又出现了:“您已经考虑……对不起,我再来。”

处长的情绪愈来愈恶劣,但是林的波浪状攻击仍不断持续。到黄昏时,林已是第 13 次来访了。处长终于疲惫不堪地告诉他:“我买。”林问:“处长先生,您为什么决定要买呢?”“遇到你这种工作热心并有着不合常理的人,我只好认了。”

(资料来源:http://doc.mbalib.com)

推销作为一种社会经济活动,是伴随着商品的产生而出现的,其历史同商品生产一样久远。西方营销专家认为,今天的世界仍然是一个需要推销的世界,大家都在以不同形式进行推销,人人都是推销人员。科研单位在推销技术,医生在推销医术,教师在推销知识……可见推销无时不在,无处不在。

2.1 人员推销的内涵

人员推销是一个古老的名词,是人们所熟悉的一种社会现象,它是伴随着商品交换的产生而产生,伴随着商品交换的发展而发展的。它是现代企业经营活动中的一个重要环节,渗透在人们的日常生活之中。人员推销就其本质而言,是人人都在做的事情。人类要生存,就要交流,而正是在交流中彼此展示着自身存在的价值。世界首席保险推销员齐藤竹之助在几十年的实践中总结出的经验是"无论干什么都是一种自我显示,也就是一种自我推销"。

但由于历史和现实的原因,有些人对人员推销有着种种误会和曲解,甚至形成了习惯性的思维,总是把人员推销与沿街叫卖、上门兜售以及不同形式的减价抛售联系在一起;对于推销人员则认为他们唯利是图、不择手段。这种错误的认识,使人们忽视了对人员推销活动规律的探讨和研究,也影响了一支优秀职业推销队伍的建立。因此,正确认识人员推销,是熟悉推销业务、掌握推销技巧的前提。

2.1.1 人员推销的定义

随着社会的变迁,人员推销的含义也在不断地演变。在社会发展的不同阶段,人们会对人员推销有着不同的理解和认识。从广义上讲,人员推销是一个活动主体试图通过一定的方法和技巧使特定对象接受某种事物和思想的行为过程。狭义的人员推销是指商品交换范畴的推销,即商品推销。它是指推销人员运用一定的方法和技巧,帮助顾客购买某种商品和劳务,以使双方的需要得到满足的行为过程。

理解人员推销的含义应该注意以下几个方面:

1)人员推销是一个复杂的行为过程

传统的观念认为人员推销就是一种说服顾客购买的行为。这种观念导致在推销过程中过分强调推销行为本身,推销人员一味地将自己的推销一直强加给顾客,而不研究顾客对推销行为的反应,只顾及己方利益的现实,忽视了顾客需求的满足,这种把人员推销理解为单纯说服行为的观点,是导致目前社会上人们普遍对推销人员抱有成见的主要原因。从现代推销活动来看,人员推销应该包含寻找顾客、推销接近、推销洽谈、处理推销障碍等。

2)人员推销行为的核心在于满足顾客的欲望和需求

从现代市场营销学的观念看,顾客的潜在需求更值得经营者关注。潜在需求是需要启发和激励的,这便是人员推销的关键所在。推销人员作为推销行为的主动方,必须学会寻找双方利益的共同点,在这利益共同点上说服与帮助顾客,使顾客的购买行为得以实施,从而实现双方的最终目标。

3)在人员推销过程中,推销人员要运用一定的方法和技巧

由于推销人员和推销对象属于不同的利益主体,这就使得推销行为具有相当的难度。推销人员必须深入地分析、了解市场和顾客,灵活、机动地采用相应的方法和技巧,才能促成交易。

2.1.2　人员推销的要素

任何企业的商品推销活动都少不了推销人员、推销品和顾客,即推销主体、推销客体和推销对象构成了推销活动的三个基本要素。商品的推销过程,就是推销人员运用各种推销技术,说服推销对象接受一定物品的过程。

1)推销人员

推销人员是指主动向推销对象销售商品的推销主体,包括各类推销员。在推销的三个基本要素中,推销人员是最关键的。在销售领域中,有一个最大的迷惑,那就是许多推销人员以为他们卖的只是产品。其实不然,真正的推销不是推销产品,而是推销自己。推销成功与否,往往取决于你的服务精神和态度,因为你是世界上独一无二的,只有顾客喜欢你的为人、你的个性、你的风格,他才会购买你的产品。尽管说"每个人都是推销员",但对职业化的推销员来讲,推销具有更丰富的内涵。在观看美国职业男篮——NBA 球赛时,我们会体会到"什么是真正的篮球运动",为他们娴熟、超人的技巧赞叹。对于职业推销人员来讲也一样,只有以特有的技能赢得客户的信任与赞誉,才能展现其存在的社会价值。

2)推销品

所谓推销品,是指推销人员向推销对象推销的各种有形与无形商品的总称,包括商品、服务和观念。推销品是推销活动中的客体,是现代推销学的研究对象之一。因而,商品的推销活动,是对有形商品与无形商品的推广过程,是向顾客推销某种物品的使用价值的过程,是向顾客实施服务的过程,是向顾客宣传、倡议一种新观念的过程。

3)推销对象

依据购买者所购推销品的性质及使用目的,可以把推销对象分为个体购买者与组织购买者两个层次。个体购买者购买或接受某种推销品是为了个人或家庭成员消费使用;而组织购买者购买或接受某种推销品,是为了维持日常生产加工、转售或开展业务需要,通常有营利或维持正常业务活动的动机。由于推销对象的特点不尽相同,因而采取的推销对策也有差异。

现代商品的推销少不了推销人员(推销主体)、推销品(推销客体)及顾客(推销对象)三个基本要素,如何实现其协调,保证企业销售任务得以完成,顾客实际需求得以满足,是广大推销人员应该思考的问题。

2.1.3　人员推销的特点

推销是一项专门的艺术,需要推销人员巧妙地融知识、天赋和才干于一身。推销活动的主要特点如下:

1)特定性

人员推销是企业在特定的市场环境中为特定的产品寻找买主的商业活动,必须先确定谁是需要特定产品的潜在顾客,然后再有针对性地向推销对象传播信息并进行说服。因此,人员推销总是有特定对象的。任何一位推销人员的任何一次推销活动,都具有这种特定性。

他们不可能漫无边际或毫无目的地寻找顾客，也不可能随意地向毫不相干的人推销商品，否则，推销就成了毫无意义的活动。

2）双向性

推销并非只是推销员向推销对象传播信息的过程，而是信息传播与反馈的双向沟通过程。推销人员一方面向顾客提供有关产品、企业及售后服务等方面的信息，另一方面必须观察顾客的反应，调查了解顾客对企业产品的意见与要求，并及时反馈给企业，为企业领导作出正确的经营决策提供依据。因此，推销是一个信息双向沟通的过程。

3）互利性

现代推销是一种互惠互利的双赢活动，必须同时满足推销主体与推销对象双方的不同要求。成功的推销需要买卖双方都有积极性，其结果是“双赢”，不仅推销的一方卖出商品，实现赢利，而且推销对象也感到满足了需求，给自己带来了多方面的利益。这样，既达成了今天的交易，也为将来的交易奠定了基础。

4）灵活性

虽然推销具有特定性，但影响市场环境和推销对象需求的不确定性因素很多，环境与需求都是千变万化的。推销活动必须适应这种变化，灵活运用推销原理和技巧，恰当地调整推销策略和方法。可以说，灵活机动的战略战术，是推销活动的一个重要特征。

5）说服性

推销的中心是人不是物，说服是推销的重要手段，也是推销的核心。为了争取顾客的信任，让顾客接受企业的产品，采取购买行为，推销人员必须将商品的特点和优点，耐心地向顾客宣传、介绍，促使顾客接受推销人员的观点、商品或劳务。

2.1.4 人员推销的功能

商品推销作为一种社会经济互动，是伴随着商品经济一起产生和发展的。可以说，推销是商品经济活动中一个必不可少的组成部分，对推动商品经济的发展起着积极的作用。推销作为一种企业行为，更是决定着企业的生死存亡。这些都是由推销本身所具有的功能决定的。因此，人员推销的功能可以归纳为以下几个方面。

1）销售商品

销售商品是推销的基本功能。推销是商品由推销人员向推销对象运动的过程。在这个过程中，推销品运动是作为推销主体双方各自需求得以实现的具体方式。推销员通过寻找顾客、接近顾客、推销洽谈，进而达成交易，实际上就是实现商品所有权的转移，完成商品销售。

就推销过程而言，寻找、接近顾客是销售商品的前提。在正式接近顾客之前，首先要分析潜在顾客的有关资料，了解潜在顾客的需求，掌握顾客未被满足的需求及其购买能力。在充分掌握资料的基础上，有针对性地选用各种接近顾客的方法，并以从容、诚恳、充满自信的态度去面对顾客，使顾客明确推销品能满足他的需要，为他带来利益，并通过推销人员对推销品的介绍，使他感到购买推销品是一种机会，从而引起购买欲望，形成购买选择。其次，推销洽谈是销售商品的关键。在洽谈过程中,一方面要进一步向顾客提供其所需的信息;另一方面,要有针对性地就商品价格、销售方式等敏感问题进行洽谈,力求找到双方利益的共同点;同时,还要善于处理洽谈过程中的异议和矛盾,及时消除误会,避免冲突。达成交易是销售商品的手段。推销人员要把握好时机,针对不同的推销对象,灵活地选用不同的成交方法,迅速地达成交易,以达到销售商品的目的。

2)传达商品信息

由于科学技术的进步和生产的发展,现今市场上的商品种类繁多,新产品更是层出不穷。顾客面对市场,常常眼花缭乱。他们需要得到有关的商品信息,以便比较、评价和选择满意的商品。推销不仅要满足顾客对商品的需要,也要满足顾客对商品信息的需要,及时向顾客传达真实、有效的信息。

推销人员向顾客传达的商品信息主要有:①商品的一般信息。它是指有关商品的功效、性能、品牌、商标、生产厂家等有关信息,告知顾客某种商品的存在。②商品的差别优势。它是指商品在同类中所处的地位及特殊功能。要针对不同顾客的需要,突出宣传所推销商品的某些特征,以便在顾客心目中树立产品形象。③商品的发展信息。它是指有关商品的发展动态,如新材料的运用、新产品的开发以及老产品的改良等信息,用以引导顾客接受新产品。④商品的经营信息。它是指有关商品的销售价格、经营方式、服务措施、销售地点等信息,以方便顾客购买。

【小贴士】

增值型销售(Value-added Selling)可以被定义为销售过程中增强顾客体验的一系列创造性改进。销售人员可以通过建立高品质的关系,仔细识别顾客的需要,然后配置并陈述可行的最佳产品解决方案来制造价值;还可以通过提供优异的售后服务来创造价值。《销售的革命》(*Rethinking the Sales Force*)一书的作者尼尔·雷克汉姆认为,销售不仅仅传递价值,更重要的是创造价值。

3)提供服务

推销不仅是把商品销售给顾客,而且是通过提供各种服务,帮助顾客解决各种困难和问题,满足顾客多层次、多方面的需求。通过服务,提高顾客的满意度,从而建立起企业和产品的良好信誉。在推销过程中,企业和推销人员为顾客提供的服务有:①售前服务。它是指在销售前为顾客提供信息咨询或培训的服务。②售中服务。它是指在销售过程中为顾客提供的热情接待、介绍商品、包装商品、送货上门、代办运输等服务。③售后服务。它是指为顾客提供售后的安装、维修、包退、包换、提供零配件、处理顾客异议等服务。企业和推销人员通过提供各种服务,赢得顾客的信赖,提高企业的声誉,有利于进一步巩固市场,为开拓新产品打下基础。

4)反馈市场信息

现代推销过程是一个供求信息的双向沟通过程。推销人员是企业通往市场的桥梁,是企业联系市场的纽带,是企业获取情报的重要渠道。他们直接与市场、顾客接触,能及时、准确地收集市场信息。推销人员向企业反馈的市场信息主要有:①顾客信息。例如,顾客对推销品及其企业的反应,顾客的需求、购买习惯、购买方式及经济状况等。②市场需求信息。例如,推销品的市场需求状况及发展趋势,推销品在市场中的优劣态势等。③竞争者信息。例如,竞争者商品的更细状况、销售价格、质量、品种规格以及竞争者促销手段的变化等。

2.2 人员推销的方法

人员推销有不同的方法,其中刺激反应式推销、心理状态式推销、满足需求式推销和解决问题式推销是四种基本推销方法,而另外一种人员推销方法——顾问式推销也逐渐流行起来。

2.2.1 刺激反应式推销

在人员推销的五种方法中,刺激反应式推销是最简单的方法。在这种方法中,推销人员通过一系列问题或陈述来使潜在的购买者不断地作出肯定的回答,直到购买者像预期的那样倾向于接受整个推销建议(如图 2-1 所示)。

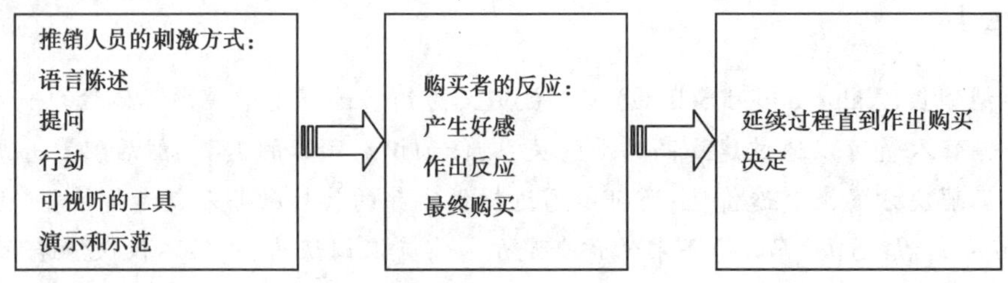

图 2-1 刺激反应式推销法

推销人员在用事先准备好的销售演讲进行刺激反应式销售时,会有一定的优势。推销演讲会显得非常有逻辑,在购买者与推销者沟通时,购买者的问题和目标常常能够被预料到并及早进行讨论。缺乏经验的推销人员在某些环境下会求助于刺激反应式推销法,这或许有助于专业推销技能的培养。然而,刺激反应式推销法也存在着局限性,尤其是当推销人员遇到经验丰富的购买者时。这些经验丰富的购买者喜欢在交谈中占据主动地位,而刺激反应式推销法要求推销人员主导谈话的方向。另外,灵活性不足也是这种方法的一个缺点,因为购买者的反应和未预料到的打断可能会使这些刺激的效果减弱甚至彻底无效。

考虑到刺激反应式推销法的优缺点,它似乎最适合一些相对不重要的购买决策,因为此时时间有限且潜在购买者的经验不足。当购买者普遍变得更为成熟和有经验时,这种方法的缺陷就会暴露。

2.2.2　心理状态式推销

心理状态式推销又称人员推销的程序方法，它认为大多数购买者的购买过程在本质上是相同的，这些购买者在购买时能够通过一定的心理状态而被引导。这些心理状态被称为"AIDA"，即注意、兴趣、期望和行动。适当的推销演讲使购买者的心理状态从一种转换到另一种（如表 2-1 所示）。

表 2-1　心理状态式推销法

心理状态	销售步骤	关键销售任务
好　奇	引起注意	使潜在购买者感到愉快，他们就会对你有好感
兴　趣	引起兴趣	面对面交流：需求和欲望
确　信	给予信心	"它里面有什么是我需要的？" 产品——"它能做我想让它做的吗？" 价格——"它值这个价吗？" "其他地方便宜吗？" 同龄人——"其他人会怎么看呢？" 优先程度——"我现在需要它吗？"
期　望	满足期望	消除他们的疑虑
行　动	完成交易	交易的选择：哪一种交易，而非是否交易

心理状态式推销法的优点是它要求推销人员在拜访顾客之前准备谈话内容，它也帮助推销人员认识到时间在购买决策过程中是一个重要因素，并有必要通过仔细倾听来判断购买者在某个时间处于哪种状态。心理状态推销法的一个缺点则是很难判断潜在购买者处于何种心理状态，有时潜在购买者会同时处于两种状态或在两种状态之间游走。结果使得推销人员的多数说辞的导向结构可能变得不合适，令人困惑，甚至对推销产生消极影响。另外，需要注意的是心理状态式推销法不是以顾客为导向的，虽然推销人员根据不同的顾客来设计谈话内容，但这样做的出发点是顾客的心理状态而不是他们的需求。在"道德两难"一文（见小贴士）中，推销人员试图让潜在购买者直接进入"行动"状态。

【小贴士】

道德两难

瑞秋·杜克（Rachel Duke）是学院报纸的广告推销员，她的潜在客户之一是那些打算在即将推出的酒吧与饭店专版上刊登广告的人。在过去的两个星期中，瑞秋试图从一个饭店老板那里获得一份广告合同，却没有成功。瑞秋的销售经理建议她打电话给潜在客户并告诉他在专版上只剩下一个广告位了，必须立刻答复才能确保潜在客户的广告会出现在专版上。销售经理对她说："瑞秋，这个人在拖时间，你必须使他有所行动，你听我的就没错。"瑞秋很为难,因为专版上还有很多广告位。如果你是瑞秋,你会听从她的销售经理的建议吗?为什么?

2.2.3 满足需求式推销

满足需求式推销法的基本思想是:顾客购买的目的是一个或一系列特定的需求。这种方法如图 2-2 所示,推销人员的任务是识别购买者的需求,然后帮助购买者满足自身需求。与心理状态式推销法和刺激反应式推销法不同,满足需求式推销法侧重于购买者而非推销人员。推销人员通过询问、探究发现购买者的重要需求。推销交流一开始的重点是顾客的反应,在相关需求产生之后,推销人员就开始告诉购买者企业产品或服务如何满足这些需求。

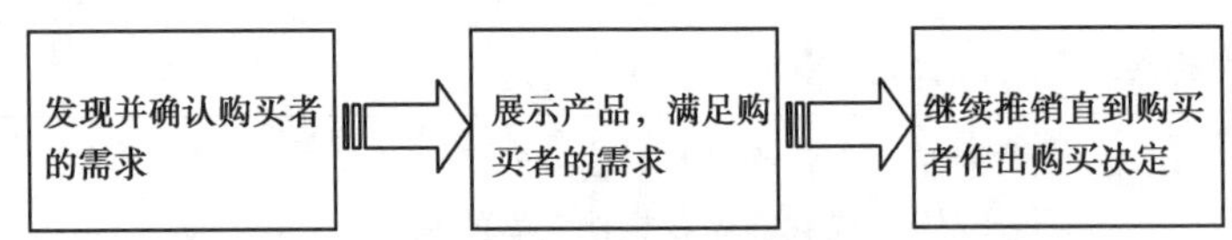

图 2-2 满足需求式推销法

推销人员试图发现与产品或服务相关的购买者需求,这可能要求推销人员在推销的前期进行大量的询问工作。在确认购买者的需求之后,推销人员就围绕产品或服务如何满足需求这一中心来继续销售。顾客似乎喜欢这种推销法,在推销的初期,顾客经常愿意花相当多的时间在得到口头或书面的销售建议之前,首先确定需求。同时,这种方法也避免了推销人员在没有充分了解购买者的需求时说服顾客购买而使顾客产生抵触情绪的情况。

2.2.4 解决问题式推销

解决问题式推销法是满足需求式推销法的一个扩展,它不仅识别需求,还设计不同的解决方案来满足这些需求。解决问题式推销法如图 2-3 所示,有时即使是竞争者的产品也在购买决策的选择之列。因此,推销人员识别顾客的问题显得尤为重要,这个问题可能有多种解决方案。一种产品至少代表一种解决方案,在顾客作出购买决定之前,要仔细评价所有的解决方案。

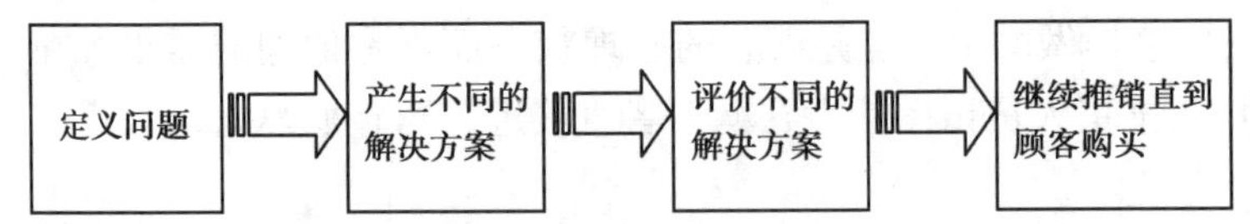

图 2-3 解决问题式推销

为了成功地运用解决问题式推销法,推销人员必须让顾客相信有问题存在,并且值得付出时间和精力去解决它。解决问题式推销法可能会花费大量的时间,在某些情况下,推销人员无法在每一个潜在顾客身上花费这么多时间,当然,顾客有时可能也不愿意花费这个时间。解决问题式推销法比较适合于技术产业的推销过程。

2.2.5 顾问式推销

顾问式推销通过使用产品、服务和销售机构的专业知识来帮助顾客达到他们的战略目标。这种方法侧重于完成顾客的战略目标,不仅是满足需求或解决问题。它要求推销人员识别顾客的战略目标,然后与顾客一起努力实现目标。

在顾问式推销中,推销人员主要担当三种角色:战略协调者、商业顾客和长期合作伙伴。作为战略协调者,推销人员通过安排销售机构资源的使用来使顾客满意。例如,推销人员可能需要产品或物流人员的专业建议来全面阐述顾客的问题或机会。作为商业顾问,推销人员运用内部和外部的资源使自己变成一个熟悉顾客事业的专家。这个角色同时也发挥教育引导的作用,也即是说,推销人员要让顾客了解他们提供的产品,以及这些产品与竞争产品的对比情况。作为长期合作伙伴,推销人员要支持顾客,即使不能立刻完成交易。

2.3　推销人员的种类

购买者所处的情形不同,这就意味着推销工作的种类也是多种多样的,推销随着推销任务性质的变化而变化。推销人员大体分为三类:订单接受者、订单创造者和订单获取者。

订单接受者、订单创造者和订单获取者三者之间有着显著的区别:订单接受者主要服务于那些已经决定购买的顾客;而订单创造者并不直接接收订单,因为他们是与潜在客户而不是购买者打交道;订单获取者则努力说服顾客立刻作出购买决定。订单接受者又分为三种不同类型:内部订单接受者、送货销售人员和外部订单接受者。而订单创造者又被称为宣传型销售人员。订单获取者要不就是工作在销售一线的新业务销售人员、机构销售人员、消费者销售人员,要不就是为销售人员提供支持的技术支持销售人员或者市场人员。所有这些订单获取者都是致力于获取订单(如图2-4所示)。

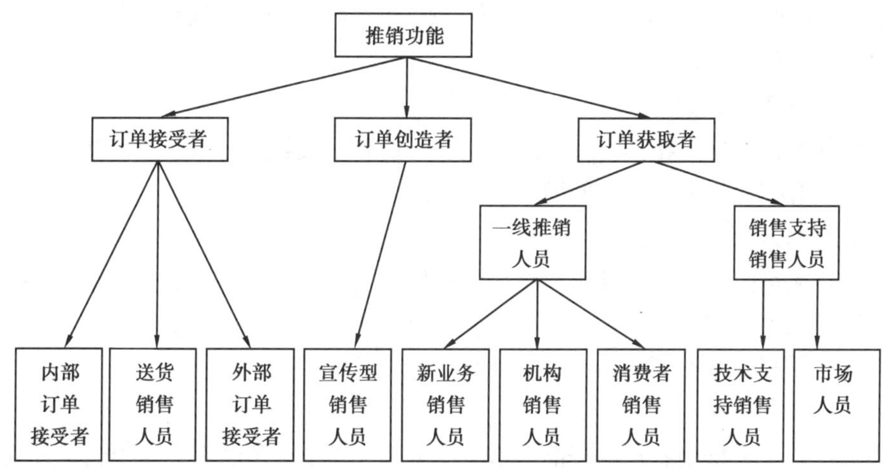

图2-4　推销人员的种类

2.3.1　订单接受者

订单接受者分为以下三类:

1)内部订单接受者

在销售人员在场的情况下,顾客有充分的自由选择中意的产品。销售人员在这里的任务也很简单:接受顾客的付款,将货物交给顾客,完成交易就可以了。还有一种类型的内部订单接受者就是电话营销人员,他们配合一线销售人员,通过电话接收顾客的订单。

2)送货销售人员

销售人员的主要任务就是送货。比如在英国,牛奶、报纸和杂志都是送货上门的。没有人会去试图说服哪家人订几瓶牛奶或多要几份报纸。是否增减订单完全取决于顾客自己。能否得到订单取决于送货是否可靠以及销售人员的热情等因素。

3)外部订单接受者

这类销售人员会与顾客接触,但是他们的主要职责是满足顾客的要求,而不是主动地说服顾客,也不负责送货。在一定程度上,这类销售人员正在被更加有效的电话营销人员所取代。

2.3.2 订单创造者

订单创造者主要是宣传型销售人员。在某些行业,特别是医药行业,销售的任务不是去完成交易,而是说服顾客选择商家的产品。例如,与医生打交道的药品销售代理就不直接进行销售,因为医生本人不会买他们的药品。医生会给病人开药,说服了医生,实际上就是让病人选择了商家的产品。同样的道理,在建筑行业,建筑师们也是选择者,而不是最终的购买者,因此,销售人员与建筑师打交道的目的也不是为了直接进行销售。在这些情况下,推销的任务是提供信息,使这些选择者接受商家的产品,并建立良好的关系。

2.3.3 订单获取者

推销工作中的最后一类就是订单获取者,他们的主要任务是说服顾客作出购买决定,这些订单获取者也被称为一线销售人员。

1)新业务销售人员

他们的任务是发现潜在客户,说服他们购买,从而获取新的订单。这些潜在客户主要就是那些之前没有在销售人员工作的商家买过东西的人或者机构。

2)机构销售人员

这类销售人员的工作任务就是与机构客户保持长期紧密的联系,包括教育机构、警察部门和当地政府机关。这时的推销工作可能会涉及团队推销,即销售人员不仅起到主体作用,而且会得到产品和财务专家们的支持。

3)消费者销售人员

这类人员向个人推销有形的产品(如汽车、化妆品)和无形的服务(如保险、个人理财)。这类推销往往都是一次性的,销售人员通常从中得到佣金,因此,促成交易极为重要。而正是这类推销引发了很多的批评,它们被认为是通过给顾客施加"高压"来促成交易的。

4)技术支持销售人员

这一类订单获取者是为一线销售人员提供销售支持的。对于那些技术含量很高、达成购买协议所需的谈判过程很复杂的产品，销售人员往往会得到产品和财务专家的支持，他们能为顾客提供所需的详细技术资料。这种销售人员的组合正在逐渐成为大客户团队的一部分。在目前的情况下，这些专家在需要的时候才加入推销团队。

5）市场人员

这类人员主要是在零售和批发的推销过程中提供销售支持。全国性的订单可能会在总部达成协议，但各个商店的销售就要靠市场人员来进行了。他们向商店提供如何摆放商品的建议，制订促销方案，检查库存量，并与商店经理保持联系。

本书所探讨的推销人员更多偏重于订单创造者和订单获取者。

2.4 人员推销的基本程序

根据推销活动程序化理论，现代人员推销的基本程序如下：推销准备→销售展示→处理异议→促成交易→售后服务与跟踪。

2.4.1 推销准备

推销准备的好坏直接关系到推销活动的成败，因此至关重要。一般来说，推销准备包括寻找潜在顾客、顾客资格审查和展示准备三个步骤。

1）寻找潜在顾客

寻找客户是销售的起点，只有选择了恰当的客户，才有可能顺利地完成推销工作。寻找顾客的方法有：逐户访问法、无限连锁介绍法、利用中心人物法、委托助手法、贸易展览法、电信访问法、资料查阅法、广告开拓法、个人观察法、市场咨询法和活动寻找法等。

2）顾客资格审查

在找到准顾客之后，需要对其进行分析和审查。审查的内容、方法主要有：顾客购买力的审查、顾客购买决策权的审查、顾客购买需求的审查。这主要是为了确定是否有继续进行推销工作的必要性，对客户资格进行审查认定可以节约不必要的工作，提高推销的效率。

3）推销展示准备

在对准顾客的资格进行审查后，还需要对符合资格的顾客进一步了解更为详尽的资料。另外，需要基于顾客背景调查制订推销访问计划并进行约见。

2.4.2 推销展示

在推销展示之前，推销人员需要成功地接近顾客。接近顾客是整个推销过程中的最难环节，推销人员成功地完成了接近工作，就为推销工作的顺利完成奠定了良好的基础。接近顾客的方法主要有：介绍式接近法、赞美式接近法、产品式接近法、表演式接近法、震惊式接近法，等等。

推销人员在成功接近顾客之后,就进入了推销展示阶段。推销展示是指推销人员利用语言陈述、可视辅助手段和其他各种方式,向顾客传递销售信息,并说服顾客购买的过程。推销展示概括起来基本有两种类型:一是推销陈述,一是演示。

2.4.3 处理异议

顾客异议既是成交障碍也是成交信号,异议产生的原因是各种各样的,也是必然的。若妥善地处理了异议,就可以顺利促成交易。反之,就不能顺利成交。

处理顾客异议的基本方法主要有:询问处理法、转折处理法、补偿处理法、利用法、直接否定法、间接否定法、举证法、糊涂处理法和抢先处理法,等等。

2.4.4 促成交易

促进成交就是推销人员为了促使潜在客户作出明确的购买决定而设计的一套征询方法、宣传方式和行动方案。

促成交易需要克服成交障碍并抓住成交时机。促成交易的技巧主要有:假定成交法、直接请求成交法、选择成交法、总结利益成交法、小点成交法、T 型成交法、分段成交法、克服异议成交法和机会成交法,等等。

2.4.5 售后服务与跟踪

人们通常认为将商品推销出去,推销活动即结束,事实上,售后服务是推销过程的一部分。推销人员的良好售后服务,是顾客再次购买的保证,也是顾客帮助企业传播良好口碑的基础。

销售跟踪是指对顾客的跟踪,实质上就是维系顾客关系。

人员推销基本程序的具体内容在本书第二篇将进行详细阐述和讲解。

【本章小结】

推销是一个古老的名词,伴随着商品交换的产生而产生。人员推销即推销人员运用一定的方法和技巧,帮助顾客购买某种商品和劳务,以使双方的需要得到满足的行为过程。

推销活动包括三个基本要素:推销主体、推销客体和推销对象。

人员推销的特点:特定性、双向性、互利性、灵活性和说服性。

人员推销的功能:销售商品、传达商品信息、提供服务、反馈市场信息。

人员推销的方法包括五种:刺激反应式推销、心理状态式推销、满足需求式推销、解决问题式推销和顾问式推销。

人员推销随着推销任务性质的变化而变化,推销人员大体分为三类:订单接受者、订单创造者和订单获取者。

现代人员推销的基本程序:推销准备→销售展示→处理异议→促成交易→售后服务与跟踪。

【案例分析】

如愿卖出复印机器

美国东海岸的一家小印刷机器销售公司,采用一位行为成熟却没有自信的推销员。为了要让他培养自信,公司决定派他前往拜访与公司隔条街,负责人虽啰唆但绝对会订购的某印刷公司。

行前,董事长告诉这位推销员:"那家公司的董事长脾气不好,态度也很恶劣,比较令人讨厌,但你千万不要回嘴,静静地听他说完话,然后向他说:'您说的话我已经了解了,不过,我带来此地最受人欢迎的印刷机器,这就是您要的东西。'"

这位推销员按照董事长的吩咐,越过马路到那家公司去。到达后,他只说出自己的名字和公司名称,就正如董事长所说,连说一句话的机会都没有,一直忍耐着听对方说了30分钟的话。好不容易等到对方稍有停顿,他才赶紧依照董事长的指示告诉对方:"您说的话我已经了解,但我带来此地最受人欢迎的印刷机器,而这就是您想要的东西。"

这位推销员果然如预期一样顺利地拿到订单。然而,当他将订单交给董事长翻阅时,董事长却吃惊地说道:"你跑错地方了,竟跑到原来那家公司的隔壁去,我们15年来始终无法和这家公司做生意。想不到你居然能获得本公司从来无法得到的大订单,真是太意外了!"

(资料来源:周树清《超级推销》)

问题:

1.本案例中,销售人员属于哪一类型?

2.通过本案例,反映了人员推销的哪些特点?

【复习思考题】

1.什么是人员推销?

2.简述人员推销的三要素及其特点。

3.人员推销发挥着哪些功能?

4.人员推销有哪些方法?

5.推销人员可以分为哪些类型?

6.人员推销的基本程序是什么?

第3章　销售职业中的道德与法律问题

【核心概念】

职业道德;道德行为;销售职业中的法律。

【引例】

宁死也要销售吗?

他在电话里向我推介,他听起来是善意的。对于他说的投资机会,我知之甚少,但听起来很诱人。如果能早一点下决心,我将赚一大笔钱。

我接过来说,“听起来不错,我决定买几百万股。”电话的另一端屏住了呼吸。“多少股?”他问。“几百万股,”我郑重其事地说。这时,他开始大喘气了,这倒让我觉得不好意思了,他只是想赚一点生活费。

此时,他开始跟我套话,想打探我究竟有多少钱。于是我跟他摊牌了:“如果你愿意签一张书面的东西,我就投资。”“签什么东西?”他问。“我要你签一张保证书,声明假如你失手了,你就自杀。或者,假如你不能兑现你所说的盈利,我随时可以终止与你的合作。”他听起来惊愕不已:“你要我自杀?”“对我来讲,这很合理,”我说,“因为你让我拿全家餐桌上的口粮和头上的屋顶冒风险。如果这是一笔稳赚的投资,你至少也应该把你的命赌上啊。”

那个人实实在在地结巴了。他说:“你一定是在开玩笑。”我以最严肃的口吻告诉他:“不,我不是在开玩笑。假如这是一笔赚钱的生意,假如我经不起亏本,假如你如此善意地为向我这样的一个陌生人,而不是你的亲朋好友,提供这样的机会,最起码你也应该把你的那条命赌上。”

另一端停顿了很长的时间,然后他说:“我从来没有听说过这么荒唐的事情。”这时,我的感情受到了伤害。就是这样的一个人,他竭力劝说我把自己劳动的血汗钱放到一只股票上,说得天花乱坠,可决不愿意分担风险。

“你不同意自杀?”我问。“那太荒唐了,”他说。“所以那是你的推销吹嘘。”我说。他挂掉了电话。我知道他没有诚意,问题是他没有撺掇他祖母把她的口粮押到那只股票上。因此,我对每一位潜在的投资者的忠告是:问他们如果赔了钱,他们愿不愿意跳楼。如果他们拒绝,那就不是一笔好买卖。

(资料来源:查尔斯·M.富特雷尔《销售 ABC》)

营销成功的关键在于满足顾客的需要与需求。很难想象,蓄意布局和欺骗顾客的同时却可以满足顾客需要。不道德的销售行为或许在一次交易中会侥幸得逞,但是,毋庸置疑,要建立与发展真正的合作伙伴关系需要百分之百的诚实和真挚。对销售人员来说,最好的也是最有利的策略就是以诚相见。讲究交易道德与法律规范的销售人员终究会获得成功。

3.1　销售职业中的道德问题

销售人员是营销活动中最活跃的成员,也是面临道德选择最多、道德风险最大的人群。能否遵守销售职业道德,守住道德底线,是对每一个销售人员职业道德水平的考验。

3.1.1　销售人员职业道德的概念与原则

销售人员的职业道德非常重要。

1) 销售人员职业道德的概念

销售人员的职业道德是指销售人员在销售活动中应该遵循的道德准则,道德情操与道德品质的总和,是营销职业道德在销售从业人员从事销售活动中的具体反映。因此,销售人员职业道德就是销售从业人员在处理顾客、供应商、竞争者、中间商、零售商、政府、社区和社会团体等利益相关者之间关系的行为规范。

一个成功的销售人员,同时也是一个有职业道德的公民。一个不讲职业道德的销售人员,尽管一时有可能获得利益,但是他会给社会和企业造成不良影响,侵害相关者的利益,破坏正常的经济秩序,最终导致个人在社会上无法立足。

2) 销售人员职业道德的基本原则

销售人员职业道德的基本原则有三:

(1) 实事求是

销售工作的实质在于通过买卖双方信息的交流来达到销售产品和服务的目的。要使销售活动获得成功的基本前提是所传播的信息必须真实准确。严重的信息失真不仅会导致企业在客户心中名声扫地,而且会导致企业管理和生产决策的失误,给企业带来形象和经营上的损失。销售不是夸大宣传,不能无中生有,变小为大,它必须以企业的真实表现为客观依据,通过销售人员在公众中树立产品形象和企业形象。可以说,在客户面前,销售人员的形象就代表企业的形象,销售人员的品格就是企业文化的反映。如果在销售工作中不遵守实事求是的原则,则客户不会相信销售人员,同样也不会相信企业的产品。销售经理在这方面更应注意,因为销售经理可能成为销售人员的榜样。

(2) 信用至上

无论对哪个企业,信誉都是至关重要的。我国一位经济学家曾说过,中国企业最缺什么? 那就是信誉。这充分说明了我国目前商业信誉的现状。作为一名销售经理,更应该注意。对顾客做得到的才承诺,不承诺办不到的事情。一个企业的良好信誉甚至可以在关键时候挽救企业。讲究信用是销售活动中的基本准则。谁都不愿意和不守信用的人打交道。衡量一个销售人员是否合格，一条重要的标准是看他是否恪尽职守。那些随便许诺的行为是不符合销售人员的工作规范的。

(3)奉公守法

销售人员要具有强烈的法制观念，自觉奉公守法。社会上有些销售经理把销售工作仅仅看作是吃吃喝喝，请客送礼，这在某些情况下也许存在或可行。但随着市场经济体制的完善和法律法规的健全，以及人们认识的提高，这种销售方式将越来越没有市场。事实上，很难想象一个人对法律一无所知而能成为出色的销售经理。销售人员的形象代表一家企业或一类产品，它的一言一行直接关系到顾客的评价。如果销售人员或销售经理利用工作之便以公谋私，这种人最终会受到顾客的鄙视，并为市场所抛弃。

3.1.2 常见的销售人员不道德行为表现

按照调整关系的不同，销售人员的职业道德分为内部职业道德和外部职业道德。前者调整的是销售人员与所在企业之间的关系；后者调整的是销售人员与客户（这里指直接发生业务关系的批发商、零售商和消费者）、相关政府管理部门、竞争对手及相关利益集团（例如消费者协会、舆论媒体、社区等）之间的关系。

1)销售人员不道德行为在企业内部的表现

销售人员对内作为公司的一员，按照合同和公司内部的各种制度，使用企业的各种资源，承担着各种道德责任和义务；他们在进行业务活动时，要接触和使用企业的各种销售资源，包括人力、信息、资金等有形资产和客户资源、商业秘密、商誉等无形资产。这些资源的所有权隶属于企业，但使用权属于销售人员，因而容易成为不道德行为侵犯的对象。作为一个企业资源密集的岗位，对这些资源的使用和处理方式、处理结果，直接影响到企业的根本利益。它既反映了销售人员的工作能力，也反映了其内部人员的职业道德水平。不道德现象具体表现见表3-1。

表3-1 销售人员不道德行为在企业内部的表现

销售人员接触和使用的企业内部资源	不道德行为的具体表现
人力资源	虚假简历、劳动合同违约、兼职、人员晋升中的裙带关系、培训机会的不均等、市场机会不均等、消极怠工、逃避责任、占有其他人的成果或业绩
信息资源	隐瞒信息、提供虚假信息、不及时提供信息、设计有倾向性的问卷、选择特殊样本、歪曲信息、伪造调研报告
资金	虚报费用、挪用货款、故意控制回款时间、占用企业资金、滥用销售费用
有形资产	不合理维护保养、侵占、未正确使用公物，未妥善保管、因私使用公物、偷窃
无形资产	泄露、侵占或出卖商业机密，散布损害公司形象的言论，未正确展示企业的形象，有意损害企业的信誉，有意做出错误的客户评价，客户资源的私有化，伪造客户，盗用商誉，泄露、侵占或出卖知识产权

2) 销售人员不道德行为在企业外部的表现

对外作为企业的代理人,销售人员是企业与外界沟通的桥梁,是将企业产品、服务、信息、形象送达客户的媒介,承担着搜集和传递信息,进行交易、提供售前售中售后的各种服务以及客户管理等职能。随着市场竞争的加剧,为了优质、快速、低成本地满足客户日益多样化的需要,越来越多的企业把销售的决策权下放到销售人员的手中,销售人员承担的道德责任和义务也相应地增加。

在日常的销售业务中,销售人员在不同的销售环节、针对不同的利益相关者,其责任、义务各不相同,行为也各不一样,反映出职业道德的不同侧面和不同的道德水平。按照业务流程,销售人员的工作大体可以划分为:市场调研、产品与服务、定价、营销渠道、销售促进(包括人员推销、营业推广、广告和公共关系)、签约和履约 6 个关键环节(见表 3-2)。

表 3-2 销售人员不道德行为在企业外部的表现

销售人员外部工作的关键环节	不道德行为的具体表现
市场调研	侵犯隐私权、以不正当手段窃取商业情报
产品与服务	滥用质量标志,销售假冒伪劣产品、有害产品、有缺陷产品,过量销售,夸大量或质的包装
定价	价格歧视,价格勾结,暴力宰客,哄抬物价,价格欺诈
营销渠道	对不同的客户,在提供的产品和服务种类、质量等方面差别对待
销售促进	虚假宣传,夸大产品性能、功效,有意提供不完整信息,隐瞒产品或服务缺陷信息,欺诈性促销、不文明广告、传播不健康文化,有偿新闻,故意贬低竞争对手产品
签约和履约	宴请、送礼、娱乐、行贿受贿,欺诈性承诺,强迫甚至胁迫销售,使用不公平的格式合同,不履行承诺,偷工减料,违反合同,故意曲解合同,客户歧视,捆绑销售

3.1.3 销售人员职业道德规范管理

事实上,销售人员都希望自己的行为更符合社会的道德规范,因为获得伙伴的尊重是人心理层面的本性,追求永恒是人们心灵层面的本性。但是在实际的工作中,为了实现销售目标,很多销售人员往往会不自觉地降低自己的道德标准。那么,究竟如何加强销售人员的道德规范管理呢?

1) 创造一个崇尚道德的销售工作氛围

由于销售人员经常孤身一人出差在外,并且经常面临客户的拒绝,处在“五压”——社会压力、竞争压力、客户压力、公司指标压力与家庭压力之中。因此销售人员经常是身心疲惫,内心孤独。公司应该关心销售人员,将销售团队打造成销售人员心灵归属的家园。例如,适时举办健康的团队活动,邀请销售人员家属参加宴会或者参加公司活动;定期为销售人员进行体检;在销售人员生日的时候打个电话或发个短信,恭祝生日快乐;在逢年过节的时候,给销售人员与销售人员的家属寄张贺卡或感谢信;在销售人员心情不好的时候,鼓励他们先把工作放下,休假调整;在销售人员获得优异成绩的时候,与他们一起庆祝成功。

2)加强销售经理的表率作用

企业的具体道德规范能否真正有效地贯彻实施,关键是要看销售高层领导是否是道德模范。如果销售经理本人就不遵循道德规范,他也不会容忍道德模范的人为其下属。因此,选择道德模范的上司尤为重要。榜样的作用是巨大的,如果销售经理坚持道德规范面前人人平等,如果销售经理像成吉思汗一样"可汗犯法,与民同罪",做到"经理违反道德,与销售人员同罪",则可以极大地改善和管理下属的道德行为,打造出一支道德规范的、积极的销售队伍。如果再对其销售能力与销售管理能力进行提升,则这支队伍将战无不胜。销售高层作为销售队伍的领跑者,对于道德的管理负有不可推卸的责任与义务。销售经理需要贯彻执行企业的道德规范,及时弥补公司道德规范的漏洞。对于那些遵守道德规范的人员,不断地给予表扬与赞美。同时为销售人员建立职业道德培训,通过设立研讨会、专题会议和类似的培训项目,提高销售人员的道德意识,让他们在日后的销售活动中进行道德决策。作为销售高层管理者,需要建立具体的道德行为规范,并在遵守道德规范方面起表率作用,强化自己的道德信念与社会责任感。

3)建立综合的绩效评价体系

当公司对销售人员的绩效评估仅仅以销售业绩为依据时,销售人员的高业绩成为他们不道德行为的有效挡箭牌,销售经理也可能对他们的不道德行为睁一只眼闭一只眼。如果销售绩效评价依据是多元化,而且是相互关联的话,则在一定程度上会抑制销售人员的不道德行为。比如某项订单的获得,如果违反了企业的道德行为规范,那么这个订单将被视为无效的。如果某销售人员在销售行为中,违反了社会的具体道德规范,如夸大产品信息等,则这位销售人员将被公开批评,绩效考核时将在总分中扣分,不道德行为严重者,将给予辞退。在销售队伍的晋升、推荐与录用中,实行道德一票否决制。对于不道德的行为,公司销售高管需要建立明确的规章制度,给予明确的具体惩罚。销售高管在制定销售制度时要严密防范出现道德漏洞,对于已经出现道德漏洞的制度,及时更新为更严密的制度。销售高管在制度中、在实践中要公开表明道德优先原则,大力提倡"没有道德的销售,企业不需要"的道德信仰。

4)加强内部监督与接受社会监督

行为受到监督,人们的行为就会文明得多。销售人员的道德行为监督可以来自企业内部,也可以来自企业外部。作为企业,必须建立开放体制,让全体社会成员,包括顾客、供应商、公众媒体、政府机构等一起来监督销售人员的道德行为。作为政府,要对那些由销售管理者带来的不道德行为进行更为严厉的惩罚,因为他带来的不仅仅是其个人的不道德,而是其管理的下属都不道德的行为的可能。社会舆论也要更为严厉地谴责这种不道德行为。对于那些揭露企业不道德行为的勇士,要给予严格的保护与舆论、法律支援。同时,要把那些违反道德行为的企业进行曝光并加大舆论宣传力度。

3.2　销售职业中的法律问题

尽管所有的社会规范都具有强制性,但是各种社会规范的强制方式是不同的。道德的强制性是一种心理的强制性,体现为良心的谴责、舆论的否定性评价等;而法律的强制性则体现为一种国家强制性,即以国家强制力和暴力机器为实施后盾。法律是具有国家强制力的社会规范,这是法律区别于道德和其他社会规范的特征之一。在销售和销售管理领域,就有很多适用的法律(见表 3-3)。

表 3-3　影响销售职业的法律法规

法　律	简　评
《消费者权益保护法》	销售人员需要保护消费者的各项权利
《反不正当竞争法》	销售人员在销售时不得侵害竞争对手的利益
《产品质量法》	销售人员需要对所销售产品的质量负责
《合同法》	销售人员在销售时注意买卖双方合法权益的保护
《直销管理条例》	成为直销员的条件及在直销中需要遵守的规定
《禁止传销条例》	销售人员需要了解传销以免误入传销组织

3.2.1　《消费者权益保护法》

众所周知,消费者在各项交易中力量极为弱小又历来缺乏组织,不能通过团体的力量来与经营者组织体相抗衡,以致成为经济上的从属者,容易受到经营者的侵害。因此,要对处于弱势的消费者进行保护。1994 年 1 月 1 日起施行的《中华人民共和国消费者权益保护法》赋予消费者 9 项权利:①知悉真实情况权;②自主选择权;③人身财产安全权;④公平交易权;⑤依法求偿权;⑥获得知识权;⑦建立消费者组织的权利;⑧监督批评权;⑨受尊重权。

例如,小刘在某数码卖场看中了一台价格为 5 500 元的笔记本电脑,经过一番讨价还价,双方约定价格为 5 350 元,比网络报价还低很多。随后,销售人员把他带到附近大厦的一个房间内,并把电脑提了出来。确认外观无损、能够正常开机之后,销售人员要求先付款再装系统,被小刘拒绝。当系统即将完成安装的最后一刻,屏幕上出现了"硬盘错误:I/O 故障"。这时,一个自称经理的人对小刘说:"这款机器散热不好,经常会导致 CPU 和硬盘故障。"并推荐了另一个品牌、配置相近的产品,称只要 4 900 元。无奈之下,小刘选择了后者,回家上网后发现这款笔记本平均报价只有 4 300 元左右,而且配置也较低。

该案例中,销售人员故意隐瞒实情,《消费者权益保护法》中消费者知悉真实情况的权利没有得到保证。而销售从根本上说是沟通的过程,在这个过程中,消费者有知悉真实情况的权利,因此,销售人员不得进行扩大宣传或者误导消费者。销售人员必须认识自己是企业的代理人,销售过程中需要充分尊重消费者的各项权利,否则可能在法律上构成对企业的约束,也将受到法律或者企业的制裁,甚至丢掉工作。

3.2.2 《反不正当竞争法》

中华人民共和国反不正当竞争法是为保障社会主义市场经济健康发展,鼓励和保护公平竞争,制止不正当竞争行为,保护经营者和消费者的合法权益,制定本法。由 1993 年 9 月 2 日第八届全国人民代表大会常务委员会第三次会议通过,自 1993 年 12 月 1 日起施行。

在该法第二章明确规定:

1.经营者不得采用下列不正当手段从事市场交易,损害竞争对手:

(1)假冒他人的注册商标;

(2)擅自使用知名商品特有的名称、包装、装潢,或者使用与知名商品近似的名称、包装、装潢,造成和他人的知名商品相混淆,使购买者误认为是该知名商品;

(3)擅自使用他人的企业名称或者姓名,引人误认为是他人的商品;

(4)在商品上伪造或者冒用认证标志、名优标志等质量标志,伪造产地,对商品质量作引人误解的虚假表示。

2.公用企业或者其他依法具有独占地位的经营者,不得限定他人购买其指定的经营者的商品,以排挤其他经营者的公平竞争。

3.政府及其所属部门不得滥用行政权力,限定他人购买其指定的经营者的商品,限制其他经营者正当的经营活动。政府及其所属部门不得滥用行政权力,限制外地商品进入本地市场,或者本地商品流向外地市场。

4.经营者不得采用财物或者其他手段进行贿赂以销售或者购买商品。在账外暗中给予对方单位或者个人回扣的,以行贿论处;对方单位或者个人在账外暗中收受回扣的,以受贿论处。经营者销售或者购买商品,可以以明示方式给对方折扣,可以给中间人佣金。经营者给对方折扣、给中间人佣金的,必须如实入账。接受折扣、佣金的经营者必须如实入账。

5.经营者不得利用广告或者其他方法,对商品的质量、制作成分、性能、用途、生产者、有效期限、产地等作引人误解的虚假宣传。广告的经营者不得在明知或者应知的情况下,代理、设计、制作、发布虚假广告。

6.经营者不得采用下列手段侵犯商业秘密:

(1)以盗窃、利诱、胁迫或者其他不正当手段获取权利人的商业秘密;

(2)披露、使用或者允许他人使用以前项手段获取权利人的商业秘密;

(3)违反约定或者违反权利人有关保守商业秘密的要求,披露、使用或者允许他人使用其所掌握的商业秘密。第三人明知或者应知前款所列违法行为,获取、使用或者披露他人的商业秘密,视为侵犯商业秘密。本条所称的商业秘密,是指不为公众所知悉、能为权利人带来经济利益、具有实用性并经权利人采取保密措施的技术信息和经营信息。

7.经营者不得以排挤对手为目的,以低于成本的价格销售商品。有下列情形之一的,不属于不正当行为:

(1)销售鲜活商品;
(2)处理有效期限即将到期的商品或者其他积压的商品;
(3)季节性降价;
(4)因清偿债务、转产、歇业降价销售商品。

8.经营者销售商品,不得违背购买者的意愿搭售商品或者附加其他不合理的条件。

9.经营者不得从事下列有奖销售:
(1)采用谎称有奖或者故意让内定人员中奖的欺骗方式进行有奖销售;
(2)利用有奖销售的手段推销质次价高的商品;
(3)抽奖式的有奖销售,最高奖的金额超过五千元。

10.经营者不得捏造、散布虚伪事实,损害竞争对手的商业信誉、商品声誉。

11.投标者不得串通投标,抬高标价或者压低标价。投标者和招标者不得相互勾结,以排挤竞争对手的公平竞争。

3.2.3 《产品质量法》

为了加强对产品质量的监督管理,提高产品质量水平,明确产品质量责任,保护消费者的合法权益,维护社会经济秩序,制定了中华人民共和国产品质量法。1993 年 2 月 22 日第七届全国人民代表大会常务委员会第三十次会议通过,自 1993 年 9 月 1 日起施行。

在该法中,第三章第二节具体规定了销售者的产品质量责任和义务。

1.销售者应当建立并执行进货检查验收制度,验明产品合格证明和其他标志。

2.销售者应当采取措施,保持销售产品的质量。

3.销售者不得销售国家明令淘汰并停止销售的产品和失效、变质的产品。

4.销售者销售的产品的标志应当符合本法第二十七条的规定。

5.销售者不得伪造产地,不得伪造或者冒用他人的厂名、厂址。

6.销售者不得伪造或者冒用认证标志等质量标志。

7.销售者销售产品,不得掺杂、掺假,不得以假充真、以次充好,不得以不合格产品冒充合格产品。

3.2.4 《合同法》

为了保护合同当事人的合法权益,维护社会经济秩序,促进社会主义现代化建设,1999 年 3 月 15 日第九届全国人民代表大会第二次会议通过制定本法,自 1999 年 10 月 1 日起施行。

面对组织市场,一般要签订合同,销售人员需要了解《合同法》的基本知识。例如《合同法》第五十二条,有下列情形之一的,合同无效:

1.一方以欺诈、胁迫的手段订立合同,损害国家利益;

2.恶意串通,损害国家、集体或者第三人利益;

3.以合法形式掩盖非法目的;

4.损害社会公共利益;

5.违反法律、行政法规的强制性规定。

因此,销售人员需要了解合同既是对买卖双方的限制,更是对双方的保护。

3.2.5 《直销管理条例》

《直销管理条例》已经2005年8月10日国务院第101次常务会议通过,自2005年12月1日起施行。为规范直销行为,加强对直销活动的监管,防止欺诈,保护消费者的合法权益和社会公共利益,制定本条例。

1)直销的概念及直销员的限制

所称直销,是指直销企业招募直销员,由直销员在固定营业场所之外直接向最终消费者(以下简称消费者)推销产品的经销方式。直销企业及其分支机构不得招募下列人员为直销员:

1.未满18周岁的人员;

2.无民事行为能力或者限制民事行为能力的人员;

3.全日制在校学生;

4.教师、医务人员、公务员和现役军人;

5.直销企业的正式员工;

6.境外人员;

7.法律、行政法规规定不得从事兼职的人员。

2)直销员向消费者推销产品时应当遵守的规定

直销员推销产品时应遵守以下规定:

1.出示直销员证和推销合同;

2.未经消费者同意,不得进入消费者住所强行推销产品,消费者要求其停止推销活动的,应当立即停止,并离开消费者住所;

3.成交前,向消费者详细介绍本企业的退货制度;

4.成交后,向消费者提供发票和由直销企业出具的含有退货制度、直销企业当地服务网点地址和电话号码等内容的售货凭证。

需要注意的是,直销企业对其直销员的直销行为承担连带责任,能够证明直销员的直销行为与本企业无关的除外。

3.2.6 《禁止传销条例》

《禁止传销条例》已经2005年8月10日国务院第101次常务会议通过,自2005年11月1日起施行。

本条例所称传销,是指组织者或者经营者发展人员,通过对被发展人员以其直接或者间接发展的人员数量或者销售业绩为依据计算和给付报酬,或者要求被发展人员以交纳一定费用为条件取得加入资格等方式牟取非法利益,扰乱经济秩序,影响社会稳定的行为。下列行为,属于传销行为:

1.组织者或者经营者通过发展人员,要求被发展人员发展其他人员加入,对发展的人员

以其直接或者间接滚动发展的人员数量为依据计算和给付报酬(包括物质奖励和其他经济利益,下同),牟取非法利益的;

2.组织者或者经营者通过发展人员,要求被发展人员交纳费用或者以认购商品等方式变相交纳费用,取得加入或者发展其他人员加入的资格,牟取非法利益的;

3.组织者或者经营者通过发展人员,要求被发展人员发展其他人员加入,形成上下线关系,并以下线的销售业绩为依据计算和给付上线报酬,牟取非法利益的。

【本章小结】

销售人员职业道德就是销售从业人员在处理顾客、供应商、竞争者、中间商、零售商、政府、社区和社会团体等利益相关者之间关系的行为规范。其基本原则是:实事求是、信用至上、奉公守法。针对销售人员常见的一些道德行为,需要不断加以规范。

在销售和销售管理领域,有多部适用的法律,如《消费者权益保护法》《合同法》《直销管理条例》等,这些法律对销售人员都具有强制性。

【案例分析】

说点什么?

有时候,赚取一张高额佣金的支票是要付出代价的。对于马特·库珀(Matt Cooper)来说,每笔销售赚取高达15万美元的代价就是每天向自己的客户撒谎。对高额奖金的许诺,而不是4万美元的底薪,诱惑他在两年前加入一家大型知名互联网公司的销售团队。20岁出头的他,如饥似渴,激进好胜,与网络公司的销售文化模式非常契合,但他没有意识到上岗的代价就是欺骗。

马特在纽约一家新兴的公司担任大客户的业务代表,希望一些世界级的大公司投资广告。他的核心战略是什么?为达成交易而不择手段。几乎所有时间他都是在歪曲事实,有时则是直截了当地欺骗客户。“如果你不撒谎,就会被解雇,”他说,“最后一切都归结为精心编造谎言和捏造数字。”其他的欺骗性策略还包括,马特会锁定一个200万美元的订单,承诺第一个100万美元的横幅式广告会为客户带来一定效果,并保证第二个100万美元会带来一定的销售量。“通常肯定能有一些效果,但是你永远不可能向任何人保证销售量,”马特说。“那时你可以通过印象率把交易定在行业标准基础上,然后将它与行业标准相比较,再使用转换率来确定一个销售量预测。”

回头客自然是不可能的,这或许就是这家公司以及其他上千家网络公司最终倒闭的原因吧。马特开始感到这种不择手段只顾销售业绩的压力,尤其是他不得不开始细心查看客户的来电,生怕遇到恼羞成怒的客户。“其中一些客户刚投放了200万美元的在线广告,就彻底被骗了。”他说道。

最后,马特实在无法忍受了。“我开始只推销那些自己知道有效的广告项目,因为我没有办法继续撒谎了。但经理告诉我:要么拿更多的单子,要么走人,”他说。“在这种文化里,他们先把你摧毁,然后把你造成一头牲口。”最后他辞职了,现在就职于纽约另一家新兴的公司,这家公司要求他坚守更高的道德标准。虽然这家网络公司也处于艰难的融资阶段,但马特发现与客户建立关系才是更好的长期销售战略——不仅解决了自己的收入问题,并且干得心安理得,同时也对公司的长期财务状况有利。

(资料来源:Erin Strout. *To Tell the Truth*. Sales & Marketing Management Magazine, July 2002.)

问题:

1.销售人员职业道德的原则是什么?

2.如果是你,碰到这样的公司是否会立即辞职?为什么?

【复习思考题】

1.什么是销售人员的职业道德?

2.销售人员职业道德的基本原则是什么?

3.常见的销售人员不道德行为表现在哪些方面?

4.如何规范管理销售人员的职业道德?

5.在销售和销售管理领域,有哪些适用的法律?

第 4 章　组织战略和销售职能

【核心概念】

战略层次;销售战略;销售渠道;关系战略。

【引例】

Atlantic Group:控制利基市场

办公家具经销商兼项目管理公司 Atlantic Group 的 CEO 艾布拉姆森(Roger Abramson)对来自大公司的生意并没有多大的兴趣。

他发现了公司的利基市场,即中型企业,特别是投资公司和律师行。他并不打算混淆公司的成功法则。“当合伙人和我创立这家公司时,我们都刻意回避为大型公司服务,”他说。“我们只想找到一块利基市场,然后控制它。”

到目前为止,这种战略似乎十分有效。公司自创立以来,每年都保持了两位数的增长,其中 2004 年的增幅最大,达到了前所未有的 150%。了解如何满足具体客户的需求是 Atlantic Group 取得不俗业绩的关键。“我们在这块利基市场中取得了可观的市场份额,公司一开始创立时就是为这些客户服务的。”

例如,艾布拉姆森花了“超过七位数”的钱打造了一间“示范”展厅,用于向客户展示超过 50 个品牌的四百多件办公家具,因为投资公司和律师行的管理人员很少有时间在各生产商的展厅之间穿梭。“‘示范’展厅可以大大缩短他们选购办公家具的时间,这对管理人员非常重要,”艾布拉姆森说。“我们为他们节约了大量的时间,向他们展示了最好的产品。”

艾布拉姆森也想让那些潜在客户知道 Atlantic Group 是行业内的专家。由于当时他的 6 个销售代表都只是在过去 18 个月内雇用的,因此他在每周的销售会议上都会与销售代表进行角色扮演,就产品知识进行提问。“我会问他们某件产品的生产商是谁,其成本是多少,客户要等多长时间可以拿到它,”他说。

由于公司一半的营收来自现有客户,能不能促使他们成为回头客已纳入项目经理的薪酬计划考虑因素之中。这些项目经理通过家具采购流程与客户打交道,公司期望他们提供优秀的客户服务。

“我们销售的是枯燥的办公家具,所以关键在于服务,”艾布拉姆森说道。

4.1 组织的战略层次

战略层次是企业根据对未来经营环境的分析判断,在明确组织发展方向、目标业务层次等基础上确定的战略意图和战略行动。

4.1.1 战略层次的类型

完整形态的战略层次类型包括目标层、方针层、行为层三类。

目标层指依据其在组织系统内部所处的发展时期,可分为对组织系统的根本目标、对根本目标的阶段性实现或者对上一级阶段目标的继承性实现。

方针层指针对组织系统的根本目标或其阶段性实现所作出的指导性、限制性的方针或具体化、细致化的政策措施。

行为层指为落实组织系统目标层、方针层的根本目标与方针政策,而实施的全面性、具体性工程以及程序等。

4.1.2 战略层次的对象

目标层。组织使命是目标层的根本,在人类社会中,任何"自然"或"人工"组织系统都有其存在的组织使命与根本目标。例如,自然形成的原始氏族部落所肩负的是保证族群安全、维护族群自然血脉的使命;人为建立银行业组织所肩负的维护国家金融稳定、保证经济秩序平稳运行的使命。组织使命是组织系统本身所固有的,除非组织系统本身已经发生了"质"的改变,否则是不会变化的,尤其是不会随着环境等因素的变化而变化。例如,中国共产党以领导广大人民群众实现共产主义为其历史使命,无论是在国民党统治时期,在抗日战争时期,还是在取得执政党地位之后,无不如此。明确并强调组织系统的使命,根据组织系统及周边环境的具体情况制订合适的、具体的目标,是组织战略的目标层次任务,也是目标形态战略的特征。

方针层。每个组织系统都存在于一定的内外部环境之中,不断地与周围环境进行着物质、能量和信息的交换,这是组织系统理论的基本原理,不论是"自然"或"人工"组织系统都不例外。如建设社会主义强国这一目标,可以采取"独立自主,自力更生"这样的方针,也可以采取"改革开放,融入世界"的方针,具体的战略选择要受当时的国内外政治经济环境的制约。一般来说,组织系统担当其使命、达成其目标的方式和途径是多种多样的,而如何高效地达成目标就需要选择特定的方式和途径,这就是战略方针层的任务,也是方针形态战略的特征。应当说,方针层次的战略是最常见的战略,因为它既有内容(谋略)又很简要(概略),最符合人们通常对于战略的观念。

行为层。组织系统所要处理的是具体的问题,如果某些具体问题对组织系统的生存和发展至关重要的话,它们就有可能出现于组织战略之中,构成组织战略中的行为层次,对这些具体问题的处理构成组织战略的重点时,它就成为行为形态战略。行为形态战略多分为"规划""计划""工程"等等,如"863 计划""三峡工程"等都是。这些具体"工程""计划"的意义都远不限于其本身,它们会对整个系统产生积极影响,为整个系统的发展扫清障碍、提供契机。

4.1.3 战略层次的种类

立足于本书的研究方向,我们将组织战略层次种类的讨论放在公司组织中,作为商业组织的基本组成部分,公司的整体组织战略种类分为公司战略、业务战略和职能战略。

公司战略包含公司使命、业务组合和公司整体成长方向决策。其关心的问题是:公司的事业(业务)是什么、公司应拥有什么样的事业(业务)组合。其战略行为一般涉及拓展新的业务,如事业单元、产品系列的增加(或剥离)以及在新的领域与其他企业组建合资企业等。公司层战略应当决定每一种事业在组织中的地位。

业务战略则是为公司各个战略业务单位(Strategic Business Unit,SBU)在行业内能够开展有效竞争而制定的战略。每个战略业务单位通常包括针对不同市场的产品。

职能战略则是为承接各战略业务单位中差异化产品在该领域内设计、制造、营销等具体环节而设计的战略种类,每个产品或市场组合都需要一个独立的营销战略。多产品、多业务公司的主要战略层次如图 4-1 所示。

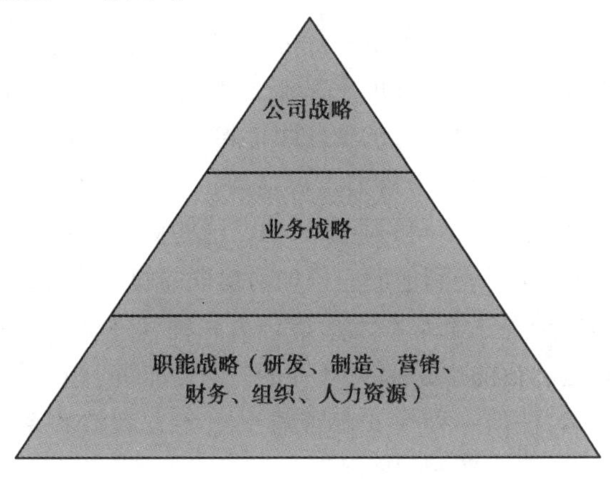

图 4-1 组织的战略层次

4.2 公司战略与销售职能

多产品、多业务公司最高层次的使命决定其公司战略,对公司所有组织层次的活动提供指导。制订公司战略步骤分为:确定公司的使命、分析公司业绩并辨别未来的机会和威胁、确定战略业务单位、为每个战略业务单位制订目标。一旦公司战略制订后,管理层就要关注公司战略计划的实施、评估和控制。虽然公司战略直接影响的是公司业务层次的运营,但各个战略业务单位却又分别影响着销售职能的发挥。

4.2.1 公司使命

公司使命的确定及阐述是战略规划过程中重要的第一步。使命的阐述为整个组织的战略制订和实施指明方向。

销售经理和销售人员必须在公司使命的指导下进行运营。进一步而言,他们要以公司使命为基础,在整个销售组织中制订特定的政策。因此,从这方面来说,公司使命的阐述对销售管理活动有直接影响。

尽管明确公司使命非常重要,但大约只有 20%的公司的销售经理能清晰地向销售人员阐述公司使命。最优秀的公司使命是简洁、完整且直接面向销售人员的,斯拜耳系统公司(Siebel Systems)就使用了这种方法。它将公司使命改为"顾客的百分百满意是斯拜耳最重要的目标。"简化后的版本简明地传达了公司的价值观,也易于销售人员理解和使用。

4.2.2 战略业务单位的定义

战略业务单位常被称为 SBU(Strategic Business Unit),现代管理学对其的定义是:"战略业务单位"是公司中的一个单位,或者职能单元,它是以企业所服务的独立的产品、行业或市场为基础,由企业若干事业部或事业部的某些部分组成的战略组织。战略业务单位必须由四个因素构成:第一,明确的目标;第二,企业提供的平台与资源;第三,工作流程;第四,分配关系,即每个人的收入与其成果挂钩,而每个人的成果又服务于企业的成果。对战略业务单位的准确定义是公司战略的重要组成部分,其定义的变化可能增加或减少战略业务单位的数量,通常这些变化在许多方面影响着销售职能。销售力量可能要进行合并并产生新的销售力量;现有的销售力量可能要重新组合以便开展不同的业务活动。这些变化将对所有的销售活动产生巨大的影响,包括从雇用的销售人员类型到他们应该如何培训、激励、薪酬和监督。

如何将目标、市场和分配等三个基本元素整合为一种管理机制,海尔独创性地采用了战略业务单位经营机制,其最终目的也是解决管理的"老大难"问题,即目标制订与实施、考核与薪酬、激励与改进。当然,任何一种模式都很难平衡各方利益关系,真正做到双赢。海尔也不能例外。

海尔的战略业务单位经营机制就是一个很好的案例。海尔创造性地提出了战略业务单位损益表的操作思路,具体做法是将事业部的外部目标转化为内部目标,再将内部目标量化到个人目标,每个部门每个员工的目标完成效果以市场链形式体现,工作指标全部货币化,以市场链工资激励员工把用户的需求作为自己的价值取向,创造性地完成有价值的订单,不能以货币结算的劳动是没有价值的,属于无效劳动。

海尔提出,管理水平的高低不在于控制员工的行为,而在于能否为员工创造一个创新的空间,使每一个员工都可以在这个开放的系统中完成任务并实现创新。海尔要求每一个员工都要面对市场,他们的价值应该体现在为用户创造的价值中。战略业务单位作为一个经营的主体,自负盈亏、亏损买单、增值提成,完全是通过自己经营市场效果得到市场报酬,通过自己的服务、经营自己的产品来满足用户的需求,挣取自己应得的报酬。

海尔还成功运用了“资源存折”考核机制。资源存折就是将企业员工看成企业的资产，只有让资产成为优质资产，企业才算良性运营。针对这个情况，海尔将员工的工作看作一种负债经营，创造性地将员工的经营收入与耗用的资源结合起来，形成一种量化性的自主经营。但是，企业中每个员工的工作预算难以确定，特别是支持流程人员，如财务人员等。资源存折创造性地将经营的有效性和市场订单的多样性结合起来，实行负债性的自主经营，不仅有利于经营成果的量化，而且能促进员工“开源节流”，为企业和自己创造更多的节余与利润。同时，资源存折是战略业务单位损益表的另一种表现形式，它实质上是将损益表中的预算剔除，以一种纵向的格式体现，其实质是一样的，都是一种企业与职工绩效挂钩的经营管理方式。“资源存折”相当于为每位员工都建立一张个人的“投入产出卡”或“个人损益表”，让每个人都明确自己的投入和产出，直接面对市场，实现了自主经营和自负盈亏。“资源存折”考核机制的实施极大调动了员工的创造积极性，使员工主动寻找市场，明确目标，围绕目标整合资源，最终获得有价值的订单。

4.2.3　战略业务单位的目标

一旦战略业务单位确定，公司管理层就要为每个业务单位制订适当的战略目标。许多公司视集合在一起的战略业务单位为“业务单位组合”。每个业务单位面临不同的竞争环境，并在整个业务单位组合中发挥不同的作用，因此，应明确每个战略单位的战略目标。公司管理者对每个战略目标的建立负有最大的责任，分配到一个业务单位的战略目标对于人员推销和销售管理活动有直接的影响。由此可见，确定每个战略业务单位的战略目标是公司战略的一个重要方面。这些战略目标影响销售组织的确立、销售人员的销售任务和销售经历的各项活动。所有的销售组织政策的制订都要有利于销售人员完成业务单位的战略目标。但是，业务单位的目标也会置销售人员于两难的境地。

4.2.4　公司战略小结

在企业管理当中，战略管理是指企业确定其使命，根据组织外部环境和内部条件设定企业的战略目标，为保证目标的正确落实和实现进度谋划，并依靠企业内部能力将这种谋划和决策付诸实施，以及在实施过程中进行控制的一个动态管理过程。战略管理大师迈克尔·波特认为，一项有效的战略管理必须具备五项关键点：独特的价值取向、为客户精心设计的价值链、清晰的取舍、互动性和持久性。

企业实施战略管理注意事项：

1）重视战略的评价与更新

由于战略管理不只是计划“我们正走向何处”，也是计划如何淘汰陈旧资源的过程，以“计划是否继续有效”为指导重视战略的评价与更新，这就使企业管理者能不断地在新的起点上对外界环境和企业战略进行连续性探索，增强创新意识。

2）重视对经营环境的研究

由于战略管理将企业的成长和发展纳入了变化的环境之中，管理工作要以未来的环境变化趋势作为决策的基础，这就使企业管理者们重视对经营环境的研究，正确地确定公司的发展方向,选择公司合适的产品—市场领域,从而能更好地把握外部环境所提供的机会,增强企业经营活动对外部环境的适应性,使二者达成最佳的结合。

3)重视战略的实施

由于战略管理不只是停留在战略分析及战略制订上,而是将战略的实施作为其管理的一部分,这就使企业的战略能够在日常生产经营活动中根据环境的变化而不断地进行评价和修改,使企业战略不断完善,也使战略管理本身得到不断完善。这种循环往复的过程更加突出了战略在企业管理实践中的指导作用。

4.3 业务战略与销售职能

尽管公司提出的是横跨业务单位的决策,但每个战略业务单位必须涉及自己独立的战略。业务层战略称竞争战略、事业部战略,属于第二层的战略,与企业相对于竞争对手而言在行业中所处的位置相关。它是在总体战略指导下,经营管理某一个特定的战略经营单位的战略计划,是总体战略之下的子战略。它的重点是怎样在市场上实现可持续的竞争优势或者是改进一个战略经营单位在它所从事的行业中,或某一特定的细分市场中所提供的产品和服务的竞争地位。

4.3.1 业务战略的类型

尽管制定业务战略是一项复杂的工作,但已开发出的几种分类方法对此却很有帮助。最流行的方法之一是波特的一般业务战略。一般业务战略与销售人员的作用如表 4-1 所示。每一类一般战略(低成本战略、差异化战略、补缺市场战略)都强调不同类型的竞争优势、销售组织不同的实施过程。销售只能在一个特定战略的实施过程中发挥重要作用。由于组织采用不同的低成本战略、差异化战略或补缺市场战略,销售经理和销售人员的活动也有所不同。销售职能常常为差异化提供基础。

表 4-1 一般业务战略与销售人员的作用

一般业务战略与销售人员的作用	
战略类型	销售人员的作用
低成本战略 积极进行规模的设施建设,依据经验大幅降低成本,严格控制成本与管理费用	• 服务现有大客户,寻找大的潜在客户 • 使成本最小化 • 以价格为基础进行推销
差异化战略 创造在行业范围内被认为具有独特性的事物。通过品牌忠诚及由此产生的价格低敏感度以期与竞争对手相区别	• 推销并非由价格优势产生的订单,提供高质量的客户服务 • 以低价格敏感度为基础选择客户 • 对销售队伍的素质有较高要求

续表

一般业务战略与销售人员的作用	
战略类型	销售人员的作用
补缺市场战略 服务于一个特定的目标市场,每项职能政策的制定都要考虑到这个目标市场。尽管在整个行业中市场份额可能会低,但是在某个细分市场具有主导地位	• 在与目标市场相随的经营和机会把握上成为专家 • 使顾客的注意力集中在非价格优势上 • 为目标市场分配足够的推销时间

这个定义的一个关键之处就是客户关系管理是一种业务战略。但是,客户关系管理战略的有效执行要求有综合的、多职能的业务流程、明确的组织能力、适当的商业理念和先进的技术。成功的企业首先提出战略、理念、流程和能力,然后找出最佳的执行方法。不成功的企业首先强调技术,然后努力使他们的战略、理念、流程和能力适应技术。

4.3.2 业务战略小结

业务战略决定每个战略业务单位在市场上如何竞争。几种战略方法都是可行的,但对销售职能提出了不同的要求。销售职能作用的高效发挥取决于战略业务单位计划如何在市场上开展竞争,而销售经理和销售人员的活动对于业务战略的成功实施至关重要。

4.4 营销战略与销售职能

因为战略业务单位通常向不同的客户群推销多种产品,所以一个战略业务单位通常要为每个目标市场制定独立的营销战略,这些营销战略必须与其业务战略一致。例如,当战略业务单位采取差异化业务战略时,营销战略的制定就不应强调低价格,每个目标市场的营销战略应强化该战略业务单位所寻求的差异化竞争优势。

在营销组合中,人员推销是营销传播的重要组成部分。营销传播战略包括人员推销、广告、促销和公共关系,大多数战略都把人员推销或广告作为主要工具,促销和公共关系通常被视为补充工具。因此,一个主要的战略决策就是决定何时由人员推销或广告推动传播战略,并且应充分利用人员推销和广告在不同的目标市场和不同营销组合中的相关优势。

4.4.1 人员推销的优势和劣势

人员推销是唯一包含买卖双方人员沟通的促销工具,其优势和劣势均产生于人际交流。人员推销能有效地、有针对性地发现并接近潜在顾客群,密切买卖双方关系,向不同的顾客传递不同的信息。对于售后服务保障等也是随叫随到,具有适应性很强的时间优势。这些特性使人员推销在人际沟通非常重要的情形下成为有力的促销工具。

人员推销的最大缺点就是接触每位顾客的高成本,与大众广告接触每位顾客的成本仅为几分钱相比较,人员推销的成本劣势尤为突出。人员推销的优势不可能廉价得到,但在一些目标市场条件下和特定的营销组合中,优势还是要比成本重要的,获得的收益也是更大的。但是优秀的推销员在市场上也是少如牛毛,难以寻觅,所以人员推销的劣势还是受到了市场的制约。

4.4.2 目标市场条件与人员推销

在特定的目标市场条件下,人员推销的特点具有优势。下列情形适于采用人员推销驱动战略:

①市场上只有少数买方,位置较为集中;

②买方购买时需要大量的相关信息;

③购买行为对买方很重要;

④产品复杂;

⑤售后服务重要。

有利于人员推销的市场特征与大多数产业用品购买中的情形相似。因此,人员推销通常是产业市场营销中的较好工具,而广告则常用于大众消费品的营销。一种有效的经营传播组合要充分利用每种促销工具的优势。进一步而言,就是必须考虑到目标市场的特征,同时,促销组合必须与营销组合中其他部分一致,以保证营销提供物的协调一致。

4.4.3 营销组合要素与人员推销

产品、分销、价格和营销传播等方面的决策是否能确保产生一个有效的营销组合,是营销战略面临的最大挑战之一。可以用许多不同的方式将这些组成部分构成一个营销组合。但是,一些组成方式倾向于表现出符合逻辑性,只有当人员推销得到重视时,才可能与营销的其他部分相适应。需注意的是,这些建议只作为指导,因为只有发挥营销组合的独特性,才有可能形成市场上的竞争优势。例如,宝岛眼镜的整体营销战略分成店内及店外,店内的营销就是7P 策略里的 Process、People、Physical Evidence,传统的4P 营销在对外的使用上仍然是重点。宝岛眼镜对外的营销主题是:专业、服务及时尚,而专业及服务的体验必须在店内才能发挥。宝岛眼镜一步一步发展成为中国眼镜零售业领头羊的实战案例,向我们展示了零售服务企业在扩张过程中的营销战略方法和技巧,那就是,根据企业发展和市场的变化,采用多种营销方法相组合的方式。

4.4.4 整合营销传播

整合营销传播(Integrated Marketing Communication,简称 IMC),是指将与企业进行市场营销有关的一切传播活动一元化的过程。整合营销传播一方面把广告、促销、公关、直销、CI、包装、新闻媒体等一切传播活动都涵盖于营销活动的范围之内,另一方面则使企业能够将统一的传播资讯传达给顾客。其中心思想是以通过企业与顾客的沟通满足顾客需要的价值为取向,确定企业统一的促销策略,协调使用各种不同的传播手段,发挥不同传播工具的优势，从而使企业实现促销宣传的低成本化，以高强冲击力形成促销高潮。整合营销传播并不是最终目的，而只是一种手段，其根本就在于以消费者为中心。在整个传播活动中，它的内涵具体表现在以下四个方面：

①以消费者资料库为运作基础；

②整合各种传播手段塑造一致性"形象"；

③以关系营销为目的；

④以循环为本质；

尽管整合营销传播战略典型传播方式是广告或人员推销驱动，但大部分公司都在其营销传播组合中采用了各式各样的工具。各种营销传播工具在消费品市场和产业市场上的相关重要性如表 4-2 所示。

表 4-2　营销传播工具的重要性排序

消费品市场	产业市场
电视广告	人员推销
印刷品、优惠券	印刷广告
印刷广告	直接邮寄
直接邮寄	贸易展览会目录/目录
广播广告	印刷品、优惠券
目录/指南	公共关系
公共关系	经销商和分销商
贸易展示和展览会	

产业市场和消费品市场面临的关键问题是如何使用及何时使用这些传播工具。整合营销传播成为越来越多公司用来描述他们的营销方法的术语，其目标是用最具有成本效率的工具达到所要求的传播目标，并保证传递到市场的信息稳定、一致。一种典型的方法是使用某些形式的广告引起顾客对本公司和产品的认知，并且识别潜在客户。这些前导销售可以通过电话营销加以接触和确认，随后把对本公司和产品的最好认知传递给销售队伍，从而引起销售人员的注意。这种方法运用相对廉价的工具（广告和电话营销）在购买过程的早期阶段与潜在顾客进行沟通，而把较昂贵的工具（人员推销）腾出来用于购买阶段后期的最佳确认。

4.4.5　营销战略小结

营销战略包括两个主要内容：一是选定目标市场；二是制订市场营销组合策略，以满足目标市场的需要。

目标市场确定以后，针对这一目标市场，制订出各项市场经营策略争取顾客。人员推销在市场营销战略中有沟通方面的独特优势，当目标市场的条件和营销组合中人际沟通非常重要时，更应该给予足够的重视。

营销战略作为一种重要战略，其主旨是提高企业营销资源的利用效率，使企业资源的利用效率最大化。由于营销在企业经营中的突出战略地位,使其连同产品战略组合在一起,被称为企业的基本经营战略,对于保证企业总体思想的实施起着关键作用,尤其是对处于竞争激烈的企业,制定营销战略更显得非常迫切和必要。

4.5 销售战略框架

公司战略、业务战略和营销战略都将顾客作为整个市场或多个细分市场。这些组织战略为销售职能提供了指导,但销售经理和销售人员必须把这些一般化的组织战略转化为适合单个顾客的特定战略。

销售战略是为单个顾客设计的执行组织营销战略的特定战略。例如,营销战略由选择目标市场和建立营销组合构成。目标市场的定义通常很广泛,营销组合也可以很宽泛地对于一般产品、分销、价格和营销传播方法进行定义。一个目标市场内的所有顾客都在规模、购买方式、需求、存在的问题及其他方面有所不同。一个成功的销售战略应充分利用单一顾客之间或相似的顾客群之间重要的差异性。

制定合适的销售战略是企业良性发展的风向标,不论是大小企业,均能更好地指引其正确前进。制定销售战略,需要企业通过对市场环境、法律政策、行业走势、内外部资源、品牌竞争力等因素的系统研究、分析和整合、优化,选择更好的发展方向和竞争方法,销售战略在企业发展中的重要性,在“21 世纪的销售管理”专栏中已有讨论。

【小贴士】

21 世纪销售管理:销售战略的重要性

杜邦公司的营销过程经理简·科雷皮特强调对不同的顾客群制定特定销售战略的重要性。

拥有有效的销售战略并与其业务战略和营销战略相结合,对于一个企业来说至关重要。销售战略为实施业务战略和营销战略提供指导。在杜邦公司,我们为每一位顾客的细分市场确定一个特定的顾客互动战略,该战略定义了我们如何计划与每个顾客群互动。不同的顾客互动战略要求不同的销售技巧,并且影响销售管理的所有方面。顾客互动战略决定了所雇佣的销售人员的类型、如何培训人员和建立所需要的支持系统,以及如何衡量成功。我们的目标是在顾客互动中的每个人的效率、效果和生产率最大化。

由于我国目前的市场环境很大程度上是建立在产业市场环境上的,而人员推销驱动的销售战略非常适用于产业市场的营销,所以我们的销售战略集中于组织顾客(也称为产业或企业顾客),特定的顾客被称为客户。因此,销售战略必须建立在组织购买者行为的重要且独特的方面。整合的组织购买者行为和销售战略框架如图 4-2 所示。

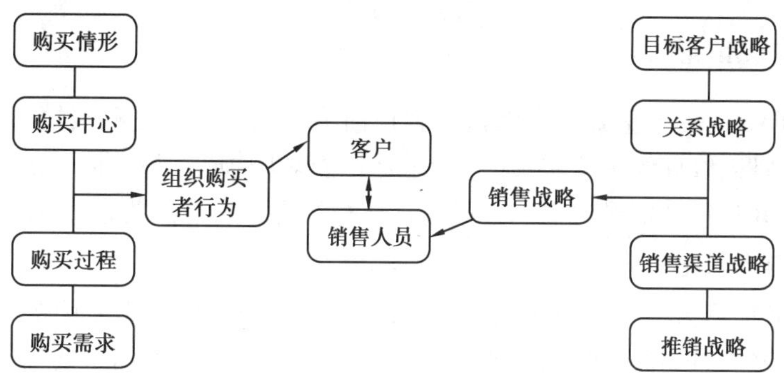

图 4-2　组织购买者行为和销售战略框架

4.6　组织采购者行为

组织市场购买行为是指各类组织机构确定其对产品和服务的需要,并在可供选择的品牌与供应商之间进行识别、评价和挑选的决策过程。

组织市场是指购买商品或服务用于生产性消费、转卖、出租,或用于其他非生活性消费的企业或社会团体。尽管任何组织的购买行为都有其独特性,但特定类型的组织在组织购买者行为上具有一定的共同性。我们将组织客户类型分为四类:生产者市场、中间商市场、非营利组织市场、政府采购市场,如表 4-3 所示。

表 4-3　组织的类型

主要类型	类　型	举　例
生产者市场	原始设备制造商:购买产品以组合到自己的产品中	IBM 从英特尔购买微机芯片组合进自己的个人计算机
	用户:购买产品和服务来生产其他产品和服务	IBM 为其公司办公室从夏普公司购买传真机
中间商市场	转卖者:购买产品再出售	Businessland 公司购买 IBM 个人计算机再转售给其他组织
非营利组织市场	公众和私人机构	The united way 为其办公室购买 IBM 个人计算机
政府采购市场	欧美国家的联邦、州等各级政府及我国的中央—地方政府机构	弗吉尼亚州奖券组织为其经理人购买计算机 武汉市政府采购办公用品

4.6.1 购买情形

组织购买行为的一个重要决定因素是客户面临的购买情形。购买情形有三种类型,包括新购买任务情形、修订的重复购买情形、直接重复购买情形。每种情形都表示了采购公司所面临的问题,并且每种情形对推销公司而言都有不同的战略含义。

1) 新购买任务情形

新购买任务情形指组织第一次购买产品,对买方而言问题最多。因为顾客基本没有作出购买决策基础的知识和经验,因此常用很长的时间去收集和评估采购信息。这种情况下的决策过程常被称为解决广泛的问题。

2) 修订的重复购买情形

修订的重复购买情形是指客户以前购买过并使用过该产品。尽管对该产品有经验和信息,客户通常仍需要收集更多的信息,也可能转而购买其替代产品。这种情况下的决策过程常被称为解决有限的问题。

3) 直接重复购买情形

直接重复购买情形是最简单的购买情形,即客户对使用该产品已经有足够的经验,并且对现有的采购安排很满意。在这种情况下,买方只是从现有的供应商处重复订货,并且从事一种例行的反应行为。

4.6.2 购买中心

组织购买行为的一个重要特征是在购买过程中涉及买方公司内部的很多人员,购买中心这个术语就用来指这些人。购买中心在组织结构图上并没有正式表明,它只是购买参与者形成的非正式网络(尽管购买部的人员常被包含进购买中心并出现在正式的组织结构中)。推销组织面临的难题就是界定所有购买中心成员并确定每位成员所承担的角色。

购买中心成员在一项特定的购买决策中可能承担的角色是:

倡议者——组织的购买过程的启动者;

使用者——所购产品的使用者;

把关者——控制购买中心成员间信息流的人;

影响者——能够影响购买决策的人;

决策者——最后决策者;

购买者——执行购买决策的人。

购买中心的每个角色可以由多人扮演,而每个人又可能扮演购买中心的多种角色。

4.6.3 购买过程

组织的购买过程可看作是包含几个阶段的采购过程。尽管这个过程常以不同的方式表现,下列阶段仍有一定的代表性。

阶段 1:认识问题或需求;

阶段 2:确定产品项目特征和需求数量;

阶段3:描述产品项目特征和需求数量;

阶段4:寻找潜在来源并对其资格加以认定;

阶段5:征求建议并加以分析;

阶段6:评估建议并对供应商加以选择;

阶段7:选择例行订单;

阶段8:绩效反馈和评估。

这些采购阶段在一些组织已形成定式或只采用了其中某些阶段。在另外的情形下,这个过程也可能仅是对实际发生事情的粗略统计。例如,政府组织和机构倾向采用比大多数企业或产业组织更正式的采购过程,由于其采购决策要受到公众监督,因此他们经常要求供应商提供大量的书面材料,除此之外,政府机构市场采购通常会出现额外书面工作、官僚式的规定以及不必要的规则、一拖再拖的决策和频繁的人员更替等普通组织机构采购所不存在的环节和现象。把组织采购视为多阶段过程有助于销售战略的制订。销售战略的一个主要目标就是采用其中一种方法,使客户的采购过程的活动便于辨别,从而赢得订单。

4.6.4　购买需求

组织购买被视为满足特定购买需求的目标指向行为。尽管组织购买过程是为满足组织需求而设计的,但购买中心的成员在组织采购过程中也会尽力满足个人的需求。表4-4举例说明了购买过程中个人和组织可能的重要需求。个人的需求与职业地位、组织内经济收入、一定时期内特定需求等因素相关,组织的需求则更多地单纯反映在与产品相关的因素。尽管组织采购常被视为客户行为,但人的主观需求对最终决策仍然很重要。例如,组织要购买一台计算机来满足数据处理需求,尽管许多供应者都能够提供相似的产品,而且一些供应商比另外的供应商提供的产品价格更低,但购买中心成员却可能选择最知名的品牌,以减少购买风险并保证自己工作的安全性。前面我们讨论了在不同的购买阶段,购买中心成员的影响是如何发生变化的。如果再考虑到不同购买中心成员的不同需求,那么组织购买行为的复杂性也就显而易见了。不管怎样,销售经理必须理解这种行为,并制定销售战略来满足购买中心成员个人的需求和组织的需求。

表4-4　个人和组织的需求

个人目标	组织目标
需要权利感	在产品使用中控制成本
追求个人愉悦	产品的缺陷很少
要求工作安全	对重复购买依赖要求送货服务
想被人喜欢	所供应产品的充足性
想得到别人的尊重	成本在预算限度内

4.7 销售战略

销售经理和销售人员通常要为客户层次的战略决策负责。尽管公司的营销战略提供了基本的指导——总体的项目计划,但最终取胜却是建立在每个客户的基础上的。没有针对特定客户设计与实施有效的销售战略,就不可能成功地实施营销战略。

销售战略在我们的框架中有四个基本组成部分:目标客户战略、关系战略、推销战略和销售渠道战略。每个战略部分都有其独特性,但彼此又相互关联。最终要为每个客户制定不同的销售战略。当然,我们常常把单个客户归入相似的类别。

4.7.1 目标客户战略

销售战略的第一步就是确定目标客户战略。正如前面所提到的,一个目标市场中所有客户并不相同。某些客户可能因为与公司竞争对手现存的业务关系而对该公司所推销的产品没有好的期望;即使是那些对公司产品有好的期望的客户或现有的客户,在现在或将来的购买数量上也各有不同,他们与销售机构的合作方式也会不同。这就意味着不可能用同样的方式来有效地对待所有的客户。

销售战略就是在目标市场内针对目标客户群推销产品而对客户进行分类的战略。目标客户战略为销售战略的其他组成部分的建立提供了基础。如同定制不同的营销组合为不同的目标市场服务一样,销售组织也要针对不同的顾客群采用不同的关系战略、推销战略和销售渠道战略。

IBM 公司对中小规模企业所采用的目标战略可作为例证。IBM 公司以四类不同类型的中小企业作为目标客户。

第一类:最大的客户,其业务问题需要一个复杂的解决办法;

第二类:较小的客户,不需要太多的注意力;

第三类:潜在的客户;

第四类:最小的客户。

每类细分的顾客群有不同的需求,IBM 公司使用不同的方法去满足不同客户的需求。

4.7.2 关系战略

同前面讨论的一样,在买卖双方之间存在一种具有明显倾向性的关系导向,在产业市场中更是如此。虽然有些客户想保持一种交易模式,但另外的客户却需要买卖双方之间存在多种多样的关系。关系战略决定与不同的顾客群建立相应的关系类型。特定的关系战略是以向目标客户战略所确定的每个客户群提供服务为目的的战略。尽管可以制定多种关系战略,但通常只为目标客户战略所确定的 3~5 个目标客户群逐个制订所需要的关系战略。我们用大的生产制造企业所创立的一般方法对此加以说明。公司的目标客户战略确定四类不同的客户群，并为每个客户群确定一个特定的关系战略。关系战略从以推销标准化产品为基础的交易关系发展到以买卖双方共同利益为基础的联盟关系。在这两端之间是中间类型的关系，解决问题关系强调解决顾客遇到的问题，而伙伴关系则表示在长时期内占据一种较佳的供应商的位置。当销售组织从交易关系向联盟关系转变时，时间框架就变得更长了，双方关注的焦点从单纯的买和卖转变到创造价值，所提供的产品和服务也从简单的、标准化的转变为复杂的、定制化的。如表 4-5 所示。

表 4-5　关系战略的特征

交易关系	解决问题关系	伙伴关系	联盟关系
目标	推销产品	⟶	增加价值
时间框架	短期	⟶	长期
提供物	标准化	⟶	定制化
客户数量	较多	⟶	较少

关系战略的不同特征在图 4-3 中有进一步的说明，从交易关系向联盟关系的转变要求买卖双方要作出更多的承诺，因为他们将在一起紧密合作。但一些买方和卖方并不想作出承诺。此外，用较高层次的关系战略为客户服务将增加推销成本。因此，销售组织在为不同顾客制定相应的关系战略时必须考虑相关的销售额和成本，关键在于平衡顾客需求和服务成本。关系战略的变化表示购买者与推销者之间不断提高的承诺及不断增加的顾客服务成本。

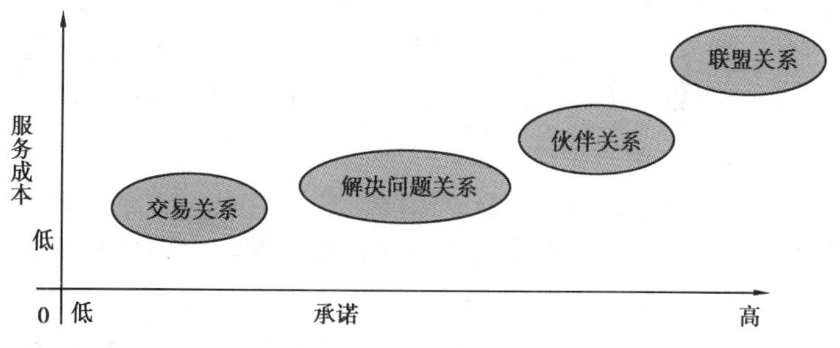

图 4-3　关系战略的销售成本

4.7.3　推销战略

成功地实施关系战略要有不同的推销方法作支持。本书此前列举了五种基本的推销方法：刺激反应式推销法、心理状态推销法、需求满足推销法、解决问题推销法和顾问式推销法。这些推销方法代表了不同的推销战略，这些战略可以用来实施一种特定的关系战略。刺激反应式和心理状态推销方法适用于交易关系战略；需求满足和解决问题推销方法适用于解决问题关系战略。顾问式推销法是伙伴战略和联盟战略最有效的方法。有时，联盟关系战略要求完全适应特定销售情形的推销战略。更重要的一点是，以一种富有成效的方式来实现所期望的关系类型需要使用不同的推销策略。销售管理的一项重要任务就是使推销战略和关系战略吻合，如表4-6所示。

表4-6 关系战略与相应的推销战略

交易型	解决问题型	伙伴型	联盟型
刺激反应	需求满足	顾问式	顾问式
心理状态	解决问题		定制化

4.7.4 销售渠道战略

销售渠道战略确保客户能以一种高效的方式享受到推销服务范围，它是销售战略的必要组成部分。能够为客户提供推销覆盖的方法有很多种，包括公司的销售队伍、因特网、产业分销商、独立商业代表、团队推销、电话营销和贸易展览等。许多公司为其产品选择多分销渠道和多种销售渠道。例如，上世纪中石化大规模扩张过程中遭遇障碍，原因在于各级分公司管理职能重叠、销售渠道混乱。为改善这一局面，其销售渠道重组的总体思路就是按照“区域化、专业化、扁平化”的原则，以优化物流配送和强化成品油市场营销为重点，充分利用现代高科技技术，对物流、零售、直销施行专业化管理，建成“管理层次扁平、业务专业垂直、岗位权责明确、市场反应灵活”的新型经营管理体制。由此扭转局面，逐步发展为中国最大的一体化能源化工公司。

一项研究发现，美国公司40%的销售来自间接销售渠道，到2010年这个比例超过60%。但是，另一项研究发现，销售人员仍然是与顾客交流的最重要的渠道，其次才是因特网、电话、电子邮件和传真。因为本书大部分内容都是关于企业实地销售人员的管理的，所以我们对销售渠道战略的讨论也集中于可供企业实地销售队伍选择的可行性方案。

1) 因特网

因特网很快成为组织推销的一种重要的销售渠道，许多公司不是更新实地销售人员，而是把因特网整合成销售渠道战略。而这种电子渠道既能在一定程度上满足顾客需求，又降低销售成本。看下面两个例子。

(1) 思科系统公司每年的因特网销售收入超过95亿美元。但是新顾客却不能从思科的网站购买产品。新顾客必须首先与经销商进行购买谈判。一旦初期关系建立，顾客就可以上网浏览查询产品、下订单或查询订单所处状态。这种商务模式利用因特网处理例行的销售与服务活动，而销售人员可以更多地关注能增加价值的活动。据估计，思科公司利用这种方法一年能节省8亿美元的成本，并使销售人员的生产率提高了15%。

(2) 美国国家半导体公司用公司的销售人员为其大客户服务，其余的小客户主要依靠分销网络。公司把因特网整合进销售渠道为每位客户服务，其目标是使销售与服务的流程更有效率。美国国家半导体公司为每个大客户架设外部网，以便其能获得相关的购买信息。小客户也能通过公开的网站，决定从哪个分销商处购买，并协调购买活动。因特网销售渠道使美国国家半导体公司与顾客和分销商建立起紧密的关系，并降低了销售成本。

这些例子介绍了这两个不同的公司是如何应用因特网作为电子销售渠道的，这些公司和其他公司都正在关注能把因特网整合进多重销售渠道战略的方法，以便用更低的成本为顾客提供价值。因此，因特网不仅正在努力与现场推销相结合，而且还与其他销售渠道（如产业分销商、独立商务代表和电话营销）融为一体。

2）产业分销商

一种可行的渠道选择就是雇用产业分销商——对销售给最终使用者的商品拥有某种权利的渠道中间成员。这些分销商常聘用自己的现场销售人员，其经营方式如下：

（1）只经营一个制造商的产品；

（2）经营来自不同制造商的相关但又不相互竞争的产品；

（3）经营来自不同厂商的相互竞争的产品。

使用产业分销商的公司通常自己的销售队伍比较小，没有分销商那样大的服务和支持能力。

使用产业分销商为分销渠道增加了新的成员。尽管分销商不被看作是最终客户，但应当像对待顾客一样对待他们。积极地发展与分销商的长期关系是企业成功的必要条件，与分销商建立合作伙伴关系是成功的关键。Herman Miller 公司是一家家具生产厂商，有 300 名直销人员和 240 个分销商。Herman Miller 公司的销售人员既可以直接拜访客户，也可以通过分销商来确定顾客是否满意。大的订单市场以公司销售人员为主，分销商主要负责小客户。Herman Miller 公司也为分销商提供市场信息，以便其能更好地销售产品，销售人员则与分销商保持经常性的接触以激励其重视销售 Herman Miller 公司的产品。

3）独立销售代表

企业可以选择独立销售代表（也称制造商代表或代表）以人员推销的方式为客户服务。代表是独立的销售组织，销售来自不同厂商的互补的非竞争性产品。与产业分销商相反，独立销售代表通常没有存货或对所销售产品无所有权。生产厂商通常与几家代表组织建立契约协议，每个代表组织由一个或多个销售人员组成并分配一定的地理区域，其报酬主要来自所售产品的佣金。大多数独立销售代表组织的规模都很小，平均只有 6 个雇员，虽然有些组织拥有 100 个销售人员和支持人员。但是，也有这样一种趋势，就是支付更多的佣金甚至是定期津贴来奖励其开发新市场，并将一部分用于奖励销售结果的薪酬转变为奖励销售代表的努力的薪酬。一些销售代表组织使用电子邮件、电话营销、新闻通信出版物和网站设计来为客户服务。为什么大多数制造商不使用自己的销售人员，而使用独立销售代表呢？独立销售代表与公司销售人员相比有一定的优势，尤其是对小企业或大企业所服务的较小市场而言。独立销售代表是以佣金为基础付酬的，销售成本可变性很大，而企业自己的销售人员的销售成本中很大部分是固定的。因此，当销售水平较低时，采用代表组织比使用公司销售人员更具有成本优势。但是，在另外一些销售水平上，公司的销售人员成本更低，因为独立销售代表通常要取得比销售人员更高的佣金。

小贴士

独立销售代表与公司销售人员相比有以下优势：

● 独立销售代表具备公司销售人员难以企及的专业销售能力；

● 独立销售代表具有深层次的总体市场知识和个体顾客知识；

● 独立销售代表能与个体顾客建立较好的关系；

● 采用独立销售代表方式能改善公司的现金流，因为公司给代表报酬的时间是在顾客结清货款之后；

● 采用独立销售代表方式能对销售费用做出预测，因为大多数销售成本是可变的且直接与销售额相关；

● 独立销售代表的使用能提供更大的销售覆盖面，因为公司能用相同成本雇佣比公司销售人员更多的代表；

● 因为独立销售代表与顾客现有的关系，公司采用独立销售代表方式一般能很快渗透进入市场。

尽管独立销售代表可能在许多方面成本较低，管理层对其活动的控制也比较少，但公司基本上要在成本与控制上进行权衡。控制有两方面：首先，因为独立销售代表是按销售额提取佣金的，所以很难让其主动从事与销售增长无直接关系的活动。因此，如果客户服务很重要，那么独立销售代表就没有公司销售人员做得好。其次，当每个独立销售代表平均负责销售 10 家不同生产厂商的产品，如果平均分配的话，每个厂商的产品也只能占用销售代表 10%的时间与精力。但是，通常一些产品比另外一些产品得到更多的关注。生产厂商对独立销售代表的最大抱怨是代表对自己产品投入的时间和精力不够，以至没有足够的销售量。所以，使用独立销售代表限制了管理层对销售代表推销自己产品时间的控制。

4）团队销售

团队销售是基于探究目标市场的市场需求和实际容量，从而采取有效的、具有竞争性的措施满足消费者需要，达成组织盈利目的的理念，强调营销团队、手段的整体性，使企业获得长远的发展和长期利润。

团队营销模式主要有三大优势：

（1）改变了传统的营销主管专注于业绩目标的模式，团队内部所有成员都将营销业绩与自身表现紧密相连，使团队内个体利益与整体利益一致化，还能够较好地解决企业内部互挖“墙角”、外部营销“撞车”的问题。

（2）通过群策群力，调动企业团队所有资源和一切积极因素，更好实现企业的整体目标。企业引入团队营销模式，成立专业的服务团队，容易争取到重大项目。

（3）营销团队中个体员工在向同一个目标前进时，自身的能力建设、学习水平、工作氛围同团队的整体业绩一并提升。企业引入团队营销模式，可以强化员工专业特长，提高团队整体素质，很快适应市场竞争需要。

在团队营销模式的组织结构建设方面，以“项目引领型”团队和“多团队策略型”团队建设模式为主，分别以项目完成、明确分工、阶段性实施报告、后期考核以及项目总经理主管、多项目团队策划、后期考核为团队运营方式。“项目引领型”团队随着项目的完成而解散，“多团队策划型”团队始终存在并寻找团队销售项目。

5）电话营销

一个越来越重要的销售渠道是电话营销。电话营销是指用电话作为与顾客接触的主要方式去完成规定的与客户建立和维持关系的活动。电话营销包括向外营销（推销人员给客户打电话）和向内营销（客户给推销人员打电话）。

企业经常用电话营销代替现场推销来为特定的客户服务，或者在向同一客户服务时，把电话营销与现场推销整合在一起。对特定客户用电话营销代替现场实地推销的主要原因是电话营销成本低。电话营销人员能为许多小客户提供服务，这样就降低了小客户的销售成本，从而使现场实地推销可以集中于大客户。例如，Secure Works 公司曾经使用现场销售人员向分销商和转卖者销售它的因特网安全服务。后来公司变为让销售人员通过电话直接联系最终用户。改变的结果是惊人的，客户数量由 50 增加到 850，每年的销售额由 7 万美元增加到 850 万美元以上。

电话营销也被整合进现场实地推销活动。例如，Shachihata 有限公司通过独立代表推销预印橡皮压印机。公司建立了包括 10 个电话营销代表的客户发展部。电话营销人员做前期准备工作并为独立代表确定约会。一旦约会确立，电话营销人员就将该客户的情况表给合适的代表传真过去。之后，独立销售代表要把这次销售访问的结果反馈回去。这种把电话营销和独立销售代表结合在一起的办法，已经增加了 4 倍的客户约会，并且减少了 60% 的推销成本。

发展电话营销队伍去支持或取代现场实地推销活动成为销售经理的一项艰难的任务。成功的秘诀之一是在电话营销发展的各个阶段与现场推销人员保持联系。现场推销人员必须意识到电话营销活动将有助于改善他们的业绩。此外，必须注意为这两类销售人员建立适当的薪酬体系和设计培训体系，以便能为他们在一起高效合作提供必要的知识和技巧。

6）贸易展览

贸易展览通常是行业资助举办的活动，企业利用摊位向现有顾客和潜在顾客展现自己的产品和服务。因为一个特定的贸易展览一年只举办一次，并且持续几天，所以贸易展览应被视为为客户覆盖的补充方法，不能单独使用，应与其他销售渠道相结合。

统计表明贸易展览目前很流行。近年来，公司的贸易展览预算也几乎翻倍。1999 年美国大约有 150 万家公司共参与了 4 500 次贸易展览，吸引了一亿零二百万人参加，到 2008 年，预计会有将近 6 000 次贸易展览和一亿二千五百万人参加。

贸易展览可用来实现销售和非销售两种目标。相关的销售目标是检测新产品、完成订单和介绍新产品；非销售目标包括服务现有顾客、收集竞争信息、辨别新的潜在顾客和树立公司形象。成功的贸易展览使企业可以向众多的参与者展示大量产品，并能制定贸易展览目标，同时参加者也与企业的目标市场相匹配。

贸易展览的潜在价值可以通过一些例子来说明。美国职业中介公司（Express Personnel Services）花费 5 万美元在人力资源经理会议学会上做展览，发现了 400 个销售机会，使销售额增加了 120 万美元。阿赞达（Azanda）网络设备公司在 NetWorld—Interprop 会议上投资的 7 万美元带来了 3 个新客户和 300 万至 500 万美元的额外销售额。奥利安国际公司（Orion International）在美国国家制造业协会会议上的展览带来了 125 个新客户和 24 万 5 千美元的销售额。

制订一种有效的销售渠道战略是一项极具挑战性的任务。销售经理必须正确地整合不同的销售渠道,才能以一种低成本高效率的方式来满足所有顾客的需求。一旦制订了一种销售渠道战略,销售经理就面临着对多渠道和渠道冲突的管理。当不同渠道的利益不一致时,渠道冲突就会发生。一个典型的渠道冲突案例是,网络销售渠道的引入使销售远离了分销商和独立销售代表,并决定了哪些客户由现场销售人员来服务、哪些客户由分销商来服务,或者是将客户从分销商那里转移给电话营销人员。很多时候对渠道冲突没有简单的解决办法,但是销售经理必须平衡渠道、销售组织和顾客的需求。

【本章小结】

为多产品、多业务公司定义不同层次的战略。多产品和多业务公司必须在公司、业务、营销和销售层次分别制订战略。公司战略决策通过描述公司使命、制订公司的整体经营范围和方向。业务战略决定每个业务单元如何在本行业内有效地开展竞争。营销战略包括选择目标市场、为每个产品市场建立营销组合。人员推销是营销传播组合的重要组成部分,也是营销战略的主要业务及销售战略的关键组成部分。

讨论公司战略如何影响销售职能。公司战略为组织内所有层次的战略提供方向。公司使命的阐述、战略业务单元的定义、战略业务单元目标的确定及公司增长模式的确定,为销售人员和销售经理提供了必须遵守的行为规则。公司战略的转变常常引起销售管理和人员推销活动的转变。业务战略决策决定每个战略业务单元如何开展竞争,不同的业务战略对销售组织有不同的要求。

列举了人员推销作为营销传播工具的优势和劣势。人员推销是唯一包含买卖双方的人际沟通的工具,因此,人员推销可以有针对性地满足每位顾客的需求,并具有传递复杂信息的优势。其主要缺点则是接触单个顾客的成本较高。

确定在何种情况下人员推销在营销战略中都非常重要。营销战略倾向于人员推销驱动或广告驱动。产业市场中强调人员推销,因为买方较少、分布较为集中、所购买的产品复杂、需要大量的信息和服务。在营销组合中,人员推销适用于通过直接渠道或间接渠道运用推动战略来分销复杂、昂贵的产品,并且只有价格中有足够的边际收益时才能够承担人员推销的高成本。

描述了能够把人员推销、广告和其他工具有效融入整合营销传播战略的方法。有效的战略通常由人员推销、广告和其他工具组合而成。企业常用广告促成公众对企业和产品品牌的认知,并以此分辨潜在顾客。然后,用人员推销把公众的预期转变为顾客对于产品与服务的实际接受。其他工具通常作为人员推销和广告的补充。

讨论了组织购买行为涉及的重要概念。组织购买行为涉及的关键概念是购买情形、购买中心、购买过程和购买需求。购买情形可被定义为新业务、可调整的重复购买或直接重复购买,购买情形的类型影响组织购买行为的所有其他方面;购买中心由购买决策制订过程中所涉及的所有人员组成。这些人员可能来自不同的职能部门,在决策过程中扮演倡议者、使用者、把关者、影响者、决策者和购买者等不同的角色。组织购买行为可看作是多阶段的购买过程。购买中心的不同成员可能在购买过程的不同阶段介入。组织购买用来满足特定的购买需求,包括组织和人员两方面。这些概念高度整合又相互作用,产生了复杂的组织购买现象。

定义目标客户战略。目标客户战略是指为了制定向每个客户或客户群推销产品的战略方法而对目标市场内部的客户进行分类。

解释不同类型的关系战略。销售组织可以采用许多不同类型的关系战略为目标客户服务。交易型、解决问题型、伙伴型和联盟型战略是一些销售组织使用的战略。

讨论不同推销战略的重要性。推销战略是为某种关系战略计划的推销方法。推销战略包括刺激反应式推销法、心理状态推销法、需求满足推销法、解决问题推销法和顾问式推销法或完全定制化服务。实施不同的推销战略需要不同的关系战略作为保障。

描述不同的销售渠道战略。渠道销售战略由关于如何为客户提供推销努力覆盖的决策组成。销售渠道战略依赖于公司的营销战略。如果采用直接分销,那么产业分销商就成为推销所关注的焦点。公司也可以考虑用独立销售代表代替公司的销售力量。团队推销的概念与买方的购买中心概念类似。由公司所面临的新的购买情形、可调整的重复购买情形或例行的重复购买情形决定,销售团队中将包括不同的人员。多层次推销和主要客户推销是不同形式的团队推销策略。电话营销可用来支持或替代实地推销。最后,贸易展览可以用来达到特定的目标并作为其他销售渠道的补充。

【案例分析】

“如家”的销售战略

如家酒店集团创立于2002年。作为中国酒店业海外上市第一股,如家始终以顾客满意为基础,以成为“大众住宿业的卓越领导者”为愿景,向全世界展示着中华民族宾至如归的“家”文化服务理念和民族品牌形象。

如家酒店集团旗下拥有如家快捷酒店、和颐酒店两大品牌,现已在全国30多个省和直辖市覆盖100多座主要城市,拥有连锁酒店700多家,形成了遥遥领先业内的最大的连锁酒店网络体系。

在营销策略上,如家运用了关联性营销。在一些发展成熟的旅游目的地,依托于目的地营销系统平台,整合本地化的各种星级酒店和旅馆资源;以同星级酒店跨区域网络营销联盟,满足该星级顾客特别是固定会员群体的需求;以经典旅游线路为核心整合线路中不同酒店资源,成立网络营销联盟平台;以其他的某种关联属性为基础,成立酒店网络联盟及其网上营销中心。包括携程、E龙、芒果、易网通等预订平台提供的第三方服务,如家快捷酒店(口岸店),亦属于此列。

2010年,如家被纳入纳斯达克中国指数股。纳斯达克OMX全球指数集团(NASDAQ

OMX Global Index Group)近日公布了纳斯达克中国指数(NASDAQ China Index)的年度重新排名。根据最新的年度排名,如家酒店(HMIN)、盛大网络游戏等6公司从3月22日起被纳入纳斯达克中国指数(NASDAQ China Index)成分股。

针对2010年的上海世博会对酒店业的影响,如家酒店集团CEO孙坚谈道:“2010年上海世博会将会对酒店业产生积极影响。上海现有的50万间酒店客房将会满足长达6个月,大约7 000万人次来沪的住宿需求,市场会保持供求平衡。”在谈到上海世博会与北京奥运会对于酒店市场的需求不同点时,孙坚先生认为,上海世博会与北京奥运会的住宿市场有三个明显不同特征:从主要目标客户来看,上海世博会住宿需求主要以国内游客为主,而北京奥运会的主要游客为国际游客;从时间长度来看,上海世博会时间长达180天左右,而北京奥运会则在20天左右,酒店需求分为前、中、后三个时期;从价格上来看,上海世博会酒店价格普遍上涨10%~20%,而北京奥运会期间酒店普遍上涨50%以上,高星酒店普遍上涨1倍以上。这三点决定了上海世博会的酒店市场需求特征跟北京奥运会有明显的不同。

如家快捷给旅客提供舒适住宿服务,更成为低碳生活的引导者和示范者。如家鼓励客人减少一次性用品的使用、节约用电用水、低碳环保技术的应用,也在推动消费者环境意识的提高、转变生活方式等方面起到了关键作用。在结合业内众多专家评委、“神秘人计划”考察以及数百万名网友评分后,如家快捷品牌在200多个经济型连锁酒店参选品牌中脱颖而出,荣获“2010年度中国最受欢迎绿色经济型连锁酒店品牌”,这是如家快捷自2006年以来连续五年获得中国经济型酒店的唯一单项大奖。

问题:

通过以上案例,分析如家酒店的企业发展和服务销售战略。

复习思考题

1.公司使命的表述如何影响人员推销和销售管理活动?

2.为什么在产业市场中侧重使用人员推销,而在消费品市场中侧重使用广告?

3.对于一个战略业务单位而言,采用差异化战略与采用低成本战略相比较,其销售管理活动有何区别?

4.讨论购买情形的类型如何影响购买中心、购买过程和购买需求。

5.什么是组织购买者行为最重要的倾向?这些倾向如何影响将来的推销战略?

第5章　销售职业中沟通的地位

【核心概念】

沟通;销售沟通;销售沟通模型;积极聆听;沟通障碍。

【引例】

通天塔为什么建不成

《圣经·旧约》上说,人类的祖先最初讲的是同一种语言。他们在底格里斯河和幼发拉底河之间,发现了一块异常肥沃的土地,于是就在那里定居下来,修起城池,建造起了繁华的巴比伦城。后来,他们的日子越过越好,人们为自己的业绩感到骄傲。他们决定在巴比伦修一座通天的高塔,来传颂自己的赫赫威名,并作为集合全天下弟兄的标记,以免分散。因为大家语言相通,同心协力,阶梯式的通天塔修建得非常顺利,很快就高耸入云。上帝耶和华得知此事,立即从天国下凡视察。上帝看后,又惊又怒,因为上帝是不允许凡人达到自己的高度的。他看到人们这样统一强大,心想:人们讲同样的语言,就能建起这样的巨塔,日后还有什么办不成的事情呢?于是,上帝决定让人世间的语言发生混乱,使人们互相言语不通。人们各自操起不同的语言,感情无法交流,思想很难统一,就难免互相猜疑、各执己见、争吵斗殴。这就是人类之间误解的开始。修造工程因语言纷争而停止,人类的力量消失了,通天塔终于半途而废。

5.1　沟通的基本方法

5.1.1　沟通的内涵

《大英百科全书》指出,沟通是“若干人或者一群人相互交换信息的行为”。《牛津大辞典》指出,沟通是“借着语言、文字形象来传送或交换观念和知识”。美国《哥伦比亚百科全书》指出,沟通是“思想及信息的传递”。美国著名传播学者布农认为,沟通“是将观念或思想由一个人传送到另一个人的程序,或者是个人自身内的传递,其目的是使接受沟通的人获得思想上的了解”。英国著名传播学者丹尼斯奎尔指出,“沟通时人或团体主要通过符号向其他个人或团体传递信息、观念、态度或情感”;“沟通可定义为通过信息进行的社会相互作用”。综上所述,沟通是人与人之间,人与群体之间思想与感情的传递和反馈过程,以求思想达成一致的感情的通畅。在销售行业中,沟通指的是客户和卖主之间,语言或者非语言的信息传递与理解的过程。这个定义说明沟通是在客户和卖主之间进行的信息接收与发送,并希望能够得到某种类型响应的信息交换过程。人们需要相互交流,这就意味着在一定程度上人们应该学会怎样准确地沟通。然而实际上想要准确地向别人表达,让其理解你在说什么是很困难的。从本质上讲,推销就是一个沟通过程,它是一个有目的提供信息、说服和提醒的沟通过程。人们通常认为一个成功的销售人员是一个能说会道的人,他们把讲故事发展成了一门艺术。虽然会“说”是帮助人们有效沟通的一种方法,但它可能并不是沟通中首要的技能。事实上,它可能不如“听”更重要。也就是说,有效的观察是可以从一个人注视的眼睛中获取真正的含义,这也是沟通一个重要的部分。良好的沟通是关系营销中一个重要的因素。沟通使销售人员得以了解客户的需求,发现任何掩盖着的问题,帮助客户形成解决问题的合适方案,并说服客户如何解决这个问题。更重要的是,良好的沟通可以在销售人员和客户之间建立起信任的关系。语言沟通分为口头沟通和书面沟通,非语言沟通分为辅助语言和肢体语言。辅助语言主要指声音音量、语气语调等。肢体语言主要指手势姿态、表情眼神、距离位置和服饰仪态等。人无法靠一句话来沟通,必须得靠整个人来沟通。下面对沟通进行分类介绍。

5.1.2 沟通的方法——语言沟通

语言沟通主要分为两大类:语言沟通和非语言沟通。语言沟通包括口头和书面语言沟通,非语言沟通包括声音语气(比如音乐)、肢体动作(比如手势、舞蹈、武术、体育运动等)。最有效的沟通是语言沟通和非语言沟通的结合。按语言沟通的形式分类,可分为口头沟通和书面沟通。口头沟通是指借助语言进行的信息传递与交流。口头沟通的形式很多,如会谈、电话、会议、广播、对话,等等。书面沟通是指借助文字进行的信息传递与交流。书面沟通的形式也很多,例如通知、文件、通信、布告、报刊、备忘录、书面总结、汇报,等等。语言是人际沟通的主要手段。利用言语交流信息时,只要参与交流的各方对情境的理解高度一致,所交流的意义就损失得最少。特别是语言沟通伴随着合适的辅助语言和其他非言语手段时,更能完美地传达信息。语言沟通要遵循一定的规则,这些规则通常是不成文的共同的默契。谈话规则在不同社会、不同团体和不同职业之间有所差别,但也有一些普遍性的规律。例如,一方讲话时对方应注意倾听,不要轻易打断对方的谈话;同一时间内只能有一个人讲话,另一个人想讲话,必须等别人把话讲完,要注意用词文雅,等等。

在实际的语言沟通中,根据内容和情境的需要,谈话的双方还必须有一些特殊的交谈规则。例如,一个计算机专家给一个外行人介绍计算机知识时,要少用专业术语,而多用通俗性的语言,多打些比喻。至于谁先讲,什么时间讲,讲多长时间,怎么讲等,都要参与沟通的各方进行协调。交谈中还有一种更重要的协调,即说者的意思和听者所理解的意思之间的协调。如果说者所使用的某个词有好几种意义,而在这里只有某一个意义,那么听者只能在这个特定的意义上去理解，否则沟通就会遇到困难。另外，要注意人际沟通时语言所表达的意义，即语义。语义依赖于文化背景和人的知识结构，不同文化背景的人所使用的词句的意义可能有所不同。即使在同一文化背景下，词句的意义也可能有差别。比如哲学家对“人”的理解和生理学家对“人”的理解往往有差异。为了区分词义上的差别，心理学家把词义划分为基本意义和隐含意义两种。例如“戏子”和“演员”，这两个词都是指从事表演活动的人（基本意义），但两者的隐含意义不同，戏子含有贬义，而演员则含有褒义。词的隐含意义主要是情绪性含义，在人际言语沟通中起着重要的作用，使用不当会破坏沟通的正常进行。语义的理解还依赖于言语中的前后关系和交谈情景。研究表明，要理解脱离前后文孤立的词是很困难的。人们容易听清一个成语却不太能听清一个孤立的词。语义和情境的关系更为密切，比如“戏子”这个词如果在朋友间打趣时用，就可能含有褒义。

5.1.3　沟通的方法——非语言沟通

在人际交往中，非语言沟通具有非常重要的地位，人们常常运用一些非语言方式来交流思想，传递感情。比如一个人捶胸顿足，痛哭流涕，以此来表示自己的难过与悲痛；相反眉开眼笑，手舞足蹈，表示兴奋和快乐；再如宴席上主人频频敬酒是对客人的尊敬与欢迎；久别的朋友相见时紧紧拥抱表示二人之间深厚的情谊。那么，到底什么是非语言沟通呢？

非语言沟通指的是不以自然语言（如汉语、英语、德语等）为载体进行信息传递，而是以一个人的表情、手势、眼神、穿着、摆设及与他人的空间距离为载体进行的信息传递。

非语言沟通的主要形式有以下四种：

（1）体态语言

体态语言也称作身势语，是以身体动作表示意义的沟通形式。人们见面相互点头、握手或拥抱，就是用体语向对方致意、问候和欢迎。人们在交谈时身体略向前倾，不时点头，神情随着谈话的内容变化而变化，这些体态特征表示出对说话者的尊敬和礼貌。如果交流时腿不住地乱抖，身体随意摇晃，眼睛不住地左顾右盼，那一定会使说话者感到不高兴，因为这些无声的语言传递出的信息是不尊重、不礼貌和不欢迎。所以体态语言与人际沟通成功与否关系很大。

体语主要包括头语、身姿和手势三种，它们既可以支持修饰言语，表达口头语言难以表达的情感意味，也可以表达肯定、默许、赞扬、鼓励、否定、批评等意图，收到良好的沟通效果。

手势是会说话的工具，是体态语言的主要形式，它的使用频率最高，形式变化最多。因而其表现力、吸引力和感染力也最强，最能表达其丰富多彩的思想感情。

从手势表达的思想内容来看，手势动作可分为情意手势、指示手势、象形手势与象征手势。情意手势用以表达感情，使抽象的感情具体化、形象化，如挥拳表示义愤，推掌表示拒绝等。指示手势用以指明人或事物及其所在位置，从而增强真实感和亲切感。象形手势用以模拟人或物的形状、体积、高度等，给人以具体明确的印象。这种手势常略带夸张，只求神似，不可过分机械模仿。象征手势用以表现某些抽象概念，以生动具体的手势和有声语言构成一种易于理解的意境。

身姿是人们经常使用的姿势动作。例如，老师教学生要从小养成好习惯，要站如松，坐如钟，行如风，就可以伴以简洁的身姿作为示范。人们协调各种动作姿势，并与其他无声语言动作，如眼神、面部表情等紧密配合，使各种表现手段协调一致，才能达到良好的沟通效果。非语言沟通是人际沟通的重要方式之一。

(2)辅助语言

辅助语言是伴随口头的有声暗示组成的，包括说话速率、说话音调、说话音量和说话质量这些声音特点。当这些因素中任何一个或全部被加到词语中时，它们能修正其含义。人们的表达方式所体现的含义与本身所体现的含义一样多。例如，一个家长用一种温和的声音告诉孩子去打扫他的房间，而两个小时过去了，房间仍然保持原样，这位家长严厉地说："你要是不马上去做，你就会有麻烦！"听到这样的口气，这个孩子就会赶紧行动。每个人的声音是与众不同的。研究发现，当人们戴上蒙眼布去听演讲者演讲时，听者能区分出演讲者的民族背景、教育水平以及误差不超过5岁的年龄。人们说话的音调、响度、停顿、升调、降调的位置等都有一定的意义，可以成为人们理解言语表达内容的线索。例如"你想到日本去"这句话，如果用一种平缓的声音说，可能只是陈述一种事实；如果加重"日本"这个词，则表示说者认为去日本不明智；如果加重"你"这个词，就可能表达对那个人是否能独走他乡有所怀疑了。

①速率。人们说话的速率能对接收信息的方式产生影响。研究人员研究了人们每分钟120~261个字的说话速率。他们发现，当说话者使用较快的速率时，他被视为更有能力。当然，说得太快，人们跟不上，说话的清晰度也可能受到影响。

②音调。音调指声音的高低。音调可以决定一种声音听起来是否悦耳。如果声音低的人演说，会被人认为是没有自信，或是害羞；如果声音高一点，并能够抑扬顿挫，就更能引起听众的注意。

③音量。信息的含义可以受到音量的影响，即说话响亮的程度。音高和音强变化是由发音体不规则的振动产生的，在一定环境中不应有而有的声音就是噪声。如果合乎说话者的目的，且声音响亮就是美妙的。当然柔和的声音也有同样的效果。想要保持课堂安静，有经验的老师知道什么时候增加或减少音量。

④声音补白。声音补白是大脑在搜寻要用的词时，用于填充句子或做掩饰的词语。像"嗯、啊、呀"以及"你知道"这样的短语，都是表明暂时停顿以及搜寻正确词语的非语言方式。

⑤质量。声音的总体质量是所有其他声音特点构成的，即速度、回音、节奏和发音等。声音质量是非常重要的，因为研究人员发现，声音有吸引力的人被视为更有权力、能力和更为诚实。然而，声音不成熟的人可能被认为能力差和权力低，但更诚实和热情。

(3)区域空间

区域空间的概念是指在某人的周围未经其许可，任何人不得进入的某一空间领域。一些实验表明：在一个群体中，处于较高地位的成员均享有较大的自由活动空间，而那些处于较低地位的成员获得的自由活动空间则较小。这一观点已由人们应用在特定的环境中，以保持人们在其社交活动中相互之间的空间距离，它仿佛是一个便携式的大气泡，无形地环绕着人们的身体。不管走到哪里，这个"气泡"以内的空间就是个人空间。区域空间的概念可以很容易使人联想到销售领域的现象。对于销售人员来说，考虑空间因素是很重要的。因为未经客户同意，而侵犯他们的区域空间，可能会触发客户的防御机制，从而使双方的沟通产生障碍。这里将主要以西方文化背景下的中产阶级作为研究对象，比如在澳大利亚、新西兰、英国以及北美、北欧，或者是生活在比较“西化”的新加坡、关岛和冰岛等地区的人们。每个人对个人空间的需求会和本书中所探讨的人群有所差别，但是无论如何，所提供的研究成果还是可以作为一个很好的参照物。当人还是 12 岁的孩子时，对个人空间的需求就已经成型，而且这种需求能够鲜明地分为四种模式。在不同的个人空间里，会需要不同间距的“气泡”。

①私密空间。私密空间的半径大小为 15~45 cm。在所有不同模式的个人空间中，私密空间的间距是最为重要的，因为人们对于这个空间有着格外强烈的防护心理，就像对待自己的私有财产一样，只有感情上特别亲近的人或者动物才会被允许进入这个空间，比如恋人、父母、配偶、孩子、密友、亲戚和宠物等。在这个空间里，还有更为私密的一个区域，那就是与身体间距小于 15 cm 的区域。一般来说，只有在进行私密的身体接触时，才会允许他人进入这个区域。也可以将这个区域称为“特别私密空间”。

②私人空间。私人空间的半径大小为 0.46~1.2 m。在鸡尾酒会、公司聚餐以及其他友好的社交场合，人们通常会与他人保持这样的距离。

③社交空间。社交空间的半径大小为 1.22~3.6 m。在跟不太熟悉的人打交道时，会跟他们保持这样的距离。例如初次见面的人、上门维修的水管工或木匠、邮递员、街边便利店的店主、新来的同事等。

④公共空间。公共空间的半径大小为 3.6 m 以上。当在一群人面前发言时，往往会选择这个区域，因为大于 3.6 m 的间距会让人感觉比较舒服。

上述所有间距如果在女人和女人打交道时，可能会缩小；反之，如果是男人和男人打交道，间距则可能会扩大。如果你跟一个初次见面的人勾肩搭背，即使你表现得非常友好和善，对方也会觉得十分反感。尽管他们可能满面笑容，似乎相当喜欢你，但你得知道，这仅仅只是因为他们不想得罪你或者没有表现出来。当客户允许销售人员进入个人或者私人空间时，他其实在说：“来吧，到我这边来，让我们成为朋友吧！”在大多数的办公室里，销售人员通常可以隔着桌子、坐在客户对面讲话。客户可以控制空间距离情况，这种自卫性的障碍物允许客户对谈话过程进行更大的控制，并且能够确保空间进入的安全。另外，销售人员与客户的关系在空间上还可以通过位置来表现，双方空间位置的不同表现出人们的关系状态，不同位置安排所表达的语言信息是不同的，产生的效果也明显不同。这些位置包括边角位置、合作位置、竞争或防御位置、独立位置（见图 5-1）。

第一，边角位置。双方谈话气氛诚挚友好，交流的双方彼此具有较大的自由，销售人员不必顾忌会侵犯对方空间，双方的目光投射自由，便于销售人员观察客户的反应，同时还拥有较大的诸如手势等伴随语言的空间。

第二，合作位置。销售人员和客户在地位上没有差别或有着共同的任务，通过这种空间位置，传递出双方彼此愿意合作的信息，双方的目标一致。

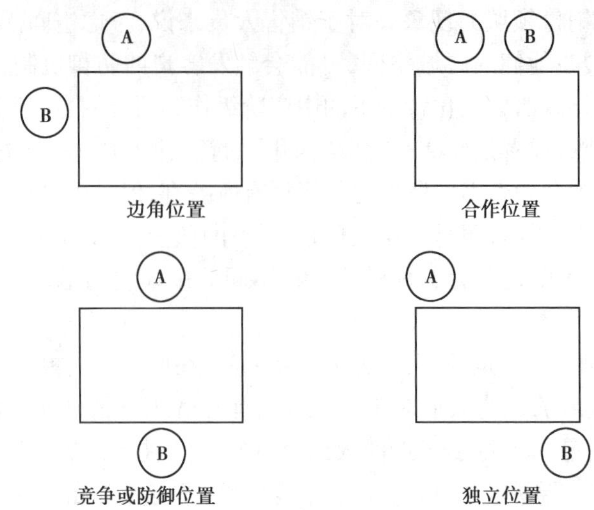

图 5-1　销售人员与客户的空间位置示意

第三，竞争或防御位置。双方各持己见，桌面成为自然的防范屏障，"领域"划分比较明确，这样容易使双方在心理上产生隔阂，销售人员在洽谈和讨论等商议性质会晤时要尽量避免这种位置。

第四，独立位置。这是陌生人之间或彼此不愿意打交道时所选择的位置，表示双方心理上不愿意彼此靠近，都希望自己的独立性不受到干扰破坏。

(4)肢体语言

早在 20 世纪初，弗洛伊德就注意到一个现象：即使人们不说话，也隐藏不住某些秘密，人们的姿势和动作往往揭示出它们隐藏的对某些事情的感觉。在向客户推销的过程中，客户们一般不会直言告诉你他们对你的话能否听得进去，但他们的身体语言会这样做。通过观察人的五个身体语言表达渠道——脸、手臂、手、脚和身体角度，就能指导客户对你提供的信息的接收程度。

①接受性信号。接受性信号表明你的客户倾向于对你的销售陈述表示赞成。这些信息给你的销售陈述打开了绿灯信号，然而这并不代表销售过程的结束。不过这至少表示客户似乎在说："我很乐意听你的表述。"你所讲的都能够接受，而且在他们看来很有趣。一些通常的接受性信号包括：

第一，身体角度：向前倾斜或者直立，以表关注。

第二，面部表情：微笑、表情爽朗、放松，目光专注地看着图示说明材料，视线同你直接接触并以肯定的声音语调讲话。

第三，手：放松，通常是松开的。当你试图拿回产品或销售材料时，他会紧握不放，而且与你握手紧而有力。

第四，手臂：放松，一般性地打开。

第五，腿：交叉，或者是不对着你，当然不会无礼地跷起二郎腿。

②警告性信号。警告性信号提醒你，你的客户对你所说的或者保持中立，或者表示怀疑。警告性信号通过以下几种方式暗示：

第一,身体角度:朝你去的方向倾斜。

第二,面部表情:表现困惑,很少或者没有表情。客户转移视线,同你很少有视线接触,使用中立的或者充满怀疑的语调,说话很少,且提出的问题也很少。

第三,手臂:交叉而且绷得很紧。

第四,手:不停地移动,烦躁不安地摆弄着什么东西,在握手时显得软弱无力。

第五,腿:交叉着,或是朝远离你的方向移动。

警告性信号促使你认识到自己的销售陈述需要做出相应的调整,这里有两个主要原因。

首先,它表明双方的沟通受到阻塞,客户对你的销售陈述的感觉、态度以及看法可能使他们对你的产品表示怀疑,持批判态度,甚至对你的产品没有兴趣。他们可能认为不需要你的产品,或者你的产品并不能给他们带来什么益处。即使你能够保持住他们的注意力,通过提问他们仍旧对你的产品没有兴趣,或者说很少有购买你的产品的愿望。

其次,如果警告性信号处理不当,可能会演变成反对性信号,这将会使双方的沟通中断,并导致销售变得更加困难。妥当处理警告性信号需要你能够做到以下几点:一是通过放慢或者放弃你事先已经计划好的销售陈述,以适应目前不利形势;二是通过提出开放性问题鼓励你的客户讨论,表达他们的观点和态度;三是仔细聆听客户所提出的问题以及他们做出的直接反应;四是对客户表现的接受性信号,应该保持一种肯定的、热心的态度,并以微笑答之。

销售人员必须要抵制住警告性信号,应该保持一种积极的形象,才有可能将其转变为绿灯信号,并继续进行销售陈述。

③反对性信号。反对性信号告诉你应该立即停止你事先计划好的销售陈述,并迅速调整。客户开始对你的产品不再表现出兴趣,如果继续进行原先的销售陈述,可能会导致客户生气或者对你产生敌意。你的沟通使客户感到了不可接受的销售压力,从而导致沟通的完全中断。反对性信号可能会通过以下方式来暗示:

第一,身体角度:收缩肩膀,远离你而向后靠在座位上,向后移动整个身体或者急于走开。

第二,面部表情:表现紧张、生气、皱眉、低沉着脸,与你的眼睛接触很少,声音语调消极或者沉默不语。

第三,手臂:紧张地交叉在胸前。

第四,手:表现出不赞成或者反对的移动,握紧双手,握手时表现有气无力。

第五,腿:交叉并远离你。

销售人员应该用处理警告性信号的同样方法来处理反对性信号,要快速采取行动去使客户平静下来,挽救局面。不要为自己辩护,先对客户的这种态度表示理解,重新部署谈话方式。通过开放式问题,了解客户的实际想法,不断地传达你自己开放和友好的积极信号,向客户表明自己来的目的是为了提供帮助,而不是为了不惜代价进行销售。

【案例】

非语言沟通

李达是应届毕业生,目前是蓝天办公用品公司的销售代表。徐力是一家公司的行政经理,年约50岁。李达身穿深蓝色的西装走进徐力的办公室。徐力正坐在一张很大的写字台后面,手臂交叉放在胸前,身体靠在椅子上。

李达:(伸出手)你好,徐经理,见到您真高兴,看起来您精神很好!

徐力:是的,你迟到了!

李达:没有办法,堵车。不过也才5分钟,请您见谅!

徐力:(用手指触摸式揉鼻子,然后手臂继续交叉着)嗯,请坐!

李达:曾经在电话里联系过,您对公司的一些新式的办公用品较感兴趣。这次我专程将样品送来请您过目。

徐力:不好意思!就在你来之前,刚与碧海公司签订了合同。

李达:(手臂交叉,语速和音量有所增加)太遗憾了。电话里都说好的。你应该等我来,公司定价比他们要低15%左右。

徐力:(手臂松开,手托下巴,身体向前倾)是吗?

李达:(站起来,眼睛盯着天花板)我想我来迟了,既然你们已经下了订单,下次再谈吧,好吗?

不等徐力回答,李达就礼貌地与其道别,径直走出了办公室。

(资料来源:http://51gt.com/news/html/2005-01/3934.shtml)

(1)李达是否识别出徐力身体语言的暗示?徐力通过身体语言传递了哪些信息?

(2)如果你是李达,会如何和徐力沟通?

5.2 销售沟通

关于销售沟通,销售人员应该了解以下内容。

5.2.1 沟通模型

国内外大都认可美国项目管理协会(PMI)提出的沟通模型。本文将其称为七要素沟通模型:信息、信息发送者、信息接收者、干扰、个性化滤网、渠道媒介、反馈。本文将以七要素沟通模型(图5-2)为基础论述。从图5-2可以看出,在影响沟通效果方面存在一些主要的因素,主要包括个性化滤网、理解力滤网、外部干扰、沟通媒介的选择、经验区域差异。由于沟通是建立在经验区域之上的,双方经验区域的吻合程度很大程度上决定了沟通的效果,假如沟通的双方在经验区域上存在差异，极可能导致沟通失败。

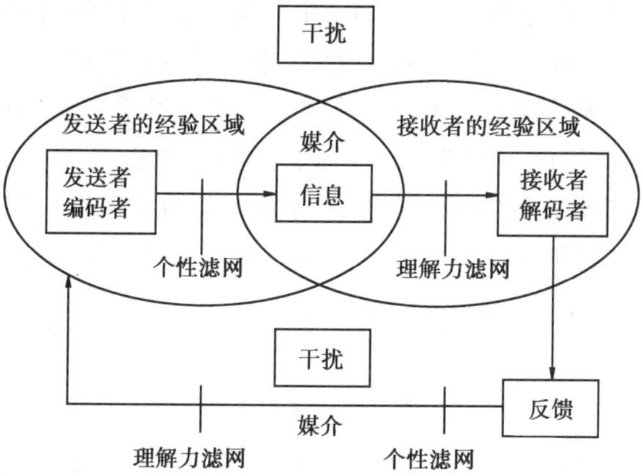

干扰
发送者的经验区域
媒介
接收者的经验区域
发送者
编码者
信息
接收者
解码者
个性滤网
理解力滤网
干扰
反馈
媒介
理解力滤网
个性滤网

图 5-2　七要素沟通模型

5.2.2　销售沟通是一个双向的过程

所谓销售沟通，就是使用语言、文字、符号或与其类似的表现形式，以便对某一产品或者服务等销售事件拥有共同的信息或共享的信息。在销售沟通中，个人之见的信息交流涉及许多要素以及这些要素间的相互关系。按照营销理念，营销的目的是要满足顾客的需求和愿望。没有双向沟通，就无法知道这些需求和愿望。双向沟通提供了获得连续反馈的机会，它能使销售人员把握推销的进程，并得以准确地说明需要进一步强调和解释的地方，这样，传递者能够更好地确定信息是否会有效地到达接收者，沟通就变得更精确。如图 5-3 所示，有效的沟通涉及双向互动作用。

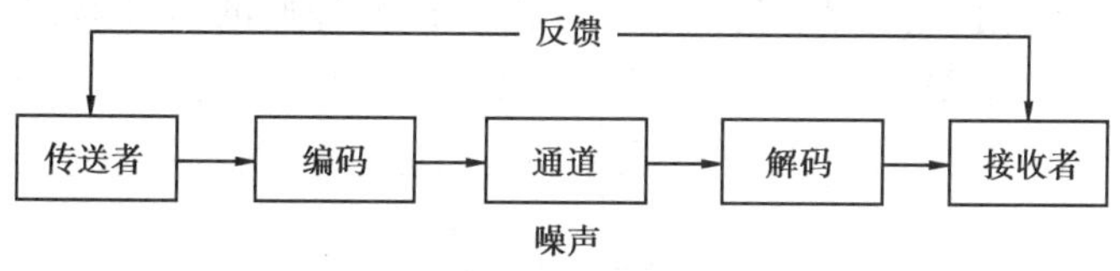

图 5-3　销售沟通模型

图 5-3 表明了要使信息交流得以发生所必需的要素和过程，描述了人员销售过程中信息交流的基本模型。它表明两个人或更多的人之间准确的信息交流，只有在双方共享或分享经验、感知、思想、事实或感情时才会发生。个人内部和外部存在的某些因素，往往会产生不准确的感知，并导致不尽如人意的信息交流。但是，这并不一定需要双方个人之间的观点、意见完全一致，只要这些观点是按照原来打算表达的含义被传递、接收和理解了，就会发生准确的个人之间的信息交流。信息交流过程涉及传送者与接收者、传送器与接收器、通道和噪声、编码与解码和反馈等要素。

1) 传送者与接收者

销售沟通显然需要两个或两个以上的人参加。图 5-3 表示的是只有两个人参加的沟通过程。由于个人之间的信息交流往往包含人们相互间一系列的互换与互动、沟通与交流，所以把一个人定义为发信者，而把另一个定义为接收者，这只是相对而言。这两种身份的来回转换，取决于人们处于信息沟通模型中的哪一个位置。在关系销售过程中主要涉及销售人员和顾客。他们在整个销售沟通过程中的位置处于不断变化之中。

在关系销售过程中，传送者的首要功能是产生、提供用于交流的信息。其次，传送者与接收者的特点对于信息交流的过程有重大影响。比如，传送者参与信息交流，一般目的明确，例如表达观点、阐明感情、改变行为或强化与接收者的关系等。如果接收者对这些目的持对抗态度，那么发生曲解和误会的可能性就会很大。信息交流的目的与双方的感知、态度及价值观越一致，则个人信息交流便可能越准确。

2）传送器和接收器

传送器与接收器仅指信息传递及接收时所使用的工具。在关系销售过程中，通常是指销售人员或顾客的感官，即视觉、听觉、触觉、嗅觉和味觉。传送是通过语言性的或非语言性的交往进行的。传送器一旦工作，那么交往过程就移到传送者之外去了，而且不再受他的控制。信息一经传送，就犹如“覆水难收”。

3）编码与解码

编码是销售人员或者顾客把自己的思想、观点、情感等信息根据一定的规则翻译成可以传送的信号。编码是信息交流和人际沟通与交往中极其关键的一环。若此环节出现脱节，整个信息交流过程就会变得混乱不堪。毫无疑问，人们所拥有的语言水平、表达能力和知识结构（如产品知识与专业知识），对于人们把自己的思想、观点、情感等进行编码起到至关重要的作用。在顾客导向的营销理念指导下，现在普遍的趋势是把合同拟写成顾客自己能看懂的形式。信息经过通道到达接收者的接收器。接收器不外乎是接收者的感官，即视觉、听觉、触觉、嗅觉和味觉，当然也不排斥借助于高新技术诸如计算机、电话、通信卫星、网络等人造“器官”来强化。人们通过自己的感官输入信息并改变他们的信号形式，使之具有一定的含义。解码就是把所接收到的信号翻译、还原为原来的含义。通过一种共同语言可以把许多信息加以解码，使所传送的含义与所接收到的含义适当接近。

4）通道与噪声

通道是信息得以从发信者传递到接收者所凭借的手段。一般常用的信息通道有语言和非语言。例如，可以面对面地交谈，也可以由电话来传送，甚至借助于网络等。对于某些重要的信息如产品款式、功能、价格、交货期与数量等内容，销售人员与顾客往往采取多种渠道，包括书面报告、合同和展示演示等形式，以免信息传递过程中的噪声干扰和信息“失真”。

噪声则是指通道中除了所要传递的那些信息之外的任何干扰。在关系销售过程中，沟通要素产生的噪声会干扰信息的正常交流。传达者与接收者的情绪状态，所处环境情景，两者的个性特点、价值标准、认知水平、区域文化所造成的心理落差和沟通距离，编码和解码时采用的信息符号系统的差异，都会影响信息交流的正常进行。总之，噪声作为一种干扰源，无论产生于交流过程中的哪一层次、哪一环节，无论有意或无意为之，其本身也是一种信息。只不过这种信息通常增加信息编码和解码中的不确定性，导致信号传送和接收时的模糊与失真，并将进一步干扰个人之间的信息交流。一般可以借助于重复传递或增加信息的强度（如音量）来克服。

5）反馈

销售沟通模型中的最后一个要素就是反馈。反馈是指接收者对于传送者传来的信息所作出的反应。如果接收者能够充分解码，并使信息真正融入信息交流过程中的话，则会产生反馈。反馈使得传送者可以发现信息是否被接收。通过反馈，销售沟通变成一种双向或多向的动态过程。反馈可以检验信息传递的程度、速度和质量。一个沟通计划贯彻执行后，信息传播者必须衡量这个沟通计划对目标销售对象的影响。如图 5-4 提供了一个良好的信息沟通反馈实例。此例中，发现整个市场中 80%的人对产品 A 有所了解，其中 60%的人已经试用过它，但试用的人中仅有 20%对它表示满意。这表明，信息沟通方案在创造知名度方面是有效的，但该产品未能满足消费者的期望。同时，整个市场中仅有 40%的人知道 B 产品，其中 30%的人试用过，但试用的人中有 80%对产品表示满意。这表明，信息沟通方案亟须加强对产品的宣传，提高其知名度和试用率。

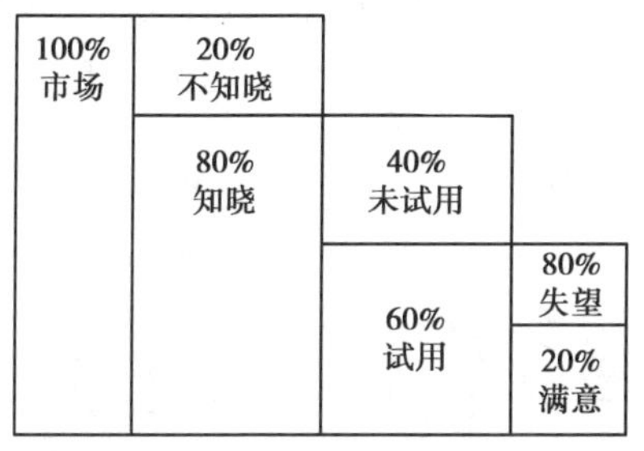

产品A

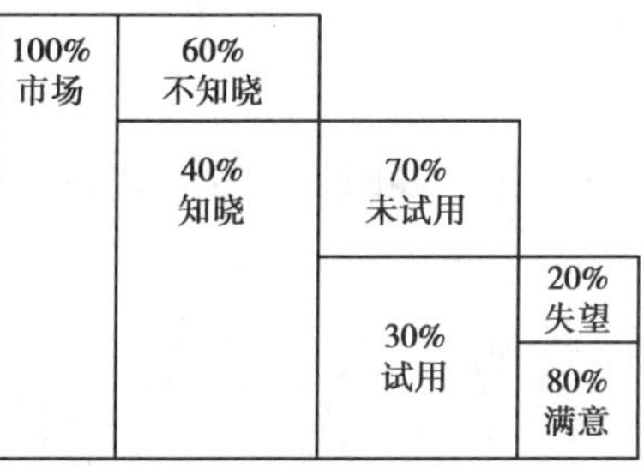

产品B

图 5-4　A、B 两种产品的消费者现状

【案例】

沟通是做好销售和服务的关键

山东大成农药公司非常重视与顾客的沟通。通过 ISO9000 质量体系认证之后，沟通得到进一步改进，提高了服务水平。

（1）与经销商、消费者面对面进行直接的交流。一般由业务人员在进行推销时与他们沟通，随时了解顾客对质量、价格、服务等方面的意见。公司要求业务人员定期填写“顾客信息反馈表”，一般每月填写一次，及时整理后向公司领导汇报处理。这种沟通方式的优点是有效、快捷、准确，其不足是对业务人员服务质量不好的意见，不能及时反馈回公司。

（2）通过定期举行的订货会、产品展示会等形式集中与顾客（包括经销商、零售商、消费者）进行沟通交流。参加这种会议的以经销商居多，所以，反映的意见有可能与消费者的意见有偏差，更加注重了经销商自己的利益，但一般来讲，经销商也能站在消费者的立场，反映消费者的意见。

（3）针对服务质量、消费者需求等，定期进行消费者问卷调查。山东大成农药公司一般每年进行两次大型调查，通过业务员或直接邮寄的方式向顾客发放调查表上千份，回收整理顾客意见，及时改进。问卷一般能够客观反映顾客的需求和期望。关键是表格设计要合理、全面、简洁,顾客容易并愿意填写。调查表有时不能及时收回是其缺点。

(4)消费者、经销商等对产品或服务的直接电话投诉。往往是他们的不满意达到一定程度时才开始投诉,其实这已经给公司造成了不良影响和后果。

(5)公司领导直接到销售市场调查。公司领导每年两次对顾客进行集中性回访和市场调查。第一次是春节过后,领导分几路进行访问,了解顾客的需求和市场发展趋势,旨在改进生产和管理,为当年的经营销售工作做好准备。第二次是在销售旺季过后的秋天,旨在集中了解顾客意见,及时解决销售中存在的问题。这种调查的结论一般比较准确、全面,但领导精力有限,不能亲力亲为。

(6)设立专门的回访申诉部门,由专人通过电话与顾客沟通,防患于未然。本着依存于顾客、服务于顾客的思想,主动积极与顾客沟通。这种沟通方式使顾客有一种被重视的感觉,有助于及时化解顾客的不满,有利于提升公司的形象。

(资料来源:于华英,等.沟通是做好销售和服务的关键[J].世界标准化与质量管理,2001(6).)

谈谈企业在销售和服务过程中如何做好沟通工作?

5.3 销售沟通的要素

销售沟通包括三个要素,即积极聆听、观察和陈述。每个要素在销售过程中都有自己的位置,它们都是非常重要的。然而,哪些是有助于销售人员更好地理解并联系客户的因素,往往最容易被忽略,而这些因素可能对销售成功至为关键。

5.3.1 积极聆听

倾听别人说话不仅是一种礼貌,而且表明销售人员愿意客观地考虑客户的看法,这会让说话的人觉得销售人员非常尊重他的意见。

沟通是一个双向过程,它包括了发送和接收两个过程。在运用于销售的各种重要技巧中,研究一致公认"听"的能力排首位。它不只意味着要"全神贯注地听"才可以完全接收对方的信息所消耗的能量,还需要接收那些"言外之意"或分析说话者的真正意图,及有分析水平与大量的知识基础协助去得出结论。很多人包括中介业务员、主管,他们很容易忽略聆听的困难度和重要性。具体来讲,听的行为有四种类型。

1)一般的听

一般的听是指耳朵单纯接收声波并自动传到脑部,没有或不会产生注意、思维分析、记忆等过程。如一路驾车一路听音乐,这些内容都不会上心,因为司机当时专注的是路面情况。

2)收集信息的听

收集信息的听是指听者产生了注意,能吸收事实的内容,产生短期记忆,例如看电视剧或听广播剧。

3)专注的听

专注的听是指因一些被认为重要的信息内容,而全神贯注地听,其原因可能是因为提防危险,或正进行辩论,或社交上的礼貌的攻防。这时,接收的信息产生了注意,大脑进行了分析,大量利用记忆进行紧张的思维,同时组织句子,等待说话的机会。

4)积极聆听

积极聆听是指听者以一种负责任的态度,全神贯注去获得说话者想要传达的完备信息的正确理解,经常要求重述或补充询问并以微笑点头表示明白。这时,听者纯粹为彻底了解对方,包括说话的表面意思和背后的真正意图的分析,完全没有表态的意图。

积极聆听是不容易做好的事情。这时,听者的代谢过程加快,心跳、体温与血压都有提升,听者的关注程度,连说话的人也会感觉得到。受过训练的业务员通过积极聆听,可以实现一些目的:

(1)使客户感觉到自己被真诚地重视;

(2)有效掌握客户的需要或他真正的需要是什么的重要线索;

(3)客户在陈述他的需要时,你的专注积极聆听,会鼓励他更投入地讲。他在向你推理解释时,正处于劝自己购买的状态;

(4)客户感觉到你的聆听状态,他就能敞开心扉,接收你更多的询问,信任的感觉开始建立。优秀的销售人员在这时刻,必须尽快与客户产生共鸣、好感而非对立。

由于人脑对记忆片段有选择性与不同的持久性,大量的重要信息很快就会被遗忘,使聆听的作用大打折扣。所以积极聆听的同时,还要尽力边听边录,事后还要写下分析的结论。

积极聆听可利用两个技巧去产生良好服务的感觉:

(1)解述(确认或复述),即对说话者的每一段表述进行小结,以询问的方式来复述对方说过的话,例如"你刚才提到……是吗","你的意思是说……对吗"等;

(2)感觉检验,即总结出说话者的需要、情绪或感觉,这是尝试性的,而非批评性,例如"照你这样说,你认为现在是入市的最佳时机了","你是说这个商品减价就一定考虑,是吗"。

上述两个技巧不只起了信息确认的作用,而且为说话者对自己迟疑的真实感受,或不知如何表达的感受,提供了反馈,令沟通得到强化,更给予说话者以鼓励,使他们对听者更加开放。

太多业务员过于注重讲,或急于证明自己的辩才、见识,或急于推翻对方的谬误,而出现与客户争着说话的紧张状态。这时业务员的聆听接收能力迅速进入低潮,不但有可能听不进对方的话,疏忽了重要信息,更会迫使对方进入非自己能控制的心理状态,导致将来销售的失败。

5.3.2 观察

需要与"听"完美配合的是"看"的能力,它占着第二位,协助补足说话者所疏忽的、由身体语言泄露出来的、更真实的信息。一个一闪即逝的狡猾微笑,可能否定了他滔滔不绝的大堆表面理由,就看你是否能观察并即时捕捉到。

一个优秀的业务员或销售主管能有效利用听与看去牢牢把握对方的内心世界,从而确定出有针对性的推销策略。观察集中针对客户本身及他身边的人物,收集的重要信息线索包括穿戴、小动作、气质、举止等,这些信息往往透露出他的内心世界,也向你发出大量真伪信息。这种收集方式,倾向于艺术化而非科学化,需要总结大量经验。

5.3.3 陈述

聆听和观察客户,收集信息,分析客户的需要,最终目的就是要向他推销,这就有赖于表达陈述能力。

①表达能力的重要性排在最后,其难度却是第一位的。将复杂的概念在脑海中组织好,没有遗漏地顺序用语言表述出来,还要注意节奏、语气、音量、态度、身体语言的配合,这是推销工作中最为艰巨的步骤。

②能否以简洁精练的、有说服力的方式进行陈述,是销售成功的关键。销售人员需要事前仔细思考和准备,需预先设想各种情况,考虑哪些信息可能对客户是重要的、是可以影响他的决定的,同时,还要确定陈述的先后次序,设计一个切入这个话题的方式,将信息的要素有系统地铺陈出来。

③客户每天都被各种各样的销售人员包围着,他们似乎都陈述着相同的故事,如"公司的信誉最好""我介绍的房子最佳""价钱最便宜"……销售人员想要脱颖而出,能正确地传达信息给客户是最重要的。同时,这也是个人创造力(创意)的发挥时机,他们要认识到自己的销售产品可有多种方式来说明,可以很新鲜和有趣,这样可免于陷入陈腔滥调的模式。

④基于沟通障碍的存在,以及记忆力的不可靠性,精彩的陈述未必会为客户完全所接受,因此还要使用销售辅助手段,例如,产品的图片、书面证书、细述产品优点或公司事务有关的图表。

5.3.4 避免销售中的沟通障碍

在销售中的沟通有很多障碍,令沟通成效不佳或失败,这是销售人员和销售经理所必须认识到的。这些障碍主要来自以下几个方面。

①听者的情绪影响。业务员发表陈述过程中,要时刻注意客户的情绪状态,而最佳的是平静的接收状态。如果对方亢奋多言、大喜或暴怒,均不适宜传递重要信息,你以为已经讲过了,但其实对方并没有接收到。

②偏见者的存疑。因为带偏见的听者对说话者所说的内容存疑,所以听者不相信销售人员的介绍。

③信息量过大。信息量太大加之多变的环境,令客户难以接收全部的有效信息。客户在短时间内不能接收过多的信息量,消化信息需要时间。

④嘈吵的背景。嘈吵的背景,不仅使信息的传递受干扰,而且也影响听者的情绪。用电

话沟通,要时刻注意对方的背景噪声,如发觉很吵,应通知他稍后再联络。

⑤销售人员表达能力差。销售人员表达能力差,词不能达意,应说明的信息没有讲齐,条理性不强。

⑥客户专业知识有限。客户的专业知识有限,理解力较弱,信息组织有错误。

⑦心理障碍。其中一方有某种心理障碍,例如听者怕对方以为他不够水平,因而不懂装懂,不懂又不询问;或说话者怕对方以为他不够水平,因而故意加快讲话速度,或使用较难明白的词语或句子等,又不理会对方是否明白。

⑧文化水平差距。沟通双方的文化水平差距,使用了不同方言或不同文字,或者同一个词可以有多种解释,令客户对信息产生理解偏差。

⑨听者注意力分散。听者的注意力分散,或陷于思考状态,而讲者滔滔不绝,没有注意到。这在电话沟通,或讲话时没有目视对方时经常发生,所以每讲一段,要注意提反问,以接受回馈,确保对方明白。

⑩记忆力有局限性。信息会被大脑选择性吸收,储存成短暂记忆,自动忽略不感兴趣的部分,而短暂记忆如果没有重复刺激,很快就会被遗忘,令整个内容仅残留模糊印象。

【本章小结】

在销售行业中,沟通指的是客户和卖主之间,语言或者非语言的信息传递与理解的过程。这个定义说明沟通是在客户和卖主之间进行的信息接收与发送,并希望能够得到某种类型响应的信息交换过程。良好的沟通是关系营销中一个重要的因素。沟通使销售人员得以了解客户的需求,发现任何掩盖着的问题,帮助客户形成解决问题的合适方案,并说服客户如何解决这个问题。更微妙的是,良好的沟通可以在销售人员和客户之间建立起信任的关系。沟通分为语言沟通和非语言沟通两大类。语言沟通分为口头沟通和书面沟通,非语言沟通分为辅助语言和肢体语言。辅助语言主要指声音音量、语气语调等;肢体语言主要指手势姿态、表情眼神、距离位置和服饰仪态等。人无法靠一句话来沟通,必须得利用整个人来沟通。怎么说比说什么更重要!

所谓销售沟通,就是使用语言、文字、符号或与其类似的表现形式,以便对某一产品或者服务等销售事件拥有共同的信息或共享的信息。在销售沟通中,个人之间的信息交流涉及许多要素以及这些要素间的相互关系。双向沟通提供了获得连续反馈的机会,传递者能够更好地确定信息是否会有效地到达接收者,沟通就变得更精确。信息交流过程涉及传送者、传送器与接收器、通道与噪声、编码与解码和反馈等要素。销售沟通包括三个要素,每个要素在销售过程中都有自己的位置,它们都是非常重要的。然而,那些有助于销售人员更好地理解并联系客户的因素,往往最容易被忽略,而这些因素可能对销售成败至为关键。沟通有很多障碍,令沟通成效不佳或失败,这是业务员和销售主管所必须认识到的。销售的法宝是沟通,沟通的核心是心态。

【案例分析】

万客会：无限沟通+口碑效应

深圳万科地产在地产营销上有一个“习惯”，即无论进入哪一个项目，都是“工程未动，会员先征”，前期启动万客会员俱乐部。

此举除了可以把握市场需求与消费特征外，还可以降低项目开发风险，更可以把其征集的会员视为准客户，并通过后续深度服务把一部分会员发展为企业的客户，或者在会员的推荐下吸引其亲朋的积极参与，进而形成一个庞大的潜在客户网。

万客会，全名为“万科地产客户俱乐部”，于1998年8月18日在深圳创立，是全国首家由发展商发起创建的客户俱乐部。随着万科在全国的规模化开发，万客会也在大江南北生根开花，上海、北京、天津、沈阳等十几个大中城市相继成立万客会。目前，万客会会员人数已逾8万人。

会刊是最好的沟通工具。《万客会》是万科房地产下属客户俱乐部“万客会”编辑发行的一本企业内刊，无定价，免费赠送给万客会会员、万科业主阅读，不对外公开发行。万客会刚成立的时候，万客会与会员之间的联系处于比较分散的状态。如何使会员有归属感？如何加强万客会与会员之间的联系？如何让会员了解万科的信息？

万科认为创办会刊是一种非常好的办法。1999年6月，第1期万客会会刊发行。会刊将万客会的日常活动以及万科的楼盘销售信息放入其中，定期发送。万科集团的领导层和员工积极向会刊投稿，向业主灌输万科精神，而业主也非常珍惜自己在会刊上的话语权。会刊成为企业和客户最好的沟通工具。会刊最初更多的内容是万科的活动、销售信息，而现在这些仅作为辅助性内容。与其他刊物一样，万客会将会刊的可读性和质量放在第一位。因为万客会的成员有一部分并不是万科地产的用户，考虑到他们可能对内部信息不感兴趣，会刊从16开本的双月刊演变成社区办、时尚版分开的月刊，内容越来越丰富，形式也越来越美。仅深圳分公司每年就要在万客会的会刊上投入100多万元，这个数据反映了万科对万客会的重视程度。

（资料来源：http://kaaav.com/）

问题：万客会有哪些值得学习的地方？

耐克的真实沟通之道

耐克居女性“最青睐的品牌”之首。之所以受到众多女性青睐，除了独到的营销策略以外，还与其多年的女性市场培育分不开。

2009年9月，波士顿咨询集团高级合伙人迈克尔·西尔弗斯坦（Michael Silverstein）推出新书——《女性想要更多》（Women Want More），该书被誉为针对营销人员夺取“世界最大且增长最快的市场”之指南。书中，西尔弗斯坦和他的同事询问了22个国家里的12 000名女性“最青睐的品牌”，被提及次数最多的品牌依次是：耐克、苹果、索尼、香蕉共和国（Banana Republic）及其零售商姐妹公司Gap等。耐克、苹果等人气品牌之所以受欢迎，是因为它们的广告都清楚且直接,即便它们的产品很复杂。

耐克之所以被众多女性青睐,除了独到的营销策略以外,还与其多年的女性市场培育是分不开的。从2000年成立全球女鞋部,专门负责女性运动服和运动鞋项目以来,耐克一直致力于通过创新、产品、沟通与女性消费者们建立良好、坚固的关系。

(1)真实需求洞察

2009年1月,耐克在亚太地区发起了一项名为“Be Transformed 我的蜕变”的推广活动,通过开展一系列的互动活动和广告宣传,包括耐克训练营和动感瑜伽,让年轻女性通过体育锻炼找到更加健康和自信的“自己”去面对生活。

Nike Women 的目标消费群体是17—24岁的年轻女性。在中国市场,这一消费群体具有一些共同的特征:青春活力,思维活跃,希望受人重视,想象力丰富并充满梦想。她们中的大多数是在校大学生,学业繁忙,压力大;她们多数是独生子女,渴望更多朋友间真诚的分享和交流。

“耐克整个女性健身计划的概念核心是 Train to be Stronger,如何通过市场营销、通过消费者语言来表达出这个理念,是耐克一直在探寻的问题。亚洲女性虽然在形体上有一定的优势,对于通过训练来塑造形体的需求相对来说不是很高。但适量的体育运动或训练课程的安排,确实对女性的身心大有裨益。那么,如何挖掘这一部分人的需求,如何培养她们在这个问题上的重视程度,如何让她们通过参与互动,真正领略到运动的好处,从运动中挖掘出对生活的激情,这是面临的挑战。”Brenda Wu(吴欢伦),耐克数字媒体规划经理对《成功营销》记者介绍说。

多年来,耐克一直通过概念的引导和情感的诉求,为目标消费者提供一个沟通的桥梁。“从消费者最深层次的需求出发,通过各种形式,让品牌以她们熟悉的方式进行真实沟通。她们不仅能够主动积极地参与到活动中来,更能参与到品牌的对话中,分享真实感受。”

整个耐克2009年“Be Transformed 我的蜕变”品牌推广活动,包括平面广告、电视广告、网络广告、手机广告、户外广告以及店内广告等多种媒介形式,旨在将“蜕变”的概念传播到整个亚太地区。其系列视频广告,分别演绎了亚太区6位女性在运动中“蜕变”成为卡通女超人的奇妙经历。整个故事采用真人演绎和动画结合的独特表现方式,用不同的动画风格体现出不同的主题特色,深受广大年轻女性消费者的喜欢。很多人通过各种形式和渠道,加入到了“蜕变”的队伍中来。耐克通过深刻挖掘目标消费者需求,与目标消费者实现了情感上和行为上的真实沟通,让消费者通过体育运动重新认识自己,提高自己,感受“蜕变”。

(2)借力腾讯平台360度沟通

准确地把握了品牌核心传播点,那么,对于耐克来说,如何通过有效的传播平台把品牌精神通过各种接触点传达给目标消费者,并吸引目标消费者行动起来,达成品牌的互动?

“我们的消费者通常很活跃、非常具有创造性,她们经常带给我一些意想不到的惊喜。一直在寻找她们喜欢且熟悉的平台,通过这些平台,让消费者与我们的品牌主张准确对接。”而腾讯凭借独有的多产品营销平台和高契合度的目标人群,成为耐克此次“Be Transformed 我的蜕变”网络推广项目的最佳搭档之一。

"腾讯不仅有很强势的IM和内容支持,更有游戏类产品和线下线上整合优势。"Nike Women"蜕变"项目,首度联合腾讯旗下的音乐舞蹈类网游"QQ炫舞",推出了Nike Women系列运动服饰的虚拟形象,将运动服饰和时尚游戏完美结合在一起,倡导年轻人群中的新流行,并合作推出了"我的蜕变"QQ秀搭配大赛,让消费者利用Nike的产品进行多种可能的混搭,并以网络人气决出胜负。充分利用腾讯进行跨平台立体推广,全面覆盖目标受众。

这种以QQ娱乐游戏为载体的植入式营销,其最大的好处在于,不是将信息强推荐给消费者,而是吸引消费者参与并使她们主动谈论品牌信息和体验,从情感上打动消费者,使其像病毒一样传播和扩散,从而获得强大的传播影响力。

此次推广还重点整合了QQ空间的SNS机制。前期通过QQ空间组织线下53所高校赛区,掀起了全国范围内的"我的蜕变"校园女子舞蹈大赛的活动,并创建53个专属空间,为所有参与选手提供展示平台;后期的Nike训练营项目通过QQ空间2.0版本展示训练视频,吸引广大用户观看和转载,并为参与用户提供虚拟奖品和耐克品牌实物奖品,整个基于QQ空间的活动趣味性高,参与门槛低,引爆用户参与热度;耐克同时联合腾讯,增加了一系列后期延续性的活动,保持了用户的可参与性和持续活跃度。体验者通过网络社区的口碑营销带动更多潜在用户关注,通过SNS机制达成品牌信息传播的最大化。线上品牌体验和游戏带动好友之间互动,线下参与耐克健身训练活动,真实加入品牌对话和建设。

(3)真实多赢效果

"我们的最大目标,在于培育运动品牌这个大市场,让我们的消费者通过我们的品牌传播活动,真实地受益。至于是否能够直接拉动销售,虽然活动期间销售额确实有一个明显的提升,但这不是进行品牌营销的终极目的。"Brenda Wu在谈及活动效果的时候,回答得很坦然。

可以看出,2009年耐克与腾讯的合作达到了理想的效果。耐克通过腾讯平台,真实地传达了品牌理念,与目标消费者进行了真诚的沟通,倾听到了来自消费者的真实声音;而腾讯通过与耐克合作的机会,尝试了更多创新的营销方式,包括此后Nike Women动感瑜伽和耐克训练营项目中,在腾讯IM中更多地融入和传播耐克品牌元素,得到了很多消费者的喜爱;消费者通过参与品牌活动,切实享受到体育健身对身心健康带来的益处。

(资料来源:中国女装网)

问题:

(1)耐克采取了哪些真实沟通之道来促进销售?

(2)耐克是如何通过有效的传播平台把品牌精神通过各种接触点传达给目标消费者,并吸引目标消费者行动起来,达成品牌的互动?

(3)通过这个案例探讨沟通在销售中的作用。

【复习思考题】

1.什么是沟通？它具体包括哪些形式？
2.语言是沟通最精确的形式吗？为什么？
3.给出一些形体动作的例子,并解释它们怎样影响沟通？
4.如何理解销售沟通是一个双向的过程？
5.销售沟通包括哪几个因素？各自有何特点？
6.听有哪些不同的类型？
7.销售中如何避免沟通障碍？

第 2 编

人员推销过程

第6章　人员推销的基本理论

【核心概念】

销售方格;顾客方格;销售三角理论;爱达模式;迪伯达模式;费比模式。

【引例】

张老板的李子

李老太的儿媳妇怀孕有两个多月了,这几天胃口一直不是很好,老想吃酸的。李老太想,可不能亏待了我没出世的小孙子,儿媳妇的营养一定要加强。

想着,李老太就来到了李子摊前。李子摊的王老板一见有顾客来,马上热情地招呼:“新上市的李子,要不要?”李老太太看了看,问道:“这李子怎么样?”王老板马上说:“我的李子个子大味儿甜,您老来二斤?”李老太左摸摸右看看,李子的确是又大又红,李老太却摇摇头说:“我再转转。”

李老太又来到了张老板摊前,张老板见李老太面露喜色,肯定家有喜事,便问道:“老太太,什么事这么高兴?”李老太乐呵呵地说:“就要抱孙子了,能不高兴吗?”张老板马上说:“恭喜!恭喜!儿媳妇几个月了?”“都俩月了。”李老太笑得嘴都合不拢。“那可得加强营养,喜欢吃酸的吧?”“是啊是啊!这两天就想吃酸的!”张老板顺势说道:“我这个李子够酸,而且很有营养,您儿媳妇吃了,一准儿给您生个大胖小子。”“是吗?那给我来两斤。”李老太高兴地买了李子,哼着小曲回家了。

6.1　销售方格与顾客

推销是一种古老而又普遍的经济现象,其历史同商品生产一样就久远。商品的生产者把商品投入市场,都希望能通过一定的推销方式把自己的商品尽快销售出去。美国著名管理学家布莱克和蒙顿曾因提出“管理方格”理论而颇有建树。他们在管理方格理论的要旨上建立了“销售方格”和“顾客方格”理论,此理论着重研究销售人员与顾客之间的人际关系和买卖关系。它不仅可以帮助销售人员更加清楚地了解自己的销售能力与心态,找出在销售工作存在的问题,从而进一步提高自己的销售能力,而且还有助于销售人员了解顾客的心理状态,恰当地处理与顾客之间的关系,争取销售工作的主动权,提高销售效率。

6.1.1 销售方格图

涉及销售方格图,我们就要了解销售方格和销售心态。

1)销售方格

销售人员在进行销售工作时至少有两方面的目标:一是努力完成销售任务;二是尽可能满足顾客的需求,建立良好的人际关系。但是每一个销售人员对销售目标的着重点不一样。20 世纪 70 年代,美国管理科学家布莱克与蒙顿教授将行为科学理论中的方格理论引入了销售学研究中,他们从销售学角度出发,将销售人员对两个目标的关心程度及形成的态度用图形表达出来,这就是“销售方格”(如图 6-1)。

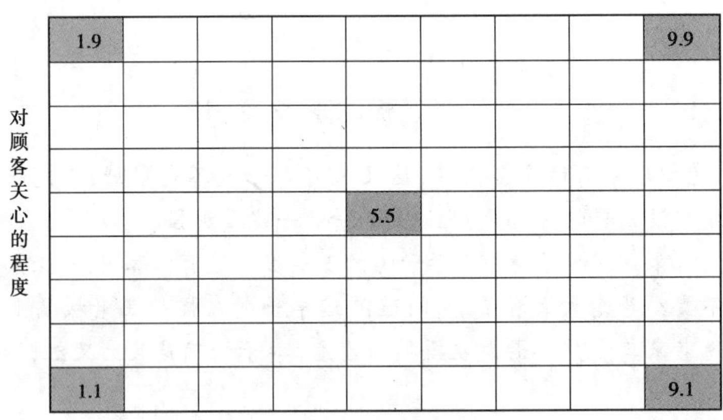

图 6-1 销售方格

推销方格横坐标表示推销人员对销售任务的关心程度,纵坐标表示对顾客的关心程度。横纵坐标各分为 9 等份,坐标值越大,表示关心的程度越高。每个方格分别代表各种推销人员的不同的推销心理活动状态与态度。基本上可以把销售人员的心理态度分为五种类型,即无所谓型、顾客导向型、推销导向型、推销技巧导向型、解决问题型。

2)五种销售心态

下面将五种销售心态分述一下。

(1)“无所谓”型,即推销方格中的(1.1)型

无所谓型表明了推销员既不关心顾客,也不关心推销任务的心态。具体表现是:没有明确的工作目的,工作态度冷漠,缺乏必要的责任心和成就感;他们对顾客缺乏热情,顾客是否购买商品都与己无关,从不做推销调研和总结工作。具有这种心态的推销人员不是合格的推销员,这样的推销员的推销成效也最差。他们抱着“要买就卖,不买拉倒”的无所谓心态,毫无事业心。要改变这种推销心态就必须找出问题的根源,对症下药,对适合做推销工作的人员进行鼓励,调动其积极性;对不称职的推销人员一律进行撤换,以提高推销工作的效率。

(2)“顾客导向”型,即推销方格中的(1.9)型

处于这种推销心态的推销人员,表现为只关心顾客,不关心销售任务。具体表现是:忽视了推销活动是由商品交换与人际关系沟通两方面内容结合而成的事实,单纯重视并强调人际关系,对顾客以诚相待,可能成为顾客的良好参谋甚至好朋友,恪守“宁可做不成生意,也决不得罪顾客”的信条。这类推销员重视生意不成仁义在,但忽视推销技巧,不关心或羞于谈起货币与商品的交换。这种极端的心态也不是良好的推销心态,它不易取得推销成功。

(3)“推销导向”型,即推销方格中的(9.1)型

处于这种心态的销售人员,其心态与顾客导向型正好相反,只关销售任务的完成,不关心顾客的实际需要和利益。具体表现为:工作热情高,具有强烈的成就感与事业心,以不断提高推销业绩为追求目标;为完成推销任务他们千方百计地说服顾客购买,不惜采用一切手段强行推销,甚至可以败坏职业道德,不择手段地推销商品,但却很少了解顾客的需要,分析顾客心理,这种心态也是不可取的。这类推销人员虽有积极的工作态度,短期内可能取得较高的推销业绩。但由于他们忽略与顾客之间的关系,只是想尽一切办法将商品推销出去,所以不可能与顾客建立一种长期的合作关系,严重时还会损害公司及产品的形象,也不是理想的推销人员。

(4)“推销技巧导向”型,即推销方格中的(5.5)型

处于这种心态的销售人员,既关心推销任务的完成,又非常重视推销技巧;既关心顾客的满意程度,与顾客进行沟通,又不求完全为顾客服务,他们注意两者在一定条件下的充分结合。具体表现是:推销心态平衡,工作踏实;对推销环境充分了解,充满信心;注意研究顾客心理和积累推销经验,讲究运用推销技巧和艺术;在推销中一旦与顾客意见不一致,一般采取妥协态度,避免矛盾冲突。他们能够非常巧妙地说服一些顾客购买。从现代推销理论分析,这种心态对推销不求甚解,可能成为一位业绩卓著的推销员,但却难以创新,不易成为推销专家或取得突破性进展。因此这类推销人员也不是理想的推销人员。

(5)“解决问题”型,即推销方格中的(9.9)型

处于这种心态的销售人员,其心态是理想的推销心态,将投入全力研究推销技巧,关心推销效果,又重视最大限度地解决顾客困难,注意开拓潜在需求和满足顾客需要,在两者结合上保持良好的人际关系,使商品交换关系与人际关系有机地融为一体。其具体表现是:有强烈的事业心和责任感,真诚关心和帮助顾客,工作积极主动;他们对自己、顾客、推销品、推销环境和顾客的需要有充分的了解,积极寻求使顾客和推销人员的需求都能得到满足的最佳途径;他们注意研究整个推销过程,追求在最大限度地满足顾客的各种需求的同时取得最佳的推销效果。这种类型的推销人员能在帮助顾客解决问题的同时完成自己的推销任务。满足顾客的真正需要是他们的中心,辉煌的推销业绩是他们的目标。这种推销心态才是最佳的推销心态,处于该种心态的推销人员才是最佳的推销人员。

6.1.2　顾客方格图

学习顾客方格图就得了解顾客方格和顾客的心理。

1)顾客方格

顾客在购买活动中,在心中也有两个目标:一是希望通过自己的努力获得有利的购买条件,通过购买来满足自己的需求;二是希望与销售人员建立良好的人际关系。一千个顾客就有一千个顾客的想法,在实际购买活动中,每个顾客对这两个目标的心理愿望强度也是不一样的。依据建立销售方格的方法,利用顾客所关心的两个目标,可以建立起另一个方格,这个方格就是“顾客方格”(见图 6-2)。

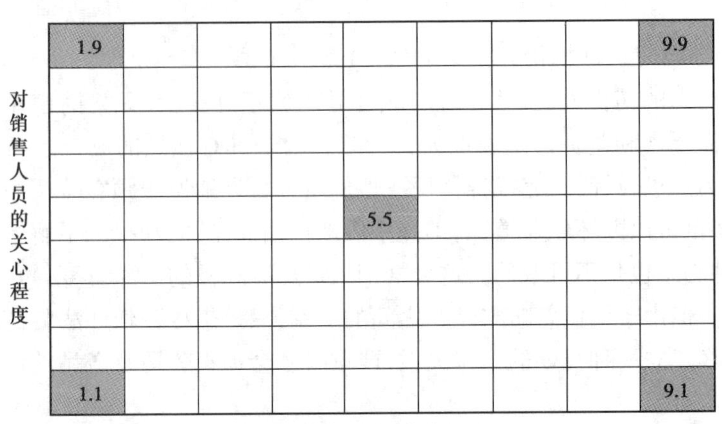

图 6-2　顾客方格

横坐标表示顾客对自己完成购买的关心程度,纵坐标表示顾客对待推销人员的关心程度,也是 9 个等级。顾客方格图中的纵坐标表示顾客对推销人员的关心程度,横坐标表示顾客对购买任务的关心程度。纵、横坐标从低到高依次划分为 9 等份,其坐标值都是从 1 到 9 逐渐增大,坐标值越大,表示顾客对推销人员或购买的关心程度越高。顾客方格中的每个方格分别表示顾客各种不同类型的购买心态。基本上可以把顾客的心理态度分为五种类型,即漠不关心型、软心肠型、防卫型、干练型、寻求答案型。

2)五种不同类型的购买心理

现将五种不同类型的购买心理分述一下。

(1)漠不关心型,即顾客方格图中的(1.1)型

处于这种购买心态的顾客对上述两个目标的关注程度都非常低,既不关心自己与推销人员的关系,也不关心自己的购买行为和结果。他们当中有些人的购买活动有时是被动和不情愿的,购买决策权并不在自己手中。具体表现是:多数情况下是受人之托购买,自身利益与购买行为无关,而且不愿意承担责任,往往把购买决策权推给别人,而自己愿意做些询问价格了解情况的事务性工作。对待推销员的态度是尽量躲避,或是敷衍了事。这种心态的顾客把购买活动视为麻烦,往往是例行公事,对能否成交、成交的条件及推销人员及其所推销的产品等问题都漠不关心。面向这类顾客推销产品是非常困难的,推销成功率也是相当低的。对待这种类型的顾客,推销人员应先从情感角度主动与顾客接触,了解顾客的情况,再用丰富的产品知识,结合顾客的切身利益引导其产生购买欲望和购买行为。

(2)软心肠型,即顾客方格图中的(1.9)型

处于这种购买心态的顾客非常同情推销人员,对于自己的购买行为与目的则不太关心。具体表现是:该类顾客往往感情重于理智,对推销商品本身则考虑不多,容易产生冲动,易被说服和打动;重视与推销人员的关系,重视交易现场的气氛,缺乏必要的商品知识,独立性差等。存在这种心态的顾客不能有效地处理人情与交易之间的关系,他们更侧重关心推销员对他们的态度。只要推销员对他们热情,表示出好感时,便感到盛情难却,即便是一时不太需要或不合算的商品,也可能购买。这种类型的顾客在现实生活中并不少见,许多老年人和性格柔弱、羞怯的顾客都属于此类顾客。因此,推销人员要特别注意感情投资,努力营造良好的交易气氛,以情感人,顺利实现交易的成功。同时推销员也应避免利用这类顾客的软心肠,损害顾客的基本利益。

(3)防卫型,即顾客方格图中的(9.1)型

处于这种购买心态的顾客与软心肠型的购买心态恰好相反,他们只关注自己的购买行为和个人利益的实现,不关心推销人员,甚至对推销人员抱有敌视态度。他们不信任推销人员,怕吃亏,担心受骗上当,本能地采取防卫的态度。具体表现是:对推销人员心存戒心,态度冷漠敌对,处处小心谨慎,精打细算,讨价还价,事事提防,绝不让推销人员得到什么好处。这种顾客一般比较固执,不易被说服。这类顾客的生意也比较难做,即使最终成交,企业的盈利也微乎其微。他们拒绝推销人员,并不是对推销品没有需要,完全是出于某种心理原因。对这类顾客,推销人员不能操之过急,应首先推销自己,赢得顾客对自己的信任,消除顾客的偏见,然后再转向推荐推销品。

(4)干练型,即顾客方格图中的(5.5)型

处于这种购买心态的顾客既关心自己的购买行为,也关心与推销人员的人际关系。具体表现是:乐于听取推销人员的意见,自主做出购买决策,购买决策客观而慎重。这是一种比较合理的购买心态,具有该种心态的顾客一般都很自信,甚至具有较强的虚荣心。他们有自己的主见,不愿轻信别人,更不会受别人的左右。对待这类顾客,推销人员应设法用客观的事实进行说服,让他自己去做出判断和决策。

(5)寻求答案型,即顾客方格中的(9.9)型

处于这类购买心态的顾客既高度关心自己的购买行动,又高度关心与推销人员的人际关系。这类顾客通常有较高的购买技术,他们在购买商品之前,对市场进行过广泛的调查分析,既了解商品质量、规格、性能,又熟知商品的行情,他们的购买行为非常理智,会根据自己的实际需要来决定是否购买。具体表现是:购买时不会轻易受别人左右,十分愿意听取推销人员的观点和建议,并对这些观点和建议进行分析判断,善于决策又不独断专行。这种购买心态的顾客是最成熟、最值得称道的顾客。他们充分尊重和理解推销人员的工作,不给推销人员出难题或提出无理要求,把推销人员看成是自己的合作伙伴,最终达到买卖双方都满意的目的。对这类顾客,推销人员应了解顾客的需求所在,设法成为顾客的参谋,主动为顾客提供各种服务,尽最大努力帮助他们解决问题,实现互惠互利,买卖双赢。

3)销售方格与顾客方格的关系

销售人员和顾客的心态都可以分为不同的类型,在推销过程中,不同类型的销售人员与

不同类型的顾客相遇会产生不同的的销售结果。布莱克和蒙顿据此总结出销售方格与顾客方格关系表(见表6-1),它揭示了销售方格与顾客方格的内在联系与大致规律性。表中符号"+"表示推销取得的概率高,"-"表示推销失败的概率高,而"0"表示推销成功与失败的概率相等。

从搭配图中可以看出,(9.9)型心态的推销人员无论与哪种心态类型的顾客相遇,都会取得推销成功。因此,企业要想赢得广阔的市场,就应积极培养(9.9)型心态的推销人员。推销人员能否协调好与顾客的关系,事关销售的成功与失败。推销人员的销售心态和顾客的购买心态共同决定了销售的成败。从现代推销学的角度看,趋向于(9.9)型的推销心态和购买心态比较成熟和理想,推销活动的成功率较高。但这并不是说其他类型的推销心态和购买心态的搭配就不能取得理想的效果。在错综复杂、千变万化的推销活动中,没有哪一种推销心态对所有顾客都是有效的,同样,不同的购买心态对推销人员也有不同的要求。

其他类型的销售人员并不是不能创造好的销售效果,在现实生活中,只要各种不同类型搭配关系合适就有可能取得成功。比如,销售方格中的(1.9)型销售人员遇上一位(1.9)型顾客,一个对顾客特别上心,一个对销售人员特别照顾,所以就有可能取得满意的销售成绩。

正确把握销售心态与购买心态之间的关系是非常重要的。不同类型的推销人员遇到不同类型的顾客,应采取不同的销售策略,揣摩顾客的购买心态,及时调整自己。

表6-1 销售方格与顾客方格搭配效果表

顾客方格与 销售方格	(1.1) 漠不关心型	(1.9) 软心肠型	(5.5) 干练型	(9.1) 防卫型	(9.9) 寻求答案型
(9.9) 解决问题型	+	+	+	+	+
(9.1) 推销导向型	0	+	+	0	0
(5.5) 推销技巧型	0	+	+	-	0
(1.9) 顾客导向型	-	+	0	-	0
(1.1) 无所谓型	-	-	-	-	-

6.2　销售三角理论

销售人员在进行销售时,面对的挫折会比其他人员多,所以销售人员更应该具备自信心和胆识。推销三角理论是阐述推销员推销活动的3个因素:推销员、推销的产品或服务、推销员所在的企业之间的关系的理论。

6.2.1　销售三角理论的含义

销售三角理论是一种培养销售人员自信心,提高其说服能力的理论。销售活动就是销售人员代表公司向顾客销售产品,包括服务和观念。任何销售活动必须建立在这三个基础上:销售物、公司、销售人员,而这三个要素构成一个三角形,支撑着销售活动,所以称为销售三角理论。

销售三角理论是指销售人员在销售活动中必须相信自己所销售的产品G(Goods),相信自己所代表的公司E(Establishment),相信自己M(Myself)。这就是著名的"GEM"销售公式,汉语译为"吉姆"公式(见图6-3)。它是为推销员奠定推销心理基础,激发推销员的积极性,提高其推销技术的基础理论。该理论认为,推销员只有同时具备了这3个条件,才能充分发挥自己的推销才能,运用各种推销策略和技巧,取得较好的推销业绩。

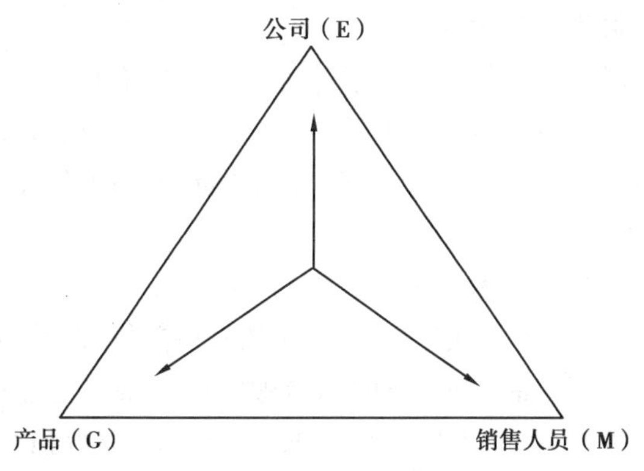

图6-3　GEM模式图

6.2.2　销售三角理论的内容

下面分述一下销售三角理论的内容。

1)销售人员必须相信自己的产品

销售人员首先要相信自己所销售的产品,才会动真情。有研究表明,说谎与发自内心的话听起来感觉还是有区别的,除了少数极善于伪装的人外,普通人的内心会通过言谈表露出来。只有相信自己的产品,销售人员才会去发现产品的优点,在销售时才能理直气壮。当顾客对产品提出异议时,才能充分说服并打动顾客。

无论是什么样的产品都有它的优点,这就需要依靠销售人员自己去发掘,这就看是从哪个角度观察和理解了。

推销员对自己所推销的产品应当充分相信,因为产品是推销员推销的客体。它给顾客提供使用价值,给顾客带来需求上的满足。

相信自己销售的产品,其主要内容包括两个方面:

①相信产品能够满足顾客的需求,提高对产品的信心。销售人员应该说明产品的有关性能,作用等详情,详细分析所销售的产品特点、相对优势,要相信产品只要具备使用价值,就会满足顾客的某些需求。即使产品存在某些不足,也可以坦诚说出不足,但是需要注意技巧。

②相信产品的价格公道。销售人员应该坚信自己的产品价格是合理的,但是这里说的合理不是说产品不可以降价,而是要向顾客解释,降价原因并不是定价不合理,而是为了满足顾客的心理需求。

而销售人员相信自己所销售的产品价格,也需要从这两个方面进行要求:

①从公司方面要求。公司要求销售人员尽快了解产品价值、竞争优势、产品的使用方法。要做到这些,公司可以采用多种方式和手段对销售人员进行培训。具体方法有专家授课,经验交流会等。

②从销售人员方面。销售人员应该对自己所销售的产品感兴趣,充满信心,热爱自己的产品,学习使用方法,掌握销售技巧,学会从不同角度欣赏、发掘产品的优点。

2)销售人员必须相信自己的公司

销售人员要相信公司的行为是在国家法律允许范围内进行的,不是在搞假冒伪劣,也不是在搞坑蒙拐骗,完全是一种利国利民的行为。只有使推销员充分相信自己所代表的企业,才能使其具备从事推销工作应有的向心力、荣誉感和责任感;才能使其具备主人翁的工作热情,并在推销事业中发挥创造精神。

相信自己的公司是销售人员做好销售工作的必要前提,其主要内容是:相信自己公司行为是合理的;相信自己公司的能力;相信自己公司的发展前景;热爱自己的企业。

相信公司有能力满足顾客的需求,能够赢得顾客的尊重和信任;有能力在经济、技术等方面为社会作出更大的贡献;有能力树立良好的企业形象,取得强大的企业竞争力,为销售人员打下坚实的基础。销售人员相信自己公司前景广阔,就会更加热爱公司,全心全意投入在销售工作中,而不会出现见异思迁、好高骛远的情况。

3)销售人员必须相信自己

销售人员除要相信自己的产品和公司外,更主要的是要相信自己。只有相信自己,在销售过程中才会有自信,有自信才会有感染力,自信是销售人员走向成功的敲门砖。

(1)销售人员树立自信心,包括以下三个方面

①了解和熟悉自己的工作。销售人员只有在认识到他完全了解和熟悉自己的工作,而且这种认识是建立在成功经验之上时,才会充满自信地工作。

②工作中可先易后难。销售工作中先找一些工作好做的客户,这样便于增强自信心,积

累工作经验;然后再与那些不好做工作的顾客打交道,一旦这些顾客的工作做好以后,销售人员的自信心会进一步增加。

③销售工作中应该消除所有消极的假设。消极的假设因其被束缚,压抑人的作用力很大,所以容易造成销售工作的失败。但销售人员如果对工作充满积极的向往的话,往往会取得意想不到的效果。

(2)切合自身实际制订多层次目标

①首要目标,是了解顾客需求、市场需求,帮助顾客提高购买信心,达到成交的目的。

②最低目标,也就是按最悲观的结果设想目标,即使顾客不接受你所销售的产品,销售人员也应该以一种超然的态度面对,至少还可以和顾客做朋友。

③设想目标,也就是按最乐观的结果设想目标,在开展销售工作时,充分设想成功的喜悦,有利于提高工作的积极性。

6.3 销售模式

推销模式是指根据推销活动的特点及对顾客购买活动各阶段的心理演变应采取的策略,归纳出一套程序化的标准推销方式。

推销模式的产生使推销有了可以依据的理论、步骤与法则,促进了推销效率的提高。推销模式来自于推销实践,具有很强的可操作性,是现代推销理论的重要组成部分。推销模式的种类有很多,这里主要介绍应用最广泛的五种模式,即爱达(AIDA)模式、迪伯达(DIPADA)模式、埃德帕(IDEPA)模式、吉姆(GEM)模式和费比(FABE)模式。

6.3.1 爱达模式

爱达模式是世界著名的推销专家海因兹·姆·戈德曼在《推销技巧——怎样赢得顾客》一书中首次总结出来的。爱达是4个英文字母AIDA的译音,也是4个英文单词的首字母:A为Attention,即引起注意;I为Interest,即唤起兴趣;D为Desire,即激发欲望;最后一个字母A为Action,即促成购买。它的具体含义是指一个成功的推销员必须把顾客的注意力吸引或转移到产品上,使顾客对推销人员所推销的产品产生兴趣,这样顾客的欲望也就随之产生,而后再促使顾客采取购买行为,最后达成交易。但是这种注意力到底能维持多久呢?心理研究专家表明,这种注意能维持1.6 s。因此,仅有注意是不够的,应该要实行第二步,靠销售人员的努力使得顾客对你所销售的产品产生兴趣;然后实施第三步,提出某些刺激顾客的建议,使顾客产生购买行动的欲望;最后的第四步销售人员要不失时机地帮助顾客强化购买意识,促使顾客采取购买行动。这四个步骤被认为是成功销售的四大法则。

1)引起顾客注意

爱达模式的第一步是确保吸引顾客的注意力,即销售人员在交谈时,尤其是上门推销且面对陌生的顾客时,必须尽早吸引顾客的注意,越早越好。

(1)引起顾客注意的含义

所谓"注意",是人们心理活动对一定客体的指向和集中,以保证对客观事物获得清晰的反应。通俗一点说,就是将精力完全专注于某种事物,而对以外的其他事情一概不关心。注意分为有意注意和无意注意。销售学中研究的引起注意是要求销售人员通过各种努力,强化刺激,唤起顾客的有意注意,使顾客把精力、注意力从其他事物转移到销售上来。前面我们谈到顾客的注意力只能维持 1.6 s,这说明想要吸引顾客的注意,是一件比较困难的事情,但销售人员还应积极努力,以期具备这种影响力,把顾客的注意力吸引到所要销售的产品或服务上。那么如何引起顾客的注意呢?一般来说,每个人心中装着两种感情,一种是理智的,一种是情感的。相比较而言,情感比理智更容易引起注意。销售人员应善于刺激顾客这种情绪,以利诱之,以情动之,以期顾客产生反应、注意。

(2)引起顾客注意的理论依据

为什么销售人员要引起顾客的注意?怎样才能引起顾客的注意?

①人们重视销售人员给予顾客的第一印象。现代销售学和心理学调查说明,在销售现场,有将近 80%的人在看了销售人员一眼或者听了销售人员说完第一句话后,又继续干他们原来的事情,即使继续听第二句话看第二个动作,其注意力的集中程度已大大降低。因此,对销售人员来讲第一句话、第一个动作至关重要。第一句话怎么说?说什么?第一个动作怎么做?做什么?销售人员都要研究、准备。通常,距顾客 12 m 以内就应该注意言谈举止。

②人们只注意与自己密切相关的事物。因此销售人员要在一开始就吸引顾客的注意力,必须从顾客最关心的、与顾客切身利益有关的事物或话题开始。

③顾客只注意他们感兴趣的事物。实践证明,销售人员感兴趣的事物,顾客不一定感兴趣。销售人员所想不等于顾客所想。这就要求销售人员拥有敏锐的观察能力,才能了解顾客真正的需求是什么,然后从此处着手。

④顾客集中注意力集中的时间、程度与刺激的强度有关。越新奇的事物越能引起顾客的注意力。刺激的对比度越大越能引起顾客的注意。销售人员可以从颜色、形状、亮度、声音对比等方面引起顾客感觉感官的极限刺激。

(3)引起顾客注意的方式方法

引起顾客注意应做到以下几点:

①说好第一句话:a.用简单的话语向顾客介绍产品的使用价值;b.运用恰当的事例引起顾客的兴趣;c.怎样帮助顾客解决他的问题;d.向顾客提供一切有价值的资料,并使他接受我的产品;e.注意语言的运用。

②把顾客的利益和问题放在第一位。

③保持与顾客的目光接触。眼睛看着对方讲话不只是一种礼貌,也是成功的条件,让顾客从你的眼里感到真诚、尊重和信任。

④与众不同。

2)唤起顾客兴趣

如何唤起顾客的兴趣?我们应先明白以下内容。

(1)唤起顾客兴趣的含义

兴趣是指一个人对一定事物所抱有的积极态度。销售学中是指顾客对销售品或购买所抱有的积极态度。唤起顾客的兴趣,就是要唤起顾客对产品积极的、长期的稳定的态度。

(2)如何唤起顾客的兴趣

唤起顾客的兴趣应把握以下内容。

①把握兴趣与注意的关系。没有人会对不注意的事情感兴趣,也没有人会对不感兴趣的事情有长久的注意。销售人员应当把握这两者的关系,在唤起顾客注意的同时也要激起顾客的兴趣。

②把握兴趣与需要的关系。兴趣是以需要为基础的,要使顾客对你的产品感兴趣,就必须要让他们清楚地认识到你的产品更能满足他们的需求,让你的顾客了解你的产品的全部优点与相对优势。

③注意兴趣的变化。人的兴趣会随着需求的变化而变化,有时对质量特别感兴趣,有时对分期付款、优惠低价特别感兴趣,销售人员要针对这种变化,选择不同角度去销售,并强化顾客的兴趣。

(3)唤起兴趣最重要的手段

示范是唤起顾客兴趣最重要的手段。示范是通过产品的功能、性质、特点的展示及使用效果的示范表演等,让顾客看到购买后所能获得的好处和利益。示范应当注意以下几点:

①无论哪种产品都要做示范;

②在使用中做示范;

③让顾客参与示范;

④示范过程不要太长;

⑤示范要加入感情沟通;

⑥帮助顾客从示范中得出正确结论;

⑦不要过早强迫顾客下结论。

3)激起顾客购买的欲望

什么是购买欲望?购买欲望是指消费者购买商品或劳务的动机、愿望和要求,它是使消费者的潜在购买力转化为现实购买力的必要条件,它也是构成市场的基本因素。激起顾客的购买欲望是爱达模式的第三个步骤,也是销售过程的一个关键性阶段。在推销过程中,刺激顾客的购买欲望可分为三个步骤进行。推销人员首先提出推销建议,在得到顾客反应之后,找到症结所在,然后有针对性地进行理由论证,多方诱导顾客的购买欲望,直至达成交易。

4)促成顾客的购买行动

促成顾客的购买行动非常重要。

(1)促成购买的含义

促成顾客购买行为是指推销人员要不失时机地强化顾客的购买意识,培养顾客的购买意向,促使顾客最终产生购买行动。促成顾客购买行动是爱达模式的最后一个步骤,它是全部推销过程和推销努力的目标,也是对前三个目标的总结和收获。这一过程要求推销人员在推销活动中必须抓住机会,坚定顾客的购买信心。顾客从产生购买欲望,到采取购买行动,还需要推销人员运用一定的成交技巧来施加影响,以促成顾客尽快做出购买决策。

(2)促成顾客购买行动的理论依据

促成顾客购买行动的理论依据有三:

①只有强化顾客的购买意志指向,顾客才会购买。

②不同气质类型、性格、能力水平的顾客有着不同的购买决策类型。

③对销售看法不同,顾客购买决策不同。

6.3.2 迪伯达模式(DIPADA)

迪伯达模式是海因兹·姆·戈德曼根据自身推销经验总结出来的新模式,被认为是一种创造性的推销方法。“迪伯达”是6个英文字母DIPADA的译音。这6个英文字母分别为6个英文单词Definition(发现)、Identification(结合)、Proof(证实)、Acceptance(接受)、Desire(欲望)、Action(行动)的第一个字母。它们表达了迪伯达公式的六个推销步骤。迪伯达推销模式认为,在推销过程中,推销人员必须先准确地发现顾客的需要和愿望,然后把它们与自己推销的商品联系起来。推销人员应向顾客证明,他所推销的商品符合顾客的需要和愿望,顾客确实需要该商品,并促使顾客接受。

迪伯达模式的操作步骤:

1)准确地发现(Definition)并指出顾客有哪些需要和愿望

在这一阶段,推销人员应围绕顾客的需要,探讨顾客需要解决的问题,而不要急于介绍推销品。这种做法体现了以顾客为中心的准则,最能引起顾客的兴趣,有利于制造融洽的推销气氛,有利于消除推销障碍。

2)把顾客需要与要推销的产品结合(Identification)起来

在发现并指出了顾客的需要后,再向顾客介绍推销品,并把推销品与顾客需要联系起来,这样就能很自然地引起顾客的兴趣。

3)证实(Proof)推销产品符合顾客的需要和愿望

证实不是简单的重复,而是推销人员使顾客认识到推销品是符合他的需要的过程。

4)促使顾客接受(Acceptance)所推销的产品

在推销过程中,顾客往往不能把自己的需求与推销品联系起来,推销人员必须拿出充分的证据向顾客证明:推销品符合顾客的需求,他所需要的正是这些产品。当然这些证据必须是真实可信的,而且要达到这个目的,推销人员必须做好证据理由的收集和应用等准备工作,熟练掌握展示证据和证实推销的各种技巧。

5)刺激顾客的购买欲望(Desire)

当顾客接受了推销品之后,推销人员应及时激发顾客的购买欲望,利用各种诱因和刺激使顾客对推销品产生强烈的满足个人需要的愿望和感情,为顾客的购买行动打下基础。

6)促使顾客采取购买行动(Action)

这是迪伯达模式的最后一个步骤。在这一步里要求推销人员在前面工作的基础上,不失时机地劝说顾客做出最后的购买决定。这个阶段同“爱达”模式的第四个阶段“促成交易”是相同的。

迪伯达公式较适用于:生产资料市场产品、老顾客及熟悉顾客、无形产品及开展无形交易(如保险、技术服务、咨询服务、信息情报、劳务市场等)、顾客属于有组织购买即单位购买者等产品或顾客的推销。由于“迪伯达”模式紧紧抓住了“顾客需要”这个关键性的环节,使推销工作更能有的放矢,因而具有较强的针对性。

6.3.3 费比模式

费比模式是由美国奥克拉荷马大学企业管理博士、中国台湾中兴大学商学院院长郭昆漠先生总结并推荐的推销模式。“费比”是 FABE 的译音,FABE 则是英文字母 Feature(特征)、Advantage(优点)、Benefit(利益)、Evidence(证据)的第一个字母,该模式通过列举方式直观地展示给顾客,从而有效地提高推销效率和节约购买成本。费比模式的销售步骤:

1)把产品的特征(Feature)详细介绍给顾客

推销人员在见到顾客后,要以准确的语言向顾客介绍产品特征。特征的内容有产品的性能、构造、作用、使用的简易及方便程度、耐久性、经济性、外观优点及价格等。如果是新产品则应更详细地介绍;如果产品在用料或加工工艺方面有所改进的话,也应介绍清楚;如果上述内容多而难记,推销人员应事先打印成广告式的宣传材料或卡片,以便在向顾客介绍时将其教给顾客。因此,如何制作好广告材料或卡片便成为费比模式的重要特色。

2)充分分析产品优点(Advantage)

费比模式的第二步骤是把产品的优点充分地介绍给顾客。它要求推销人员应针对在第一步骤中所介绍的特征,寻找出其特殊的作用或者是某项特征在该产品中扮演的特殊角色、具有的特殊功能等。如果是新产品,务必说明该产品开发的背景、目的、必要性以及设计时的主导思想、相对于老产品的差别优势等。当面对的是具有较好专业知识的顾客,则应以专业术语进行介绍,并力求用词精确简练。

3)尽数产品给顾客带来的利益(Benefit)

第三步骤是费比模式最重要的步骤,推销人员应在了解顾客需求的基础上,把产品能给顾客带来的利益,尽量多地列举给顾客。不仅讲产品外表的、实体上的利益,更要讲产品给顾客带来的内在的、实质上的利益;从经济利益讲到社会利益,从工作利益讲到社交利益。在对顾客需求了解不多的情况下,应边讲解边观察顾客的专注程度与表情变化;在顾客表现关注的主要需求方面更要多讲多举。

4)最后以证据(Evidence)说服顾客购买

推销员在推销中要避免用“最便宜”“最合算”“最耐用”等语句,因为这些词语会令顾客反感而显得无力。因此,推销人员应以真实的数字、案例、实物等证据,让证据说话,解决顾客的各种异议与顾虑,促成顾客购买。

费比模式的突出特点是:事先把产品特征、优点及带给顾客的利益等列出来印在卡片上,这样就能使顾客更好地了解有关内容,节省顾客产生疑问的时间,减少顾客异议的内容。

正是由于费比模式具有这一特色，它受到了不少推销人员的推崇，帮助不少企业取得了销售佳绩。

6.3.4 顾客认知模式

销售模式不断地发展，雷克汉姆(Rackham)《销售的革命》一书中对销售提出了一个新视角，该书从顾客的角度，将销售看作选择标准、买点或卖点、兑现性三者的函数。该书认为，在销售时我们要注重顾客采购时的想法，这样有利于增加顾客价值。

1)关注选择标准

选择标准(Views on Criteria)是指顾客采购时所依照的标准，也就是顾客的认知框架，它由选择点和关联概念构成。

选择点是指顾客突出重视的一些具体事宜或特点，通俗地说就是购买某类产品时特别关注的方面。

关联概念是指顾客支持这种偏好和选择的理由和逻辑。

例如，许多人买房子特别关注地理位置，这时地理位置就是选择点。但是他为什么会看中地理位置，可能是因为喜欢优美的环境、购物方便、上班交通方便等。如果他选择地理位置是因为价格便宜，有升值空间，那么，价格便宜就是关联概念。销售时必须搞清楚顾客的选择点和关联概念，否则销售无效。

2)寻找“买点”和“卖点”

买点是指与选择标准相关，使顾客愿意或倾向购买某种产品的理由和逻辑。

卖点是指与选择标准相关，对生活在一定社会组织和文化情境中的顾客，他倾向或能够将这种产品“卖给”对他有影响的其他关键人的特定信息。

如果一位女士想买一件衣服，喜欢它的前卫，那么“前卫”就是买点；但是如果她需要在很庄重的场合工作，且家人和朋友圈都很保守，那么她是不会买这件衣服的，因为没有卖点，并且她的环境不支持。

买点和卖点是对关键人的购买倾向有决定性影响的两种因素，买点和卖点可以是相同的，也可以是不同的。

销售人员可以通过与顾客的沟通与互动来推测顾客的购买动机。通常真正的买点就可以抓住顾客的注意力，顾客谈到的话题很可能与他的买点有关。

3)证实兑现性

所有帮助顾客找到的买点和卖点销售员都必须让顾客感觉到能够兑现，是确确实实存在的，否则顾客不会轻易相信。无论用什么方式，要向顾客证明买点和卖点的价值是在真正地增加，而不是空洞的许诺。

6.3.5 沟通风格模式

学习沟通风格模式的目的是帮助销售人员更好地了解自己的沟通风格偏好，同时有助于销售人员理解和欣赏与自己不一样的沟通风格。通过学习，调整自己以适应顾客的沟通风格，可以帮助销售人员梳理自己的销售关系，即“风格适应”。

人们通常误认为一个成功的销售人员仅仅是一个能说会道并且夸夸其谈的人，拥有三寸不烂之舌。虽然会“说”是帮助人们有效沟通的一种方法，但这并非是沟通中首要的或唯一的技能。事实上，销售中“倾听”可能比“演说”更为重要。也就是说，有效地倾听还可以通过眼睛去观察，通过心灵去感受，通过大脑去思考，通过嘴巴去提问，这也是沟通中一个重要的部分。

1）销售沟通的三大功能

通过沟通的三大功能，良好的关系销售得以实现。

（1）沟通是关系销售的黏合剂

沟通是黏合剂，将销售中不同的个体（买卖双方）聚集在一起。尽管每个人都有自己的理想、价值观与生活经历，但通过有效沟通可以使得人们彼此了解与理解，将原先相对独立的个体逐渐吸引并凝聚在一个价值链之中。

（2）沟通是关系销售的润滑剂

由于人们的个性、价值观、生活经历等方面的差异，个体之间难免磕磕碰碰，发生冲突。通过有效沟通，使得人们懂得尊重对方和相互信任。人们不仅要了解自己的需要与愿望，更要懂得换位思考与感同身受，彼此向对方靠拢，真正做到你中有我，我中有你，使彼此的关系更为融洽。

（3）沟通是关系销售的催化剂

只有买卖双方的目标清晰而明了，才能激发起双方内在的需要与需求，使得购买者与销售人员建立良好的伙伴关系，为了共同利益，协调合作，共同达到目标。

2）四种类型沟通风格的特征

沟通风格包括驾驭型（Driver）、表现型（Expressive）、平易型（Amiable）和分析型（Analytical）4种（如图6-4所示）。

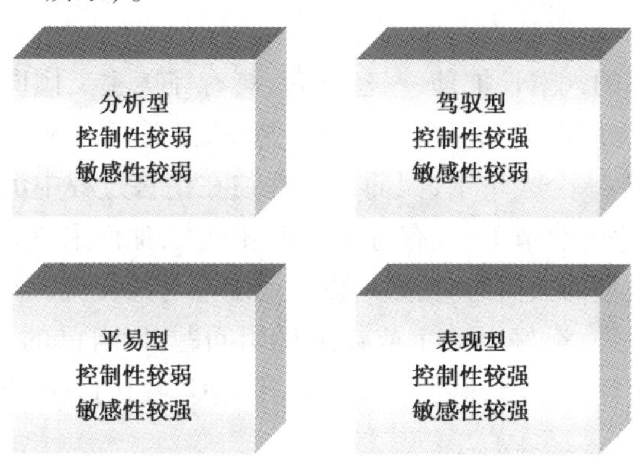

图6-4　四种类型沟通风格

（1）驾驭型

具有这种沟通风格的人比较注重实效，具有非常明确的目标与个人愿望，并且不达目标誓不罢休。具有这种沟通风格的人做事当机立断，独立而坦率，常常会根据情境的变化而改变自己的决定。他们往往以事为中心，要求沟通对象具有一定的专业水准和深度；在与人沟通中，他们精力旺盛，节奏迅速，说话直截了当，动作非常有力，表情严肃。但是有时过于直率而显得咄咄逼人，如果一味关注自我观点，可能会忽略他人的情感。与这种类型的人进行沟通，首先要刺探其想法，提供各种备选方案，若觉得不合适，可以提供其他方案，投其所好，趁其不备，提出新点子。若直接反驳或使用结论性的语言，啰啰唆唆，这样的沟通注定是低效甚至是无效的。

(2)表现型

具有这种沟通风格的人显得外向，热情，生气勃勃，魅力四射，喜欢在销售过程中扮演主角；他们干劲十足，不断进取，总喜好与人打交道并愿意与人合作；具有丰富的想象力，对未来充满憧憬与幻想，也会用自己的热情感染他人。他们富有情趣，面部表情丰富，动作多，节奏快，幅度大，善用肢体语言传情达意，但是往往情绪波动大，易陷入情感的旋涡，可能会给自己及其顾客带来麻烦。与这种类型的人沟通时，首先应该成为一个好观众或好听众，少说多听，热情反馈，支持与肯定，加之适度的引导。切忌将自己的观点强加给他或打断、插话，或冷漠、无动于衷，这都会影响与这种类型的人的有效沟通。

(3)平易型

这种类型的人具有协作精神，支持他人，喜欢与人合作并常常助人为乐；他们富有同情心，擅长外交，对人真诚，对公司或顾客忠诚，为了搞好人际关系，不惜牺牲自己的时间与精力；珍惜已拥有的东西。这种类型的人做事非常有耐心，肢体语言比较克制，面部表情单纯，但是往往愿意扮演和事佬的角色，每每涉及销售中敏感的问题时，往往会采取回避的态度。与这种类型的人沟通，应该了解其内心的真实观点，多谈点主题内容，多提封闭式问题，并以自己的观点适度影响他。与其沟通应尽可能少提开放式问题，不要过多增加自己的主观意识，一旦压力过大，对方就会采取回避或退却方式。同时要避免跟着此人的思路走，因为这种人不愿对一些棘手的事作出决策。

(4)分析型

具有这种沟通风格的人擅长推理，一丝不苟，具有完美主义倾向，严于律己，对人挑剔，做事按部就班，严谨且循序渐进，对数据与情报的要求特别高；他们不愿抛头露面，觉得与其与人合作，不如单枪匹马一个人单干，因而他们往往在销售过程中沉默寡言，不大表露自我情感，动作小，节奏慢，面部表情单一，有时为了息事宁人，他们采取绕道迂回的对策，反而白白错失良机。与这种类型的人沟通时，必须以专业水准与其交流，因而必须表达准确且内容突出，资料齐全，逻辑性强，最好以数字或数据说明问题，以自己的专业性去帮助其作出决定。切忌流于外表的轻浮与浅薄，避免空谈或任其偏离沟通的方向与目的。

【本章小结】

销售方格理论分为销售方格和顾客方格。销售方格把销售人员的心理态度分为五种类型，即事不关己型、顾客导向型、强力销售型、销售技巧型和满足需求型。顾客方格把顾客的购买心理状态分为五种类型，即漠不关心型、软心肠型、防卫型、干练型和寻求答案型。本章我们重点介绍了爱达模式、迪伯达模式、费比模式、顾客认知模式和沟通风格模式。

爱达模式包括四个阶段：引起顾客注意、唤起顾客兴趣、激起顾客的购买欲望、促成顾客的购买行动。

迪伯达模式分为六个步骤：准确地发现顾客的需要与愿望、把推销品与顾客需要结合起来、证实所推销的产品符合顾客的需要、促进顾客接受所推销的产品、激起顾客的购买欲望、促成顾客采取购买行动。

费比模式把销售的过程分为四个步骤：把产品的特征详细介绍给顾客、充分分析产品的优点、阐述产品给顾客带来的利益和以"证据"说服顾客购买。

顾客认知模式包括三个步骤：关注选择标准、寻找买点和卖点、证实兑现性。

沟通风格模式有两个步骤：分析和识别顾客的沟通风格，通过风格适应达到人际关系和谐。

【案例分析】

销售与沟通

深圳A公司是生产和进口电子仪器产品的公司，该公司的销售人员都需要掌握一定的技术和销售技巧。该公司有两名非常出色的销售人员——刘林和徐洋，在各自负责的区域内都有非常好的业绩，客户都是他们自己开发的。后来各种原因调换了两人负责的区域，结果是两个人的销售业绩都大幅下滑。刘林和徐洋是两个性格完全不同的销售人员。刘林很少言语，严肃认真，仔细。徐洋生性大大咧咧，见什么人都有说不完的话，对任何人都和蔼可亲，做事也认真。他们曾经共同负责过一个非常重要的客户单位，不过是与不同部门的人打交道。这个客户单位有两个采购员，都是50岁左右。一个是清华的早期毕业生，做事至少表面是公事公办的；另一个却非常随和，愿意谈论一些家常话题。刘林与前一个采购人员交往很好，而徐洋却不行。但是徐洋与后一个采购人员却可以做一些生意。

问题：

请结合所学的知识，解释该现象发生的原因。

【复习思考题】

1.什么是销售方格？五种不同的销售心理态度各有什么特点？最理想的销售专家应具有什么样的销售心理态度？

2.什么是顾客方格？五种不同的购买心理态度各有什么特点？

3.根据销售方格理论，可以将销售人员划分为哪几种类型？

4.在销售过程中,如何将销售方格与顾客方格有效地结合起来?

5.常见的销售模式有哪几种?它们各有什么特点?

6.简述爱达模式的内容。

7.举例说明爱达模式与迪伯达模式在开始时的区别。假如你去动员一个糖厂厂长购进一批电脑以便使每台榨汁机的榨糖量上升,你将怎样向厂长推销?

8.你怎样理解“把顾客需求与所推销的产品结合起来”这句话?在实际销售过程中,你会怎样结合?你能举出几种情况说明结合的内容和形式吗?

9.简述顾客认知模式的内容。

10.请列举你与不同沟通风格的人相处的经验。

第 7 章　销售准备

【核心概念】

销售过程;销售漏斗理论;顾客资格审查;潜在顾客背景调查;约见顾客。

【引例】

一年春节临近,有一个茶叶销售员想把茶叶卖到一家设计院,希望该院作为福利分发给职工。于是他来到这家设计院的工会办公室,发现里面有两人,一人 40 岁左右,另一人 50 岁左右。他径直走到那个 50 岁左右的人身边,毕恭毕敬地问候过后,拿出试用茶叶泡上一杯茶,递给他品尝。那人品尝之后,感叹口感不错。茶叶销售员接着问是否买一些作为员工过春节的福利呢?没想到品茶者指着那个 40 岁左右的人说:"这个问题要问我们主任啊!"

7.1　销售过程

销售过程(Sales process)是指销售人员进行销售活动时所采取的一系列行为步骤。尽管有很多因素会影响销售人员的销售步骤,但确实存在一系列有逻辑顺序的行为,如果能按这种顺序去做,将会大大提高销售成功率。销售过程的各步骤是相互联系的,完整的销售过程具体包括以下五个步骤:销售准备、销售展示、处理异议、促成交易、售后服务与跟踪(见图 7-1)。

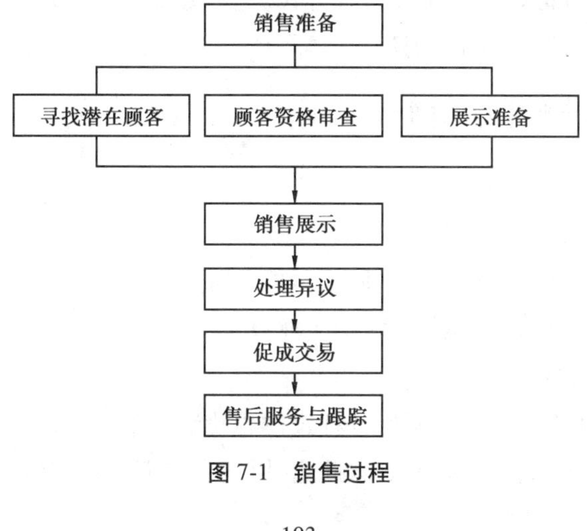

图 7-1　销售过程

7.2 寻找潜在顾客

在销售过程中,我们首先要寻找潜在顾客。而寻找潜在顾客有各种各样的方法。

7.2.1 寻找潜在顾客的重要性

所谓潜在顾客是指对产品或服务具有需求、购买力以及购买决策权的顾客。

寻找潜在顾客是销售的起点,只有寻找到恰当的顾客,才有可能顺利完成销售任务。如果没有潜在顾客,那么再优秀的销售员也无法销售出一件产品。企业若不持续进行市场开拓,每年将会失去30%~40%的顾客,如果没有足够的新顾客补充,企业将逐渐衰败。可是潜在顾客不会主动上门的,销售人员必须主动寻找。多数高科技产品、工业用品的用户比较集中,成交率较高,但这些产品的销售人员依然需要在寻找潜在顾客上下功夫。美国《工业市场营销》杂志调查表明,工业用品销售也存在这种规律:在寻找潜在顾客时付出越多,销售业绩越好。近年来,零售商店也主动寻找潜在顾客了。在美国有许多零售商店尤其是高档品专卖店,也派销售人员上门拜访顾客,推销产品。

但是寻找潜在顾客不能盲目进行,必须根据其信息来源途径去寻找。

7.2.2 潜在顾客信息来源途径

潜在顾客信息来源如下:

1)内部来源

潜在顾客信息的内容来源有:①公司销售记录;②广告反应记录;③客户服务电话记录;④公司网站。

2)外部来源

潜在顾客信息的外部来源是:①顾客推荐;②电话簿及各种名录;③贸易展销会;④探查走访;⑤自我观察;⑥其他产品的推销员。

7.2.3 寻找潜在顾客的原则

寻找潜在顾客有五大原则。

1)寻找范围的限制性

寻找范围的限制性是指根据产品的使用对象和购买对象确定寻找潜在顾客的范围。比如婴儿奶粉的寻找范围就是婴儿家长,纺织工业设备的寻找范围就是纺织厂。

2)寻找途径的灵活性

寻找途径的灵活性指的是可以通过各种媒体寻找潜在顾客。市场营销里讲了五大常用媒体:电视、广播、杂志、报纸和互联网。除此之外,还有许多户外广告媒体如霓虹灯等。

3）寻找意识的随时性

寻找意识的随时性是指工作时间以外，也需要留意潜在顾客。比如销售人员在休息时间的宴席上得知某产品的需求顾客。

4）寻找方式的连锁性

寻找方式的连锁性是指通过老顾客介绍新顾客。美容、保险、教育等服务产品运用此方式较多。

5）寻找活动的有序性

寻找活动的有序性是指寻找潜在顾客需要有计划、有规范、有程序地进行，不可盲目行事。

7.2.4　寻找潜在顾客的方法

销售人员寻找顾客的方法是多种多样的，其中常用的方法包括：逐户访问法、无限连锁介绍法、利用中心人物法、委托助手法、贸易展览法、电信访问法、资料查阅法、利用中心人物法、广告开拓法、个人观察法、市场咨询法、活动寻找法。

1）逐户访问法

关于逐户访问法，应了解以下内容：

（1）逐户访问法的含义

逐户访问法也称为“地毯式”访问法，或贸然访问法、普遍寻找法等，是指销售人员挨家挨户、贸然直接访问可能会成为顾客的某些个人或组织，从中寻找自己的顾客。这种方法是古老的销售方法之一，也是每个销售人员都曾经使用过的最基本的访问销售方法。逐户访问法的理论依据是平均法则。例如，如果过去的经验表明，每走访 10 人中有 1 人会购买某产品，那么走 100 次就会产生 10 笔交易。

逐户访问法有两种不同方式：一种是毫无选择地一家一户（door-to-door）走访，这种方式的盲目性更大一些；另一种是预先找出成交可能性较大的几家去访问，这种方式找到顾客的可能性较大，有一定的针对性。在日本，贸然访问较少。在日本的公司里，销售人员被正式介绍给潜在顾客，上门拜访的目的是心照不宣的。日本销售人员有时候花一年的时间去建立关系，然后才能介绍产品。日本销售人员用 80%的时间建立关系，20%的时间销售产品。而美国人正好相反。我国与美国相似。

（2）逐户访问法的利弊

逐户访问法的优点是：

①能够客观、全面地反映顾客的需求状况。由于被访问者与顾客不相识，不会碍于情面而说违心的话。

②有更大的选择余地，可借机进行市场调查。

③可以训练销售人员的销售技巧和能力。

逐户访问法的缺点是：

①盲目性大。因为不了解被访问者的情况，会做很多无用功，浪费时间精力。

②容易被拒绝。很多人不愿意被销售人员贸然访问,因此容易被拒绝。

(3)逐户访问法的适用范围

逐户访问法适合于日常生活用品及服务,如化妆品、家用清洁用品及保险、教育等;也适用于工矿企业中对中间商的推销或某些行业的上门推销。此法若能配合其他方法一起使用,开展立体攻势,效果会更好。

2)无限连锁介绍法

关于无限连锁介绍法,应掌握以下内容:

(1)无限连锁介绍法的含义

无限连锁介绍法是指销售人员请现有顾客、朋友或其他人介绍未来的可能顾客的方法。销售人员可以请他人介绍潜在顾客与自己相识,也可以请他人推荐潜在顾客名单。经验表明,此法比其他方法更有效。此法的理论依据是事物间普遍存在着的相关法则。世界上的一切事物都按一定的形式与其他事物发生联系,因而事物间存在相关关系。这种相关关系有时是明显而且紧密的,例如同一社交圈的人、需要同一种原料的企业、生产相同产品的工厂等。有相关关系的个人或组织有时具有相同的需求或彼此了解,因此,销售人员找到一个顾客后,就可以通过这个顾客找到与之联系的可能具有相同需求特点的其他顾客。这种方法可以使顾客量迅速增加。A 介绍 B、C,而 B、C 可以介绍更多顾客,以至无穷(如图 7-2 所示)。

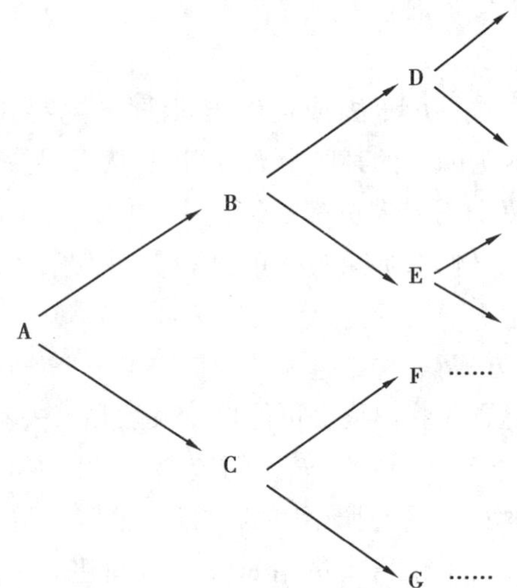

图 7-2　无限连锁介绍法

无限连锁的方法很多,主要有口头介绍、信函介绍、电话介绍、名片介绍、电子邮件介绍等。

(2)无限连锁介绍法的主要运用途径

无限连锁介绍法的主要运用途径有三种。

①通过现有顾客去寻找潜在顾客。这条途径是最佳的。由于老顾客介绍的新顾客大多是其较为熟悉的单位、组织与个人,他们之间可能存在较为密切的联系,有时甚至具有共同的利益,所以提供的信息准确详细。顾客介绍法几乎被推销界认为是最好的寻找顾客方法,

实际上也是最常用的方法。

②通过朋友的交情去寻找潜在顾客。在诸多的寻求新的潜在顾客的方法中,建立关系网方式可以称得上是最可靠、最有效的。人们往往愿意与他们了解、喜欢、信任的人做生意。建立关系网是重要的,而培养这个网络会带来大量交易。关键是定位,不是被动接触。建立关系网的目标是在你的每个熟人的心目中划出一个稳固的适当位置,这样,当其中的某个人或是他认识的人需要你销售的那类产品或服务时,你是唯一能让他们想到的能提供帮助的人。你的许多朋友都可能成为你的商业伙伴。如果你和朋友之间能找到相同的利益结合点,许多朋友都会乐意去帮你寻找顾客。朋友比现有顾客还更热心。销售人员求助的朋友可包括:同学和校友、家人和亲戚、邻居和同乡、球友、牌友等。

③通过其他销售人员去寻找潜在顾客。每个企业各个事业部销售的产品不同,但有些客户是相同的。销售人员应该充分利用其他事业部的销售人员,请他们将某些顾客介绍给自己。通常如果产品是互补的,是不会引起冲突的,另外一个部门的销售人员是会把相关客户介绍给你的。

(3)无限连锁介绍法的方式

无限连锁介绍法的方式主要有以下两种:

①间接介绍。所谓间接介绍,就是销售人员自己在介绍人的交际范围内寻找新的顾客。销售人员应自己主动地去参与介绍人的社交圈,同一社交圈的人可能都有某种共同的需求,可能是一类顾客。如果销售人员能成为他们的朋友、熟人,就能消除陌生拜访带来的困难。

②直接介绍。所谓直接介绍就是通过现有熟人直接介绍与其有联系的新客户,即由介绍人把自己的熟人或可能的用户介绍给销售人员作为潜在顾客。这是最常用的一种方式。

(4)无限连锁介绍法的利弊

无限连锁介绍法的优点是:

①效果良好。用连锁介绍法寻找顾客十分有效,顾客和顾客引荐人是未来销售的两个最好来源,若有来自顾客的重复购买则会更好。连锁效应可以迅速扩大客户数量。

②避免了盲目性。一般介绍人都了解潜在顾客的情况,信息准确、详细,使销售更有针对性。

③容易赢得信任。由于有中间人的介绍,不易产生对销售人员的排斥心理,接触气氛良好。

这种方法的缺点是:

①难取得有力的介绍。因介绍人不太愿意增加麻烦,更不愿意因介绍不当而给对方带去麻烦,介绍人是否愿意介绍或尽全力介绍是此方法能否取得良好作用的关键。

②易互相牵累。如果访问失败,给顾客留下不好的印象,不但会牵累介绍人,还有可能一下子失去许多客户。

③销售人员较被动。销售人员无法预料介绍人介绍的情况。有时介绍人顾及情面给销售人员介绍了客户,但销售人员对此并不太理想,这种介绍反而容易出问题。

(5)利用无限连锁法应注意的问题

利用无限连锁法应注意:

①建立良好的顾客和人际关系。人们一般愿意给信誉良好的销售人员介绍新客户，而信誉不好的销售人员总是很辛苦，要不断地靠自己去寻找新客户，没有人愿意帮他介绍新客户。

②让你的介绍人感觉轻松。千万别让介绍人感到帮助你找客户有压力，可以问介绍人是否知道别人可能对你的产品感兴趣；让介绍人方便时给介绍一下你的产品；让介绍人相信你不会给他介绍的人带来麻烦。

③感谢或回报你的介绍人。无论介绍人的介绍是否起到作用或对你有无帮助，都要感谢或回报你的介绍人。尤其是介绍人的帮助使你产生了销售额时，最好能给予介绍人意想不到的回报，这样介绍人会很乐意给你介绍客户。

(6)适用范围

此法适用于任何产品的销售。

3)利用中心人物法

利用中心人物法应注意以下内容：

(1)含义

利用中心人物法是指销售人员在特定的销售范围里发展具有影响力的中心人物，利用他们来帮忙寻找潜在顾客的办法。此法实际上是无限连锁介绍法的一个特例。介绍人是有一定影响力的中心人物。他们一般都有特殊地位，可以对他人产生某种形式的影响，还能提供有助于销售人员识别潜在顾客的信息。

利用中心人物法所依据的理论是心理学的光环效应法则。此法与需求的转移规律是相适应的。产品通常由先导者转移到追随者再到普及者。心理学原理认为，人们对于在自己心目中享有一定威望的人物是信服并愿意追随的。因此，一些中心人物的购买与消费行为就可能在他的崇拜者心目中形成示范作用与先导效应，从而引发崇拜者的购买与消费行为。实际上，任何市场及购买行为中，影响者与中心人物都是客观存在的，他们是“时尚”在人群传播的根源。只要了解、确定中心人物，使之成为现实的顾客，就有可能发展与发现一批潜在顾客。

(2)利用中心人物法的利弊

利用中心人物法的优点是：

①集中精力。销售人员只需拜访少数中心人物做细致的说服工作即可。

②利于成交。可以利用中心人物的名望与影响力提高销售人员的知名度、美誉度。顾客并不愿意在各方面花很多精力去研究，一般大家都愿听从专家的意见，故专家帮忙寻找到的客户，可能更利于成交。

这种方法的缺点是：

①中心人物难以寻找。中心人物一般比较忙，要接近并让中心人物帮助寻找顾客很难。若完全依赖此法，容易限制潜在顾客数量的发展。

②中心人物难以确定。如果选错了消费者心目中的中心人物，可能弄巧成拙，难以获得预期的销售效果。

(3)利用中心人物法的适用范围

此法比较适合新产品、高级消费品或为企业创造名望的产品。此法通常配合其他方法一起使用。

4）委托助手法

关于委托助手法，有以下内容。

（1）含义

委托助手法，亦称推销助手法或推销信息员法。所谓委托助手法，就是销售人员委托有关人员寻找顾客的方法。

委托助手法的依据是经济学的最小最大化原则与市场相关性原理。

（2）委托助手法的利弊

委托助手法的优点是：

①提高工作效率；

②避免了陌生拜访的压力。

委托助手法的缺点是：

①难以选择到理想的助手；

②销售人员较被动。

（3）适用范围

委托助手法比较适用于寻找耐用品和大宗货物的顾客。

5）贸易展览法

贸易展览法有其自身特点。

（1）贸易展览法的含义

贸易展览法是指利用各种贸易展览会或自己举办展览会来寻找顾客的方法。

（2）贸易展览法的利弊

贸易展览法的优点是：效率很高。

贸易展览法的缺点是：费用较高。

6）电信访问法

关于电信访问，注意以下内容：

（1）电信访问法的含义

电信访问法是指从电话簿、电子邮件列表中选出自己商品最易于销售的人员范围，然后一个接一个依次使用电话、传真和电子邮件（E-mail）来访问。

（2）电信访问法的利弊

电信访问法的优点是：节省时间。由于使用电话，潜在客户可能一开头就表明态度，这样可以快速转移到下一个客户，特别是通过因特网访问客户，其数量可以非常巨大。

此种方法的缺点是：

①易遭拒绝；

②推销形式受限制。

7）资料查阅法

资料查阅法应注意以下内容：

(1)含义

资料查阅法又称间接市场调查法,即销售人员通过查阅各种现有资料来寻觅顾客的方法。

利用他人或机构已经存在的可提供线索的资料,可以较快了解到大致的市场容量及潜在顾客的分布等。

使用此法访问时,可以根据所获得的资料所具有的性质来设计销售方式,以加强针对性。

(2)资料查阅法的利弊

资料查阅法的优点:

①较容易拟订销售计划。

②容易接近顾客。

资料查阅法的缺点是:

①资料的时效性有时候不是很强;

②竞争激烈。

8)广告开拓法

广告开拓法也有利有弊。

(1)含义

广告开拓法是指销售人员利用各种广告媒介寻找顾客的方法。可以利用各种报纸、杂志等适合自己产品的媒体,在上面刊登产品或企业广告,借以树立公司的形象及提高产品的知名度。让客户由媒体中获悉产品的资讯继而进行查询,销售人员借此可开拓出很多潜在的客户。也可以设计出一套完整的直接邮寄广告内容,以邮寄或直接投递的方式将产品讯息传达到客户手中,并取得客户的回复以作为继续拜访的参考。虽然这种方法信函回收的比例不高,但也是目前很流行的新客户开拓方法之一。有时通过邮寄产品目录、顾客意见调查表等,也能达到开拓客户的目的。

(2)广告开拓法的利弊

广告开拓法的优点是能在较短时间内发布大量信息;缺点是单向沟通,有些媒体费用较高。

9)个人观察法

个人观察法全靠销售人员自己的能力。

(1)含义

个人观察法是指销售人员通过自己对周围环境的分析和判断来寻找顾客。

(2)个人观察法的优缺点

优点:使销售人员直接面对市场与社会,有利于培养提高销售人员的才干;成本低。

缺点:当销售人员的观察能力和判断能力欠缺时,容易出错。

10)市场咨询法

市场咨询法成本较高。

(1)含义

市场咨询法是指销售人员利用市场信息服务机构所提供的有偿咨询服务来寻找顾客。

(2)市场咨询法的优缺点

优点:方便快捷,省时省力。

缺点:费用贵,可靠性不易把握。

11)活动寻找法

活动寻找法有以下内容:

(1)含义

活动寻找法是指企业通过市场调研活动、公共关系活动、促销活动、技术支持和售后服务等活动寻找顾客的方法。

(2)活动寻找法的优缺点

优点:这种方法对客户的观察、了解和沟通都非常有力,较容易找到客户。

缺点:组织策划这些活动费时费力,有的活动也非常费钱。

7.3　顾客资格审查

关于顾客资格审查,有一套适合它的理论赖以支持。

7.3.1　销售漏斗理论

销售人员寻找到潜在顾客后,是否所有的潜在顾客都会变成现实顾客呢?答案是否定的。销售漏斗理论告诉我们,只有少数潜在顾客才能成为现实顾客(如图7-3所示)。

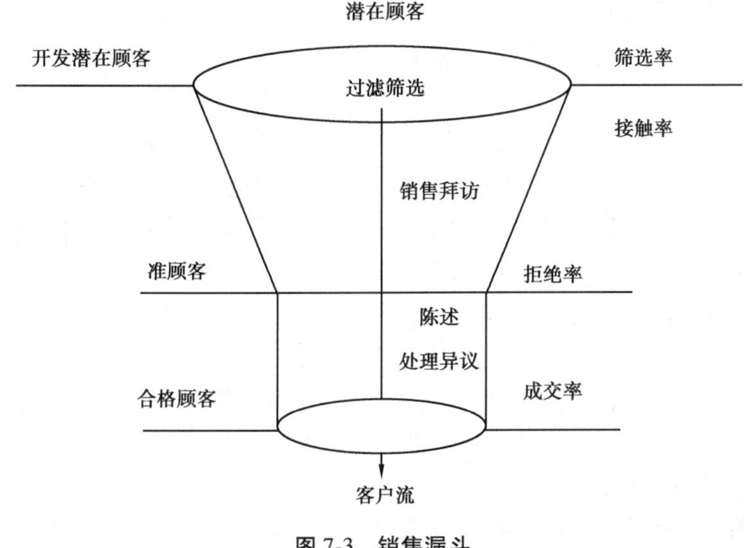

图7-3　销售漏斗

如果销售人员选择使用销售漏斗,他就能知道潜在顾客、准顾客和顾客的数目,还能获悉自己的工作重点在哪里。

由图7-3可以看出,潜在顾客徘徊在漏斗的顶上,等待销售员用标准一一过滤,然后将合格者推到下一层。在漏斗中第一层的潜在顾客经过销售人员的拜访与说服,会更加接近作出购买承诺,但必须有一定的购买力支持。漏斗变得越来越窄,反映出很大一部分潜在顾客被淘汰掉,即有一定的筛选率。这时,一些潜在顾客变成了准顾客。销售员应采取必要步骤,如销售陈述、处理异议、促成交易等,将这些准顾客移下或移除漏斗,使准顾客变成真正顾客。漏斗变得越来越窄也表示有一些准顾客从漏斗中分离出去,现实顾客与准顾客的比值即为成交率。通过销售人员的持续努力,走出漏斗的最终顾客可变成长期的支持者或合作伙伴。

7.3.2 顾客资格审查

销售理论常把那些有希望的潜在顾客作为准顾客。所谓准顾客(Prospect customer)是指既可受益于某种产品,同时又有能力购买这种产品的个人或团体。有可能成为准顾客的个人或团体的名称则称为“引子(Lead)”或“线索”。当准顾客经过资格审查后,并且符合要求时,称为“合格顾客(Qualified customer)”。

1)顾客资格审查的含义

顾客资格审查就是筛选出合格顾客的过程,也就是销售人员正式推销之前,要判断出真正的推销对象,选择最有可能购买的顾客,避免做无用功。现代销售学认为,作为合格的顾客需要具备三个要素(Man):金钱(Money)、权力(Authority)、需要(Need)。

2)顾客资格审查的主要内容

顾客资格审查的主要内容有三。

(1)顾客购买力的审查

顾客购买力就是顾客购买产品时的支付能力。支付能力是判断一个准顾客能否成为目标顾客的首要条件。很多人对某种产品都有需要,但是只有一定支付能力的需要才能真正成为现实的需求。

顾客支付能力可以划分为现有支付能力和潜在支付能力两种形式。

鉴定顾客支付能力时,一是要对顾客的现有支付能力进行鉴定,具有产品购买意向并具备现有支付能力的顾客是最理想的目标顾客。二是要注意对顾客潜在支付能力的审查。掌握具有潜在支付能力的顾客,可以为产品销售开拓更为广阔的市场。

审查个人或家庭的支付能力,主要是调查消费者个人或家庭的经济收入状况;审查企业的支付能力时,主要调查企业的经营状况和财务状况。

购买力审查难度较大,因为消费者经常不说实话,需要销售人员自行判断。不过销售人员也可以设法自行调查或让对方提供信用证明或担保。

(2)顾客购买决策权的审查

有些潜在顾客既有购买意向也有支付能力,但最终却无法成为合格顾客,原因在于他没有购买决策权。销售人员在向潜在顾客销售产品时,一定要弄清楚顾客是否自身具备购买决策权,若顾客自己不能做主就要搞清楚到底谁做主。若事先没有搞清楚这个问题,就可能事倍功半。

在消费品市场中,个人是否具备购买决策权相对容易确定。可是企业集团消费的购买决策权较难确定。对于企业集团消费,审查其购买决策权尤其重要,否则就会给产品销售带来很大的盲目性。销售人员必须了解集团的组织结构、人际关系、决策系统与决策方式,掌握其内部管理者的相对权限。

(3)顾客购买需求的审查

顾客购买需求的审查是指销售人员通过对相关资料的分析,判断并确定将来的推销对象是否对销售人员所销售的产品具有真正的需求(包括现实需求和潜在需求)以及需求量大小的活动过程。

顾客需求审查的目的就在于选择对推销品有真正需求的准顾客,使推销工作有的放矢,避免盲目性。顾客需求不仅包括顾客客观存在并已认识到的现实需求,而且还包括顾客客观上存在但其自己尚未认识到的潜在需求。

估计顾客对推销品存在现实需求和潜在需求的可能性,主要取决于销售人员的销售经验以及对推销品的特征及顾客需求的认识。销售人员应在把握顾客消费行为和消费心理特征的基础上,对顾客的需求进行深入细致的调查研究,分析和把握顾客不使用推销品的真正原因:可能尚未认识到推销品的真正用途;可能是受传统习惯或传统观念的影响;也可能是暂无购买财力;甚至可能是对处于引入期或成长期的新产品了解不多,尚在等待、观望阶段等。因此,销售人员不应简单地以顾客使用或不使用推销品为标准来审查顾客需求。

经严格的审查以后,如果销售人员确认某顾客不具有购买需求,或者发现自己销售的产品无益于该顾客,不能适应其实际需要,就不应该向其推销。相反,一旦确认该顾客存在购买产品的可能性与倾向性,自己所销售的产品有益于顾客,有助于解决顾客的某些实际问题,就应该努力去说服、引导顾客购买。

7.4 销售展示的准备

想要做好销售展示,必须做好必要的准备。

7.4.1 潜在顾客背景材料的准备

潜在顾客背景调查是指为制订访问计划而针对某一特定对象所做的相关调查。在寻找与顾客资格审查阶段也要调查潜在顾客的基本情况,但那是对潜在顾客主要情况的了解,其目的主要是为了淘汰没有购买可能的潜在顾客。而制订访问计划仅仅了解有无需求、有无购买力、有无购买决策权还不够,还必须了解更详细的资料。

但是,销售员必须注意,不能使背景调查的成本过高。如果用于背景调查的时间和精力超过可能获得的利润,背景调查也就失去了意义,除非这种努力能换来多次重复购买。

1)潜在顾客背景调查的内容

对不同性质的顾客所进行的背景调查的内容和着重点是不同的。下面介绍对陌生的个体顾客、陌生组织顾客和老顾客进行背景调查的主要内容。

(1)陌生个体顾客的背景调查

这里所指的个体顾客,是指顾客仅仅代表个人或家庭,而不代表企业或团体组织。个体顾客的背景调查主要包括以下内容:

①个人基本情况。指姓名、年龄、性别、民族、出生地、文化程度、性格、信仰、居住地、邮政编码、电话号码,等等。尤其在爱好和忌讳方面,更要注意投其所好,不要冒犯顾客。

②家庭及其成员情况。指所属单位、职业、职务、收入情况和家庭成员的价值观念、特殊偏好、购买与消费的参考群体等资料。尤其要调查家庭最有影响力的人物的好恶情况。

③需求内容。指购买的主要动机、需求详细内容和需求特点、需求的先后顺序、可能的购买力、购买决策权限范围、购买规律等。

对个体顾客调查的重点应该放在需求内容和顾客的爱好和忌讳上。

常见的个人顾客资料卡见表7-1。

表7-1 个人顾客资料卡

姓　名			性　别		年　龄	
住　址			邮　编		电　话	
工作单位			职　务		民　族	
家　属	姓　名	关　系	年　龄	职　业	备　注	
特长爱好						
性　格						
推销方法						
访问记录						
备　注						

(2)陌生组织购买者的背景调查

对陌生组织购买者的背景调查主要包括以下内容:

①组织基本情况。法人全称及简称、所属产业、所有制形式、经营体制、隶属关系、所在地及交通、生产经营规模、成立的时间与演变经历、目前法人代表及主要决策人物的姓名与电话号码、电讯传真号码等。

②组织的组织机构情况。管理风格与水平、组织规章制度、办事程序、主要领导人的作风特点、组织机构及职权范围的划分、人事状态及人际关系等。

③经营及财产情况。近期及远期的组织目标、生产经营规模、生产的具体产品类型、品

种与项目数量、生产能力与发挥水平、设备技术水平及技术改造方向、产品结构调查及执行状况、产品情况及市场反应、市场占有率与增长率、竞争与定价策略等。

④购买行为情况。销售员要深入了解关于推销对象在购买行为方面的情况。如：推销对象一般情况下由哪些部门发现需求或提出购买申请（通常是使用部门）；由哪个部门与机构对需求进行核准与说明（通常是计划部门）；由哪个部门与机构对需求及购买进行描述以及选择供应厂家（通常是设备或采购部门）；选择的标准是什么；顾客目前有哪几个供应者进行购买；供求双方的关系及其发展前景如何等。

⑤关键部门与关键人物情况。对在组织购买行为与决策中起关键作用的部门与人物，应重点了解有关情况。

对组织顾客的购买情况调查重点应放在购买行为情况和关键部门与关键人物情况方面。

常见的组织顾客资料卡见表 7-2。

表 7-2　组织顾客资料卡

<table>
<tr><td>单位名称</td><td colspan="2"></td><td>地　址</td><td colspan="2"></td><td>邮编、电话</td><td></td></tr>
<tr><td>成交时间</td><td colspan="2"></td><td>生产规模</td><td colspan="2"></td><td>职工人数</td><td></td></tr>
<tr><td>经营范围</td><td colspan="2"></td><td>开户银行</td><td colspan="2"></td><td>资金信用</td><td></td></tr>
<tr><td rowspan="3">负责人</td><td>姓名</td><td></td><td>年龄</td><td></td><td>职务</td><td colspan="2"></td></tr>
<tr><td>性格</td><td></td><td>爱好</td><td></td><td>性别</td><td colspan="2"></td></tr>
<tr><td>住址</td><td></td><td>民族</td><td></td><td>电话</td><td colspan="2"></td></tr>
<tr><td rowspan="3">采购人员</td><td>姓名</td><td></td><td>年龄</td><td></td><td>性别</td><td colspan="2"></td></tr>
<tr><td>性格</td><td></td><td>爱好</td><td></td><td>电话</td><td colspan="2"></td></tr>
<tr><td>住址</td><td></td><td></td><td colspan="2">与我单位交情</td><td colspan="2"></td></tr>
<tr><td rowspan="3">使用人员</td><td>姓名</td><td></td><td>年龄</td><td></td><td>性别</td><td colspan="2"></td></tr>
<tr><td>性格</td><td></td><td>爱好</td><td></td><td>电话</td><td colspan="2"></td></tr>
<tr><td>住址</td><td></td><td></td><td colspan="2">与我单位交情</td><td colspan="2"></td></tr>
<tr><td rowspan="6">访问记录</td><td colspan="2"></td><td></td><td colspan="4"></td></tr>
<tr><td>1</td><td colspan="6"></td></tr>
<tr><td>2</td><td colspan="6"></td></tr>
<tr><td>3</td><td colspan="6"></td></tr>
<tr><td>4</td><td colspan="6"></td></tr>
<tr><td>5</td><td colspan="6"></td></tr>
<tr><td>备注</td><td colspan="7"></td></tr>
</table>

(3)老顾客的背景调查

对于熟悉的、比较固定的顾客,销售人员亦应该在每次约见前做好背景调查。

内容如下:

①基本情况的补充。对原有关于顾客的基本情况,如有错、漏、不清楚、不确切的,应及时给予修正与补充。

②情况变化。目前,各企业都处于一种变动状态,甚至是突变的状态,企业情况变化是必然的。因此,销售人员应对原来掌握的情况进行核对落实。如发生变化,应及时更正。尤其是对企业的性质、经营机制、管理体制、人事、机构的变化,更应该加以注意并收集相关资料。

③对以前购买活动的评价。在关系营销受到极大关注的今天,顾客的反应是极为重要的。顾客一旦对购买的该产品产生了良好的印象,就会作出积极的反应,下次购买很容易立即联想到该产品、该企业,或该销售人员。但是如果对上次购买评价较差,就难与销售人员维持长久的合作关系。销售人员应关注顾客的评价,一旦有不良评价就应设法了解情况,改进工作,消除不良影响。

对老顾客的背景调查的重点应放在顾客对购买的评价情况方面。

2)调查潜在顾客背景的方法

调查潜在顾客的方法与寻找顾客的方法是类似的,我们可以借鉴本章第二节的寻找潜在顾客的方法。

7.4.2 制订销售访问计划

制订销售访问计划是销售成功的关键。制订销售访问计划有助于销售人员合理安排利用时间。制订销售访问计划有助于建立信心,它可以帮助销售人员在买卖方之间营造友好的氛围,可以节省时间并常常能增加销售额。优秀销售员用于准备、开拓新客户和接触交易的时间多,而业绩不佳的销售员用于等候面谈和聊天的时间多。

有效的销售访问计划包括以下几方面的内容:

1)确定访问目标

只有明确了目标,访问工作才能有的放矢。拜访对象可以分为两部分:一为现有客户;二为潜在客户。体现在现有客户方面,其目标是保持现有顾客,使其成为回头客,不至于流失,可以采取的手段有产品跟踪服务,定期维修,了解他们进一步的需求,向其介绍企业的新产品等。而体现在潜在客户方面,其目标实际上是一个转变的过程,其中的催化剂就是销售人员,即在销售人员的努力下,使潜在客户转化为准客户,再从准客户转化为真正的客户。当然,这其中还伴随着过滤与筛选的过程。使用的手段可以是了解客户的需求,引导其购买行为,介绍自己的产品,进而促使其作出购买决策。这也是总目标,当然,具体到各个销售阶段,这个总目标也是可以细化量化的,这也绝不是一蹴而就的。

2)访问时间和路线的安排

我们认为时间可分为三大块,一块为寻找潜在客户;另一块为访问潜在客户;最后一块为访问老客户。其中,访问潜在客户所需时间最多,也最具挑战性。

拖延不会给销售员带来任何好处,所以销售人员每天应拿出一定的时间用于潜在客户的寻找,例如每天一小时,并把它列入每天的工作计划中。在与现有客户接触之余,销售员也可以挤出时间来与潜在客户和消费者保持联系。销售员要制订潜在客户拜访计划,以保持一定的销售额增长率。

销售人员应该对访问路线进行安排,以达到在最短的时间内访问到尽可能多的客户。

3)确定销售策略和模式

销售人员应首先分析要拜访的客户,了解客户的购买行为和需求,搞清顾客为何要买这种特定产品。这有利于销售人员选定合适的销售模式,如爱达模式、迪伯达模式等,安排好销售展示的行动细则,有针对性地设计展示方法和诉求重点。

销售人员必须考虑:如何吸引顾客的注意;如何引起顾客的购买兴趣;如何刺激顾客的购买欲望;如何促使顾客采取购买行动。

对不同类型的顾客要制订不同类型的销售策略。对软心肠的顾客和防卫型的顾客我们将采取不同的策略。

4)制订销售工具清单

销售人员应该备好各种销售活动所需要的物品和资料。常用的物品有:个人身份证明,如身份证、名片、介绍信;产品介绍资料,如样品、价目表、示范器材、录像带、光盘等;协议签订工具,如合同、印章等。

7.4.3　约见顾客

约见是指销售人员事先征得顾客同意而进行的接近顾客的活动。主要目的,一是为了接近顾客铺平道路,避免贸然闯入易遭拒绝的情况;二是为了提高访问效率,避免等待时间的浪费。

1)约见的内容

约见的内容主要有以下几方面:

(1)确定访问对象

要进行推销访问,首先要确定访问对象,即确定与对方哪个或哪几个人接触。销售人员应尽量设法直接约见顾客的购买决策人,或者是对购买决策具有重大影响的重要人物,避免在无权与无关的人身上浪费时间。销售人员还应尊重接待人员。为了能顺利地约见主要人物,销售人员应尊重有关的接待人员,应在言行中把他们当作同等重要的,甚至是更重要的“要人”,从而取得他们的合作与支持。

(2)确定访问事由

确定访问事由是约见的重要内容。顾客通常根据你的访问事由决定是否见你。当然,任何销售访问的目的都是为了最终销售产品。但每次访问的目标是不一样的,可能是调查、服务、联络感情,或仅仅是为了认识对方,除非销售人员确实知道客户正需要这种产品。通常销售人员不把销售产品作为约见客户的理由,而选择其他事由,这样易于客户接受。销售人员应根据自己的实际情况、公司情况、顾客情况,选择最有利的约见事由。例如,若销售人员是新手,顾客是技术专家,销售人员可以用求教的方法约见客户。若顾客是公司的老客户，而销售人员不认识客户，销售人员可以选择节假日送贺礼或服务调查等方法约见顾客。

(3)确定访问时间

另一个内容是与顾客约定一个拜访的时间。选择好一个对销售人员和顾客都合适的时间很重要。因此，与顾客确定时间时，销售人员应尽量替顾客着想，避免在顾客最忙碌的时间内约见顾客，寻找顾客较为轻松与愉快的时间。通常顾客并不愿主动安排时间，销售人员应该建议一个具体时间由客户考虑，或提出多个时间由客户选择。当顾客的时间与销售人员的时间安排有矛盾时，应尽量迁就与尊重顾客的意图。如销售人员与另外顾客有约在先而发生时间上的冲突时，应如实向当前的约见对象说清楚。约见时间与规定一旦明确，销售人员应立即用笔记录在案，并且应严守信用，克服困难，准时到达约见地点。

(4)确定访问地点

在什么地方见面，也是约见需确定的主要内容之一。确定约见地点时应注意照顾约见对象的要求。最经常使用，也是最主要的约见地点是办公室。不少销售人员习惯在顾客的居住地约见顾客，但这要看顾客的意愿。可以选择一些销售的公共场所，如展览厅、订货会、货栈、洽谈室等；也可以把公共娱乐场所作为约见地点，如咖啡厅、舞厅、音乐茶座等。

2)约见的方法

常用的约见方法有：函约、电约、面约、托约、广约、网上约见等。

(1)函约

函约指销售人员利用各种信函或电子邮件来约见顾客。随着时代的进步，出现了许多新的传媒，但多数人认为信函比电话更显得尊重他人一些。信函包括个人书信、会议通知、社交柬帖、广告函件等，其中采取个人通信的形式约见顾客的效果为最好。书写个人信函一般是在与对方较熟悉的情况下采用；若遇到并不熟悉的顾客，寄去柬帖、会议通知、参观券或广告函则是比较理想的方式。

约见信的主要目的在于引起顾客的注意和兴趣，必要时可以在信里留下一些悬念，让顾客去体会言外之意，但不可故弄玄虚，以免弄巧成拙，贻误大事。

为了提高信函约见的成功率，销售人员在写约见信函时应注意以下几个问题：

①措辞委婉恳切。写信约见顾客，对方能否接受，既要看顾客的需要与购买力，也要看推销人员是否诚恳待人。一封措辞委婉恳切的信函往往能博得顾客的信任与好感，也使对方同意会面。

②内容简单明了。书信应尽可能言简意赅，只要把约见的时间、地点、事由写清即可，切不可长篇大论，不着边际。

③传递的信息要投其所好。约见书信应该以说服顾客为中心，投其所好，以顾客的利益为主线劝说或建议其接受约见要求。

④信函形式要亲切。约见信函要尽可能自己动手书写，而不使用冷冰冰的印刷品，信封上最好不要盖“邮资已付”的标志，要动手贴邮票。

⑤电话追踪。在信函发出一段时间后要打电话联系，询问顾客的想法与意见，把电话约

见与信函约见结合起来使用,可大大提高约见效果。

信函约见的优缺点:

信函约见既简便、快捷、易于掌握、费用低廉,又可免受当面约见顾客时的层层人为阻碍,可以畅通无阻地传递给目标顾客。

但信函约见也有一定的局限,如:信函约见的时间较长,不适于快速约见;许多顾客对推销约见信函不感兴趣,甚至不去拆阅,推销人员花费较多的时间和精力撰写的约见信函往往如泥牛入海。

(2)电话约见

电话约见即销售人员通过电话来约见顾客,这是现代推销活动中常用的约见方法。它的优势在于经济便捷,能在短时间内接触更多的潜在顾客,是一种效率极高的约见方式。电话约见时,由于顾客是不见其人,只闻其声,所以推销员的重点应该放在"话"上,但要尽量避免透露太多情报。因为电话约见的目的是要约定访问时间,而不是做推销。

电话约见需要注意以下事项:

①要精心设计开场白,激起对方足够的好奇心,使他们有继续交谈的意愿;

②约见事由要充分,用词简明精练、长话短说;

③态度要诚恳,口齿清楚,语调亲切;

④应该避免电话高峰和对方忙碌时间,一般上午10点以后和下午较合适;

⑤在大家共享一个办公室或共享一部电话时,应该取得大家的相互配合,保持必要的安静。

(3)当面约见

当面约见即销售人员与顾客面对面约定再见面的时间、地点、方式等事宜,这是一种较为理想的约见方式。推销人员可以利用在某些公共场所如展销会、订货会、社交场所、推销途中与顾客的不期而遇等,借机与顾客面约,也可以到顾客的单位、家中去面见顾客。若因顾客忙于事务或一时不能决定,需和有关人士商量之后再作商谈时,推销人员可顺势约定时间再谈。

面约具有五大优点:

①有利于发展双方关系,加深双方感情;

②有助于销售人员进一步做好拜访准备;

③面约一般比较可靠,有时约见内容比较复杂,非面约说不清;

④面约还可以防止走漏风声,切实保守商业机密;

⑤面约也是一种简便易行的约见拜访方法。

面约的局限性:

①地理局限性;

②效率不高;

③面约一旦被顾客拒绝,就使推销人员当面难堪,造成被动不利局面,反而不利于下一次的拜访;

④对于无法拜访或接近的销售对象来说,面约方式无用武之地。

(4)委托约见

委托约见即销售人员委托第三者代为约见顾客的一种方法。受托人一般都是与访问对象本人有一定社会关系或社会交往的人,尤其与访问对象关系密切的人或对其有较大影响的人士最合适,可以是推销员的同学、老师、同事、亲戚、朋友、上司、同行、秘书、邻居等,也可以是各种中介机构。

委托约见可以借助第三者与推销对象的特殊关系,克服目标顾客对陌生推销人员的戒备心理,取得目标顾客的信任与合作,有利于进一步的推销接近与洽谈。

但是委托约见也有一定的限制:一是推销员不可能拥有众多的亲朋熟人;二是好友未必与目标顾客有交情;三是要搭人情,且环节较多,若所托之人与自己的关系或与目标顾客关系较一般,导致顾客对约见的重视程度不够。

(5)广告约见

广告约见指推销员利用各种广告媒体约见顾客的方式。现代广告媒体主要有广播、电视、报纸、杂志、路牌、招贴、直接邮寄等。利用广告进行约见可以把约见的目的、对象、内容、要求、时间、地点等准确地告诉广告受众。

广告约见比较适用于约见顾客较多或约见对象不太具体、明确,或者约见对象姓名、地址不详,在短期内要找到等情况。

广告约见具有很多优点:

①约见对象较多,覆盖面大;

②能够吸引顾客主动上门约见,并挖掘出大量的潜在客户;

③节省推销时间,提高约见效率;

④可以扩大推销员的影响,树立企业形象。

广告约见也有一定的局限性:

①针对性较差;

②费用高;

③在广告烟海中很难引起目标顾客的注意等。

(6)网上约见

网上约见是推销人员利用互联网与顾客在网上进行约见和商谈的一种方式。计算机网络的发展为现代推销提供了快捷的沟通工具,尤其是互联网的迅速发展,不仅为网上推销提供了便利,而且为网上购物、交谈、联络情感提供了可能,尤其是电子信箱的普遍使用,加快了网上约见与洽谈的进程。

网上约见有快捷、便利、费用低、范围广的优点,不仅可以非常容易地约见国内顾客,而且还为约见国外顾客提供了非常有效的途径。但网上约见受到推销员对网络技术和客户网址或电子信箱等信息的掌握程度等方面的局限。因此,推销人员要学习并掌握有关的网络知识,利用现代化的高科技推销工具开发自己有效的潜能,提高推销的科技含量。

【本章小结】

销售准备是整个销售过程的起点,良好的销售准备是销售成功的必要条件。销售准备主要包括以下几方面内容:寻找潜在顾客、顾客资格审查、展示准备。

销售过程是指销售人员进行销售活动时所采取的一系列行为步骤。销售过程包括五个大步骤:销售准备;销售展示;处理顾客异议;促成交易;售后服务与跟踪。具体又可细化为八个步骤。其中销售准备可细化为寻找潜在顾客、顾客资格审查、展示准备三个步骤,而销售展示又可细化为接近顾客和展示两个步骤。

寻找潜在顾客是销售人员的重要工作,也是销售经理应该关注的工作。寻找潜在顾客的方法主要有:逐户访问法、无限连锁介绍法、利用中心人物法、委托助手法、贸易展览法、电信访问法、资料查阅法、广告开拓法、个人观察法、市场咨询法、活动寻找法。

销售漏斗理论为顾客资格审查提供了理论基础。该理论告诉我们,只有少数潜在顾客才能成为合格顾客或现实顾客。顾客资格审查就是筛选出合格顾客的过程。顾客资料审查的主要内容包括:购买力审查、购买需要审查、购买决策权审查三个方面。

销售展示的准备主要包括:潜在顾客背景材料的准备、制订销售访问计划、约见顾客三个方面的内容。潜在顾客背景材料的准备包括对陌生个体顾客、陌生组织购买者和老顾客共三种不同类型顾客的调查。制订销售访问计划包括以下几方面内容:确定访问目标、访问时间和路线的安排、确定销售策略和模式、制订销售工具清单。

约见是指销售人员事先征得顾客同意再接近顾客的活动。其内容主要有确定访问对象、确定访问事由、确定访问时间和地点。常用的约见方法有:函约、电约、面约、托约、广约、网上约见。

【案例分析】

工人与顾客

在美国的一个家庭工地上,有位玻璃制造公司的推销员来到一处正在建造新房子的家庭工地。楼房棚顶上有位浑身汗水泥巴的人向他打招呼,那位推销员一看是棚顶工人向他喊话,就没有理睬他。推销员来到这家的家庭主妇面前,说明推销装饰用彩色玻璃的来意,主妇说:“这事你得找我丈夫谈。”推销员问:“现在,我可以和您丈夫谈谈吗?”不料,主妇回答道:“我想您已经失去和他谈话的机会了。”推销员大惑不解,主妇指着屋顶上的人说:“他已跟您见过了。”推销员好不尴尬,像丧家狗那样夹着尾巴灰溜溜地逃掉了。

问题:

1.推销员采用了什么样的方法寻找顾客?这种方法存在哪些明显的毛病?推销员应如

何克服这些毛病？

2.推销员遇到的困境是否可以避免发生？如何才能避免发生？

3.在当时情况下，推销员赶紧溜走是最明智的选择吗？为什么？如果你是销售员，当主妇说已经失去谈话的机会时，你有好办法扭转局面吗？

【复习思考题】

1.销售过程分哪几个步骤？

2.销售准备细化为哪几个步骤？

3.寻找潜在顾客的方法有哪些？

4.顾客资格审查的主要内容是什么？

5.潜在顾客背景调查的主要内容是什么？

6.制订销售访问计划的主要内容有哪些？

7.约见的主要内容和常用方法？

第 8 章　销售展示

【核心概念】

接近;销售展示;销售展示组合。

【引例】

别让顾客说“不”

有一位推销书的女士,平时碰到顾客和读者总是从容不迫、平心静气地向对方提出这样两个问题:如果我们送给您一套关于经济管理的丛书,您打开之后发现十分有趣,您会读一读吗? 如果读后觉得很有收获,您会乐意买下吗? 这位女士的开场白简单明了,连珠炮似的两个问题使对方无法回避,也使一般的顾客几乎找不出说“不”的理由,从而达到了接近顾客的目的。后来,这两个问题被许多出版社的图书推销员所采用,成为典型的问题接近方法。

8.1　接近顾客

当销售人员已经寻找到合格的顾客,并且做好了销售的准备工作,就要想尽办法去接近顾客。接受一个陌生人对一般人来说都是比较困难的,尤其是当你带着推销的目的去接近的时候。接近顾客是整个销售过程中的最难环节,销售人员成功地完成了接近工作,就为推销工作的顺利完成奠定了良好的基础。

所谓接近,是指在实质性洽谈之前,销售人员与顾客接触并互相了解的过程。

8.1.1　接近顾客的任务

作为整个销售过程的一个阶段,接近有其特定的任务或目标。它的任务主要如下:第一,验证事先所得信息;第二,引起顾客的注意;第三,培养顾客的兴趣;第四,顺利转入实质性洽谈。

1)验证事先所得信息

经过寻找与评估阶段和制订洽谈计划阶段,销售人员掌握了一些有关顾客的各种信息,并据此准备了相应的推销方法。但是,信息是否全面、准确、有效,还是个未知数。销售人员应利用实际接触顾客最初的时间,运用观察、提问、倾听等方法,验证事先收集的信息是否准确。若发现原有的信息错误,应迅速改正。更重要的是要及时修正根据原有的信息所制订的销售方法。

验证事先所得的信息需要注意方法。对很多顾客敏感的问题,不要直接涉及。销售人员可以通过对办公场所、环境气氛的观察了解,验证事先收集的信息,也可以通过与秘书等企业职员的交谈补充信息。

2)引起顾客的注意

在接近阶段,引起顾客的注意是决定洽谈能否顺利进行的非常关键的环节。销售人员必须在洽谈一开始就设法使顾客注意力集中于洽谈过程。成功地吸引顾客注意力,可以使顾客更快地了解产品的特征与利益,也可以使顾客更好地理解销售人员的陈述,为激发顾客购买欲望奠定基础。

能否引起顾客的注意,取决于多种因素。销售人员必须重视顾客的第一印象可以产生的“晕轮效应”,即顾客对销售人员某一方面的行为印象好坏会影响到对销售人员其他行为的认识与评价。因此,销售人员一定要注意自己的言行举止,争取给顾客留下良好的第一印象。

3)培养顾客的兴趣

在实际销售工作中,对于销售人员而言,引起顾客的注意并不难,难的是激发顾客的兴趣。因此激发顾客兴趣对销售人员而言比引起顾客注意更重要。如果在引起顾客的注意之后,不能使顾客对产品产生兴趣,不仅会使顾客的注意力重新分散,更难以激发顾客的购买欲望。因此,在接近过程中,必须设法尽快培养顾客的兴趣。

4)顺利转入实质性洽谈

在培养了顾客兴趣之后,销售人员就应该适时引导顾客自然转入实质性洽谈。因为接近的最终目标是转入实质性洽谈,引起注意和激发兴趣都是为这个目标而来的。

这个“任务”一定要注意是“自然而然”地转入实质性洽谈,不能唐突,否则容易引起顾客的抵触情绪和逆反心理,给实质性洽谈制造障碍。

8.1.2　接近顾客的基本策略

接近顾客的基本策略有四种。

1)迎合顾客策略

销售人员应该根据事前获得的信息和接触瞬间的判断,选择合适的接近方法。销售人员可以根据顾客的特点,改变自己的内外特征,扮演顾客乐意接受的角色以迎合顾客,比如在服务仪表、语言风格等方面随之作出一定的改变。

2)调整心态策略

销售人员在与陌生顾客接近过程中,表现出的各种形式的紧张都是很普遍的。许多销售人员害怕接近,甚至想避免接近,这种现象被称为"推销恐惧症"。其实有时候顾客的冷漠和拒绝是多方原因造成的,应该充分理解并坦然接受。成功的销售人员应该学会放松和专注的技巧,这样能使自己克服压力。销售人员想象可能遇到的最好和最坏的情况,然后做好如何反应的准备。

3)减轻顾客的心理压力策略

在接近过程中,有一种独特的心理现象,即当销售人员接近时,顾客会产生一种无形的压力,似乎一旦接受销售人员就承担了购买的义务。正是这种心理压力,使一般顾客害怕接近销售人员,冷淡对待或拒绝销售人员的接近。这种心理压力实际上是销售人员接近顾客的阻力。销售人员只要能够减轻或消除顾客的心理压力,就可减少接近顾客的困难,顺利转入销售展示。

许多销售人员经常利用销售外的理由去接近顾客,就是为了减轻顾客心理压力。减轻顾客心理压力的方法有很多,销售人员需要研究并灵活运用。

4)控制时间策略

销售人员必须善于控制接近时间,不失时机地转入正式洽谈。接近的最终目的是为了进一步的洽谈,而不仅仅是引起顾客的注意和兴趣。有些缺乏经验的销售人员,总不好意思谈论自己的销售话题,到顾客要走了还没有开始谈论正题,这就是没有控制好时间,接近效果就不理想。如何把握时间的长短,销售人员应视具体情况而定,通常不能太长。

8.1.3　接近顾客的方法

接近顾客的方法有很多,大致可以分为三类:陈述说明式接近法;演示接近法;询问接近法;有时候三种方法可以同时使用。

1)陈述说明式接近法

如果计划得当,开场用陈述说明接近顾客是很有效的。尤其是销售人员在进入潜在顾客办公室之前就知道其需要时。陈述说明式接近法有四种:介绍式、引荐式、赞美式、馈赠式。

(1)介绍式接近法

所谓介绍式接近法,是指销售人员自行介绍而接近潜在顾客的方法。这种方法是最普遍也最缺乏力度的方法。因为这种方法很少能引起潜在顾客的注意力和兴趣。通常是以介绍销售人员的姓名和企业开始的。

尽管与潜在顾客第一次会面时必须需要介绍式,但是在大多数情况下,应该是和另一种方式结合使用。销售人员除了要进行口头介绍外,有时还要主动出示相关证件,礼貌地递上名片,有利于交谈继续。

(2)赞美式接近法

所谓赞美式接近法,是指销售人员利用顾客喜欢被赞扬的心理来引起顾客注意和兴趣而接近顾客的方法。若赞美是符合实际的自然的,那么这种方法会成为销售的有效开始。使用此法应该注意寻找合适的赞美点,赞美应该是具体实在的优点,不能造成虚情假意的印象,否则就是弄巧成拙了。赞美的方式应该根据顾客类型不同而有所改变。

例如:一推销员走进银行经理办公室推销伪钞识别器,见女经理正在埋头写一份东西,从表情看很糟,从桌上的混乱程度可以判定经理一定忙了很久。推销员想:怎样才能使经理放下手中的活计,高兴地接受我的推销呢?观察发现,经理有一头乌黑发亮的长发。于是推销员赞美道:“好漂亮的长发啊,我做梦都想有这样一头长发,可惜我的头发又黄又少。”只见经理疲惫的眼睛一亮,回答说:“没以前好看了。太忙,瞧,乱糟糟的。”推销员马上送上一把梳子,说:“梳一下更漂亮,你太累了,应休息一下。注意休息,才能永葆青春。”这时经理才回过神来问:“你是……?”推销员马上说明来意。经理很有兴趣地听完介绍,并很快决定买几台。这位经理为什么这么快就接受了推销员的推销?

(3)引荐式接近法

所谓引荐式接近法是销售人员利用引荐人的介绍而接近顾客的方法。通常引荐人应该是顾客喜欢或尊敬的人。这种方法的局限性在于几乎没有人能做到想联系哪个潜在顾客就一定能找到合适的引荐人。

(4)馈赠式接近法

所谓馈赠式接近法,是指销售人员利用赠送物品来接近顾客的方法,因为大多数人喜欢接受免费的东西,该法有利于创造融洽的气氛。

2)演示式接近法

运用演示或戏剧性表演作为接近顾客的方法是十分有效的,因为该法能强烈吸引潜在顾客主动参与到接近中来。主要演示方法有两种:产品式接近法和表演式接近法。

(1)产品式接近法

所谓产品式接近法,是指推销人员直接利用所推销的产品引起顾客注意和兴趣,从而顺利进入推销面谈的接近方法。由于这种方法是以推销品本身作为接近媒介,因而也称为实物接近法。销售人员采用产品接近法,直接把产品、样本、模型摆在顾客面前,让产品作为自我推销,给顾客一个亲自摆弄产品的机会,以产品自身的魅力引起顾客的注意和兴趣,既给了顾客多种多样的感官刺激,又满足了顾客深入了解产品的需求。这是产品接近法的最大优点。

运用此法接近顾客时,要注意以下几点。

①产品本身必须具有一定的吸引力,能够引起客户的注意和兴趣,这样才能达到接近客户的目的。在客户看来毫无特色、毫无魅力的一般商品,不宜单独使用产品接近法。即使营销员自信产品独特新颖,而且事实上也的确如此,但是若客户不能立即认识到这一点,最好还是不要使用产品接近法。

②产品本身必须精美轻巧,便于营销员携带访问,也便于客户操作。不便携带的产品不宜使用此法。不过,可以利用模型图片等作为媒介接近顾客。

③所销售的必须是有形的实物产品,可以直接作用于客户的感官。看不见摸不着的无形产品或劳务,不能使用产品接近法。

④产品本身必须质地优良,经得起客户反复接触,不易损坏或变质。销售人员应该专门准备一些专用的接近产品,平时注意加以保养,以免在客户操作时出毛病,影响推销效果。

(2)表演式接近法

表演式接近法有时也称戏剧化接近法,是指销售人员利用各种表演活动引起顾客注意从而接近顾客的方法。此法需要销售人员做一些不寻常的事来抓住潜在顾客的注意力和兴趣。这个方法应该小心地操作,要选择有利时机,表演自然,不出现产品质量性能方面的差错。表演时如果能让潜在顾客参与则效果将更显著,表演中的道具最好是与销售活动有关的物品,这样更利于顺利转入实质性洽谈。

3)询问式接近法

询问式接近法是以询问作为开场白的接近方法,此法有利于销售人员最好地确定潜在顾客的需求。以下介绍几种基本的询问方法。

(1)询问顾客利益接近法

所谓询问顾客利益接近法是指销售人员询问的问题要暗示产品能使潜在顾客受益而接近顾客的方法。例如:"你对购买我们冰箱每年能节省电费50%的特点感兴趣吗?"

询问顾客利益接近法以询问开始,可以同时阐述如何能使顾客受益。当然顾客利益的询问也可转化成受益陈述句,然后问个小问题:"你对此感兴趣吗?"

这种方法的优点在于:

①符合顾客求利的心理。这种利益接近法迎合了大多数顾客的求利心态,销售人员抓住这一要害问题予以点明,突出了销售重点和产品优势,有助于迅速达到接近顾客的目的。

②符合商业交易互利互惠的基本原则。顾客购买商品的目的是想通过商品使用价值的实现而从中获得某种利益,而工商企业的销售更是直接以营利为目的的。

(2)激发好奇心式接近法

激发好奇心式接近法是指销售人员利用准顾客的好奇心理达到接近顾客的目的的方法。在实际销售工作中,当与准顾客见面之初,销售人员可通过各种巧妙的方法来唤起顾客好奇心,引起其注意和兴趣,然后说出推销产品的利益,转入销售面谈。唤起好奇心的方法多种多样,销售人员应做到得心应手、运用自如。

好奇心是人的一种原始驱动力,在此动力的驱使下,促使人类去探索未知的事物。激发好奇心式接近法正是利用顾客的好奇心理,引起顾客对推销人员或推销品的注意和兴趣,从而点明推销品利益,以顺利进入洽谈的接近方法。

好奇心接近法的运用应该注意下列问题:第一,引起顾客好奇的方式必须与推销活动有关;第二,在认真研究顾客心理特征的基础上,真正做到出奇制胜;第三,引起顾客好奇的手段必须合情合理,奇妙而不荒诞。

(3)震惊式接近法

所谓震惊式接近法通常是指利用一个旨在使潜在顾客认真考虑和震惊的问题接近顾客的方法。

通常所用的事实十分震惊,不经过销售人员特别提示,常人一般不予关注。有些人虽然知道,却不知如何是好,若销售人员能适时提出解决方案,会收到较好的接近效果。但是使用该法时应注意,不要引起顾客巨大的恐惧,销售人员应该真实地揭示现实问题,启迪顾客思考,若过分恐吓顾客,容易引起顾客反感。

例如:你知道去年高速公路上肇事的汽车40%是由于爆胎引起的么?

(4)征求意见式接近法

所谓征求意见式接近法,是指利用求教或调查等征求顾客意见的问题来接近顾客的方法。

可以通过征求意见的问句或者直接设计一份调查表调查。

此法使潜在顾客常常感受到尊重。若问法恰当,大多数顾客愿意与销售人员交谈。销售人员尤其要注意认真倾听顾客意见、想法,因为它表明销售人员重视顾客意见,也表明销售人员不想滔滔不绝地背销售台词,而是与潜在顾客探讨一些专业性知识。此法尤其适用于新销售人员的销售。

例如:您是电子方面的专家,可以为我们这款电子产品提点意见么?

(5)多项询问式接近法

所谓多项询问式接近法是指销售人员利用一系列有明确顺序的问题来接近顾客的方法。这个明确的顺序是:

①询问情景(Situation questions);

②询问疑难问题(Problem questions);

③暗示危害,询问实质性问题(Implication questions);

④询问受益(获利)问题(Need-payoff questions)。

因此,也称此法为SPIN接近法,它有利于双方轻松迅速地展开双向交流,使潜在顾客立刻加入销售会谈,很快确定潜在顾客需要。

多项询问接近法的询问顺序如下:

第一步,询问情景。询问潜在顾客与产品相关的大致情况。这样可以避开一开始就询问具体问题和疑难问题而让潜在顾客感觉不舒服而不愿谈论后面话题。用一个轻松的话题开始,有利于融洽气氛。另外询问相关情况有利于帮助销售人员大致了解潜在顾客需求。

例如:房地产公司的销售人员问顾客:“您家里有多少人?目前住房条件如何?”

第二步,询问疑难问题。询问潜在顾客具体的问题、不满之处或困难,当然这个具体问题应该是与前面的相关情况有关的,最好是顾客能觉察到的问题。这个问题的主要目的是及时了解潜在顾客的需要或面临的难题,同时让潜在顾客承认“是的,我的确有难题。”询问疑难问题应该注意确定潜在顾客的需要或问题哪些是重要的,哪些是不重要的。如果潜在顾客在销售人员询问了相关情况或疑难问题后阐述了具体的需要,也不要径直进入销售展示阶段。继续进行下面的两个步骤,有利于提高成交的可能性。

例如:房地产公司的销售人员问顾客:“您现在的两室一厅居住很方便的,有没有想过以后小孩出生后,会需要更大的空间?”

第三步,暗示危害,询问实质性问题。询问潜在顾客存在问题的内在含义也就是一些浅表性问题对潜在顾客的生活和工作带来的深层次的影响。如果用词恰当,你问及的问题是潜在顾客确定关心的问题,潜在顾客会主动讨论问题或谈论有待改善的地方,而且印象深刻。这样的询问能激励潜在顾客去解决问题。

例如:房地产公司的销售人员问顾客:“小孩出生后,爷爷奶奶会来照顾么?是否会感觉住房太紧张?”

第四步,询问受益(获利)问题。询问潜在顾客是否有重大清晰的需求。但是要注意,用SPIN法时,应该由潜在顾客自己确定需求。

例如:房地产公司的销售人员问顾客:“如果我向您介绍一套新房型,三室一厅,建筑面积较您目前住房增加10%左右,但总价只多5%左右。它将解决您未来的住房紧张问题,您有兴趣了解吗?”

若潜在顾客对需求问题给予肯定的回答,销售人员就明白这个需求很重要,就可以重复P-I-N步骤,直到确定出重要的需求。

8.2 销售展示

销售人员在成功接近顾客之后,就进入了销售展示阶段。销售展示是指销售人员利用语言陈述、可视辅助手段和其他各种方式,向顾客传递销售信息,并说服顾客购买的过程。销售展示主要有两种类型:一类是销售陈述;另一类是演示。

8.2.1 销售展示的基本步骤

通常销售展示应该遵循下列三个基本步骤:

1)详细介绍销售产品的特点、优势和利益

销售人员应该做完整的描述,充分利用费比模式(FABE)进行展示。通过此步骤要弄清楚客户购买该产品的原因就是产品的利益能够满足客户的某种需求,或者能解决客户某种实际问题。

2)介绍销售计划

对最终用户而言,是对如何使用产品提出建议;对批发商和零售商而言,就是对如何转售产品提出的建议,比如应该如何通过展示、广告和适当的货架布置以及定价手段来销售该产品。

3)详细阐述商务建议

这一步涉及产品的价值与成本的关系。要告知顾客买自己的产品比买其他产品更合算。这一内容应该最后讨论,因为销售人员总会介绍与产品价格相关的产品利益及销售计划。

表 8-1 销售展示中的商业建议书实例

批发商与零售商	最终用户
1.价目单 2.运输成本 3.折扣 现金折扣 数量折扣 季节折扣 功能折扣 价格折扣 4.加价幅度 5.利润	1.价目单 2.运输成本 3.折扣 现金折扣 数量折扣 4.财务 付款计划 利率 5.投资回报率 6.价值分析

4)基于对顾客实际需求的了解,制订出一份建议采购单

建议采购单包括采购的具体型号、采购数量、采购频率、送货周期等具体细节。

8.2.2 销售展示组合

销售展示组合是指各种展示方法的有效组合。可以分为两大类:一类是语言类展示,即销售陈述;另一类是演示法,包括产品演示、戏剧表演演示、可视辅助工具演示、证明演示、顾客参与演示等手段。销售人员对每一种方法给予何等重视程度,完全由个人决定。这取决于销售访问目标、顾客概况和顾客受益计划。

1)销售陈述

关于销售陈述,应该注意以下内容。

(1)销售陈述的含义

销售陈述是销售展示的重要手段,主要是用语言说服顾客。

在销售陈述阶段,销售人员可能遇到以下情况。

①单个销售人员对单个客户:单个销售人员亲自或者通过电话同某个单独的潜在顾客讨论问题。

②单个销售人员对团体客户:销售人员需要了解尽可能多的购买团体成员的情况。

③销售团队对团队客户:公司的销售团队要同客户公司的团体成员密切合作。

④研讨会销售:公司的相关团队组织一个教育性质的研讨会,探讨客户公司的实际需求。

销售人员应该根据自己对顾客的了解,根据销售拜访目标以及如何使客户受益的计划,选择一种适合的销售陈述方法。对销售人员来说,同每一个客户的接触都代表了一个新的、独特的挑战,因此销售人员需要正确使用不同的销售陈述方法。

(2)销售方式

销售方式的采用是由一定的销售观念和指导思想决定的。根据销售活动主体双方关系

的情况和销售人员帮助顾客的出发点的不同分为许多种。

①按销售活动主体双方关系分。第一种是交易式，是指销售主体双方建立起一种纯交易式的买卖关系，交易一旦完成，关系自动结束。第二种是关系式，是指销售主体双方建立起一种长期的、友好的互利的业务关系。它与交易式销售不同，认为销售以服务和价值创造为基础，注重于解决方案与建立长久关系之间的整合。这种方式尽管考虑到双方的利益，但主体仍然存在明显的买卖关系。第三种是合作式，是指买卖双方不仅注重在产品与价值方面进行交换，买卖关系的长久维持，而且双方要建立战略联盟，互相渗透，难以区分谁是买方，谁是卖方。这通常是一种公司间的联盟，双方共同努力，资源共享，以获取超高水平的新价值。合作式销售是随着企业战略联盟的兴起而在20世纪90年代出现的销售方式。现在许多公司认识到确定他们最重要的顾客并选定他们来参与合作项目的必要性。企业会派最佳的销售团队向这些顾客销售并提供最好的合作或服务，帮助顾客创造价值，建立合作关系。

②按销售人员帮助顾客的出发点和方式不同分。第一种是利益式，这种方式强调销售的产品和劳务能给顾客带来的利益，从而使顾客接受并购买该产品。第二种是问题式，这种方式是指对顾客面临的问题提出解决方法，这是与销售企业的产品和劳务相结合的。第三种是咨询式，又称为建议式销售，是指通过发掘顾客的真正需要，帮助顾客采用企业产品和服务，以实现短期和长期的战略目标的过程。

这三种模式都是针对顾客心理和需要来激发其积极性，改变顾客在接近销售时的被动状态，达到销售产品的目的。所不同的是利益式销售是以给顾客带来利益为出发点，问题式销售是以解决问题为出发点，而咨询式销售是以真正满足顾客需要为出发点。通常问题式和利益式销售称为传统式销售；咨询式销售越来越受到企业的重视和顾客的欢迎。

(3)销售陈述的结构

销售陈述的结构主要包括：熟记式陈述、公式化陈述、满足需求式陈述、解决问题式陈述。

①熟记式陈述（背解说词）。熟记式陈述是指事先周密计划好的、结构固定的销售陈述方式。在熟记式销售陈述过程中，销售人员背诵事先准备好的产品解说词。销售人员的讲话占80%~90%，只是偶尔允许潜在顾客回答一下事先拟定好的问题，无论面对什么类型的顾客，都使用相同的推销词。整体销售过程中销售控制话题的强度高，比较适合交易式销售方式以及技术难度不高的产品销售。

熟记式陈述的优点是：能确保销售按照逻辑顺序介绍给顾客，避免新手推销时的词不达意。缺点是：缺少灵活性和顾客参与太少。

②公式化陈述（爱达模式、费比模式）。公式化陈述主要利用爱达模式或费比模式对顾客进行销售陈述。公式化陈述与熟记式陈述比较相似，不过公式陈述式的内容结构不像熟记式那样固定。使用该法时销售人员必须了解有关潜在顾客的情况。在进行陈述时，销售人员遵循结构化不强的要点提纲进行陈述，充分利用费比模式和爱达模式，开场白可以利用费比模式介绍产品的特点、优势和利益，然后用各种技巧引导买方发表意见，最好销售人员重新控制话题，处理异议并提出成交要求。

公式化陈述相对熟记式陈述来讲,销售人员控制谈话的时间和强度都稍弱一些,一般在开始阶段控制着谈话。公式化陈述一方面保持了熟记式陈述的主要优点,同时又增加了灵活机动的一面。推销词只有大致的结构,需要销售人员临场发挥与调整,这既保证销售陈述的要点都不会被忽略,同时还能营造一种和谐、友好的交流气氛,使买卖双方有合理的时间进行相互交流。公式化陈述的优点在于它更显得自然亲切,顾客可以积极地参与。同时,对销售人员也提出了比较高的要求,要求销售人员必须独立思考。公式化销售陈述在两种情况下是很有效的:一种是访问最近购买过本企业产品的顾客,另一种是访问那些对其业务了解很多的潜在顾客。

③满足需求式陈述(迪伯达模式)。满足需求式陈述极具创造性和挑战性,它不同于熟记式和公式化销售陈述,它是一种灵活的相互交流式的销售陈述,这种陈述的销售词并不事先设计好。销售人员第一个任务是先提出一个探究性问题来讨论潜在顾客的需求,然后根据顾客需求来确定销售重点。迪伯达模式的第一步就是准确发现顾客的需求,然后才能将顾客的需求与推销品结合起来,而每一位顾客的需求是不同的,因此陈述也是千变万化,没有固定结构,可与多项询问式接近法配合使用。

在满足需求式陈述过程中,通常谈话的前 50%~60% 的时间(即开发需求阶段)都用在讨论买方的需求上。一旦意识到了潜在顾客的需求(认识需求阶段),销售人员就会重述对方的需求以弄清情况,从而开始控制谈话。销售陈述的最后一个阶段,也就是满足需求阶段,销售人员说明产品将怎样满足双方的共同需要,从而达到成交目的。

如果想成功运用此方法,销售人员必须主动与潜在顾客打交道,发现并确认需求。在双方实际讨论中,必须找出客户使用产品所能得到的最大利益。

④解决问题式陈述。解决问题式陈述是销售人员争取与顾客一起分析问题,并提出解决方案的一种陈述方式。这种陈述与满足需求式非常类似,不过解决问题式陈述的准备更充分,对潜在顾客的了解更细致更全面。利用此法时,销售人员通常需要进行几次销售访问,对潜在顾客的详细情况做详细分析,然后制订解决问题的方案。它的理论基础是买卖双方若很好地合作,就能真正实现双赢。销售方通过不断挖掘并满足购买方的真实需要而获利。

解决问题式陈述主要包括以下六个步骤:

第一,说服潜在顾客允许销售人员进行分析(必须让顾客意识到目前可能存在某些问题);

第二,进行真正的分析(用真实的数据定性地告知顾客可能存在的问题类型或后果);

第三,就存在什么样的问题达成一致意见,确定购买方想解决的问题(正确描述该问题)。

前三阶段的目的在于:与顾客一起明确需求,即存在何种问题。

第四,准备解决潜在顾客需求的建议(与顾客协商解决该问题的办法,进行定量分析);

第五,根据分析和建议准备销售陈述;

第六,进行销售陈述(运用销售技巧告知产品特征、优点和利益等)。

后三个阶段的目的在于:提供解决方案,并将产品利益融入其中。

销售问题式陈述是一种机动灵活、因人而异的方法，特别适合销售高度复杂或技术性强的产品，如企业财产保险、工业设备、网络系统等。

(4)销售陈述的技巧

销售陈述主要是用语言来进行劝导性沟通，从而促使顾客购买，因此语言使用的技巧是非常重要的。通常的销售陈述技巧有以下几种。

①动意提示。动意提示是销售人员建议顾客立即采取购买行为的陈述技巧。当一种观念、一种想法与动机在顾客头脑中产生并存在的时候，顾客往往会产生一种行为的冲动。这时，如果销售人员能及时地提示顾客实施购买，效果往往不错。

②明星提示。明星提示是指销售借助一些有名望的人来说服与动员顾客购买产品的技巧。由于明星提示迎合了顾客的求名、求荣等情感购买动机，也因为明星提示法充分地利用一些名人名家的声望，可以消除顾客的疑虑，使顾客心中产生明星效应，有力地影响顾客的态度。但要注意的是，不同的消费者亦有不同的崇拜对象，不被顾客接受的明星反而会给推销带来麻烦。

③积极提示。积极提示是指销售人员用积极的语言或其他积极方式劝说顾客购买所推销产品的技巧。所谓积极的语言与积极的方式可以理解为正面提示、肯定提示、热情的语言、赞美的语言和会产生正面效应的语言等。

当运用积极提示时应该注意：坚持正面提示，绝对不用反面的消极的语言，只用肯定的判断语言。

④消极提示。消极提示包括遗憾提示、反面提示，是指销售人员不是用正面的积极的提示说服顾客，而是运用消极的反面的、不愉快的甚至是反面的语言和方法劝说顾客购买产品的技巧。此法运用“请将不如激将”的道理说服顾客。顾客往往对消极的刺激性词语的反应更为敏感。因此，运用此法有时也可以更有效地刺激顾客，从而更好地促使顾客立即采取购买行为。

在运用消极提示法时应注意对语言的运用要特别小心，做到揭短而不冒犯顾客，刺激而不得罪顾客，打破顾客心理平衡但又不会令顾客恼怒。销售人员应该在提示后，立即为顾客提供一个解决方案，并应令顾客满意。

⑤间接提示。间接提示是指销售人员运用间接的方法劝说顾客购买产品。例如，可以虚构一个顾客，可以一般化地泛指，而不是直接向顾客进行提示等。由于间接提示可以避免一些不宜直接提出的动机与原因，因而使顾客感到轻松合理，容易接受销售人员的购买建议。所以间接提示被广泛地运用。

此法需要注意的问题是：要虚构或泛指一个购买者，不要直接针对面前的顾客提示。这样可以减轻顾客的心理压力，尤其是对于一些比较成熟的、自视清高的顾客，使用间接提示效果会更好。

⑥直接提示。所谓直接提示是销售人员直接劝说顾客购买所推销产品的技巧，这是一种被广泛运用的洽谈提示技巧。这要求销售人员接近顾客后立即向顾客介绍产品、陈述产品的优点与特性，然后建议顾客购买。这种方法能节省时间，加快洽谈速度，符合现代人的

生活节奏。

直接提示法要抓住重点。推销陈述一开始，销售人员就可以直接提示产品的主要优点，直接提示顾客的主要需求与困难，直接提出解决的途径与方法，直接了解顾客的主要购买动机与想要获得的主要利益。

⑦逻辑提示。逻辑提示是指销售人员利用逻辑推理劝说顾客购买的技巧，该技巧符合购买者的理智购买动机。它通过逻辑力量促使顾客理智思考，从而明确购买的利益与好处。此法主要围绕三个部分而设计：大前提、小前提和结论。

大前提：所有的生产商都想降低成本，提高效率。

小前提：我的设备能降低成本，提高效率。

结论：因此你应该购买我的设备。

如果完全按这种直来直去的方式进行介绍的话，这个逻辑公式未免太唐突，潜在顾客可能会产生抵触心理。但是，你可以构想一个陈述的框架或要点，用以确定潜在顾客是否对降低成本、提高效率感兴趣。如果感兴趣的话，向对方介绍一下价值分析过程，证明你的产品所提供的利益优于其他产品。利用展示组合的各种要素，以劝导性方式，可以对诸如性能数据、成本、服务以及送货情况进行介绍。

在运用逻辑提示时应注意：

应针对具有理智购买动机的顾客进行逻辑提示，要针对顾客的购买原则进行逻辑提示，掌握适当的逻辑方式，发挥逻辑的巨大作用。

2）销售演示法

非语言演示法是指利用顾客的视觉系统，启发诱导顾客购买产品的方法。一次成功的现场演示比公司的良好声誉更有持久力。销售人员在进行演示时必须认识到，在顾客心中有一连串的问题，包括：我为什么要听你讲？这个产品到底是什么？它对我有什么好处？那又怎么样？这与我有什么关系？还有谁买过？

销售人员应在演示中用实际行为回答清楚顾客心中的这些疑问。演示法主要有以下几种类型。

（1）产品演示

产品演示是指利用产品本身来劝说顾客购买的展示方法。产品的形象生动弥补了语言陈述的不足，刺激了顾客的多种感觉器官。产品演示法的展示与前一节讲的产品接近法类似，请参考前一节相关内容。所不同的是产品接近法的目的是为了接近顾客，而产品演示法的目的是说服顾客购买。运用此法时，应注意以下原则。

①事先做好示范计划。示范前要检查所有设备，以防出现尴尬场面。

②重点考虑产品示范的环境，要有一个整洁、安静的示范场所。

③在示范过程中，应通过提问确保顾客理解每一项产品特征和优势的意义。例如："这是否能满足您的需要？""您认为这适合您吗？""这对您的工作有意义吗？"

④鼓励顾客参与示范的第一步骤，参与其中，有助于吸引和抓住顾客的注意力，尤其是技术产品。

⑤示范应尽量针对顾客的具体需要,即对他们到底会有什么好处。

(2)戏剧表演演示

戏剧表演演示是指利用惹人注目的、夸张的方式介绍或展示产品的方法。该展示法与前一节的表演式接近法类似,请参考前一节内容。所不同的是接近所用的戏剧表演时间不能太长,要在短时间内吸引顾客注意;而展示的时间可以稍长,让顾客有时间思考和参与。

(3)可视辅助工具演示

可视辅助工具展示是指利用除了产品本身以外的其他辅助工具来进行展示的方法。这些辅助工具主要有:文字与图片(产品目录、广告、资料、使用说明书等)、光电设备(录像带、DVD 等)。使用这些可视辅助工具的原因在于:

①吸引潜在顾客的注意力和兴趣。

②产生双向沟通。

③通过参与技巧让潜在顾客参与到销售陈述中来。

④提供对产品更加完整更加清楚的解释。

⑤通过从潜在顾客那里获得对于产品的特性、优点及利益的肯定态度,从而增加销售人员的说服力。

(4)证明演示

证明演示是指利用证明材料来进行展示的方法。产品的生产许可证、质量鉴定书、获奖证书等都是证明演示法的好材料,顾客的表扬信、产品消费前后的对比资料和追踪调查统计资料、产品销售证明、企业曾经做的项目清单等都可用作证明材料。应用此法要注意销售前做好有针对性的证明资料,一方面是注意收集有关证明资料,另一方面是每次销售前应准备好具有专业水平的、权威性的、足够的证明资料。所有证明资料都必须是真实有效、科学合理的。

(5)顾客参与演示

顾客参与演示是指让顾客参与销售展示方法。通常有四种方法能诱使顾客参与:提问;使用产品;用可视辅助工具吸引;参加示范表演。下面主要介绍顾客使用产品和参加示范表演。

①使用产品。让潜在顾客亲自使用产品,会给顾客很高的可信度。如衣服试穿,东西试用。

②参加示范表演。让顾客在表演中担当一定角色。使用此法时应该注意:让顾客做一些简单且弄糟的机会很小的事情,让顾客参与和购买动机联系最密切的性能的演示。

在一个成功演示中,销售人员要使潜在客户做四件事情:第一,要求潜在顾客尽量少出现差错地做一些简单的事情;第二,让潜在客户体验产品的一项重要特性;第三,让潜在客户做一些使用该产品经常要重复的事情;第四,通过提问或者谈话中的停顿,确定潜在顾客对产品的态度,并让顾客回答问题,为结束销售陈述创造条件。

【本章小结】

销售展示是指销售人员利用语言陈述、可视辅助手段和其他各种方式，向顾客传递销售信息，并说服顾客购买的过程。

接近是指在实质性洽谈之前，销售人员与顾客接见并互相了解的过程。接近的任务主要如下：第一，验证事先所得信息；第二，引起顾客的注意；第三，培养顾客的兴趣；第四，顺利转入实质性洽谈。接近的基本策略是：迎合顾客、调整心态、减轻顾客压力、控制时间。接近顾客的方法大致可以分为三类：陈述说明式接近法；演示接近法；询问接近法；有时候三种方法可以同时使用。陈述说明式接近法有四种：介绍式、引荐式、赞美式、馈赠式。演示式接近法有两种：产品式接近法和表演式接近法。询问式接近法包括询问顾客利益式接近法、激发好奇心式接近法、震惊式接近法、征求意见式接近法、多项询问式接近法。

销售展示是指销售人员利用语言陈述、可视辅助手段和其他各种方式，向顾客传递销售信息，并说服顾客购买的过程。销售展示主要有两种类型：一类是销售陈述，另一类是演示。

销售展示的基本步骤：详细介绍产品的特点优势和利益，介绍销售计划，详细阐述商务建议。

销售陈述的结构应该与销售方式相配合。销售陈述的结构有四类：熟记式、公式式、满足需要式、解决问题式。销售陈述的技巧有：动意提示、明星提示、积极提示、消极提示、间接提示、直接提示、逻辑提示。

【案例分析】

一个图书推销员的推销接近

文先生是一个图书推销员，他正拜访刚开业1个月的一家书店的舒经理。

文先生：真是家吸引人的书店，装修漂亮、环境幽雅。

舒经理：谢谢。我们这儿的一切都是为了满足市场需求。

文先生：您有重点的目标市场客户吗？

舒经理：主要针对经常光顾书店的女性客户。

文先生：那你们打算多进哪些类型的图书呢？

舒经理：我们对各类小说、散文、菜谱、健身等类图书有更大的需求。

文先生：你们有不想进的图书吗？

舒经理：一般不进廉价书、库存书、低价幽默类书。

文先生：（心想：幸亏我没从廉价书和幽默书开始推销。）您在选择书上还有其他原则吗？

舒经理：我倾向于带有书评的文学类书籍，另外还根据我的预算来进书。现在，我的预算快花完了，所以要做一些选择。

文先生：我这儿有一些可能正是您想进的书。请您看看这本很美的烹饪书——《烹饪技术大全》……

问题：

1.文先生使用了哪些接近方法？

2.你可以进一步完善文先生的接近方法吗？

【复习思考题】

1. 怎样理解接近的含义？接近的基本任务和策略是什么？

2.接近的方法主要有哪几类？分别又分为哪几种？

3.各种不同接近方法的含义？

4.多项询问接近法的步骤？

5.销售展示的基本步骤？

6.销售展示有哪两类？

7.销售陈述的结构和特点？

8.交易式、关系式、合作式销售方式的含义和实用条件？

9.销售陈述的技巧？

10.演示法的类型及各种演示法的含义？

第9章 处理顾客异议

【核心概念】

顾客异议;价格异议;产品异议;货源异议;销售人员异议;购买时机异议;无需求异议。

【引例】

牛名的展销柜

东方厂的多功能搅拌机在某商场设有展销专柜。推销员牛名是厂生产车间的工人,他的突出特点是细心耐心。在展销柜上,他不断向顾客介绍产品的用途、使用方法和优点。一位中年男顾客看了一眼演示情况,就说这搅拌机用后不易洗干净,也不安全。牛名听了,二话没说,重新演示一下洗净的操作方法,并说明部件放置不到位,机器不会启动,有一定的安全保障。顾客又看了一下产品,犹豫不决地说,搅拌机功能多是优点,但零部件塑料制品多,容易坏。牛名拿出保修单,说明东方厂在商场所在城市设有多处特约维修点,对产品实行:一年内免费保修包换;一年后,整机终身维修,修理费免收,零件按成本价供应。

9.1 顾客异议产生的原因与类型

顾客异议既是成交障碍也是成交信号。异议产生的原因是各种各样的,也是必然的。若妥善地处理了异议,就可以顺利促成交易;反之,就不能顺利成交。顾客提出异议的原因主要有三个方面:一是顾客希望购买决策正确而对推销活动的高度关注;二是顾客主观和客观情况的原因;三是销售企业存在的不足。

顾客异议的类型也是多种多样的,按不同的分类方法有不同的类型。

9.1.1 顾客异议产生的原因

顾客异议产生的原因有三种。

1)顾客希望推销活动正确而对推销活动的关注

如果销售人员了解潜在顾客心理,就会发现潜在顾客即使对你所推销的商品真正有兴趣，在购买之前仍然喜欢提出异议，希望被说服或至少确认他们的决定是正确无误的。销售人员遇到顾客异议完全不必惊慌，因为这正表明“嫌货才是买货人”，顾客是因为对产品有兴趣才提出异议的。不提出异议的往往是没有购买欲望或动机的顾客。

（1）要求提供更多信息

潜在顾客提出异议实际上是请求给予更多的信息。潜在顾客可能已处在被激起购买兴趣阶段。他们想要产品，但不相信你的产品最好，或者不相信你是最好的供货商。销售人员可以间接提供他需要的信息，证明销售产品的质量和企业的实力，让潜在顾客放心购买。

（2）要求更好条件

有时候潜在顾客的异议是以销售条件的形式出现的。比如要求降低价格、分期付款或迅速送货安装等条件。当销售人员感到异议是条件，应该尽快决定自己是否能设法帮助潜在顾客满足，若能就可以继续促进成交，若不能就只能礼貌地结束销售。

（3）难以接受的变化

心理学家认为，反对改变是人类行为中一种很自然的倾向。对很多人来说，长期使用熟悉的产品和方法，比使用新方法和新产品更好更有效。某些新产品和新方法可能会被认为缺乏可预知性和具有恐惧性，而销售人员是使潜在顾客的期望趋于稳定与确定的一股力量。因此销售人员的目标是要改变潜在顾客的行为，故每一次说服顾客购买产品时，销售人员所扮演的是改变他人行为的角色。当顾客反复考虑犹豫时，销售人员应该注意重点强调所销售产品与顾客熟悉产品的相似性，先谈顾客熟悉产品的优点，再谈所销售产品更大的优点，强调变化改变并不太大。

（4）周围人的压力

有些顾客害怕丢脸，虽然自己对某一产品或价格等都满意，但是害怕自己购买决策失误而上当受骗，事后朋友们笑话和指责。还有些顾客虽然自己很有主见，但害怕购买某一产品对周围人产生不良影响，也会犹豫不决。例如某单位领导不买豪华车的理由是“邻居们、同事们会怎么想呢?”对这两类顾客异议，销售人员应该帮助他们解决这些忧虑。对前类顾客应想办法证明你是个把顾客利益放在心上的诚实的人，还应该表明自己是个把顾客利益放在第一位的销售员，强调销售的性质之一是顾客和销售人员双赢的。对后类顾客异议，应先向他周围的人推销，或先让潜在顾客帮助自己向他周围的人推销。一旦他周围的人购买了，潜在顾客就能很快购买。

2）顾客主观和客观情况的原因

由潜在顾客自身的主观和客观情况而产生的异议主要有：

（1）顾客的消费偏见和习惯

顾客的生活环境和长期的消费习惯会形成对某些东西的抵触和对某类东西的“情有独钟”。这种消费偏见和习惯，很可能带有片面性，可又难以用讲道理的方法加以消除。对这类顾客异议，销售人员应该考虑顾客的情感，巧妙地宣传新的消费观念和消费方式，让顾客接受你的观念后才能推销商品。

（2）顾客的购买经验与成见

顾客在日常购买活动中的经验往往用以指导后续的购买行为。如果顾客在以往购买实践中有过较大的经验教训，他们可能会牢记心间并形成对某个或某类推销品或推销员的成见。成见是顾客认知中一个错误的知觉，在文化水平较低、购买经历较多而思想狭隘的顾客中较为常见。在高新技术产品日新月异、层出不穷的当今社会，经验与成见是导致推销失败的一种障碍，尤其对一些新产品与高新技术产品而言。

【小贴士】

一位“吃过亏”的顾客的回答

一位汽车推销员正在电话里同顾客进行交谈。顾客虽然很有礼貌，但声音显得很强硬。“不，谢谢你啦！我现在不需要购买新汽车，如果需要的话，我自己会找汽车经销商的。记得一年前，我经不起一个推销员的百般劝说，就向他买了一辆小汽车，可是还没用多长时间，那辆汽车就坏了。老实对你说吧，吃亏上当只有一次，我再也不会听你们那套销售经了。”

（资料来源：陈企华.最成功的推销经验[M].北京：中国纺织出版社，2003.）

(3)顾客未发现问题和需求

这主要是顾客没有发现自己存在的问题，或未意识到可以用某些办法来改进自己的现状。这就需要销售人员去启发、引导、教育顾客，也就是创造需求。

现代科技飞速发展，新产品层出不穷，对有些新产品，尤其是技术含量稍高的产品，许多顾客不能充分认识到它的好处和给自己带来的方便，因此销售人员应用深入浅出的语言，有效地与顾客沟通，并说服顾客。

(4)顾客无支付能力

这是属于顾客客观情况方面的异议，就是顾客没有钱来进行购买。通常这类异议若是真实的，销售人员应放弃向这类顾客推销。但许多顾客常常以无支付能力的异议来拒绝销售人员，对这种情况销售人员应认真分析，用有效的技术判断顾客的购买能力。

(5)顾客无购买决策权

这也属于顾客的客观情况方面的异议，顾客没有进行购买的决策权。对这种顾客异议的处理应该参照前面无支付能力异议的处理办法或请顾客推荐决策人。

(6)顾客有固定的采购关系

大多数顾客在长期的生产经营活动中，往往与某些销售人员及其所代表的企业形成比较固定的购销合作关系。当新接触的销售人员不能令顾客相信他会得到更多的利益与更可靠的合作时，顾客是不敢冒险丢掉老关系的。

(7)顾客的偶然因素

在推销过程中，会遇到一些来自顾客的因无法预知的原因造成的顾客异议。如顾客一时心境不好，因人际关系变化导致问题复杂等原因都会导致顾客异议。销售人员在销售中应该细心观察，及时判断，尽量避开可能会产生异议的时间地点情景与环境。必要时立即中断销售，选择适当时候再从头开始。

3)销售企业的不足

销售企业的不足主要表现在三个方面：产品问题、销售人员问题、企业服务与宣传方面的问题。

(1)产品问题

产品问题异议主要表现在两个方面:一是产品的用途与顾客需要不相符;二是产品质量、功能、品种、价格不适当等。对于第一个原因,如果真实,销售人员应立即停止推销;若是顾客的误解、偏见造成的,销售人员应尽量解释清楚。如果是第二个原因,企业应作适当的改进。推销时应该强调产品的实用性及带给顾客的利益,不要过于强调质量。价格的高低都应该有一定的道理,过高和过低都易导致异议。

(2)销售人员问题

有些销售人员素质不高,也很容易导致顾客异议。如销售人员信誉不佳、礼仪不当、提供的信息不足、销售技巧欠佳等,对此顾客产生不满是很自然的。对于这种异议,企业应加强销售人员的培训和教育工作,提高本企业销售人员的素质。

销售人员异议产生的原因大致表现在:

①无法赢得客户的好感,举止态度令客户产生反感;

②夸大其词,以不实的说辞来哄骗顾客;

③高深莫测,使用过于专业的术语;

④调查不清,引用不正确的调查资料;

⑤沟通不当,说得太多或听得太少;

⑥展示失败;

⑦姿态过高,处处让顾客词穷。

(3)企业服务与宣传方面的问题

顾客愿意与一个信誉良好的企业发生业务关系。如果顾客对某个企业没有一定的了解或者知道该企业信誉欠佳,顾客会提出购买异议。对于这类异议,销售企业应注重改善公共关系,加强企业的服务与宣传工作,销售人员应该尽量提供企业的宣传资料。

9.1.2　顾客异议的类型

顾客异议按不同的分类方法有不同类型,主要有两类,每一类有各种不同的异议。

1)按对购买所起的作用分类,主要分为有效异议、无效异议、隐含异议和敷衍异议

下面分别描述一下这些“异议”。

(1)有效异议

有效异议是指销售人员能够设法解决或回答的异议,并且是顾客的真实异议。例如顾客对某件商品的价格确实感到有些偏高,因此提出异议,这时销售人员可以从性价比方面给予顾客合理的解释,消除顾客异议。有效异议又分为主要异议和次要异议。主要异议是对顾客是否购买起决定作用的有效异议,不处理好这个异议,顾客就不会购买。而次要异议是对购买起辅助作用的有效异议,销售人员只需适当注重,无需特别关注。销售人员的工作重点应该放在处理主要的有效异议方面。无论主要次要有效异议都有实际的异议和心理的异议。实际的异议是顾客的客观情况产生的异议,如价格异议或产品异议等。而心理的异议是顾客的主观意识造成的,如抵制受人主宰、先入为主的成见或不喜欢做出

购买决定等。

(2)隐含异议

隐含异议是指顾客为了掩饰另一种真实异议而提出的异议。对于这种异议,需要先将顾客的真实异议挖掘出来,然后再进行处理。挖掘顾客的真实异议是件不容易的事情,需要技巧。

(3)敷衍异议

敷衍异议是指顾客为了打发销售人员离开而提出的异议,如"让我想想""下次再说吧"。通常销售人员不谈真实异议。敷衍异议产生的原因可能是顾客对产品没有兴趣或者目前正忙无暇接受拜访等。这时销售人员应该像处理隐含异议一样去挖掘顾客的真实异议。

【小贴士】

日本有关推销专家曾对387名推销对象做了如下调查:"当你受到推销人员访问时,你是如何拒绝的?"结果发现:有明确拒绝理由的只有71名,占18.8%;没有明确理由,随便找个理由拒绝的有64名,占16.9%;因为忙碌而拒绝的有26名,占6.9%;不记得是什么理由,好像是凭直觉而拒绝的有178名,占47.1%;其他类型的有39名,占10.3%。这一结果说明,有近七成的推销对象并没有什么明确的理由,只是随便找个理由来反对推销人员的打扰,把推销人员打发走。

(资料来源:吴金法,李海琼,等.现代推销理论与实务[M].大连:东北财经大学出版社,2002.)

(4)无效异议

无效异议是指销售人员不需要处理的异议。它对顾客购买不起任何作用。无效异议分为无关异议和无望异议两种:无关异议是指与销售活动无关的异议;无望异议是指销售人员根本无法解决的异议。例如保险推销员面对一个顾客说:"我昨天刚买了你介绍的保险!"

2)按产生的原因分类

顾客异议按产生的原因分类,主要有以下几种。以下异议都有可能是真实的异议,也有可能是非真实的异议,这需要销售人员去判断和挖掘。

(1)价格异议

价格异议是指顾客对产品的价格提出的异议,主要是指价格过高,"我没有那么多钱"或"这产品太贵了"。对于客户来说,这些异议很容易说出,尤其在经济衰退的形势下。

(2)产品异议

产品异议是指对产品的质量、规格、款式等方面的异议。不是每个人都会喜欢市场上最畅销的产品。大多数的客户有时会担心购买某种产品会带来某种风险,因为他们担心产品不会按照销售人员所说的那样运转,或者他们觉得并不值得在那件产品上花费那么多的时间和精力,而且也会担心它的实际成本并不值那么多钱。

(3)货源异议

货源异议是指顾客自认为不能从销售人员所在的企业购买产品,这涉及客户对目前供货商的忠诚问题,说明客户对销售商品是需要的。比如:"我已经和某某公司合作8年了,不想改变合作供应商。"

(4)销售人员异议

销售人员异议即顾客拒绝接待某一特定销售人员和拒绝购买他所销售的商品。顾客的这一异议,往往使销售人员感到尴尬,而难以进一步开展商品推销活动。

(5)购买时机异议

购买时机异议是指顾客对购买产品的时机提出的不同看法,比如顾客会说:"我想买,但不是现在买!"购买时机异议有时是顾客的一种拖延战术。一些顾客尤其是一些缺乏购买经验的顾客常常会拖延时间,比如说"让我再考虑考虑吧!""我现在还不能决定。"产生购买时机异议的原因也很多,有可能是顾客一时拿不定主意,也可能是顾客资金周转有困难,还可能是顾客生性优柔寡断,办事没有主见。克服购买时机异议必须有耐心。

(6)资格异议

资格异议指推销对象不具备准顾客资格的异议,具体包括需求异议、购买力异议和购买决策权异议。

①需求异议。需求异议是指顾客认为自己不需要所销售的产品。比如"我已经买了很多了""我不需要……"

②购买力异议,指顾客不具备支付能力,即买不起。

③购买决策权异议,指顾客没有权利决定购买。

(7)服务异议

销售服务包括售前、售中和售后服务。服务异议一般指售后服务的异议,比如送货安装维修等服务的异议。

9.2　如何处理顾客异议

处理顾客异议应当守住原则,把握时机,找准方法,灵活机动。

9.2.1　处理顾客异议的基本原则

处理顾客异议的基本原则有二。

1)欢迎并倾听顾客异议

顾客异议固然是销售的障碍,可是也很可能是成交的信号。只要是有效异议,就表明顾客对产品有兴趣才提出要求条件等异议,若能及时有效把握和处理顾客异议,就很容易促成交易。认真倾听顾客异议,一方面表示对顾客的尊重,另一方面能认真分析理解顾客异议,从而妥善处理好顾客异议。

【小贴士】

美国纽约电话公司曾遇到一个蛮不讲理的客户，他拒不付电话费，声称电信公司的记录是错的。对此，他暴跳如雷，破口大骂，甚至威胁要砸碎电话机，同时写信给各大报社，向公共服务委员会抱怨。为此，与电话公司打了好几场官司。公司派出好几个人去处理此事都失败了。后来，公司派了最有耐心的乔治去处理此事。在乔治面前，那位客户没完没了地大发脾气。第一次，乔治静静地听了3个小时，对客户所讲的每一点都表示同情。后来又去了三次，静听客户的抱怨。在第四次时，客户的态度渐渐地变得友好起来。最后，乔治说服了这位客户加入了他的"电话用户保持协会"，与此同时，客户付清了全部电话欠费账单，结束了他的投诉。

（资料来源：姚书元，沈玉良.现代实用推销学[M].上海：复旦大学出版社，2004.）

2）避免争论和冒犯顾客

销售过程本身是一个人际交往的过程。销售人员应该与顾客保持良好的融洽的关系，使顾客感到你是他们的顾问，可以向他们提供许多帮助和建议。预防和扼要处理顾客异议，即销售人员针对特定的销售环境，应该能预先了解或意识到某些特定的反对意见，然后在潜在顾客尚未提出时，即领先一步适当地回答，或者先想好答案，等合适的机会再给予回答。对于顾客的异议，销售人员不要夸大，或在某个异议上纠缠太多时间，简明扼要地回答完异议后，继续你的正常展示或要求成交。有时顾客异议是随口说的，你越对其关注，他越认为确有问题。

9.2.2 处理顾客异议的时机选择

选择好处理顾客异议的最佳时机也是处理顾客异议的技术之一。它与答复内容答复技巧具有同等重要性。

1）预先处理顾客异议

预先处理顾客异议是指在顾客处理异议之前先克服已知的异议。如在开始展示之前就知道刘女士担心售后服务是否及时，洽谈时就先强调公司会提供及时的售后服务。

预先处理顾客异议这种先发制人的处理技巧有许多好处：①可以赢得信任；②利于化解异议；③省时高效。

2）推迟处理顾客异议

推迟处理顾客异议是指在顾客提出异议后，过一段时间再处理。其目的是避免销售人员立即回答可能造成顾客强烈抗拒的结果。

（1）当即不能给出满意答复

不能立即给顾客一个满意的答复，或者没有足够的资料作说服性的回答，应该暂时将顾客异议搁下，等时机成熟时再给予答复。如此处理，销售人员对待顾客异议持谨慎态度，不会影响顾客对销售人员的信任。相反，顾客会认为销售人员稳重、值得信赖。

（2）马上答复对论点不利

如果立即答复顾客异议，会对推销洽谈的说服工作产生不利影响，影响推销计划的有步骤实施。

(3)异议的处理随后将涉及

如果顾客异议会随着推销洽谈的不断深化而逐渐转化、淡化或消失,则没有必要马上回答顾客异议。

(4)离题太远

若顾客异议远离推销主题,或者对这一异议的回答会涉及一些对顾客来说没有任何实际意义的问题时,销售人员可以不立即回答。

(5)策略性安排

如果销售人员预计推迟回答异议可以降低顾客的抵触情绪,或者顾客会替销售人员回答时,可以不马上答复。

3)不处理顾客异议

对顾客反对意见不太强烈或者不太显著的异议,可以不予处理。对无效异议同样不需要处理。当顾客异议只是一种自我表现时,销售人员最好不予反驳。因为让顾客感觉正确比否定顾客更有利于产品销售。当顾客情绪不佳时,提出异议是顾客发泄的一种有效方法,此时顾客需要的只是倾听,销售人员要勇于充当"受气包",全神贯注地倾听顾客诉说。当顾客情绪平静下来时,就会产生歉意或内疚,在他们看来,购买产品是感情方面补偿销售人员的一种最佳选择。

4)立即处理顾客异议

在产品销售过程中,对直接影响顾客购买决策的异议,销售人员要及时予以答复,否则顾客会认为销售人员无法解决这些问题,就会对销售人员提供的产品信息的真实程度产生怀疑。

9.2.3　处理顾客异议的基本方法

处理顾客异议的基本方法如下:

1)询问处理法

询问处理法是利用顾客异议来追问顾客的一种方法。其目的是将顾客的虚假异议(隐含异议和敷衍异议)转变成真实异议(有效异议或无效异议),或者把一般性顾客异议转化为具体的顾客异议。

顾客异议复杂多样,真假难辨,销售人员搞不清顾客的真实意图时,无法使用其他处理异议的方法,只能用询问处理法找出真实有效的主要问题,再配合其他方法进行处理。为了尽可能把问题弄清楚,可以考虑使用以下技巧。

①首先用一个问题询问理由。比如,"您这么说一定是有一定道理的,我可以问问是什么理由吗?"即使引出的是另一种虚假异议,你仍然可以按照同样方式询问,然后要对方做出承诺,"若我能解决这个问题,您买吗?"顾客要么同意购买,要么把真实的反对意见告诉销售人员。

②"请告诉我,您心里到底有什么想法?"

③"您心里理想的东西是什么样子呢?"

……

2)转折处理法

转折处理法是指先表示理解顾客异议,再用事实和理由否定顾客异议的一种方法。此法的目的是先表示理解顾客以消除顾客的敌对心理和疑问,然后转变到自己的立场上来。转折词的使用要尽量婉转。心理学家研究表明,转折词"但是"的使用,会使顾客感觉不柔和,销售人员最好使用"3F 法"。

所谓"3F 法"是指利用感觉、感受、发觉三个词组来转折处理顾客异议的陈述方法。这种方法会使顾客心里的感觉更好,克服了用"但是"一词的生硬,容易获得顾客信任。转折处理法能够比较有效地处理顾客异议,容易创造良好的推销氛围,适合武断性、陈述性、受试性的顾客。该法不太适合顾客的探索性和疑问性异议。注意转折词后面的陈述一定要围绕新的销售重点,给顾客提供大量信息。

例如,"我感觉您说得有道理,很多顾客一开始像您一样对这种产品没有感受到优越性,可是当他们了解到产品的真正益处后,发觉该产品对他们还是很有用的。"

3)补偿处理法

补偿处理法也称 T 型法,是指销售人员利用顾客异议以外的该产品的其他优点或长处对顾客异议涉及的短处进行补偿或抵消的一种方法。补偿法适用于顾客的反对意见确有道理的情况,这时销售人员采取否认的态度和反驳的策略是不明智的。在推销实践中,当顾客冷静地提出一些确实存在的购买异议时,销售人员应该客观对待,通过详细的产品介绍使顾客既看到产品的缺点,也清楚认识到产品的优点,并且确信优点大于缺点,该产品值得购买。

当顾客的异议是有效的认知异议时,例如:"东西好,就是贵了点。"我们只能用补偿法,不能用直接反驳、转折、利用等方法,比如:"确实价格有些贵,可是一分钱一分货啊!它的质量比廉价一些的同类产品好多了,使用期限也长多了,平均每年的使用成本比廉价的要低。"

使用该法时,销售人员应该注意及时提出产品优点和带给顾客的利益进行有效补偿,还应注意要对顾客的主要购买动机进行补偿。销售人员对待异议和利益要采取不同态度,减轻淡化异议,强调主要动机所对应的利益,调整顾客的价值观。

【小贴士】

在一次冰箱展销会上,一位打算购买冰箱的顾客指着不远处一台冰箱对身旁的推销员说:"那种 AE 牌的冰箱和你们的这种冰箱同一类型,同一规格,同一星级,可是它的制冷速度要比你们的快,噪声也要小一些,而且冷冻室比你们的大 12 L。看来你们的冰箱不如 AE 牌的呀!"推销员回答:"是的,您说得不错。我们冰箱噪声是大点,但仍然在国家标准允许的范围以内,不会影响您家人的生活与健康。我们的冰箱制冷速度慢,可耗电量却比 AE 牌冰箱少得多。我们冰箱的冷冻室小但冷藏室很大,能储藏更多的食物。你一家三口人,每天能有多少东西需要冰冻呢?再说吧,我们的冰箱在价格上要比 AE 牌冰箱便宜 300 元,保修期也要长6年,我们还可以上门维修。"顾客听后,脸上露出欣然之色。

(资料来源:倪政兴.如何成为推销高手[M].成都:西南财经大学出版社,2003.)

4)利用法

利用法是指利用顾客异议本身积极的一面来处理异议的方法。此法目的是把顾客异议转换成购买的理由。例如,"您说平时工作太忙,更需要听听这种设备为什么可以为您节省很多时间。"

该法使用时应该注意不要引起顾客的反感和抵触情绪,语调神态不要让顾客感觉是对他的不尊重。例如:一位中年女士来到化妆品柜台前,欲购护肤品,售货员向她推荐一种高级护肤霜。顾客异议:"我这个年纪买这么高档的化妆品干什么,我只是想保护皮肤,可不像年轻人那样要漂亮。"售货员回答:"这种护肤霜的作用就是保护皮肤的。年轻人皮肤嫩,且生命力旺盛,用一些一般的护肤品即可。人上了年纪皮肤不如年轻时,正需要这种高级一点的护肤霜。"

5)直接否定法

直接否定法是指直接否定顾客异议的一种方法。该法特别适合于回答顾客用问句形式提出的顾客异议或不明真相的揣测陈述。例如:

顾客:"这颜色在阳光下会褪色吗?"

推销员:"不,绝不会,试验多次,我可担保。"

当顾客对你公司提出不切实际的指责时,销售人员应该策略性地运用直接否定法。例如:"恐怕别人提供的信息不准确吧,实际上,我们……"

使用该法时应该自信而不失礼貌。反驳应该有理有据,令顾客信服。该法不能用于无效异议,也不能用于太敏感和自我表现欲很强的顾客。

6)间接否定法

当销售人员摸不透异议的根源时,可用此法先承认异议再间接否定异议。

这种方法的特点是热处理,具有以退为进、间接否定、闪避处理的特点。使用此法注意要态度委婉、语气诚恳、转折自然。

例如,"我不需要这种东西。""是呀,许多人都认为自己不需要,但是……"

7)举证法

举证法是指销售人员通过列举人证、物证、例证等来处理顾客异议的方法。在现实生活中,大多数顾客出于自尊、自信的需要,都喜欢自己对事物作出判断。但鉴于所掌握的知识、经验和判断能力等方面的限制,他们面对复杂的事物又显得手足无措,常常拖延作出购买的决策。那些被顾客羡慕的看法或做法,以及那些被顾客认为经营有方的企业的做法,常常被他们所推崇,或者认为值得借鉴,认为它们是证明自己的判断或选择正确的有力证据。

使用该法时要注意:他们购买或使用产品的例证对顾客来说是可信的;例证要具体,并且可以考证,销售人员不能随意编造故事来欺骗顾客,例证必须是真实的、已经发生了的。

例如,"您楼上的王奶奶、邻居张奶奶都是用我们的治疗仪治好颈椎病的。"

8）糊涂处理法

糊涂处理法就是不处理，对于无效无关异议不处理的方法。比如，“这个鬼厂址太偏了，真是难找啊！”

9）抢先处理法

抢先处理法是一种为防止准顾客提出有关异议而由推销员主动抢先提出，取得先发制人的主动地位，以达到排除购买障碍的方法。

例如：“这种商品确实价格不菲，可是……”

9.2.4 灵活地运用处理顾客异议的方法

处理顾客异议的方法很多，各种方法均有其特点。销售人员在实际工作中需要根据具体情况灵活处理，注重各种方法的配合使用，还要注重创造新的方法。价格异议是最典型，也是最容易被顾客涉及的异议，对于“价格太高”这个异议，我们应该怎样处理呢？以价格异议为例，看看我们通常是如何实际处理顾客异议的。

1）搭配法

搭配法是指利用各种异议有效组合来处理异议的方法。通常顾客提出异议时我们并不清楚他们的异议的真实性。可以首先使用询问法：“您是拿我们的报价与什么比较？”这可使价格异议更具体化。然后问“若价格低一点，您会用我们的产品吗？”等到搞清楚顾客的真实异议后，再用但是、利用、补偿、反驳法等。如“价格是应该考虑的因素，您是否认为价值也同样重要？”“请让我讲讲产品的价值……”（转折法）“您考虑的是价格还是成本？价格虽低，但您多次购买，成本却不一定低。”（利用法）“我们产品价格是全国最低的”（直接否定法）“价格不便宜，可性能好。买东西最重要的要看它的质量，而不是看价格。”（补偿法）。

2）转化法

转化法是指将价格异议转化为其他异议的方法。也就是把顾客对价格的定义除去，把问题置于顾客的真实需要或利益的范围内，这样价格问题将转变为：价值、成本、值不值、减少利益等。

例如销售人员可以提供一个时间框架，加强顾客的安全感，允许顾客 2 月免费试用，一年担保，创造信用。那么顾客自己会想：“如果我试用期感觉不喜欢，可以不要啊！又不会损失什么。”

销售人员还要以利用减少顾客利益项目的方法来转化价格异议。例如：“一万元实在太多，这是个物品清单，其中想减掉哪些以降低价格呢？”把价格与顾客的主要需求属性相结合，减少不必要的开销，从而降低价格。这里每一次的降价都是减少利益的问题，价格不存在分歧，存在的仅仅是利益的谈判。

其他各种异议的处理也与价格异议的处理一样，可以用各种综合或创新的技巧来处理。针对不同的异议特点，制订出相关的处理异议的标准解说词，对销售人员的业绩会有所帮助。

【本章小结】

顾客异议是指在销售活动过程中，针对销售人员、销售品和销售活动而提出的各种不同意见和反对意见。

本章主要介绍顾客异议产生的原因与类型以及处理顾客异议的策略和方法。

顾客异议既是成交障碍也是成交信号，异议产生的原因是各种各样的，也是必然的。若妥善地处理了异议，就可以顺利促成交易；反之，就不能顺利成交。顾客提出异议的原因主要有三个方面：一是顾客希望购买决策正确而对推销活动的高度关注；而是顾客主观和客观情况的原因；三是销售企业存在的不足。

顾客异议的类型有两类划分法：一类是按对购买所起的作用分类，另一类是按异议产生的原因分类。按对购买所起的作用分类，主要分为有效异议、无效异议、隐含异议、敷衍异议。其中有效异议又分为主要的和次要的异议。按顾客异议产生的原因分为：价格异议、产品异议、货源异议、销售人员异议、购买时机异议、无需求异议。

处理顾客异议的基本策略是欢迎并倾听顾客异议，避免争论和冒犯顾客，预防和扼要处理顾客异议。选择处理顾客异议的时机包括预先处理、推迟处理、不处理、立即处理四个时机。处理顾客异议的方法包括询问处理法、转折处理法、补偿处理法、利用法、直接否定法、间接否定法、举证法、糊涂处理法、抢先处理法。

顾客异议一旦妥善处理，销售人员应该立即提出成交要求。

【案例分析】

新型打印纸

小黄为一家公司推销新型打印纸时，一般客户还没听说过这种产品，虽然该公司产品的质量人人信得过，但消费者用惯了其他品牌的打印纸，谁都没兴趣为买这点小东西而多跑几家厂，多比几家货。小黄最初上门推销时，除了一个客户正巧旧打印纸用完，为了偷点懒不去商店才买下一批以外，其余的客户都摇摇头说："我们不需要。""我可以用您的打印机吗？"第二天，小黄来到客户办公室寒暄之后，第一句就这么问。客户怔了怔，便点点头："当然可以。"得到了允许，小黄就把自己带来的打印纸夹到打印机里，然后在电脑前坐了下来，在屏幕上输入这么一行字："您用普通打印纸，能打出这么清晰的字吗？"接着便发出打印命令。小黄从打印机上取下打印纸拿给客户看："您不妨把它跟您用的普通打印纸比较一下。不用多说，您就会相信我们的新型打印纸一定适合您。"客户仔细地比较了一番，非常信服地看着小黄："你们的质量的确一流。"说完后，爽快地向小黄订购了一批为数不少的新型打印纸。以后几天，小黄满怀信心地来到前些天说不需要的客户那里，也用同样的办法推销，结果客户都纷纷愿意购买新型打印纸。

讨论题:小黄最初上门推销时,碰到的是哪一种顾客异议? 小黄又是如何处理异议的?

【复习思考题】

1.何谓顾客异议?

2.顾客异议产生的原因?

3.顾客异议的类型?

4.处理顾客异议的基本原则?

5.处理顾客异议的时机选择?

6.处理顾客异议的基本方法?

7.请指出下列顾客异议的类型,并说明异议划分的标准。

(1)顾客:"嗯,听起来不错,但我店里现在有 7 个品牌 21 种型号的牙膏了,没地方放你的高露洁牙膏了。"

(2)顾客:"这种鞋设计太古板,颜色也不好看。"

(3)顾客:"万达公司是我们的老关系户,我们没有理由中断和他们的购销关系,转而向你们公司购买这种产品。"

(4)顾客:"给我 10%的折扣,我今天就给你下订单。"

(5)顾客:"算了,连你(推销员)自己都不明白,我不买了。"

(6)顾客(一中年妇女):"我这把年纪买这么高档的化妆品干什么? 一般的护肤品就可以了。"

第 10 章　促成成交与服务跟踪

【核心概念】

成交障碍;成交时机;成交策略;成交技巧;售后服务;销售跟踪。

【引例】

审美圣诞

圣诞节来临之前,一对夫妇走进服装店。妻子看中了一件貂毛大衣,径直走过去,摸摸大衣的质地,看看面料和品牌,又看看价格标签。销售员迎过来,对她说:"这件大衣虽说价格贵点,但是穿七八年不变形,不过时;而呢大衣则不同,最多穿两年就容易变形。故这件貂毛大衣平均每年的穿衣成本并不比呢大衣贵。"接下来又转向丈夫,"这件大衣高贵的夫人穿上去都好看。"又对妻子说:"您真幸运,有这么体谅您、会审美的丈夫。许多夫人都看上这件大衣,但是她们的丈夫没有您的会体谅妻子,也没您的丈夫会审美……"

10.1　促成成交概述

促进成交就是销售人员为了促使潜在客户作出明确的购买决定而设计的一套征询方法、宣传方式和行动方案。促进成交也有广义和狭义之分。广义的促进成交包括顾客生成意识和发出信号,也包括成交的行动;而狭义的促进成交是指达成交易的那一刻的行动。本章中的促成成交是指广义的促进成交。

在整个销售过程中的各个环节中,在"促进成交"这个环节可能存在着较多错误观念。比如,许多销售人员将一次成功的促进成交视为一场销售人员与客户战斗的胜利;甚至一些培训师将"促进成交"解释为:当你瞄准了销售目标后,你就应该找出潜在客户的弱点,并针对其弱点使其作出购买决定。

有的将"促进成交"描述成角斗比赛,将客户描述成等着积极进取的销售人员前来摆布自己的消极角色,而销售人员则被要求不断地增强进取心,不断地做出所谓的努力,尽一切努力来诱使潜在客户作出购买决定。

然而,事实上这些观点均不正确,在关系销售方式下,“促进成交”被视作解决问题过程中自然达到的结果。对于一个前期操作失误的销售业务来说,促成成交是不会成功的。只有在与潜在客户建立了合作关系,了解潜在客户的需求和问题,就某些事项与潜在客户达成了共识,销售人员才能采取“促进成交”的行动。

许多销售人员以为潜在客户会采取主动,无须邀请便会作出购买决定。这种情况有时会发生,但并不常见。无论潜在客户对所展示的产品具有多么强烈的购买欲望,仍有可能具有一些否定购买的考虑,比如:担心亲友的反对;对于可能的损失风险的担心,等等。此时的客户心中都会产生一种“购买者危机感”,一方面自己非常强烈地想拥有这一产品;另一方面则因为各种担心又不能很快作出最佳的购买决定。在这种情况下,客户需要销售人员的帮助,销售人员应该促成购买决定,并有所行动,引导潜在客户进行决策,以结束客户头脑中的“是与否”的冲突。

尽管“促成成交”十分重要,但是令人吃惊的是,仍有许多销售人员从未试图促成交易。据统计,在美国消费品的销售业务中,有20%的消费品是由消费者采取主动完成的,有60%的消费品因销售人员未做“促成交易”而未能完成销售。

10.2 成交障碍与成交时机

不少销售人员都害怕提出成交要求,因为越是想成交,越是害怕提出成交后被拒绝;并且提出的时机也难以把握。故研究成交障碍及成交时机显得尤其重要。

10.2.1 成交的主要障碍

成交应该是很自然的事情,顾客要买,销售人员要卖。成交的障碍来自顾客和销售人员两方面:来自顾客方面的成交障碍主要是顾客对购买决策的修正、推迟、避免等行为;来自销售人员方面的成交障碍主要是心理、技巧两方面。

1)顾客的修正、推迟、避免行为

在成交阶段,顾客常常受风险意识的影响从而修正、推迟已作出的购买决策,或者避免作出购买决策,使销售人员的努力付诸东流。在顾客的潜意识里,任何购买都有一定程度的风险,因为他们无法确定购买行动的后果如何。要降低顾客的风险意识就要求销售人员具有极大的耐心,并熟悉顾客的心理和促进成交的方法。

2)销售人员的问题

销售人员在促进成交中一般有以下问题:

(1)害怕失败

有时销售人员越想成交,越害怕提出成交要求,害怕顾客说“不”;也有时是害怕促进成交时过于勉强而冒犯顾客,因而面部表情过于紧张,让顾客也觉得不舒服,造成成交失败。其实我们只要放松心态,若我们不把它看成“成交”而是要求得到某种我们“需要”的东西时,心情就要轻松些。其实心理上我们应该明白,顾客与你一样需要成交,需要有一个恰当的结果。你不提出成交而他提出,像他求你卖东西似的。

(2)单向沟通

销售人员像做广告一样一个人滔滔不绝,说个没完,没有试探性地询问问题,没有倾听,没有注意购买信号,这就是所谓的单向沟通。双方缺乏交流,自然难以成交。

(3)缺少训练

成交既需要丰富的知识,也需要严格训练、经常实践,盲目仓促上阵,难免出问题。成交时需要掌握一定事实上的技术与策略,只有经过大量的实践,销售人员才能把握成交工作中的方方面面。

(4)计划不周

成交只是销售过程的一个环节,因此促成力量的大小,将依据销售人员所拟订的销售活动的计划的周密程度。若销售计划欠周到,就难以成交。拟订计划时需要回答下列问题:你了解潜在顾客吗?接触是否在何时情况下进行?调查过顾客的需求、欲望及其他问题吗?所销产品能满足需求吗?等等。

(5)强迫推销

不少不称职的销售人员,毫不在意顾客的感受,总是强迫催促顾客即刻购买,其实这是在强迫顾客离开。销售人员应该懂顾客心理,通过引导而不是强迫顾客作出购买决定。

10.2.2　成交时机的把握

多数情况下,顾客不会主动请求购买,而是销售人员在恰当时机主动请求顾客购买。那么销售人员应该在什么时候向顾客提出购买请求呢?图10-1是推销过程中顾客注意力的变化情况。

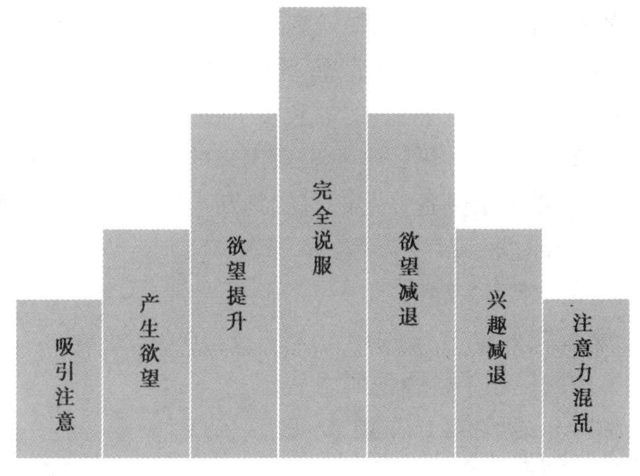

图10-1　推销过程中顾客注意力的变化

推销开始时,吸引顾客的注意力,然后通过销售陈述使顾客产生购买欲望,当顾客欲望提升到最高点,即顾客被完全说服时,就是促成成交的最佳时机。若此时不促成成交,顾客的欲望减退,兴趣减退,最后注意力混乱,销售人员又得从头开始。

(1)提出成交的适当时机

当准顾客的异议明朗化,并且销售人员已经妥善处理,使准顾客克服了有关障碍后,促成成交的时机才算真正到来。

(2)不可促成交易的情形

在以下情形下,即行促成交易是不妥的。

①在准顾客对产品和服务的优点没有了解,购买欲望没有达到顶点之前,即行促成交易是一种冒险的做法;

②准顾客异议显露后,推销员未帮助其完全解决疑虑问题前的促成交易。

10.3 促成成交的基本策略

为了更有效地促使顾客采取购买行动,销售人员必须掌握成交的基本策略。成交的基本策略是对成交方法的原则性规定,是销售人员在促成成交的过程中必须遵守的活动准则。

10.3.1 善于捕捉成交信号,及时成交

所谓成交信号,是指顾客通过语言和行为显示出来的,表明他可以采取行动的信息。在多数情况下,顾客为保证自己所提出的交易条件能取得心理上的优势,往往不愿明确表示成交意向,更不愿意主动提出成交。因此,销售人员需要观察顾客有意或无意表示出的成交意向。顾客表现出来的成交信号主要有表情信号、语言信号、行为信号等。

1)表情信号

表情信号是从顾客的面部表情和体态中所表现出来的一种成交信号。如在洽谈中面带微笑、下意识地点头表示同意你的意见、对产品不足表现出包容和理解的神情、对推销商品表示兴趣和关注等。顾客的语言、行为、表情等表明了顾客的想法。推销人员可以据此识别顾客的购买意向,及时发现、理解、利用顾客所表现出来的成交信号,促成交易。

把握成交时机,要求推销人员具备一定的直觉判断与职业敏感。一般而言,下列几种情况可以视为促成交易的较好时机:

①当顾客表示对产品非常有兴趣时;

②顾客神态轻松,态度友好;

③当推销员对顾客的问题作了解释说明之后;

④在推销人员向顾客介绍了推销品的主要优点之后;

⑤在推销人员恰当地处理顾客异议后;

⑥顾客对某一推销要点表示赞许之后;

⑦在顾客仔细研究产品、产品说明书、报价单、合同等情况下。

2)语言信号

语言信号指顾客通过询问使用方法、价格、保养方法、使用注意事项、售后服务、交货期、

交货手续、支付方式、新旧产品比较、竞争对手的产品及交货条件、市场评价、说出“符合我的要求”和“这个产品的确能解决我的问题”等表露出来的成交信号。

以下几种情况都属于成交的语言信号：

①顾客对商品给予一定的肯定或称赞；

②征求别人的意见或者看法；

③询问交易方式、交货时间和付款条件；

④详细了解商品的具体情况，包括商品的特点、使用方法、价格等；

⑤对产品质量及加工过程提出质疑；

⑥了解售后服务事项，如安装、维修、退换等。

语言信号种类很多，推销人员必须具体情况具体分析，准确捕捉语言信号，顺利促成交易。

3）行为信号

由于人的行为习惯，经常会有意无意地从动作行为上透露一些对成交比较有价值的信息。当有以下信号发生时，推销人员要立即抓住良机，勇敢果断地去试探，引导顾客成交。

①反复阅读文件和说明书；

②认真观看有关的视听资料，并点头称是；

③查看、询问合同条款；

④要求推销人员展示样品，并亲手触摸，试用产品；

⑤突然沉默或沉思，眼神或表情变得严肃，或表示好意，或笑容满面；

⑥主动请出有决定权的负责人，或主动给你介绍其他部门的负责人；

⑦突然给销售人员倒水，变得热情起来等。

正因为通过顾客的行为我们可以发现许多顾客发出的成交信号，因此作为一位推销员应尽力使顾客成为一位参与者，而不是一位旁观者。在这种情况下，通过细心观察，推销人员很容易发现成交信号。比如，当顾客在商品前流连忘返，或者来回看过几次的时候，就说明顾客对该产品有很大兴趣，只要及时解决顾客疑问，成交也就顺理成章了。

10.3.2 主动、自信并坚持成交

通常顾客为了保证自己提出交易条件，往往不愿主动提出成交，这就需要销售人员主动而又自信地提出成交。通常第一次提出成交就成功的概率是10%左右，因此销售人员必须坚持多次提出成交。调查研究表明：4~5次成交要求是比较合理的。

成交步骤如图10-2所示，先是向顾客介绍产品的特征、优点、利益，然后设法征得顾客对它们的认同，再提出成交要求。一旦提出成交要求，销售人员要保持一段时间的沉默，至少30秒的时间。这需要销售人员的勇气，毕竟双方沉默的时候，销售人员感觉是不舒服的，但这对成交有利。如果成交失败，销售人员就应该回到第一步骤，重新对产品特征、优点、利益进行介绍，然后再次征得认同和提出成交，直到成交为止。

10.3.3 充分利用最后的成交机会

大量研究表明，许多生意都是在销售人员与顾客即将告别时成交的，尤其当销售人员给

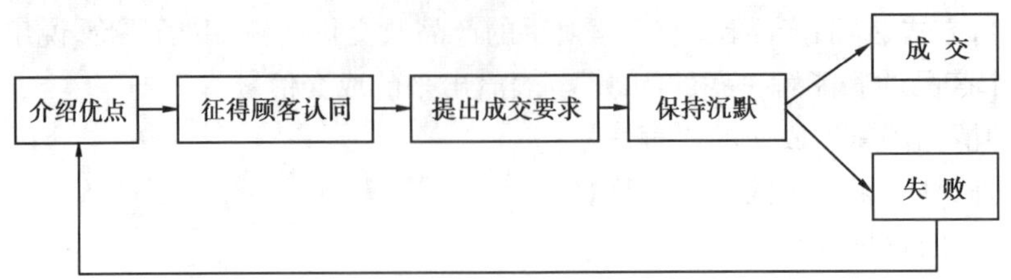

图 10-2 成交步骤

顾客留下良好印象时。顾客拒绝购买,销售人员反应得体,又准备告辞,顾客一方面感觉轻松;另一方面又有歉意,销售人员若把握好这最后的机会,成交的概率会有所提高。

10.3.4 保留一定的成交余地

任何交易的达成都必须经历一番讨价还价,很少是有一项交易是按卖主的最初报价成交的。尤其是在买方市场的情况下,几乎所有的交易都是在卖方做出适当让步后拍板成交的。因此销售人员在成交之前如果把所有的优惠条件全部端给顾客,也就没有退让余地了,所以为了有效地促成交易,销售人员一定要保留适当的退让余地。

10.4 促成成交的技巧

顾客是否愿意购买将受其自身的类型与特点、销售条件以及销售员所能给予的种种有益的暗示的影响。成交技巧则是用来解决成交中实际问题的各种特定方法,有经验的销售员能够灵活运用所掌握的促成交易的方法。一般来讲促成交易的方法有如下几种。

10.4.1 假定成交法

假定成交法是销售人员在假定顾客已经同意购买的基础上,通过讨论一些具体问题而促成交易的办法。销售人员不必询问顾客是否购买,而是假定顾客肯定要购买,只是还不能最后确定买多少、何时买等。例如:

销售人员认准一位顾客有购买意图,就不失时机地问:“您打算一次购买多少?”“明天下午交货可以吗?”

假定成交法适用于老顾客、中间商、决策能力层次低的顾客和主动表示要购买的顾客。对于不太熟悉的顾客要慎用。

假定成交法最大的优点就是节省推销时间,从而可以提高推销效率。这一优点表现在三个方面:一是它将洽谈直接带入实质性阶段;二是它逐步深入地进行提问,可提高顾客的思考效率;三是它使顾客不得不做出反应。

此法的缺点在于:销售人员若在把握时机上出现偏差,盲目假定客户已有了成交意向而直接明示成交,很容易给客户造成心理压力。

假定成交法的关键在于:

①必须善于分析顾客,对于那些依赖性强的顾客、性格比较随和的顾客,以及一些老顾客可以采用这种方法;

②必须发现成交信号,确信顾客有购买意向,才能使用这种方法;

③尽量使用自然、温和的语言,创造一个轻松的推销气氛。

10.4.2　直接请求成交法

直接请求成交法就是用简单明了的语言,直接要求潜在客户购买的方法。这是一种最简单、最直接的成交方法,但绝不等同于销售人员直截了当地问:"您想买我们的产品吗?"这样糟糕的请求成交非常不可取,应该合理组织自己的语言。

直接请求成交法适用于顾客已有明显购买倾向但仍在拖延时间的情况;也适用于一开始提出很多问题,经过销售人员解释,已提不出什么异议,但仍不愿主动开口说购买的顾客。例如,"李总,既然您认可我们的产品对于贵公司的发展是非常有利的,那就买下吧!"

直接请求成交法的优点是:可以有效地促成购买,借要求成交向顾客进行提示并略施压力,从而节省时间,提高推销工作效率。

直接请求成交法的局限性在于:

①可能破坏推销气氛,给顾客带来比较大的成交压力

若推销员对成交时机把握得不准,盲目要求成交,会使顾客产生有意无意的自动抵制,影响推销效果。

②可能使推销员失去控制权,造成被动局面

因为推销员主动要求成交,会使顾客自以为是,好像推销员有求于顾客,顾客会获得心理上的优势和成交的主动权,而推销员却转入被动,进而增加成交的困难,降低成交效率。

③可能引起顾客的反感

如果推销员滥用直接请求成交法,可能引起顾客反感,产生成交障碍,不利于达成交易。

10.4.3　选择成交法

选择成交法即销售人员为顾客设计出一个有效成交的选择范围,使顾客只有在有效成交范围内进行成交方案选择。这是假定成交法的一个具体应用,因此也称作缩小选择成交法。例如:

"您是要小包装的还是要大包装的?"(这样询问已经把顾客可能不要购买排除掉了!)

"您更偏向购买施乐6200型复印机,还是6400型?"(这样的询问暗示:①假设客户已经有愿望要购买一台复印机;②允许客户有优先选择的权利。如果顾客回答"我更喜欢6400型",表示顾客准备购买;如果顾客回答"我还拿不准",表示顾客未有明确的购买意向,销售人员应继续挖掘顾客的需求。)

选择成交法的优点是:具有假定成交法的全部优点,而且由于提出几个很实际的方案让顾客进行挑选,既可以使顾客减轻心理压力,又使销售人员有回旋余地。同时,由于把顾客的思维与选择限制在几个有效而有限的成交方案中,无形中使顾客无法拒绝成交。

此法的缺点在于:对于那些犹豫不决的顾客,会让他们感到更加无所适从,从而丧失购

买的信心,增加新的成交心理障碍。

10.4.4 总结利益成交法

总结利益成交法是指销售人员总结能引起潜在顾客兴趣的主要特点、优势和利益,然后要求成交的方法。即以一种积极的态度来总结这些益处,使潜在顾客能同意你的话,然后提出订货要求。例如:

潜在顾客已对销售人员所做的销售展示相当满意,销售人员及时促成成交。

销售人员:李先生,您对我们产品的毛利率、快速交货和信用政策都非常满意,对吗?(总结,然后做试探性成交。)

潜在顾客:是的。

销售人员:那么,根据你们商店的顾客数量,按正常营业额推算,我们的产品可以满足你们的实际需求,同时也会给您带来比过去增加 10%的利润。下一周早些时候我就能把货送到这里!(现在等待回答。)

总结利益成交法可能是要求订货时使用最普遍的方法。这种方法由三个最基本的步骤组成:

①在展示中确定潜在顾客感兴趣的产品的主要益处;

②总结这些益处;

③提出建议。

总结利益成交法能够使顾客全面了解商品的优点,便于激发顾客的购买兴趣,最大限度地吸引顾客的注意力,使顾客在明确自己既得利益的基础上迅速进行决策。总结利益成交法适用面很广,特别适合于相对复杂的购买决策,如复杂产品的购买或向中间商推销。

但是采用此法,推销人员必须把握住顾客确实的内在需求,有针对性地汇总阐述产品的优点,不要"眉毛胡子一把抓",更不能将顾客提出异议的方面作为优点加以阐述,以免遭到顾客的再次反对,使总结利益的劝说达不到效果。

10.4.5 小点成交法

小点成交法也称为次要问题成交法或避重就轻成交法,这种成交法是相对于"大"而言的。你向对方提出大的要求,对方拒绝你的可能性会大一些;如果你的要求划分为小的要求,这些小的要求就有可能会被接受。这样,逐渐先小点成交,再大点成交,最后促成客户做出购买决策。例如:

"这件衣服您穿多合适,您看我给您包装好,带走吧。"而不去提价格质量问题。

小点成交法的优点在于:可以减轻客户成交的心理压力,还有利于销售人员主动地尝试成交。保留一定的成交余地,有利于销售人员合理地利用各种成交信号有效地促成交易。即在顾客犹豫不决时不直接提出成交,避免在顾客心理上造成压力,而是通过一系列的试探性的提问,逐步消除顾客心中的疑惑,从而帮助顾客决策。

小点成交法适用于以下情况:

①顾客不愿直接涉及决策的重大问题,只对成交的某些具体问题产生兴趣;

②推销人员看准成交信号,购买决策的关键只在于某一小点,或款式,或颜色、或交货时间,或付款方式等;

③推销人员未发现任何成交信号,须做出能够避免冷遇或反感的成交尝试;

④成交气氛比较紧张,顾客的成交心理压力太大,交易无法直接促成;

⑤顾客对某些特殊品的购买决定只依据某一特定的小点问题。

10.4.6　T 型成交法

T 型成交法又称为“优点-缺点”成交法,是指通过对产品的优点缺点进行分析,促使顾客购买的方法。销售人员应该准备一个产品优缺点分析表(两栏),一栏是优点,一栏是缺点。通过罗列产品的缺点,可以使潜在客户相信销售人员在陈述、展示产品时没有任何偏见,然后再列出更多的优点,最后加以总结。这种方法可以吸引潜在客户。

10.4.7　分段成交法

这是一个把成交过程分为多个阶段的方法。一些重大的业务可能难以一下子谈成,于是推销中可以根据事先了解的情况,做出洽谈计划,定出分段洽谈目标。通常逐步实现分段目标,达到最后通盘成交的目的。例如:

①我们已谈妥培训问题,再谈服务问题,下次我们再谈价格问题。

②一位客户在购买随身听时犹豫再三,下不了决心。

销售人员:您要买一部 Sony 的随身听,对吗?

顾客:是的。

销售人员:您想要收录两用,并可自动翻面的,对吗?

顾客:差不多是这样的!

销售人员:您想要 1 000 元以下的,这台正合适! 您听听效果吧。

顾客:这台效果是不错!

分段成交法的优点是:把大的、难谈的问题放在后面,减轻了顾客的心理压力,易于促成成交,有利于创造良好的洽谈气氛。

10.4.8　克服异议成交法

克服异议成交法是销售人员利用处理顾客异议的机会直接要求顾客成交的方法,也可称为大点成交法。因为顾客提出的异议,尤其是顾客认为重要的异议,大多是购买的主要障碍。异议处理完毕如果立即请求成交,往往能收到趁热打铁的效果。例如:

“我们已经提供了您所需要的折扣,我来填合同!”

克服异议成交法的优点是:有利于销售人员抓住一切成交机会,在处理顾客异议后立即提出成交,就不会失去任何一个成交的机会。

10.4.9　机会成交法

机会成交法也称无选择成交法、唯一成交法等,是销售人员直接向顾客提示最后成交机

会,促使顾客立即实施购买的一种成交方法。例如:

"今天是最后一天降价,赶紧买吧。"

"如果您对这套房子感兴趣,建议您马上订购,因为许多人都看中了这套房子。"

机会成交法的优点是:利用人们对机会限制的紧张心理,机不可失,时不再来,可以造成很有利的成交气氛;可以把顾客的注意力集中到成交上,使顾客有一种内在的成交压力,往往在最后机会面前,顾客由犹豫变得果断;可以限制成交内容及成交条件,达成一种成交的时间及心理紧迫感,使顾客在一定范围内较快成交;可以形成交叉推销感染力,比如告诉顾客"这个地段的小区房子卖得很快的,朝向好的已经只剩两套了。"顾客会认为这个地段的房子就是值得买。

10.5 销售服务与跟踪

商品销售中的服务策略主要是指售后服务策略。人们通常认为将商品销售出去,销售活动即结束,至于售出以后的事情就不关心了。像这样的销售,实际上已经犯了严重的错误——即忽略了商品的售后服务。售后服务是销售过程的一部分。

顾客购买行为发生后并不意味着销售过程的结束,销售是一个连续、循环的过程。销售人员的良好售后服务,是顾客再次购买的保证,也是顾客帮助企业传播良好口碑的基础。售后服务并不是指一定要被销售产品发生了故障或问题才需要,任何一类商品一旦售出,销售人员就应该主动跟踪。一方面,这可以指导顾客更好地使用、保养产品;另一方面又可以调查顾客对产品的意见和看法,改善了企业与顾客的关系。在注重关系营销的今天,企业的服务与跟踪是至关重要的。我们将在后面的客户关系管理部分作专门的介绍。

10.5.1 售后服务

凡是与销售商品有连带关系且有益于购买者的服务,均属于商品的售后服务。这包括商品信誉的维护和商品资料的提供两方面的内容。

1)维护商品的信誉

售后服务最主要的目的是维护商品的信誉。一件品质优良的商品,在销售时总是强调售后服务,在类似或相同商品销售的竞争条件中,售后服务也常是顾客决定取舍的重要因素。一般商品的维护工作有下列三种:

(1)商品品质的保证

销售人员在出售商品后,为了使顾客充分获得"购买的利益",他必须常常做些售后服务,这不只是对顾客道义上的责任,也是维护自身商誉的必要行动。

(2)服务承诺的履行

任何销售人员在说服顾客购买的当时,必先强调与商品有关,甚至没有直接关联的服务。这些服务的承诺,对能否成交是极其重要的因素,而如何切实履行销售人员所作的承诺则更为重要。

(3)制订商品的赔偿制度

商品在销售过程中,由于生产与消费之间的矛盾以及生产方面的原因,必然会产生售后退货现象,对此,销售人员要妥善处理退货与不良品,帮助企业建立赔偿制度。

2)提供商品的有关资料

使顾客了解商品的变动情况,是销售人员的一种义务。在说服一位顾客以前,销售人员通常要将有关商品的简介、使用说明及各项文件资料递交给顾客参考,而在顾客购买以后,却常疏于提供最新的资料,这样是不妥的。

发展新顾客在功能上是属于“治标”,而真正能维持老顾客才算“治本”。维持顾客的方法,除了使顾客对销售人员以及推销的商品产生信赖以外,销售人员能继续供给顾客有关商品的最新资料,亦是一项有力的售后服务。所谓商品的资料,包括以下两种:

(1)有关商品商情报道资料

有许多商品,其销售资料常以报道性的形式记载,销售人员用它作为赠送顾客、联络感情的工具,这是最好不过的。比如销售钢琴的,每个月有一份音乐及乐器简讯,按时寄给顾客,一方面可以给顾客参考;另一方面借以报道商情。这往往可以导引出更多的顾客。

(2)有关商品的资料

当商品销售出去以后,顾客基于某些需要,常常希望了解商品本身的动态资料。例如药品的推销,当销售人员将同一企业生产的抗生素送交西药房后,如果该抗生素在成分、规格、等级方面有任何变动时,这些资料都应该提供给西药房。

10.5.2　销售跟踪

销售跟踪是指对顾客的跟踪,实质上就是维系顾客关系。跟踪顾客的目的主要有以下两个方面。

1)联络感情

由交易而产生的人际关系,是一种自然而融洽的关系。人们常常因为买东西而与卖方交上朋友,销售人员及其销售组织同样因为与顾客的交易促成了深厚友谊,于是顾客不断成为商品的购买者、使用者,而且也变成销售组织的拥护者与销售人员的好朋友。因此,销售人员应该经常保持与顾客联系。一般与顾客进行感情联络的方法主要有:

(1)拜访

经常去拜访顾客是很重要的事情。拜访不一定要销售产品,主要是让顾客感觉销售人员关心他,也愿意对所销售的商品负责。销售人员的拜访不一定有任何目的,也许只是问好,也许是顺道而访。

(2)书信、电话联络

书信电话都是销售人员用来联络顾客感情的工具。当销售人员需要将有些新资料送给顾客时,可以用书信方式附上便笺;当顾客个人、工作及家庭有喜忧婚丧变故时,致函示意,如贺年、贺节、贺生日,等等。通常顾客对销售人员的函件会感到意外和喜悦。以电话与顾客联络所发挥的效果是不可忽视的,偶尔简短几句问候会使顾客觉得很高兴。

(3)赠送纪念品

赠送纪念品是一种常见的招徕手法,有些销售组织对其顾客一直提供很周到的服务,经常给老顾客赠送一些纪念品。纪念品的价值不一定很贵。赠送纪念品主要发挥两种作用:一是满足普通顾客喜欢贪小便宜的心理;二是可以使纪念品成为销售人员再次访问顾客或探知有关情报的手段或借口,这是成功营销的捷径。

2)市场调查

市场调查可以说是售后服务的另一个不明显的目的。许多精明的销售人员利用各种售后服务增加与顾客接触的机会,以实现搜集情报的目的。因此,销售人员应该把握任何一次售后服务的时机,尽量去发掘有价值的顾客,搜集任何有益于商品销售的情报。

在跟踪调查中,销售人员能了解到不同类型顾客对不同产品的满意程度及他们的其他爱好,能了解到商品的不足,还能了解到这类顾客的朋友的一些情况和竞争对手的情况。顾客有时有意无意会告诉销售人员其他潜在顾客的情况或者竞争对手的情况。

【本章小结】

促进成交就是销售人员为了促使潜在客户作出明确的购买决定而设计的一套征询方法、宣传方式和行动方案。促进成交也有广义和狭义之分。广义的促进成交包括顾客生成意识和发出信号,也包括成交的行动;而狭义的促进成交是指达成交易的那一刻的行动。本章中的促成成交是指广义的促进成交。

成交的主要障碍来自顾客和销售人员两方面:来自顾客方面的成交障碍主要是顾客对购买决策的修正、推迟、避免等行为;来自销售人员方面的成交障碍主要是心理、技巧两方面。具体包括:害怕失败、单向沟通、缺少训练、计划不周、强迫推销。

提出成交的适当时机:当准顾客的异议明朗化,并且销售人员已经妥善处理,使准顾客克服了有关障碍后,促成成交的时机才算真正到来。

在以下情形下,即行促成成交是不妥的:

(1)在准顾客对产品和服务的优点没有了解,购买欲望没有达到顶点之前,即行促成成交是一种冒险的做法。

(2)准顾客异议显露后,推销员未帮助其完全解决疑虑问题前的促成成交。

促成成交的基本策略:

(1)善于捕捉成交信号,及时成交;

(2)主动、自信并坚持成交;

(3)充分利用最后的成交机会;

(4)保留一定的成交余地。

促成成交的技巧:假定成交法、直接请求成交法、选择成交法、总结利益成交法、小点成交法、T型成交法、分段成交法、克服异议成交法、机会成交法。

销售服务与跟踪:顾客购买行为发生后并不意味着销售过程的结束,销售是一个连续、循环的过程,销售人员的良好售后服务,是顾客再次购买的保证,也是顾客帮助企业传播良好口碑的基础。售后服务并不是指一定要在销售产品发生了故障或问题才需要,任何一类商品一旦售出,销售人员都应该主动跟踪。售后服务包括维护商品信誉和提供商品的有关材料;销售跟踪包括联络感情和市场调查。

【案例分析】

奥克纯灯泡

推销员:约翰,我们发现奥克纯灯泡将减少您更换存货需要的存储空间,它能给你们的设计者提供高清晰度的颜色输出信号,这种信号能降低视力疲劳和朦胧感。您看是这周安排送货还是下周?

买主:您说得不错,不过,我们不准备买,太贵了。

推销员:您是说,您想知道,我们产品到底有什么样的特殊利益,使它的价格略高一些。这说得对吗?

买主:我想是这样的。

推销员:前一段时间,我们发现就延长灯具的使用寿命以及节省能源费用而言,您若使用通用瓦特-迈泽兹来替换现在的灯具,那么您每年可以节省375元。约翰,这表明我们的产品能省钱,对吗?

买主:我想您是对的。

推销员:太好了! 您是想找个周末安装还是下周下班之后呢?

买主:都不想,我需要再考虑考虑。

推销员:您现在犹豫不决一定有充分的理由。如果我问是什么原因,您介意么?

买主:我想我们一次支付不起所有新的照明设备的价款。

推销员:除此之外,还有别的原因吗?

买主:没有。

推销员:假设您能使自己相信成批更换要比少量更换便宜……您想这么做吗?

买主:我想会的。

推销员:成批更换并不是必需的,不过,它却能让您马上看到所有装置上实现的能源节约费用。成批更换灯具能节省很多现场更换的劳动成本,因为成批安装灯具具有生产线的效率。您明白我的意思吗?

买主:是的,我明白。

推销员:您觉得是在周一至周五晚上安好还是在周末安好?

买主:我还是想考虑一下。

推销员:一定还有别的原因造成您现在的犹豫不决。我想问问可以吗?

买主:我们现在没有做这种投资款项。

推销员:除此之外,还有别的原因吗?

买主:没有。我的上司不让我买任何东西。

推销员:您也同样认为买这些货会给你们公司省钱,对吗?

买主:是的。

推销员:好了。约翰,现在去拜访您的上司怎样?告诉他除了节省存货空间和减少你们员工的视力疲劳之外还能给公司节省能耗。也许该让我们两人一起去拜访您的上司。

问题:

1.销售人员运用了哪些促成交易的方法?请具体标明。

2.销售人员在本次销售中存在哪些问题?如何改进?

【复习思考题】

1. 什么是成交?
2.成交的主要障碍有哪些?
3.成交的基本策略有哪些?
4.如何判断顾客的成交信号?
5.成交的步骤有哪几步?
6.成交的基本方法有哪些?其优缺点分别如何?
7.销售服务与跟踪的内容?对企业销售的影响?

第 3 编

销售人员的管理

第11章 销售人员的招聘与选拔

【核心概念】

统计分析法;工作量法;边际利润法;岗位说明书;招聘渠道;内部招聘;外部招聘;非结构化面试;结构化面试;小组面试。

【引例】

无联系方式的招聘广告

某公司欲招聘一名销售经理,便在当地一家报纸上刊登了一则广告。广告中对应聘者的资历、条件、工资、福利待遇等作了详细说明,同时还特别强调:应聘者若被录取必须要经过面试和一系列复杂的能力测试。可让人感到奇怪的是,在广告中根本找不到这家公司的任何联系方式。

很多关注这则招聘广告的人对此都很疑惑,他们想:这肯定是报纸排版出了问题。

在这些应聘者中有这样3个人,他们也想应聘这一职位,但他们并没有坐等报纸刊发补正,而是马上行动起来,自己去寻找需要的信息。

应聘者甲,打开电脑,轻敲键盘,在搜索栏输入了该公司的名称,屏幕上马上就出现了该公司的许多信息,其中就包括这家公司的联系方式。

应聘者乙,拿起手机,给当地查号台打了个电话,几十秒钟后,他便得到了该公司办公室的电话,得到了他所需要的信息。

应聘者丙,自己跑到大街上去寻找想要得到的答案,因为他曾在某一条大街上看到过这家公司的一个广告牌。他开着车转了几圈,终于找到了那块广告牌,得到了那家公司的联系方式。

3天过去了,报纸并未刊登任何补正。有人坐不住了,给报社打电话,得到的答复是:原稿如此,报社并未出现遗漏。

而就在这3天中,应聘者甲、乙、丙三人的求职信和个人履历材料都已经送到了该公司人力资源部主任的手上。三人接到公司通知前去面试,并当场被录用。三人都没想到,事情竟会如此简单。

招聘启事:

不是被动等待,而是主动出击寻找;善于动脑,善于发现,善于捕捉,有了这样的头脑,自然就掌握了叩开企业大门的钥匙。

(资料来源:中国人力资源开发网 http://www.chinahrd.net/article/2013/04-22/14773-1.html)

11.1 优秀销售人员的基本特征

企业营销实践表明,凡是能够出色地完成销售任务的销售人员,必须具备一定的条件或是较高的素质。现代销售理论奠基人戈德曼博士告诫我们:“把一个不合适的人放到销售岗位上,一开始你就失败了。”不是所有的人都适合做销售,也不是所有做销售的人都能成功。众多专家学者对优秀销售人员的特征进行了多层面的描述,归结起来主要表现在品质、技能和知识三个方面。

11.1.1 品质

一个优秀的销售人员应该具备下列品质。

1)诚信

诚信是一个人安身立命的根本,在销售中,诚信的地位更是重要得不可动摇,可以说,诚信是一个销售人员最大的资本。日本企业家松下幸之助说过:“诚信既是无形的力量,也是无形的财富。”

销售人员讲求诚信,既能反映出其品质的闪光点,又能树立企业的良好形象。销售人员在推销产品和服务的活动中,与众多的顾客进行面对面的交往,他不仅在推销产品和服务,同时还在推销自己的人品和诚实。吉拉德说:“诚实是推销之本”,因此销售人员的一言一行,一举一动都在勾画自己在顾客心中的形象。讲诚信必须恪守的是:讲真话、做实事、负责任的行为准则。如推销出一个合格产品就是承诺了对商品所要求的质量负责。守信不仅要信守书面的、口头上的承诺,而且要信守隐含的承诺。

2)自律

对于成就一个优秀的营销人员来说,如果说智慧是根本,专业是前提,正直是保障,那么自律则是关键。自律不是一味的节制,但是,面对各种诱惑无论你再智慧、再专业,如果不懂得自律,必将留下隐患。营销人员不仅要努力达成销售目标任务,而且要协助公司管理好“财”与“物”,确保公司的利益不受损害。

3)自信

要使自己成为一名卓有成效的销售人员,应该努力做到:相信自己能够胜任销售工作,相信自己能够说服顾客购买产品,相信自己能够战胜销售活动中的各种挑战,无论顺境还是逆境一直对销售事业充满必胜的信心。培养坚定的自信心,是销售人员迈向成功的第一步。有个叫乔治特·莫贝赫的销售专家说:“顶尖的销售人员之所以会成功,就在于他们对自己的事业怀抱着高度的自信,这也使得他们周围的人也相信他们所推荐的产品。”

4)豁达大度

销售人员要与各类不同经历、不同性格的顾客交往,要敢于交往,要善于交往,要热情相待,平等交往,豁达开朗,平易近人,使顾客产生亲切感,建立自己待人接物的亲和力。处理顾客抱怨就必须表现出豁达大度。在销售过程中,销售人员要允许不同观点的存在,如果别人无意间侵害了你的利益,也要原谅他。你谅解了别人的过失,允许别人在各个方面与你不同,别人就会感到你是个有气度的人,从而尊敬你,这样你就会增大成功的几率。

5)坚韧性

与其他工作相比,销售活动具有更大的难度,销售人员实现业务活动目标总是与克服困难相伴随,因此业务人员必须具备坚毅的性格。只有意志坚定,有毅力,才能找到克服困难的办法,才能最终获得销售活动的胜利。

6)进取心

拿破仑曾说:"不想当将军的士兵不是好士兵。"这句话如果放在销售人员身上,就应该说:"不想当老板赚大钱的销售人员不是好的销售人员。"事实也确实如此,一个销售人员成功的几率,往往与其进取心的大小成正比。

11.1.2 技能

优秀的销售人员应该具备如下技能。

1)观察分析能力

销售人员的观察能力,主要是指其通过顾客的外部表现去了解顾客的购买心理的能力。人的任何行为表现都与内心活动有关,反映着内心活动的一个侧面。顾客也是这样,销售人员可以从顾客的行为中,发现许多反映着顾客内心购买活动的信息,观察能力成为揭示顾客购买动机的重要一环。提高观察能力必须从提高观察的质量入手。知识、方式和目的是影响观察质量的3个基本因素。知识是观察顾客、理解顾客的基础,销售人员所具有的知识越精深,那么对顾客的观察也就会越深入、越周到。例如,掌握心理学知识的销售人员能较快地通过顾客的言行、情绪,了解到顾客的意图和需求。科学的观察方式,要求观察路线力求正确:先上后下、先表后里、先局部后全部、先个别后整体等;注意力的分布要合理,视觉和听觉要密切配合,观察与判断也要有机地结合起来。

2)应变能力

在我们身边有很多做销售的人员。有些人称之为"金牌销售员",有些人做了好多年,仍旧是个默默无闻的销售员。为什么同样是做销售,两个人的差别这么大呢?其实,在销售的过程中,总会遇到一些意料之外的事情。作为一名专业的销售员人员,一定要学会随机应变。

曾经有过一个案例,一个卖玻璃杯的销售人员,他一直在吹嘘自己的玻璃杯是怎么样的牢固,并且还现场示范。他的杯子从桌子上掉下去不会碎。结果却特别的出乎意料,他的杯子一摔就碎了,这下好了,他不是在拿石头砸自己的脚吗?身为一个专业的销售人员,虽然他的内心很忐忑,但是他极力克制自己的情绪。在短暂的思考过后大概10秒,他说了一句:

"你们看,像这样的杯子,我就不会卖给你们。"周围的客户都笑了,现在的气氛也活跃了,接着,他又往地上扔了5只杯子,个个掉在地上完好无损。

由上例可见,应变能力对销售人员是何等重要。

3)社交能力

营销人员应是开放型的,必须具有较强的社交能力。从某种意义上说,推销人员是企业的外交家,需要同各种顾客打交道。这就要求推销人员具备与各种各样顾客交往的能力,即善于与他人建立联系,互相沟通,取得信任,化解和处理各种矛盾,能在各种场合应付自如,圆满周到。

4)组织能力

销售人员的组织工作能力具体表现在一系列销售活动中,要通过策划、安排形成有序合理的时间序列链和事物序列链,使整个活动的运行能够有条不紊,充分发挥效能。

销售工作中常开展产品推介会、商品展销会、用户联谊会等大型活动,这需要销售人员有良好的组织才能。要把握好为什么要做(Why)、在什么地点(Where)、什么时间(When)、做什么事(What)、何人参加(Who)、如何做(How),即5W1H。

例如:广州中国大酒店于开业一周年之际照了一张2 000余名职工的"全家福",制作成明信片寄给每一位在酒店住过的客人。这种别致的设想产生于酒店公关销售人员严密的组织创意之中。2 000多名职工集中在同一运动场,排成整整齐齐的28排,其中还有一部分职工穿上白色制服,红白相间形成一个"中"字,这项工作并不亚于组织一场运动会。试想,如果销售经理没有一定的组织能力,这样的一项工作能在两小时内完成吗?

此外,如何处理信息、安排时间和日常工作都反映出销售人员的组织能力。安排得好,工作条理清晰,故障率低,个人、顾客双方满意;反之杂乱无章,又忙又乱,会严重影响工作的有效性。

5)沟通能力

中国有句古话叫"一言之辩重于九鼎之宝,三寸之舌强于百万之师。"充分说明了语言的重要性,对于一个销售人员来说,沟通决定成败。成功的销售离不开有效的沟通。优秀的销售人员都是出色的沟通者,能倾听顾客的想法并善于理解顾客。

有良好沟通能力的销售人员需要注意以下两个方面:

①会问问题,"不善问者难存于世也",问问题可以引导别人的情绪,也可以使人注意被忽略的事情,可以发掘一个人需要的资源。其实你需要的一切答案都能在提问中产生。提问的方法也有很多,其中开放式提问是我比较推荐的,简单介绍一下三部曲:a.陈述一件无法反驳的事实;b.陈述可以反映出自己经验和信任感的个人建议;c.提出一个与前两个主题吻合,且可以让顾客发挥的问题。

②会倾听,"不知言,难以知人也",不是你不会说,而是你听得太少,不知道我需要什么,怎么服务好我呢?智慧是用方法知道顾客想要什么,而不是感觉他需要什么。

11.1.3 知识

优秀的销售人员应该具备丰富的知识。

1)企业知识

销售人员其实就是企业的对外形象大使,要像了解自己家一样了解企业,这样才能让客户感觉到你对公司的认同,才能让人感觉到你的自信,从而相信你的介绍而接受你的产品。如果销售经理在客户面前萎靡不振,客户也会认为这家企业不怎么样,从而不接受这家企业的产品。

另外,销售业务是公司整体价值链的一个环节。在工作中,销售人员总是需要其他部门的配合与支持,那么,对企业情况的了解,特别是企业运行政策的了解,会使你更加清楚你能够为客户争取什么,不能承诺什么。这样,你在从事销售工作时才能更加得心应手。

2)产品知识

产品的知识包括产品的起源、产品的制造工艺、产品的制造方法、产品的保养方法以及与市场上同类产品相比的优势和不足等。只有充分了解了自己的产品,才能够对客户解释清楚。而且对自己的产品越了解,就越容易给你带来其他任何方法都无法比拟的、坚定不移的自信,同时给你带来新的销售力。

还要注意的一点是,了解产品知识,不仅要从自己的角度去了解,更要从客户的角度去了解,要让客户了解自己的产品能够给客户带来什么好处。如果不从客户的角度来介绍产品,虽然你说得头头是道,但在客户听来却没有什么意义。为什么?因为他没有需求。要从客户的角度了解产品,这就是我们要说的"知彼"。"知彼"者,就是要对客户的需求、客户的基本情况有一个大概的了解,能够做到"有的放矢",只有这样才能够打动客户的心,并最终取得成功。

3)市场知识

销售人员是企业通往市场的桥梁,他们直接与市场、消费者接触,能及时、准确地捕捉市场信息。他们是企业收集市场信息的重要途径,是企业情报最直接的来源之一。

销售人员应注意收集的信息包括:消费者信息、市场供求信息、商品经营效果信息、竞争对手的信息。

4)顾客知识

"顾客是上帝",这是企业信念。销售人员应善于分析和了解顾客的特点,要知晓有关心理学、社会学、行为科学的知识,要学会把握不同层次、不同地区、不同民族、不同年龄顾客的消费习惯,把握顾客的购买动机、购买条件、购买决策等情况。针对不同顾客的不同需求心理,采取不同的推销对策,获得顾客、企业双赢的销售效果。

5)法律知识

每当销售人员做成一笔买卖,从法律上讲,买卖双方同时享有一定的权利并承担相应的义务,即双方当事人产生了法律关系。因此,销售人员应了解经济行为是否具有法律效力的原则界限;签订合同的基本原则,合同签订、变更和解除的法定程序;违约责任及其认定;合同的鉴定和公正;代理与担保;以及发生纠纷时仲裁和诉讼程序等。此外还有产品质量、税收、消费者权益等方面的法律法规。

11.2 招聘准备

“凡事预则立,不预则废”,在开始一项工作前,没有人会拒绝预先了解整个工作内容。几乎每个成功人士都希望事先了解下一行动将经历哪些工作环节。同样,一次成功的销售人员招聘在发布招聘信息之前,需要做许多前期准备工作。

11.2.1 确定需求人数

确定对销售人员的需求数量,可利用以下方式。

1)统计分析法

统计分析法是企业首先确定预测的销售额,然后估计每位销售人员每年的销售额,再用预测的销售额除以销售人员的人均销售额即可得到所需销售人员的数目。用数学公式表达为:

$$n = s/p$$

式中:n 为下年度所需销售人员数目,s 为下年度计划销售额,p 为销售人员年人均销售额。

比如说某企业预计下年度可实现 2 000 万元销售额,销售人员人均年销售额为 100 万元,依公式可知,下年度大约需要 20 名销售人员。

2)工作量法

工作量法是根据销售人员承担的工作量来计算所需销售人员的方法,其前提是假设所有的销售人员能承担相同的工作量。工作量方法具体分为六步。

(1)编制企业所有客户的分类目录

通常以每个客户的购买额作为分类标准,用 ABC 分类法对客户进行分类排序。ABC 分类法是企业管理中常用的办法。企业根据自己的实际情况选择判断标准,将大客户归入 A 类,中等客户归入 B 类,小客户归入 C 类。例如,某公司有客户 1 800 家,按上述 ABC 原则分成三类:

A 类:大客户和极有潜力的客户　300 家

B 类:中等规模及中等潜力客户　600 家

C 类:小客户　900 家

(2)确定每类顾客所需要的访问次数和每次访问的时间

仍沿用上述例子,公司估计对 A 类客户每两周访问一次,每次 60 分钟;B 类客户每一个月访问一次,每次 30 分钟;C 类客户每两个月访问一次,每次 20 分钟。那么,每类客户每年所需要的访问时间为:

A 类　24 次×60 分/次=1 440 分(24 小时)

B 类　12 次×30 分/次=360 分(6 小时)

C 类　6 次×20 分/次=120 分(2 小时)

(3)计算出年工作量

根据1、2步的数据,可以很方便地计算出该公司全年销售活动总工作量。

A类　300家×24小时/家=7 200小时

B类　600家×6小时/家=3 600小时

C类　900家×2小时/家=1 800小时

总计12 600小时

(4)确定销售人员工作时间

假定该公司销售人员每周工作40小时,每年工作48周(扣除休假、生病及临时缺勤),这样每个销售人员年工作时间为40小时/周×48周=1 920小时。

(5)确定不同工作占销售人员总工作时间的比例

该公司的安排:

销售活动　40%×1 920 = 768小时

非销售活动　30%×1 920=576小时

旅行　30%×920 = 576小时

总计　100% = 1 920小时

(6)计算出销售人员数目

根据已知数据,可知该公司所需销售人员总数为:12 600小时÷768小时=16.4人=16人。即该公司有16名销售人员就可以完成为现有客户服务的工作量。

工作量法有几个吸引人的特点:它简单易懂,并且考虑了对客户区别对待的问题,所需数据也比较容易获得。该方法虽没有照顾到所有细节,但仍是一种可行性好、比较精确的规划方法。

3)边际利润法

边际利润法的基本观念来自于经济学。当增加一名销售人员所增加的毛利大于增加一名销售人员所增加的成本时,企业的净利润便会增加。因此,应用此方法必须具有以下资料:

①增加一名销售员所增加的毛利,即边际毛利;

②增加一名销售员所增加的成本,即边际成本。

具体操作分三步:

①确定每一个销售区域的市场潜量。这一数据可从营销调研部门获得。假设H企业有10个销售区域,整个行业市场容量为4 000万元,数据资料见表11-1。

②确定每1%市场份额中本企业的销售额,计算方法见表11-1。表中假设市场潜量相等的销售区域中H企业的实际销售额相等,这种简化是为了方便说明问题,若实际中数据不等可以取平均值。只有企业一贯采用分销售区域统计数据的方法时,边际利润法才有可靠性。

表 11-1

单位:千元

销售区域	市场潜量①	占总容量的百分比(%) ②=①÷40 000	实际销售量 ③	每 1%市场份额中 H 企业的销售额 ④=③÷②
1	400	1	80	80
2	1 000	2.5	175	70
3	200	0.5	50	100
4	400	1	80	80
5	2 000	5	300	60
6	2 000	5	300	60
7	1 000	2.5	175	70
8	4 000	10	560	56
9	400	1	80	80
10	1 000	2.5	175	70
总计	4 000		3 200	

可见,上表每 1%市场份额中本企业的销售额只是一个过渡指标,采用这一指标的目的在于说明销售人员在比较小的销售区域可以获得比较高的市场份额,便于公正地评价不同销售区域的业绩。

③从表 11-2 可以看出,H 企业雇用 200 名销售人员(一名销售人员负责一个销售区域),可以实现 1 000 万元的销售收入,市场占有率为 25%(1 000 万÷4 000 万×100% = 25%);若雇用 100 名销售人员,可实现 800 万元的销售收入,市场占有率为 20%,依此类推。销售队伍规模越小,销售额与市场占有率也随之降低。因为产品的生产成本已知,只要知道不同规模销售队伍的支出费用,就能够计算出五种方案的利润水平,从中选择一个实现利润最大的销售队伍规模。当然,企业也可以把市场占有率或其他目标作为首要目标。但不论企业的目标是什么,都要考虑所采用的营销策略对销售利润的影响。

表 11-2

单位:千元

销售区域数目 ①	相对市场潜量 ②=1÷①×100%	每 1%市场份额中 本企业的销售额③	总销售额 ④=①×②×③×100
200	0.5%	100	10 000
100	1%	80	8 000

续表

销售区域数目 ①	相对市场潜量 ②=1÷①×100%	每1%市场份额中 本企业的销售额③	总销售额 ④=①×②×③×100
40	2.5%	70	7 000
20	5%	60	6 000
10	10%	56	5 600

边际利润法将销售队伍规模与销售利润结合起来考虑，比较精确，结果也更接近理想的销售队伍规模水平，但运用起来比较困难。同时该方法说明，企业提高营销努力的做法是有限度的，各种刺激销售的措施都应保持在合理的范围之内；否则，物极必反，过度扩张销售队伍规模是得不偿失的。

11.2.2　制订岗位说明书

制订岗位说明书应当注意：

1）工作分析

人员的招聘选拔解决的是进入组织中人员的质量问题，这将直接关系到组织未来的发展潜力。但我们到底需要什么样的人？我们又将如何从大量的求职者中挑选出我们所需要的人才呢？这就需要我们对岗位工作的内容和执行这些工作的人员所应具备的任职资格有清晰的了解，需要我们根据这些任职要求对甄选工具（包括笔试、面试、心理测验及无领导小组讨论，等等）进行有效的设计。而岗位说明书能够直接提供职位的工作内容和任职资格。

岗位分析主要是为了解决以下6个重要问题：

①工作的内容是什么（What）？

②由谁来完成（Who）？

③什么时候完成工作（When）？

④在哪里完成（Where）？

⑤怎样完成此项工作（How）？

⑥为什么要完成此项工作（Why）？

工作分析可以由销售经理、人力资源部门成员或外部专家负责。工作分析人员要进行全面的观察和访谈，还应与部分销售人员一起进行销售拜访。访谈的对象包括销售人员、销售经理、客户及与公司销售活动直接相关的行政人员。

2）岗位说明书的内容

岗位说明书是指对有关工作职责、工作活动、工作条件以及工作安全等方面的书面描述文件。

岗位说明书主要包括两个组成部分：一是岗位描述，主要对岗位的工作内容进行概括，包括岗位设置的目的、基本职责、组织图（岗位在组织中的位置）、业绩标准、工作权限、职责履行程序等内容。二是岗位的任职资格要求，主要对任职人员的标准和规范进行概括，包括该岗位的行为标准,胜任岗位所需要的知识、技能、能力、个性特征以及对人员的培训需求等内容。

11.2.3 确定招聘原则

为了使销售人员的招聘工作取得满意的效果,在招聘过程中应当认真遵循下述原则:

1)因岗配人原则

所谓因岗配人,就是人员的招聘应以工作岗位的空缺和实际工作的需要为出发点,以岗位对人员的实际要求为标准,选拔录用销售人员。

2)量才录用原则

量才录用就是根据对应聘者的测评成绩,从中选择优秀者安排到合适的岗位。任人唯贤,尽量把每个人安排到合适的工作岗位上,使其聪明才智得到充分的发挥。“量才”的依据是对应聘者的全面测评结论。

3)全面考核原则

所谓全面考核,即指对应聘者的德、智、体等各方面进行综合考查和测试。销售人员的“德”决定着劳动能力的使用方向,制约着劳动能力的发挥。“智”主要指一个人的知识、技艺和能力,对“智”的考核不仅指对知识技能的测试,还应包括对智力、人格等方面的测试。对“智”的考核是全面考核的重点。“体”是指销售人员的身体素质。体质是智力得以发挥的生理基础,对“体”的考核是其他一切考核的前提。

4)公平竞争原则

所谓公平竞争原则,指将招聘单位、招聘种类和数量、条件、方法、时间、地点等信息通过适当的方法加以公开,告之于众,形成公平竞争的局面,达到广招人才的目的。贯彻公平竞争原则,使整个招聘工作更具公开化,防止不正之风,努力为有志之士、有才之人提供平等竞争机会;同时还可以吸引大批的应聘者,扩大了选择范围,提高了招聘工作的质量。

5)程序化、规范化原则

人员招聘还必须遵循一定的标准和程序。科学合理地确定选拔和聘用程序,是招聘到优秀人员的重要保证。

11.3 销售人员的招聘渠道和录用过程

这一节,我们将介绍销售人员的招聘、录用和选拔等内容。

11.3.1 销售人员的招聘渠道

招聘渠道是指企业获取人才的途径。招聘阶段主要是通过招聘的渠道和来源吸引、识别和选择合适的销售候选人。选择优秀的销售人员要求企业寻找多种多样的招聘渠道,招聘渠道的选择对于招聘活动的效果具有非常重要的影响。如果选择的招聘渠道不当,招聘的人员并不适合从事销售工作,那么招聘活动就无法吸引到合适的应聘者。所以企业要清楚每种招聘渠道的优缺点,以便根据具体情形正确选择。一般而言,招聘渠道可以分为两大类:

1)内部招聘

内部招聘是公司根据空岗情况对内发布招聘信息,由内部职工自行申请竞争岗位或推荐其他人应聘。许多规模较大、员工较多、人才资源较丰富的公司常采用这种方法。这种招聘主要是挖掘内部人才潜力,使内部人才各得其所。

(1)企业内部招聘的优点

企业内部招聘有以下优点:

①有利于被聘者迅速开展销售工作。应聘者熟悉产品类型,熟悉公司运作,能够更好地理解职位的要求,同时对企业文化也更加认同。

②有利于节省招聘费用。因为省掉了广告费、会务费等,内部招聘比外部招聘成本低。

③有利于保证选拔的正确性。企业对应聘者往往较为了解,很容易选择到一些有发展潜力和对企业较高忠诚度的销售人员。

④有利于提高员工的满意度。通过内部招聘容易使所有员工感觉到,企业为大家提供了广阔的发展空间,从而增加员工的工作满意度。

一项调查表明,从公司内部招聘的销售人员能比从其他渠道招聘的销售人员创造更多的长期利润。但是内部招聘也存在一些不足。例如,可能缺少适合岗位的人选,应聘者被拒绝后可能不满意,应聘者对销售工作有误解,应聘者在转向销售工作时有一段困难的适应期,同时内部招聘容易形成“帮派”、小团体等一些不良结果。

(2)内部招聘的方法

内部招聘的形式包括现有人员推荐、非销售部门、公司人才数据库等。

①职位公告。职位公告是指将职位空缺公之于众,并列出工作的特性,如资格要求、职位要求、薪资等级等。职位公告是组织内部招聘人员的普遍做法。可以通过在公司或企业的布告栏发布工作职位空缺的信息,或在组织的内部报刊、局域网等发布。

②现有员工推荐。由于公司需要员工为其做宣传,所以一旦员工主动为公司推荐了一名优秀的求职人选,公司就会对其进行嘉奖。尽管有时申请者来自组织外部,这一方法仍被证明是很经济的。这是因为公司的雇员不仅了解本公司的概况和文化背景,而且对求职者所要应聘的职位也有一个比较细致的了解。招募过程就好像一个“推销”过程,当然,公司的员工是承担这一任务的最佳人选。

对于成功的引荐,特别是当员工介绍了一位优秀的销售人员时,公司都会给员工一定的经济奖励。

③技能清单法。另一个内部招募的方法是利用人事档案中与技能有关的一些信息资料,但要获取这些资料却要花费大量时间和努力。一份正式的技能清单必须借助人力资源信息系统和人力资源管理系统来完成。通过人力资源信息系统和人力资源管理系统的使用,所有资料都被量化、编码,并包括在技能清单中。

这方面的信息主要包括姓名、雇员数量、工作类别、以往所从事的工作、经历、特殊技能和知识、所受教育、证书、出版物以及工资水平，等等，同时也包括正式评估结果，诸如在工作测试中评价中心的考试结果等。由于技能清单的建立很费时间，因此组织常常同时用它来为其他人力资源管理活动建立数据库。

2）外部招聘

外部招聘是根据一定的标准和程序，从企业外部的众多候选人中选拔符合空缺职位工作要求的人员。

（1）外部招聘的优点

外部招聘有其自身的优点。

①候选人员来源广泛，具备各类条件和不同年龄层次的求职人员，有利于满足企业选择合适人选的需要。

②有利于组织吸收外部先进的经营管理观念、管理方式和管理经验，内外结合不断开拓创新。

③对外招聘管理人员，在某种程度上可以缓解内部候选人竞争的矛盾。当有空缺位置时，一些人往往会通过自我"打分"而有被入选提拔的希望。如果参与竞争的人条件大致相当，竞争比较激烈，但却又都不太合适，在这种情况下，从外部选聘就可以缓解这一矛盾，使未被提拔的人获得心理平衡。

（2）外部选拔的缺点

外部选拔也有一定的缺陷。

①对应聘者的测评有一定风险，应聘者实际水平和能力很难准确判别，因此不称职者会占有一定或相当比例。

②应聘者带来的文化可能与企业文化有冲突。

③应聘者入选后对组织的各方面情况需要有一个熟悉的过程，即不能迅速进入角色开展工作。

④如果组织中有胜任的人未被选用或提拔，外聘人员的做法会挫伤组织员工的积极性。如果形成外聘制度，则更需慎重决定，因为其影响面可能更大。

（3）外部招聘的方法

外部招聘的方法按照人员产生的渠道主要可以分为招聘广告、校园招聘、人才中介机构（就业机构、猎头公司）招聘、网络招聘、员工推荐、自荐、招聘会招聘和临时性雇员等 8 种形式。选择外部招聘的方法主要取决于周围的雇佣环境和情境，特别是要将等待填补的职位类型、工作接替要求的速度、招聘的地理区域、实施招聘方法的成本以及可能吸引到的申请者组合的合理化程度这五种因素结合起来考虑。

①招聘广告。招聘广告是补充各种工作岗位都可以使用的吸引应聘者的方法，应用最为普遍。阅读这些广告的不仅是现实的工作申请者，还包括潜在的工作申请者以及客户和一般大众，所以公司的招聘广告代表着公司的形象，需要认真实施。

②校园招聘。直接到校园招聘应届毕业生或邀请学生进行销售实习，这是招收应届毕业人才的主要途径。校园招聘针对性比较强，能够吸引比较大量的申请者。企业可节约招

聘成本，并选择几所大专院校建立合作关系，进行人员储备，培养人才梯队，可实现定制人员的招聘目标。对于高校毕业生来说，校园招聘是最有效的求职途径，招聘的职位直接针对高校毕业生，针对性强使成功的可能性也就相对较高。但是校园招聘录用的人员工作经验少、流动性大、牵涉政策等手续。应聘者缺乏实际操作能力，人员稳定性差，有较高的流失率。

③人才市场。在人才市场进行招聘时间短、见效快、费用低、直接见面当时可以确定意向。虽然通过人才市场招聘依然是企业现在招聘的主要途径，但这种方式仍然存在诸多遗憾。首先人才市场是双向收费，即求职方和招聘方都要收取费用；而且针对企业的收取费用也较高；而对于求职者来说有了免费的网络求职当然就会转移阵地；然后是对于企业来说，人才市场招聘同样面临时效短的缺点。因为对于企业来说，花上数百甚至上千的费用只是在人才市场待上七八个小时。那为什么人才市场依然是企业的主要招聘途径呢？这主要是因为现在就业军中依然有很大部分不会利用网络。这和求职者的整体素质有关，因为现在还有很多求职者没有接触计算机的知识，甚至根本不了解网络。所以他们仍然只能选择人才市场这种传统方式。

④职业介绍所。普通工人、低级管理人员可利用职业介绍所来获得。通常职业介绍所对用人企业不收费也很热心，一般由职业中介机构介绍或直接检索其人才资源库，适用于初、中级人才或急需用工。职业介绍所介绍速度快、费用低，这是用人单位授予职介机构一定的权限，委托职介机构为其选择、推荐人才的一种方式。但是中介服务质量普遍不高。各种职介机构、职介信息参差不齐、鱼龙混杂，求职者需要提防“黑职介”。企业对应聘者了解少，成功率低，难以招到优秀人才。

⑤网上招聘。网络招聘指通过人才网站求职和招聘。这种新型的招聘方式恰恰弥补了传统招聘方式的缺点。网上招聘是选拔中高级人才和储备人才的一种好的途径。

⑥猎头招聘。猎头招聘指委托猎头公司寻找适合企业用人要求和标准的人才。高级人才和特殊人才最好通过好的猎头公司猎取。每年的招聘淡季，企业都会借助专业猎头中介机构强大的资源优势，加快招聘的速度，提高招聘的质量。同时猎头招聘针对性强、隐秘性高，可以得到专业顾问的帮助。但是其周期长，费用较高，通常要付该职位年薪的20%。

11.3.2　销售人员的招聘程序

为了确保销售人员招聘工作的科学规范，提高招聘的效果，招聘活动一般要按照下面的几个步骤来进行。

1)确定职位空缺

确定职位空缺是整个招聘活动的起点，这包括数量和质量两个方面。只有明确获知企业中的空缺职位以及职位的具体要求后，才能够开始进行招聘。职位空缺的确定，要以企业销售人员的规划和工作分析为基础。

需要强调指出的是，由于企业填补职位空缺的方法有很多，招聘录用只是其中的一种。因此只有当企业选择使用这种方法时，整个招聘工作的程序才会开始运作，否则即便是存在职位空缺，招聘也不会转化为现实的工作。比如企业决定通过增加其他职位工作职责的办法来解决职位空缺问题，那么就没有必要进行招聘录用。

2) 选择招聘渠道

销售人员主要来源于外部和内部，两种渠道各有利弊，往往需要综合考虑这些利弊之后才能够做出决策。对于这一问题，也没有标准的答案，有些企业倾向于从外部进行招聘，有些企业倾向于从内部进行招聘。

3) 制订招聘计划

在选择完招聘渠道之后，接下来就要制订招聘的计划，由于内部招聘是在企业内部进行，相对比较简单，因此招聘计划大多都是针对外部招聘而制订的。一般来说，招聘计划的内容主要包括以下几个方面的内容：招聘的规模、招聘的范围、招聘的时间和招聘预算。

(1) 招聘的规模

招聘的规模就是指企业准备通过招聘活动吸引多少数量的销售人员。招聘活动吸引的人员数量既不能太多也不能太少，而应当控制在一个合适的规模。一般来说，企业是通过招聘录用的金字塔模型来确定招聘规模，也就是说将整个招聘录用过程分为若干个阶段，以每个阶段参加的人数和通过的人数比例来确定招聘的规模，如图 11-1 所示。

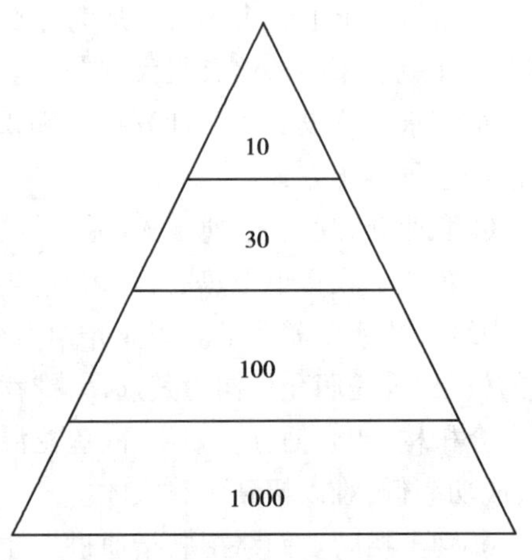

图 11-1　招聘录用金字塔模型

在使用金字塔模型确定招聘规模时，一般是按照从上到下的顺序来进行的。例如在上例中，企业的职位空缺为 10 个，面试与录用的比例为 3∶1，那么就需要 30 人来参加面试；而笔试与面试的比例为 10∶3，因此需要 100 人来参加笔试；应聘者与参加笔试的比例为 10∶1，所以企业需要吸引 1 000 名应聘者，招聘的规模相应就是 1 000 人。

使用这一模型确定的招聘规模，取决于两个因素：一是企业招聘录用的阶段，阶段越多，招聘的规模相应就越大；二是各阶段通过的比例，这一比例的确定需要参考企业以往的历史数据和同类企业的经验，每一阶段的比例越高，招聘的规模越大。

(2) 招聘的范围

招聘的范围就是指企业要在多大的地域范围进行招聘活动。从招聘的效果考虑，范围越大，效果相应也会越好；但是随着范围的扩大，企业的招聘成本也会增加，因此对于理性的企业来说招聘的范围应当适度，既不能太大也不能太小。

(3) 招聘的时间

由于招聘本身需要耗费一定的时间，再加上选拔和培训的时间，因此填补一个职位空缺往往需要相当长的时间。为了避免企业因缺少人员而影响正常的运转，企业要合理地确定自己的招聘时间，以保证空缺职位的及时填补。

招聘时间选择的最常用方法是时间流失数据法，该方法显示了招聘过程中关键决策点的平均时间间隔，通过计算这些时间间隔可以确定招聘的时间。例如，企业计划在未来 6 个月内招聘 30 位销售人员，根据金字塔模型确定的招聘规模为 3 000 人。时间流失数据法分析表明,根据以往的经验,在招聘广告刊登10天内征集求职者的简历,邮寄面试通知需要5天,进行个人面试安排需要5天,面试后企业需要4天决定录用决策;得到录用通知的人需要在10天内作出是否接受工作安排的决定;接受职位的人需要在10天内才能到企业报到,按照这样估计,企业应在职位出现空缺之前40天就开始进行招聘。在使用这种方法确定招聘时间时,也要考虑两个因素:整个招聘录用的阶段和每个阶段的时间间隔,阶段越多,每个阶段的时间越长,那么招聘开始的时间就越早。

(4)招聘预算

在招聘计划中,还要对招聘的预算作出估计,招聘的成本一般由以下几项费用组成:

①人工费用,就是公司招聘人员的工资、福利、差旅费、生活补助以及加班费等;

②业务费用,包括通信费、专业咨询与服务费、广告费、资料费以及办公用品费等;

③其他费用,包括设备折旧费、水电费以及物业管理费等。

在计算招聘费用时,应当仔细分析各种费用的来源,把它们归入相应的类别中,以避免出现遗漏或重复计算。

4)选择招聘来源和方法

招聘计划完成以后,下一个步骤就是选择招聘的来源和招聘的方法。招聘来源和招聘方法的选择,对于招聘活动的效果具有非常重要的影响。如果选择的招聘来源不当,目标群体中的人员并不适合从事空缺职位,那么招聘活动就无法吸引到合适的应聘者。

5)回收应聘资料

企业通过有关的途径把招聘信息发布出去之后,还要对应聘者的应聘资料进行回收,以便进行下一步的选拔录用。招聘人员在回收应聘资料的过程中,并不是被动地收取,还应当进行初步筛选,剔除明显不符合要求的人员,从而减轻选拔录用的工作量。需要强调指出的是,初步筛选剔除的人员不一定就不优秀,只是不符合此次招聘的要求而已,对于这些人员的信息,企业还是应当保留起来,建立一个专门的招聘信息库,这样以后进行招聘时还可以使用这些信息,避免重复工作,也可以加速招聘的进程。

6)评估招聘效果

整个招聘过程的最后一个步骤就是评估招聘的效果,这一点很多企业以前并不重视。对招聘效果进行评估,可以帮助企业发现招聘过程存在的问题,对招聘计划以及招聘方法和来源进行优化,提高以后的招聘效果。

11.3.3　销售人员的选拔和录用

如何选拔和录用销售人员？这是一门学问。

1)选拔

销售能否取得令人满意的结果,主要取决于销售人员的工作成绩。许许多多的企业家都意识到销售人员的重要作用,他们确信建立一支高水平的、有效的销售队伍会给企业带来很高的营业额和利益。事实证明,一个高水平的销售人员往往是顾客最喜欢的人,因为他能恰到好处地提供各种服务,满足消费者和用户的要求,从而使企业有一批忠实的顾客,促进企业的经营发展。所以选拔销售人员就成为企业的另外一项重要工作。

大型企业的选拔程序通常会较为复杂，一般可分为申请、面谈、测验、调查、体格检查、安置等步骤。在较小的企业中，应聘者只由销售经理核准便可。

2)面试

面试是销售人员招聘实践中使用最广泛的方法，也是整个选拔工作的核心。事实上没有哪个销售人员是不经过面试就被录用的，也没有更令人满意的替代方法。面试在人员招聘中的不可替代性体现在两个70%:70%的企业员工通过面试进入企业，70%的面试者在面试的前15分钟已经被面试考官确定是否录用；美国70%以上的企业在招聘过程中使用了某种形式的面试技术或方法。

(1)面试的类型

面试有以下几种类型。

①非结构化面试（非引导性面试）。面试中允许求职者在最大自由度上决定讨论的方向，而主持人则尽量避免使用影响面试者的评语，也称为“非引导性面试”。

从某种意义上讲，这种面试是主考官和求职者进行的一种开放式的、任意的谈话，它没有固定的模式和事先准备好的问题，根据面试的实际情况即兴提问。

一般主考官的提问分为两种类型：一是描述性的问题，如“请你介绍一下以往的工作经历”。二是预见性的问题，主考官提出一些假设性的问题，要求求职者就这些问题作出回答。

②结构化面试。结构化面试是指面试的内容、形式、程序、评分标准及结果的合成与分析等构成要素，按统一制订的标准和要求进行面试。

结构化面试是在面试前，主考官提前准备好各种问题以及提问的顺序，严格按照这一事先设计好的程序对每个应试者进行相同内容的面试。

③情境面试。情境型问题是通过向应聘者展示一个假设的情境，来让其解决情境中出现的问题，从而考查应聘者的各方面能力。

情境面试的试题多来源于工作，或是工作所需的某种素质的体现，通过模拟实际工作场景，反映应试者是否具备工作要求的素质。

④以行为为基础的面试。基于行为的问题可以将面试集中在与工作相关的信息上。使用这类问题时，我们的假设是应聘者最近的工作经验可以预测他未来的工作业绩。

基于行为的问题要求应聘者详细具体地描述过去的经历，而且考官可以通过追问来澄清含糊的地方，这样，应聘者就很难用事先准备好的答案来应对，也很难编造故事。

在正式的问题开始之前，你要让应聘者明确，他应该用具体的行为描述来回答接下来的问题，你要向他说明：要讲述你亲身经历过的事情；要清楚地描述事情的起因、过程、结果；不必涉及你所学过的理论性知识。

以行为为基础的面试与情境面试较为相近，都是给予应试者一个既定的情况，要求应试者作出回答，情境面试更多的是一个假设的事件，而以行为为基础的面试则是针对求职者过去工作中所发生的事件进行询问。比如：“请你说出你最为得意的一个研发项目内容?”“在这一项目中你在管理方面遇到的最大的困难是什么？你是如何处理的?”

以行为为基础的面试，一个显著的特点就是常在问题中使用类似于英语语法中的“最高级”的提问方式,比如:“请描述你对过去工作最不满意的地方”。这一提问方式有助于发掘在过去工作中,对应试者印象最为深刻的事件,而这些事件往往是决定其工作绩效或离职的最关键的因素,所以以行为为基础的面试比传统的面试更加有效。

⑤小组面试(陪审团式的面试)。小组面试是指由一群主试者对候选人进行面试。小组面试有几个优点。普通的面试通常是由每位主考官重复地要求求职者谈论同样的问题。但是小组面试允许每位主试者从不同的侧面提出问题,要求求职者回答,类似于记者在新闻发布会上的提问,或类似于法庭上陪审团几个成员质询一个被告/原告的情形。相对于普通面试,小组面试能获得更深入、更有意义的回答,而且由于这种方法的主考官往往由不同专业、不同部门的专业人员组成,因此可以从不同方面发问,从而了解到更多方面的问题。

但这种面试同时也会给求职者增加额外的压力。有的应聘者在这种压力下可能不能真实表现自己的能力,另外这种方法往往比较浪费时间。

⑥集体面试。集体面试是指由一个主考官同时对多个应聘者进行面试。

这种方法虽然可以节省大量的时间,但由于主考官要同时观察多个应聘者的表现,容易出现观察不到的情况。而且在这种多个应聘者同时被面试的情形下,每个应聘者的表现可能会受到其他应聘者较多的影响与干扰。所以,这种面试方法在实际中情况很少采用。

⑦个人面试。相对于小组面试而言,这种方法主要是指一个主考官面对一个应聘者的面试。这种面试往往可以使应聘者更加放松。在很多情况下,它的优缺点与小组面试正好相反。

⑧压力面试。压力面试的目标是确定求职者将如何对工作上承受的压力做出反应。

在典型的压力面试中,主考官提出一系列直率(甚至是不礼貌)的问题,让求职者明显感到压力的存在,甚至陷入较为尴尬的境地。主考官通常寻找求职者在回答问题时的破绽,在找到破绽后,针对这一薄弱环节进行追问,希望使应试者失去镇定。

例如:一位 CRM(客户关系管理)经理职位的求职者在自我描述中提到他在过去的两年中,从事了四项工作。主考官抓住这一问题,反问他频繁的工作变换是否反映了他的不负责任和不成熟的行为。面对这样的问题,求职者若对工作变换能作出平静清晰的说明,则说明他承受压力的能力较强,反之则相反。

(2)面试的过程

面试的过程分三个阶段。

①预备阶段。一般是以社交话题引入面试,使应聘者自然进入面试的情境之中。

②引入阶段。一般围绕应聘者的履历情况提出问题,给应聘者第一次发言的机会。

③正题阶段。面试进入实质性阶段,提问广泛。评价的内容基本反映评价表中列出的评价要素。

④变换阶段。面试接近尾声,就一些关键问题(主要是指一些工资、待遇、福利以及晋升问题等)进行提问;特别是对一些条件不错的应聘者,这一阶段的提问更重要。同时,可以提出“压迫性”问题,例如“据说你工作 5 年已换了 4 个单位,有什么可以证明你能在我们单位服务一辈子呢?”

⑤结束阶段。面试的结束应该自然、流畅,切不要给应聘者留下疑惑、突然的感觉。同

时，注意对应聘者的尊重和礼貌。

3）测验

近年来，随着人才市场的日益完善，越来越多的企业开始在招聘时对应聘者进行测验，以了解应聘者的个性、品格、能力。测验一般分笔试与口试，主要采用向应聘者提出各种问题的形式。

（1）测验的种类

测验按内容来分，主要有：

①智商测验。用来衡量应聘者的智力程度，如记忆、思考、理解、判断、分析、综合等能力。

②能力测验。用来衡量应聘者的某些重要的能力，动手能力、组织能力、语言与文字表达能力等。

③兴趣测验。用来衡量应聘者对事物的兴趣、爱好，如是否兴趣广泛，爱好是否专一，对全新工作的兴致等。

④性格测验。用来了解应聘者属于何种性格的人。例如，是内向型还是开放型，是主导型人才还是他导型，是情绪型还是稳定型，等等。测验的目的是为了了解应聘者的工作风格。

⑤环境测验。用来测验应聘者在不同的市场销售环境下的识别判断能力与应变能力。这种测验一般使用模拟各种市场环境的办法，以了解应聘者的应变能力。

这些测验既相互区别又相互联系。上述第①②项主要测验应聘者的知识与能力，第③④项主要是心理素质测验，第⑤项是市场能力测验。这些对考查应聘者的行为质量是缺一不可的。

（2）测验的质量

测验的质量是指测验的效果与作用。测验不能流于形式。要想取得对应聘者的客观的定量评估，关键在于测验题目的质量与测验内容是否恰当，在于测验的科学性和实际价值。一般应有理论分析题与实际应用题，后者要达到60%。既要有标准试题又要有随机试题，选择题、辨析题、案例分析题应多一些，用来测验应聘者的智力水平。企业人事部门应有专门的测验试题库，要有专人研究与管理，不断积累资料，提高测验质量，从而达到测验的目的。

4）录用

经过面试和测验，即可按招聘计划对考查合格者决定录用。一次招聘能满足计划数量当然很好，如果不能一次招满，要坚持宁缺毋滥，达不到要求，宁可少招，等条件成熟时再行招聘。在市场行情很好、急需扩大销售市场之时，也可适当多招收，并安排岗前、岗中培训，然后使用。录用的关键在于用人的轻重缓急，把人才用活，有进有出，不搞一次录用定终身。对未录用者也应致函表示感谢，并可将其资料存于企业后备人才库中。

正式录用时，一般要经过体检，采取聘用制、劳动合同制。企业应与应聘者正式签订合同。录用时的控制管理条件不能太苛刻，能达到限制频繁“跳槽”的目的即可。对人才应主要采取优惠的吸引政策，对关键的岗位，一定要与应聘者签订责、权、利相统一，奖罚并重的任职合同，从而保证企业销售工作的连续性与稳定性。

【本章小结】

招聘和选拔适合企业的优秀销售人员是企业销售取得成功的基本保障。一个优秀销售人员应该具备一些基本的素质，一般而言，可以从品质、技能、知识三个方面来进行考查。

招聘准备是企业招聘前的必要准备工作，其准备内容包括：确定需求人数；制订岗位责任书；确定招聘原则。

企业销售人员的招聘渠道一般而言可以分为两大类，即内部招聘和外部招聘。选择优秀的销售人员要求企业寻找多种多样的招聘渠道，所以企业要弄清每种招聘渠道的优缺点，以便根据具体情形正确选择。

销售人员的招聘程序一般要按照下面的几个步骤来进行：确定职位空缺，选择招聘渠道，制订招聘计划，选择招聘来源和方法，回收应聘资料，评估招聘效果。

在销售人员的选拔和录用过程中，面试是销售人员选拔过程中一个重要的环节，通过精心设计的面试能测量应聘者的岗位胜任能力和个性特征。在实际运用中也有多种面试方法可供选择。

进行面试之后，企业同时还需要对应聘者进行有关方面的辅助性测试，最后才能录用。

【案例分析】

美晨集团销售员的选拔

美晨集团前身始建于1896年，是中国较早的牙膏专业生产厂家之一。自1993年由广州牙膏厂转为股份制企业——广州美晨股份有限公司以来，几经改革创新，股本结构发生了深刻的变化，现已成为“职工控股96%，国家持股4%”的股份制企业。美晨集团也由单一产业的日化企业发展成为生产经营口腔护理品、食品添加剂、化妆护肤品、现代中药、保健品、高新技术分离设备，同时经营房产物业以及进出口业务的多元化、综合性高新科技企业，是经国家工商总局正式审批成立的跨区域、跨行业，集科、工、贸、投资于一体的大型企业集团。

美晨集团注重借助高新技术改造传统产业。在牙膏中引入“超纯萃”的概念，利用超临界二氧化碳萃取技术，提取植物精华，开发了一系列功能型的新型牙膏产品，为牙膏这一传统产品注入高科技的含量。现在“黑妹”牙膏的品种和规格已达百余种。2005年，黑妹牙膏再次被评为“中国名牌”。

美晨集团销售部负责该集团产品在全国各地区的促销工作，包括产品销售合同签订、产品的广告工作、售后服务工作和营业推广活动的策划工作等。为了提高销售业绩，销售部与集团订立了承包合同，集团依据销售额和销售货款回收率这两大指标的完成状况对销售部进行考核，相应的，销售部也以这两个指标为主来考核销售员的工作实绩。随着产品的销售量的不断增加和营销策略的不断深化，销售部感到人手紧缺，工作十分紧张，急需充实销售员队伍。为此，集团改变以前行政任命销售员的办法，由该集团人力资源部和销售部负责，经过本人申请和文化考试，录用了赵明、钱达、孙青和李强4名员工到销售科，进行为期半年的实习试用，作为正式销售员的候选人。目前，他们的实习期将满，集团人力资源部部长老萧正考虑从他们中选拔合适人员作为正式销售员，从事牙膏产品的销售工作。根据平时对他们的观察和集团人力部领导、销售部同志及用户对他们的评价，对上述4位同志的个人素质和工作状况进行初步的总结，以作为选拔销售员的依据。

(1)个人素质方面

赵明，是个刚进厂的小伙子，今年刚满20岁，高中毕业，精力旺盛，工作肯吃苦，但平时大大咧咧，做事粗心大意，说话总是带有一股“火药味”。

钱达，是为了照顾夫妻两地分居而从外地调进厂里的，今年34岁。他为人热情，善于交往，本人强烈要求做销售工作。

孙青，是市轻工电视大学经济管理专业的毕业生，今年25岁。她工作认真，稳重文静，平时少言寡语，特别是在陌生人面前，话就更少了。

李强，今年29岁，大学公共关系专业毕业，他为人热情，善于交际，头脑灵活，但缺乏销售工作经验。

(2)工作业绩方面

赵明，工作很主动大胆，能打开局面，但好几次将用户订购的牙膏规格搞错，用户要大号的，他却发给小号的。尽管部长曾多次向他指出，他仍然时常出差错，用户有意见找他，他还冲人家发火。

钱达，工作效率很高，经常超额完成自己的推销任务，并在推销过程中与用户建立了熟悉的关系。但他常常利用工作关系办私事，如要求用户帮助自己购买物品等。而且，他平时工作纪律性较差，上班晚来早走，并经常在上班时间回家做饭。销售部的同事们对此颇有微词，他曾找领导说情，希望能留在销售部工作。

孙青，负责广东省内的产品推销工作。她师傅曾带她接触过所有的主要用户，并与用户建立了一定的联系，但她自己很少主动独立地联系业务。有一次，她师傅正好不在，恰巧有个用户要增加订货量，她因师傅没有交代而拒绝了这一笔业务。

李强，负责河北省的产品推销工作。他经常超额完成推销任务，并在推销过程中注意向用户介绍产品的性能、特色，而且十分重视售后服务工作。有一次，一个用户来信提出产品有质量问题，他专程登门调换了产品，用户为此非常感动。尽管如此，但他却时常难以完成货款回收率指标，致使有些货款一时收不回来，影响了企业经济效益指标的实现。

老萧必须在月底以前作出决定：哪些人将留在销售部成为集团里正式销售员，哪些人拒收。

问题：

1.在选拔销售员时应考虑哪些因素？

2.如果你是老萧，你将如何决定？为什么？

【复习思考题】

1.优秀销售人员应表现出哪些特征？
2.拟订招聘销售人员计划时，如何确定销售人员的需求数量？
3.论述销售人员的招聘渠道。
4.论述销售人员的招聘过程。

第 12 章　销售人员的培训

【核心概念】

案例研讨法；角色扮演法；培训效果；培训评估；业务游戏法；示范法。

【引例】

人员培训

人员培训作为人力资源管理的一项基础工作，越来越受到企业的重视。尤其是在世界经济一体化的今天，如何建立有效的培训机制，建立完善的培训评估制度，已成为企业在竞争激烈的市场上能否取胜的一项关键性工作。如何充分发挥销售人员培训对于企业的积极作用，而不仅仅流于形式，就要求我们必须对销售人员培训方式、理念进行有效管理和不断创新。有效的员工培训与开发不仅能够促进组织目标的实现，而且能够提高员工的职业能力，拓展他们的发展空间。因此，只有企业的培训需要和销售人员的职业生涯规划保持一致，使企业发展目标与员工个人发展目标联系起来，才能建立企业与员工之间的双赢关系，从而结成紧密的利益共同体。

销售人员是企业利润的实现者，扮演着塑造企业形象、销售产品、收集情报、顾客服务、运送货物等角色。随着竞争形势的日趋加剧，企业越来越需要高素质的销售人员并相当重视对销售的培训。许多企业培训主管的主要任务便是对销售人员的培训。

12.1　销售人员培训的原则与内容

关于销售人员的培训，有以下原则与内容。

12.1.1　销售人员培训的原则

销售人员的培训应遵循以下原则：

1）因材施教原则（个体差异原则）

企业从普通销售人员到最高决策者，所从事的工作不同，创造的绩效不同，能力应当达到的工作标准也不相同。所以,销售人员培训开发工作应充分考虑他们各自的特点,做到因材施教。也就是说,要针对销售人员的不同文化水平,不同职务,不同要求以及其他差异,区别对待。

2)分级培训原则

分级培训原则有两方面的含义:一是指不同层次的销售人员应分开培训。因为不同层次销售人员要求的能力不一样,如地区销售经理与销售代表的要求就不一样,因此要针对不同层次销售人员进行不同内容的培训;二是指人们的年龄、经验、背景决定了其对学习内容掌握的快慢程度。因此,新老销售员、优秀销售员与一般销售人员应分开培训。

一个具有销售经验的人必定比从来没有干过销售、刚刚进入这个行当的人学得要快,因为他有更多的体验,即感性认识,通过学习才有了理性认识,理性认识使感性认识有了质的飞跃。而年龄大的人则没有年龄小的人学得快。培训者在制订培训计划时,应当把销售人员过去的阅历、经验、背景、年龄等因素考虑进去。

3)讲求实效原则

讲求实效原则是指培训的内容应与销售实际相符,要能达到培训的效果。这是由于人们所学的内容与现实越贴近,效果将越好,因为人们会把它当作是真实的事情从感情上予以接受。销售人员所学的东西与现实工作联系紧密,那么销售人员就会认真、积极地去学,并把它应用到自己的实际工作中去。这样学习对销售工作就会有帮助,也易于产生积极的效果。

4)实践第一原则

销售培训以实践为主,以理论为辅。因此,一方面,在进行销售培训时,要注意让培训对象动手。我们都有这样一种体会,即一件事情,如果我们能够亲自动手去做,那么将轻而易举地学会做这件事,并且记得牢,不易忘记。如果不动手,只是机械地记住几句条条框框,不久以后便会忘记该怎样去做。销售新手在接受培训的同时还应和老销售员一起跑销售,这样对他们的培训将会有很大的帮助,至少老销售员可以督促、矫正他们工作中不规范的地方,教他们把事情做得熟练、做得完善。另一方面,培训教员应当以实例或案例分析入手来展开教学。因为针对某个问题,培训者阐述了一大堆,但如果没有实例或案例分析,受训者未必领悟得了。有时候对一个问题,培训者可以不必作一大堆的理论阐述,只要有一个例子便可说明问题,同时受训者掌握得又快又好,又可触类旁通。为了达到这一原则,很多公司选择有实践经验的外部营销人员和公司内部销售高手作为教员。

5)教学互动原则

销售培训是一种成人教育。成人教育与在校学生的教育是不同的。在校学生的教育主要是在学校课堂上完成的,学生习惯于单向型传播的授课方式,被动学习,缺乏参与,离实践环节相差甚远。成人教育则不以课堂为主,成人在学习中喜欢双向型的教学模式,希望在学习过程中扮演较为主动的角色,希望能与教师交流。销售管理者和培训者应充分认识成人教育与在校生教育的这种不同点,用适合成人教育特点的方式做好销售员的培训工作。

6)持续培训原则

销售培训必须持续进行。这是因为公司的产品、技术、市场和顾客都在变化,一次培训并不能满足变化的要求,只有制订持续不断的培训计划,才能保证销售人员每次拜访都能发挥最大的效用,使销售人员在面对各种情况时更有信心。客户期望销售人员都是专家,受过良好训练、有问必答的销售人员方能显示出这种专业水准。

12.1.2 销售人员培训的内容

销售人员就是在一定的经营环境中,采用适当的方法和技巧,宣传企业产品和品牌、引导潜在客户购买产品或服务、实现企业销售目标的工作人员,他们的主要职责是完成销售目标,实现企业利润。销售人员是销售的主体,是企业与客户之间沟通的桥梁,是企业里冲在最前线的群体,对其培训的内容主要有以下方面。

1)销售知识储备培训

销售人员要想顺利开展工作,首先要武装自己的头脑,进行相关知识的储备。销售人员需要了解、掌握的知识主要包括了解行业和自己的企业、了解企业产品、了解竞争对手、了解终端客户、了解企业销售政策和销售渠道、了解相关的法律法规政策。

2)寻找客户培训

客户是销售人员一直在寻找的目标对象。谁是客户?客户在哪里?怎样才能找到客户?怎样才能掌握更多的客户资料?销售人员需要通过一系列的工作来解决这些问题,并建立客户管理档案,确定目标客户,初步建立客户关系。

3)拜访客户培训

拜访客户是整个销售工作中最重要的环节,销售人员的言谈举止,每一句问答以及产品说明与展示等都会影响客户的判断和决定。通过培训要求掌握预约客户、拜访前的准备、面谈、产品展示与报价、撰写提交建议书、客户异议处理等方面的技巧。

4)成功签约培训

销售人员与客户不断地交往、沟通、协商,其目的就是要促使交易成功,与客户签订合同。这一阶段的工作主要包括通过引导,促使客户作出购买决定,协商、签订购买合同等内容。

5)售后服务培训

销售人员不是把产品卖出去,签订合同就万事大吉了。为了与客户进一步建立起良好的信任关系,销售人员还应积极做好回访工作,不要忘了客户,也别让客户忘了你。售后服务是销售工作的继续,是和客户加强沟通、建立长久合作关系的关键工作。服务客户的工作主要包括了解服务客户的内容和策略;解决客户产品使用过程中出现的抱怨、投诉、要求索赔和调换产品;维系良好的合作关系,使新客户变成老客户。

6)收款和催款培训

销售人员将产品销售给客户,在签约阶段,双方就要定好付款方式,为顺利收款作好铺垫。当然也有特殊情况,客户因为一些状况不能及时回款,这时千万不要急于催促或诉诸法律,要弄清客户拖欠的真正原因,根据不同的情况,制订相应策略,最终达成收回款项的目的。

7)客户管理培训

随着业务的不断开展,销售人员手里积累的客户会越来越多,这时就需要对自己的客户进行管理。老客户的维护、新客户的开发、销售渠道的管理、大客户的管理等,都是销售人员需要考虑的问题。

8)商务礼仪培训

销售人员经常和客户一起参加一些商务活动,为了更好地开展业务,销售人员必须掌握必要的商务礼仪,展现自己的专业形象,加深自己在客户心中的印象,从而减少销售障碍。

12.2　销售培训的计划、程序与方法

关于销售培训,首先要拟出计划,然后注意培训程序与方法。

12.2.1　销售培训的计划制订

销售人员的培训不论是委托培训还是企业自己培训,也不论是在岗培训还是脱产培训,都应制订明确的培训计划。一个定位准确、组织有序、全面周密而又省钱的培训计划将帮助企业提高销售人员的销售业绩。

台湾学者黄宪仁认为,企业制订销售培训计划时应使用5W1H法,即培训计划至少要包括5W与1H:为何(Why)、何人(Who)、何时(When)、何处(Where)、什么(What)、如何进行(How)。

1)为何(Why)

举办销售培训的目的是什么?如何才能达成目的?销售培训的种类很多,如新员工的基本技能培训、现有销售员在职提高、销售中问题业务的矫正训练等,不同类型销售培训的目的是不同的。

2)何人(Who)

哪些人参加销售培训?例如受训者是新进人员还是在职人员?受训人数是多少?专家建议一般销售培训以不超过15人为宜。

讲课者是谁?是业务部门主管?优秀的推销员?训练部门主管?还是聘请企业管理顾问公司的专家?

3)何时(When)

依培训对象的不同,须考虑培训的时机和培训时间的长短。新进业务员一般在报到后立刻接受一星期到数个月的训练。现有业务员的训练,大都在不影响公司业务的淡季进行。

4)何处(Where)

培训的场合是在公司内还是在公司外?如何布置培训会场?在公司内培训一般安排在

公司的会议室或培训中心。如果公司的会议室或培训中心太窄或容易受干扰,可向外部租借场所。在公司外培训可到大专院校或专门的培训机构。

5)什么(What)

培训的内容是什么?涉及哪些知识及业务技巧?

6)如何(How)

销售员的培训基本上可分为公司培训与外部训练两种,培训者可使用讲义、幻灯片、多媒体等。培训的方式如下。

第一,集体训练。包括演讲方式、会议方式、个案研究方式、课题讨论方式、小组讨论、现场工作教导、角色扮演、短剧性讲习方式等。

第二,个人训练。包括个人的洽谈,随同资深或有经验的业务人员去销售、函授或电视教育等。

应根据受训者层次而决定采取何种训练方式。

第一,新进人员训练。一般采取演讲式、视听式。

第二,在职训练。一般采取演讲式、会议式、扮演角色等方式。

第三,中层干部训练。一般采取演讲式、会议式、课题讨论式。

第四,高层管理者训练。一般采取演讲式、会议式。

【小贴士】

销售人员培训计划实施的注意事项

培训阶段	注意事项
培训前	制订培训计划 编写培训教材 聘请培训教师 选择培训场所 准备培训场所 安排好培训教师食宿 安排好受训教师食宿
培训中	保持与培训人员的联系 保持与受训人员的联系 观察受训人员的课堂表现 及时将受训人员的意见反馈给培训人员 保证培训设施的便利使用 保持培训场所的干净整洁 适当安排娱乐活动

续表

培训阶段	注意事项
培训后	评价受训人员的学习效果 听取培训人员和受训人员的意见 酬谢培训人员 培训总结 跟踪调查受训人员工作绩效 调整培训系统

12.2.2　销售培训的程序

销售人员培训的程序主要包括培训需求分析、培训计划、教学设计、培训实施和培训反馈五个阶段，具体见图 12-1。

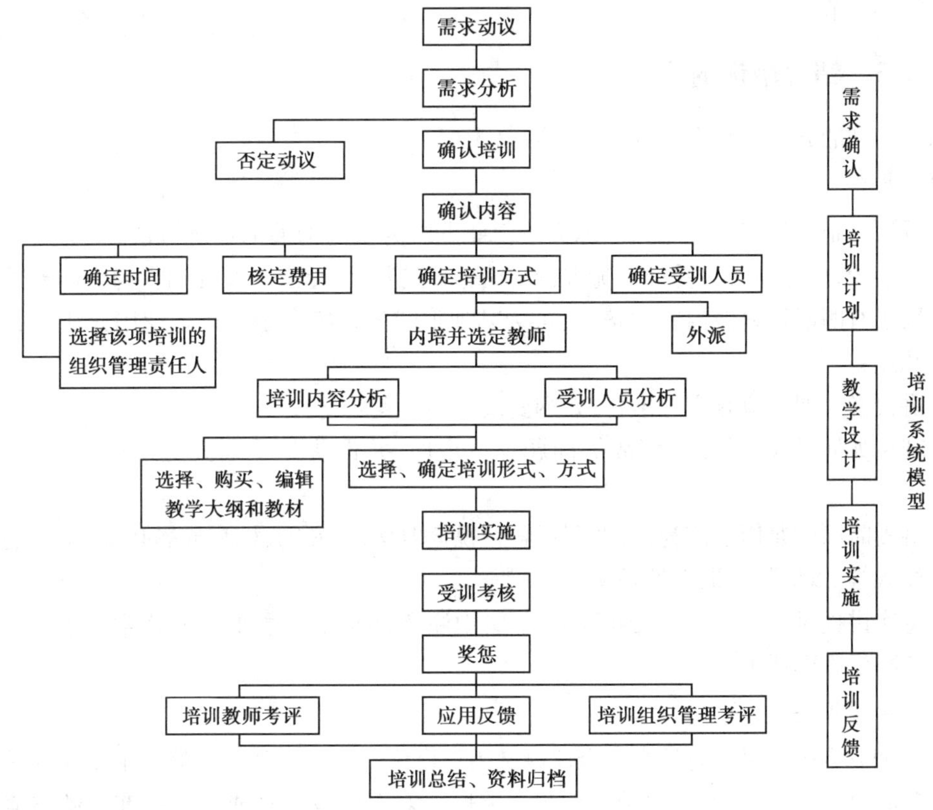

图 12-1　销售人员培训系统模型

1) 销售培训需求分析

培训需求分析主要是企业销售管理人员根据企业理想销售业绩需求与现实工作的差距，由培训部门及相关人员对组织的任务及销售人员的知识、技能等进行鉴别与分析，以确定是否需要培训的过程。

2) 制订培训计划

制订培训计划主要包括:确定培训内容,确定培训时间,确认培训方式,确定受训人员,选择培训教师,费用核定与控制等6个具体的步骤。

3) 教学设计

教学设计是以培训教师为主要执行人员所进行的工作。具体的包括:培训内容分析,选择(购买或编辑)教学大纲和教材,受训人员分析,确定培训形式和方式。

4) 培训实施

培训实施是培训管理的重要方面,它指对培训计划前、计划中、计划后的各项活动进行的协调工作。

5) 培训反馈

培训反馈是组织管理中对培训修正、完善和提高的必要手段。这是企业组织与管理必不可少的一个程序。主要包括培训教师的考评、培训组织管理的考评、应用反馈、培训总结、资料归档等环节。

12.2.3 销售培训的方法

销售培训的方法一般有四种。

1) 讲授法

讲授法是企业最广泛应用的训练方法。此方法为单向沟通的训练方法,受训人获得讨论的机会甚少,因此不易对受训情况进行反馈,而培训者也无法顾及受训人的个体差异。此法最适用于有明确资料做内容的培训,可为其他形式的训练奠定基础。使用此法时必须注意以下几点:

①讲授者上课前应有充分准备,如纲要及各种图表之类。

②利用如何、何时、何地、何故等问题加以说明,并设法与受训人交换意见,鼓励他们发问。

③讲授时以能兼用示范为佳,即利用各种视觉器材,如实物、模型或影片等,特别是要使用多媒体教学,以加强受训人的理解。

④每次讲授时间不宜太长,因听讲人能集中注意力听讲的时间甚短,通常半小时后其兴趣即逐渐减低直至消失。

2) 销售会议法

现代企业最频繁召开的日常性会议就是销售会议。有总经理主持的整个企业的销售会议,也有销售部经理主持的部门销售会议。一般是对上周或上月或上一季度的销售情况作详尽的总结,讨论当前的销售形势,制订将来的销售方针、策略和计划,并整理会议纪要,编印销售简报,把过去和未来的销售信息传达给所有的销售人员。销售会议是一个很好的销售人员继续培训的机会,只要在每次会议的议题中增加培训的内容即可。有时候,特别是召开销售部门会议时,只要让全体销售人员一起参加,便是一个很好的培训机会。与会的销售人员针对销售中遇到的问题和困难,一起讨论,相互学习,取长补短,一可以提高销售会议的质量、二可以帮助销售人员进步。

销售会议法为双向沟通的培训方法,可使受训人有表达意见及交换思想、学识、经验的机会,讲师也容易了解受训人对于重点问题的掌握程度,还可针对某一专题进行讨论。但会议主持人应注意以下各点:

①解释会议的背景、目标及利益;

②宣布会议讨论的目的、任务及方法;

③介绍会议讨论的计划、如何准备及讨论程序;

④特殊实例的应用及讨论;

⑤准备好各种说明图表;

⑥利用各种器材、模型及电影,使会议直观生动;

⑦会议主持人作最后的归纳及评判。

3)案例研讨法

案例研讨法是指选择有关实例,并书面说明各种情况或问题,使受训人运用其工作经验及所学理论寻求解决之道。目的在于鼓励受训人思考,并不着重于获得某一恰当的解决方案。

这种方法后来又发展成为业务游戏法(Games)和示范法两种。

(1)业务游戏法

业务游戏法是假装或模仿一种业务情况,让受训人在一定时间内作一系列决定。在每一决定作出之后,业务情况都会发生新的变化,如此可观察受训人如何适应新情况。此法的最大优点是,可研究受训人所作决定在一段时间后及不稳定情况下的效果如何。利用此法来训练销售经理,远比训练推销员为多。

(2)示范法

示范法是指运用幻灯片、影片等的示范训练方法。此法适宜在中小型场地中进行的培训使用。如果主题是经过选择的,且示范用的影视制品由具有经验及权威的机构来制作,则可大大提高受训者的记忆效果。

4)角色扮演法

角色扮演是指培训者安排受训者分别担任客户或销售员的角色来模拟实际发生的销售过程的一种培训方法。这种方法要求受训者以真实的客户或销售员自居,面对客户的种种问题、要求、非难、拒绝进行介绍、讲解、展示、说服、处理异议、交易促成等。角色扮演有两种组织方式:一种是事先认真计划并安排好人选、角色、情节动作、内容说词等;另一种是事先不作计划安排,也不规定情节内容,让受训者在演练中自然地随机应变,机动灵活地处理各种问题。

角色扮演法可以在短短几分钟时间内,把一个需要冗长文字描述的概念戏剧化地表演出来,而且又在模拟的实践中检验了所学的知识。

(1)角色扮演对销售人员培训的作用

角色扮演在培训中有很好的作用。

①让角色扮演者在和真实销售情境极为相似的环境中练习销售技巧与销售艺术。

②培训师可通过角色扮演来了解每个培训对象的观察能力、理解能力、接受能力、领悟能力、随机应变能力、语言表达能力、洞察能力以及直觉、本能和天资。

③每个角色扮演者的销售技能在角色扮演中可作最好的表现与交流，同时通过旁观其他培训对象表演相互观摩学习，取长补短。

④通过角色扮演可把销售观念与销售方法真实地表演出来，使培训对象更容易理解、领悟与运用。

⑤角色扮演给角色扮演者提供了充分表现自我、展露才华的机会，使他们在培训时就尝到了成就感。

(2)角色扮演法的实施

客户拒绝是司空见惯的，它不仅在开始推销陈述时会遇到，而且在跨进客户办公室时也会遇到，甚至客户都不用当面拒绝，他们干脆在办公室的门上贴着“谢绝推销”的告示。对销售人员而言，客户拒绝是个令人头痛、沮丧、失望而又必须予以克服的大问题，因为拒绝意味着推销没有结果，所有的努力、辛劳全部付诸东流。在培训时，通过角色扮演，我们可以让培训对象在模拟现实的情境中学会处理拒绝的技巧。具体方法如下。

①培训对象每三人一组，就某个特定的场景事由设定各种拒绝销售的方法。例如：搪塞、缺乏诚意、没有兴趣、下逐客令等。

②角色分配。客户扮演者从桌上抽取卡片，按照卡片上的提示向销售人员的扮演者进行拒绝。

③小组成员把各种拒绝方法有选择地分类写在卡片上，把卡片有字的一面向下放在桌子上。

④销售人员在遇到拒绝时可用提问的方式了解客户为什么拒绝。

⑤观察员扮演者记录客户拒绝多少次，销售人员提问多少次，并分析、评估销售人员在处理拒绝过程中的方法、技巧运用是否得当，应如何改进与提高。

⑥桌上卡片全部抽用完后，销售人员扮演者应总结处理对策，分析各种方法技巧的好坏。

利用角色扮演法来培训处理拒绝可使销售人员在遇到拒绝时马上设想对策进行处理，信息反馈及时、效果好。

角色扮演法是一种模拟练习，可以把它看成是一种观摩、学习、练习的机会。正因为如此，角色扮演应尽可能保持真实性、严肃性与生动性，任何虚假欺骗、要滑头、格调低下的说词与轻浮的行为举止都不应在角色扮演中出现。

(3)角色扮演法的应用

下面就如何与客户交往来说明角色扮演法的使用。

①组建三人小组，讨论客户的种种类型，如：好挑剔的客户、总是抱怨的客户、想要拿到好价格的客户、索要回扣的客户、想要从中收取贿赂的客户、想要得到十分尊重的客户、非常傲慢无礼的客户、没有耐心的客户等。

②把上述各种类型的客户写在卡片上，然后把有字的一面朝下放在桌子上。

③分配角色。扮演客户的培训对象从桌上自取一张卡片，看看是扮演哪种类型的客户，

但不给扮演销售人员的培训对象看，也不要让他知道。另外，在一旁做观察员的培训对象也不必知道。

④表演开始后，观察员应注意判断客户是哪种类型，销售人员又是怎样处理这个不太好处理的客户的，并记录下来。

⑤表演结束后，小组成员可相互讨论，总结刚才的表演，看看是什么原因造成人际关系紧张的，是否可以解决，用什么方法会解决得更好，等等。

⑥继续新一轮的角色扮演，尽量使销售人员与客户的关系融洽。

5) 岗位培训法

在销售岗位培训销售人员是一个比较行之有效的方法。销售人员的岗位培训和其他岗位培训一样，有许多有益的方面。例如，适应性强，它适用于各种类型的销售部门，对新、老销售员进行培训均可采用此法；它无须大笔的预算，无须培训工具，也无须占用工作以外的时间，但是却能多快好省地发现销售员的长处与短处，帮助他们强化优点，克服缺点，提供动力，促进销售员能力的提高等。当企业新招聘的销售员在对本企业以及产品和服务有了必要的了解之后，岗位培训就可以开始了。在岗培训涉及的内容一般有知识、技能、工作习惯和工作态度四个方面。

小贴士

销售会议培训

无论公司大小，无论公司的销售范围仅限于国内或拓展到全球，销售会议已成为每一位销售人员职业生涯中的必不可少的组成部分。仅在英国，每年就要举行12亿次销售会议。毫无疑问，这种有组织的口头的面对面的交流与沟通方式将会对公司的销售队伍产生极大的影响，因为这种方式使公司销售人员更易于理解、记忆和依照销售方案行事。利用销售会议进行培训已成为销售培训的一种有效方法。

12.3　培训教员的选择

要使销售培训效果卓著，就得精心挑选培训教员。

12.3.1　培训教员选择的重要性

影响销售培训效果的因素有培训员的水平、所用方法及评价方式等，其中最重要的是销售培训教员的水平。

销售培训本身并不能起到立竿见影的作用，销售培训员所提供的销售培训仅仅是一个基础。但是，一个好的销售培训员能帮助最不愿意做推销的人在恶劣的环境中进行出色推销,他能教会业务员推销可以想象的最糟糕的产品。好的销售培训员能使销售业务员相信自己,相信公司,相信产品。一些企业的销售培训达不到目标,往往是由于企业经理不愿向培训进行投资,即使投资也投入很少,因此他们找不到最优秀的培训员。

一般来说,好的销售培训员要么有过成功的销售经验,要么对销售非常熟悉和了解。那些在企业销售中失败的业务员绝不可能成为好的销售培训员。高等院校中不了解市场、不了解销售的教师也不宜担任销售培训员,他们只适宜对受训者进行理论培训。好的销售培训员不仅可以帮助学员打好基础,而且还会使学员们产生行为上的变化,并在此基础上开始成功的销售职业生涯。一个好的销售培训员不仅可以创造一种有助于学习的环境,而且还能够按照学员的特殊需要采取不同的培训方法。

当企业制订出一个销售培训计划时,首要任务是要找到最好的销售培训员,这是建立一支优秀销售队伍的有效方法。

12.3.2 培训教员的选择

培训教员的选择方式和来源不拘一格。

1)从公司内部选择培训教员

培训教员的选择一般有两种途径:一是从公司内部进行选择;二是从公司外部进行选择。公司在选择培训员时,首先会从内部进行选择。从占整个销售队伍10%~15%的最优秀的销售人员中可以找到理想的销售培训员。有些公司在从内部选择培训员时,往往首先想到的是公司的主管经理或高级职员,这种做法并不妥当。要使培训真正起到应有的作用,就要慎重选择培训员。

在从内部选择销售培训员时,一定不要选择那些只会纸上谈兵的人。如果你要进行零售业销售培训,那么培训员必须在柜台后面工作过;如果你要进行直销培训,那么培训员必须亲自登门推销过。销售培训员必须享有信誉,而在销售中他们可以享有的唯一信誉就是有过成功的经验。特别要注意的是,企业不可选择那些推销失败但能说会道的人做销售培训教员,如果选择这类人做培训教员,则会导致销售培训的失败。

2)从公司外部选择培训教员

许多公司越来越倾向于聘请外部顾问作为销售培训员。外部顾问既可以是同行业中优秀的销售大师或销售主管,也可以是科研机构、大专院校的专家和教授。

信誉比较好的外部销售培训员可以帮助公司从长远角度培训销售人员。他们所讲授的内容融理论于实际,特别是能从战略高度来看待销售培训工作,因此他们的讲授能使员工开阔眼界,增长见识,增加信心。从外部选聘销售培训员,一方面可以解决公司内部培训员结构不合理的问题;另一方面可使企业避免再犯其他一些曾与他们打交道的公司犯过的错误。如果公司自己对销售培训不熟悉,那么外部培训员可以为公司设计培训方案。一般来说,小公司多从外部聘请销售培训教员。

3)销售经理是教练型的培训员

现代销售培训理论认为,销售经理是公司中做持续销售业务培训的最佳教员。当和销售人员一起工作时,他可把每一次拜访当成训练拜访。当通过电话与下属讨论业务上的问题时,经理应引导销售人员找出正确的解决方案,而不只是指定一个答案。不可否认这样花的时间较多,但那个销售人员以后就不会再犯同样的毛病了。因此,要求销售经理转变观念,即从传统的管理型经理转变为教练型经理。传统的控制型销售经理只注重对销售人员发号施令,因而销售人员积极性不高,业绩也就不好;相反,教练型销售经理注重与销售人员的协商和授权,充分调动了销售人员的积极性,销售人员的业绩水平也随之提高。实际上,教练型销售经理注重对销售人员的持续培训,这种类型的经理本身就是一个合格的培训教员。

12.4　销售培训效果分析

企业对销售员工的培训工作必须进行效果分析。

12.4.1　销售培训效果评估

企业应将销售员工的培训工作视为一种长期投资,这种投资会逐渐见效。每次培训后,应对受训人员进行评估,看是否达到培训目标。

1)对销售培训目标的检查

检查培训目标的目的主要是了解受训的销售人员是否已学会了培训内容。企业销售培训评估首先应对销售培训目标进行检查。

(1)检查培训目标是否完成

例如,培训的目标是使销售人员熟悉产品市场运作规律、了解产品的不同类别以及产品销售的常规与惯例,那么培训就将围绕这一目标展开。如果通过培训,销售人员熟悉了产品市场,能详尽道来,那么培训目标就实现了。

培训效果好坏主要取决于目标的完成情况。目标完成得好,效果自然就好,评价也将很高;反之,目标完成得不好,或者根本就没有目标,那么培训的效果就会很差,或根本没有什么效果,评价也就无从谈起。

(2)培训方法的评估

培训工作的开展常常有许多方法可供选用,而尽可能使培训目标全部实现的方法无疑是最适用的方法。因此,培训的评估要对培训方法进行验证。

(3)检验培训者工作的效果

培训者的工作也是围绕培训目标展开的,对照培训目标,企业管理者就可知道培训员的工作内容与可能的工作方法,同时对照培训目标,也可检验他们工作效果的好坏。

好的培训工作可使培训项目兼顾受训人员、管理人员以及客户这三者的需要。

销售培训的目的主要是为了更好地满足客户的需要,但在培训工作中,还必须能反映其余两者的需要,不然再好的销售培训也将落空。一般来说,三者的需要可简单地归纳如下:

①管理人员的需要。管理人员希望通过销售培训使企业能保持与客户更为良好的关

系,向他们提供更多的产品和服务,增加销售额,提高利润水平。

②客户的需要。客户希望从训练有素的销售人员那里获得更好的售前、售中、售后服务,使他们能买得放心、用得安心。

③受训人员的需要。受训人员希望通过培训能使自己和更多的客户保持良好的关系,能推销更多的产品和服务,能获得更高的报酬,能取得较强的工作上的安全感,能较快地得到升职,能有较大的工作满足感,能实现自己的全部人生价值。

2)评估考核办法

对受训人员培训效果进行评估考核的方法甚多,一般采用以下方法:

①笔试,对思考力、逻辑力等智能的检测较为有效,但对于态度、行动等的判定是不适合的。

②观察评定法,观察学员的实际行为,用来评定种种能力,适合于态度、行为、性格等之评价。

③面谈法,是直接跟受训者面谈而作评价的方法,可以对人格、行为特性、学习之程度、意愿等进行评价。

例如可用面谈法来了解受训者对潜在客户的拜访策略掌握的情况。可通过提问来了解:怎样见到决策者?你打算怎样行动?是准备做个调查、示范?写一份提案?还是试着结案?为了拿到这笔订单,你觉得需要公司哪方面的支援?等等。

④撰写报告(包括论文写作)。除了对知识、思考力、逻辑力等的检测,对于资料或情报之收集与整理、行为、能力等的考核也可用此法。

⑤缴交训练之作品,对技能、技术等之检测比较有效。

⑥实际试验、实习,对技能、技术、态度、行为等之考核可用此法。

⑦听取上司之意见(问卷)。对于训练课程讲授完毕后,不易把握的能力、态度、意愿等的测定有效,但须区别销售环境、学员工作内容、上司判断标准之差异,从而使评估公正。

12.4.2 销售培训成本控制

对销售员的培训是一种投资,其回报不一定立即显现,但这种回报与投资多少有一定的相关性。为了将即期的投资减少到最小,企业一般对销售培训的成本进行控制。确定销售员培训费用一般以销售人员人数为基准定出一定的比例,以不超过销售部门当年销售利润的3‰为好。有了培训预算,就可以按照实际需要以及企业的培训能力,制订出销售人员当年的培训计划,并在计划中对培训成本和费用作合理有效的控制。新开业的公司或销售人员新增人数较多的公司,培训成本会比较大,但以不超过当年销售利润的5‰为限。

一般地说,培训成本费用的构成有以下几项:

①教师与负责培训人员的酬劳;

②教材资料费用;

③教具、器材等的费用、场地费用;

④因参加培训而可能减少的销售收入;

⑤受训人员必要的补助;

⑥新进人员受训时发放的生活费。

上述成本费用项目并不是在每次培训中都将全部发生,事实上通过合理安排与调整培训内容,可在不影响培训效果的情况下使培训费用支出降低。因此,培训负责人或销售部经理的一个重要责任便是对培训成本进行合理控制,监督有效使用。

【本章小结】

销售人员培训应遵循因材施教、分级培训、讲究实现、实践第一、教学互动、持续培训的原则。对销售人员进行销售知识储备培训、寻找客户培训、拜访客户培训、成功签约培训、售后服务培训、收款和催款培训、商务礼仪培训、客户管理培训八个方面内容的培训。

销售培训的计划制订可以概括为5W1H。

销售人员培训的程序主要包括培训需求分析、培训计划、教学设计、培训实施和培训反馈五个阶段。

销售人员培训的方法通常以讲授法、岗位培训、销售会议、角色扮演、案例研讨法等多种形式进行,针对行业与企业知识、企业产品知识、顾客知识、销售技能等内容进行训练。

影响销售培训效果的因素有培训员的水平、所用方法及评价方式等,其中最重要的是销售培训教员的水平。培训教员可以从内部选择也可以从外部选择,同时销售经理也可以作为培训教员。

每次销售培训之后,应该对销售培训效果进行评估,首先检查是否达到培训目标,然后对受训人员培训效果进行评估考核。同时要注意销售培训成本的控制。

【案例分析】

沃尔玛的飞跃发展离不开交叉培训

沃尔玛的飞跃发展离不开一套完整科学的人力资源管理,也离不开其世界上独一无二的交叉培训。

利势一:有利员工掌握新职业技能。所谓交叉培训就是一个部门的员工到其他部门学习,培训上岗,实现这位员工在对自己所从事的职务操作熟练的基础上,又获得了另外一种职业技能。从而使这位员工在整个商场的其他系统、其他角落都能够提供同事或者顾客希望你给予的帮助,促使你能够完美、快速地解决他们所面临的问题,从而避免了你的同事或者顾客浪费了宝贵的时间,提高工作效率和缓解顾客的购物心理压力,让其轻松愉快地度过购物时间。用人们常说的一句话就是一材多用。

利势二:有利于员工提高积极性。祛除以往只从事一种完全没有创新和变革的单调的职务的一种不利心理因素。零售业是人员流动最大的一种职业。而造成这种现象的原因是员工对本身职务的厌烦;还有一种人是认为他所从事的职务没有发展前途,不利自身以后的发展,就会选择离开。

利势三:这种交叉培训,可以消除员工之间的利益冲突。在生活当中,我们往往会听到有的人会抱怨自己与同事一样的学历和一样的劳动,就因为自己的工作职务低,拿的工资就少,低人一等、从而就会造就了等级分化,消减员工的积极性,不利于为公司创造更多的利润,阻碍了公司很好的发展;同时也不利于员工追求新技术和探索创新,让其满脑子就是在"当一天和尚撞一天钟"。而沃尔玛,不仅做到了这一点进行了优势互补,同时处理上下级之间关系也变得随意亲切。沃尔玛的"直呼其名"就是很好的证明。它不再有上下级之间的隔阂,让员工有一种思想认识:我和总经理是同事,所以我也就是总经理,同时我也就是老板,这家店我也就有了股份,从而全心全意地投入经营,处理事件正当,为沃尔玛更加茁壮成长打下基础。因为一个很简单的道理:没有一个人会让自己的投资付诸东流。

利势四:可以让员工在全国的任何一家店相互支援。这种利势也就是沃尔玛的骄傲所在,因为它是世界零售业巨鳄,开的店多,开新店也如家常便饭。比如要到新的城市去开店,假如是重新去招聘新的员工,来完成开店前的准备,常常会由于新员工处理事件上不老练,使公司的品牌贬值,同时也无法提高工作效率。而让老员工去支援,就避免了此类不利于发展的事。

利势五:有利于不同部门的员工从不同角度全盘考虑其他部门的实际情况,减少公司的损耗,达到信息共享。

利势六:可以快速地完成公司的"飞鹰行动"。在周末和节假日,特别是在圣诞节到春节期间是沃尔玛购物最疯狂的时间,顾客的热情采购使卖场挤得水泄不通,也造成了顾客排队结算时间过长的问题。所以公司就制订"飞鹰行动",让不是前台的员工,也能够从事收银工作,让顾客快速地离开超市,减少顾客的购物时间。

(资料来源:齐齐哈尔金铺网,http://qqhe.jpw.cn)

问题:

沃尔玛的交叉培训是建立在什么样的基础上来开展的?是否适用于所有零售企业?

【复习思考题】

1.销售培训应遵循哪些原则?

2.销售培训包括哪些内容?

3.常用的销售培训方法有哪几种?

4.有效评价销售培训的效果有哪些方法?

第 13 章　销售人员的组织

【核心概念】

销售组织;职能型销售组织;区域型销售组织;客户型销售组织;综合型销售组织。

【引例】

建行销售组织机构设立与调整

从 1999 年 6 月 1 日起,中国建设银行推出龙卡客户经理制和商户经理制,由客户经理和商户经理分别负责龙卡持卡人及特约商户的服务管理工作。该项制度是建设银行为提高龙卡服务质量、改善用卡环境推出的又一新举措,在中国发卡银行中属首家。

据该行有关部门介绍,客户经理和商户经理分别对持卡人和特约商户提供个性化的服务。客户经理将建立持卡人档案,对不同特性的持卡人实行区别服务,对用卡纪录好、信誉度高的持卡人会提供高质量的银行服务,协助持卡人办理办卡、换卡、用卡、挂失、止付、对账、投诉、查询等业务。商户\经理的主要责任是建立客户发展规划和管理目标,进行市场调查,协助特约商户办理龙卡转账结算等业务。

建设银行推出的龙卡客户经理制和商户经理制对持卡人和特约商户无疑是一个好消息。在 1996 年,建设银行提出"改善龙卡用卡环境,让龙卡好用"的目标,从建立国内一流的授权网路入手,在用卡环境的改善方面做了大量的工作。1997 年,龙卡授权网开通后,龙卡的硬件环境得到了很大的改善,受到了持卡人、特约商户的普遍欢迎。1998 年龙卡被评为 34 个大中城市居民喜爱的产品之一。

1999 年 5 月 8 日起,建设银行龙卡储蓄卡全国网开通,建设银行在北京、上海等全国 21 个省市的 94 个大中城市开通储蓄卡异地交易联网业务,以方便持卡人购物和其他各项消费结算。实现全国联网后,持有可全国使用的建行龙卡储蓄卡的客户,可以在这些联网城市的 8 903 个营业网点、2 633 台 ATM 和安装于特约商户的 18 032 台 POS 机上办理存取款、查询和消费结算业务。

要使龙卡使用畅通无阻,建设银行认为必须在服务管理等软环境的改善上下功夫。正是基于这个原因,建设银行从 1999 年 6 月 1 日起推出客户经理制和商户经理制。当龙卡持有人和特约商户遇到问题时,直接与客户经理和商户经理联系,就可以得到及时方便的服务。当这一服务制度正式实施后,每一客户及商户都会有一位专门的建行经理人对你负责。

启示:成功的演出,不仅需要每个演员的天才表演艺术,而且首先要求编出优秀的剧本;同样,组织的高效率运行,首先要求设计的组织结构合理。虽然,高明的管理人员能使任何一个组织发挥作用,但合理的组织结构才是提高管理人员成功的机会。

13.1 销售组织概述

关于销售组织,我们将探讨以下内容。

13.1.1 销售组织的含义

组织作为实体可以直观而简单地理解为工厂、学校、医院、商店等机构;另一方面,也可理解为一切以人为核心、由多种资源构成的集合体。它具有明确的目标和精心设计的结构,通过有意识的协调活动管理内部环境,同时与外部环境保持密切联系。组织也叫社会组织,它是人们为达到共同的目标,有序地形成一个动态的系统的社会共同体。组织的主要特征是为了达成某一特定的目标,在分工协作的基础上,各自分担明确的任务,在不同的权力配合下,扮演不同的角色。因此可以说,组织就是对各种不同角色组合的工作。

销售组织可以说是一种特殊的组织形式,与一般的组织区别在于"销售"二字上。销售组织是指企业销售部门的组织,它使构成企业销售能力的人、商品、金钱、信息等各种要素得到充分利用和发挥。简而言之,就是将生产或经营的商品销售给客户的销售部门。在销售组织中,销售目标的实现固然与商品的特征、资金的保证度、销售服务、信息体系完善情况极为相关,而最终使销售活动能取得成功的关键因素还是销售人员的工作效果。相关学者认为,应致力于建立一种能把人的问题与商品问题综合考虑的机制,即建立起合作协调的组织体系。因此,销售组织的最高管理者在构建销售组织时,必须对销售组织中的人这一特定群体予以足够的重视。

13.1.2 销售组织的构成要素

销售组织是由各种要素相互依存、相互作用而构成的有机系统。我们将这些要素分成两大类,即物质要素和非物质要素。

1)物质要素

销售组织的物质要素包括人员、机构设置和财务设备。

(1)人员

人是销售组织的主体和核心,离开了人的参与,销售组织将无法存在,一切活动都无法进行。销售组织成员的素质和智能状况,是影响销售组织效能的一个要素。因此,我们必须根据销售组织的需要,依据正确的人事政策,为销售组织配备一定数量和质量的人员。

(2)机构设置

机构是销售组织履行职能、实现组织目标的载体。机构设置是依据组织目标、职能范围在销售组织内部按分工不同设置的一些相互联系、相互作用、相互协作的单位、部门。为了使销售组织保持较高的效能,销售组织的机构设置必须科学合理。

(3)财务设备

经费和物资设备是构成销售组织的重要物质要素。没有经费,销售组织就无法进行相关工作的开展,也就无法向社会提供销售物品。另外,必要的办公场所、办公设备也是销售组织开展各项活动所必不可少的。

2)非物质要素

销售组织的非物质要素如下:

(1)销售组织目标

销售组织是根据一定目标设立的,其一切活动都是围绕着这一目标进行的。销售组织的目标是实现销售利润的大幅度上涨。这个目标从本质上反映了销售组织的基本功能。我们将目标分为总目标、分目标和工作目标。销售目标的分化形成了一个完整的目标体系,具体规定了每个组织和个人在各个时间和空间内所要取得的销售成果。

(2)权责体系

权责体系是销售组织各个层级、各个部门和各个成员之间的一系列从属、并列关系,是销售组织结构的基础。权责结构配置是否科学,权责关系是否明确,是销售组织能否高效运转的关键。

(3)销售组织文化

销售组织文化是销售组织成员在长期的销售活动实践中逐渐形成的被全体成员共同认同的一套价值观念、行为模式。它包括精神文化、制度文化和物质文化三个层面。

(4)法制规范

有效的销售组织,必须建立相应的规章制度和法律规范。法制规范是用正式文件或书面规定的形式明确组织目标、职能任务、工作程序、权责关系、内部分工以及活动方式的一种手段。法制规范的完善程度也是衡量销售组织是否健全的主要标志。

(5)技术信息

信息也是销售组织的重要构成要素,因为销售组织的管理活动的各个环节都涉及信息的交流、处理。销售组织内部之间以及与外部之间的信息交流是否通畅,直接关乎销售组织目标能否顺利实现。

13.1.3　销售组织的功能和特点

销售组织有以下功能和特点:

1)销售组织的功能

一个组织具有人力汇集功能和人力放大功能。我们认为,企业销售组织也同样具有这两大功能。

(1)人力汇集功能

社会中单个的人对于自然来说,力量是渺小的,单个的人不仅不能发展自己的生活,有时甚至不能维持自己的生存。在自然选择面前,人们需要联合起来,互相协作,共同从事某项活动。这种联合与协作是以各种组织的形式完成的，它实际上是个人力量的一种汇集，积细流以成江河，把分散的个人汇集成为集体，进而在同大自然的搏斗中实现个人存在的价值。企业的销售组织就是将企业中分散的各个要素汇集在一起，筹划好人力的集中与分配。一般来说随着销售额的增加，企业规模的增大，这种汇集功能会越来越明显。

(2)人力放大功能

组织起来的力量绝不等于个体力量的算术和，正如亚里士多德所说的一样，整体大于各个部分的总和。正是从这个意义上说，销售组织具有一种放大人力的作用，即对汇集起来的个体力量的放大。通过有效的组织和分工，实现 1+1>2 的效果。

2)销售组织的特点

销售组织作为企业组织体系的重要组成部分，具有以下特点：

①销售组织的目标是通过各种销售活动，完成企业销售量，实现销售利润，提供令用户满意的售后服务，并努力扩大产品和服务的市场占有率，为企业发展创造需求条件。

②销售组织依据企业的商品特征、市场覆盖范围、流通渠道等因素构成不同的组织形式，可以是单一形式，也可以是复合形式。

③销售组织从其运行来看，资源构成要素是人、财、物、时间、信息、商誉等。其活动是按照企业的生产经营特点而分层次，按程序，靠合作进行的。组织活动就在于对各种资源的合理组织和充分利用。

④销售组织是一个开放系统，它与环境发生着广泛而又复杂的联系。销售组织必须适应企业的发展和环境的变化，随时调整和变革自身，为保证组织始终保持高的运行效率和自身的不断发展创造条件。

13.1.4 销售组织设计的原则

不同的组织目标和环境，其建立的基本原则是一样的。根据销售管理的需要和销售组织的目标特征，在设计销售组织时，必须遵循下列原则。

1)顾客导向的原则

在设计销售组织时，管理者必须首先关注市场，考虑满足市场需求，服务消费者。以此为基础，建立起一支面向市场的销售队伍。过去许多企业组织结构是按照经营顺序来设置职能部门的。如以产品研发为起点，顾客为终点，按企业经营顺序设置了供应、生产、财务和销售等中间职能部门。这种组织结构设计从企业经营的角度看较合理，但与市场对接时各职能部门只是企业经营的一个环节，而顾客成为企业经营的终点，使企业的销售组织只承担了产品推销职能，与以消费者为中心的现代市场销售理念差距甚远。

企业的价值和目标是通过满足顾客的需要而得以实现的，现代企业必须认识到：将卓越价值传递给顾客是确保企业长期盈利和生存的唯一办法。企业要摒弃工业经济时代以竞争为导向(即企业必须完全了解竞争者的产品供应能力以及为顾客开发有卓越价值的业务)和以利润为导向(即对所有的活动进行管理以便严格控制所有的成本并以合理的有竞争的价格为顾客创造价值)，而应代之以顾客为导向，即把满足顾客需求放在所有工作的首位。面对快速变化的市场销售环境，企业需要做出及时的响应，企业销售活动有了很大的变化。在传统销售组织中，销售人员只是产品与企业之间的中间人；现今企业需要应对快速变化的市场，需要高度关注顾客和竞争者，需要重新构建以顾客为中心的市场销售活动，销售人员的角色发生了根本性的转变，销售部门所承担的职责也发生了变化。在进行企业组织结构设计时，只有所有针对顾客的销售活动形成一个整体，才能使顾客与企业发生关系时，见到的是同一张脸，听到的是同一个声音，才能及时发现并满足顾客的需求。

2）精简与高效的原则

所谓精简与高效的原则，是指在能够保证组织业务正常开展的前提下，提高效率是组织设计的目的，尽可能减少管理层次，简化部门机构。具体地说，精简高效包含三层含义：一是组织应具备较高素质的人和合理的人才结构，使人力资源得到合理而又充分的利用；二是要因职设人而不是因人设职，组织中不能有游手好闲之人；三是组织结构应有利于形成群体的合力，减少内耗。

3）管理幅度合理的原则

管理幅度原则是指组织中主管人员监督管辖其直接下属的人数越适当，就越能够保证组织的有效运行。法国的管理学者格拉丘纳斯曾提出了一套数学公式说明了上级的管理幅度超过6~7人时，他和下级之间的关系就会越来越复杂，以至于他最后无法驾驭。该公式为：$N=n(2^{n-1}+n-1)$

其中，n 表示直接向一位上级报告的下级人数，N 表示需要协调的人际关系数。表13-1列出了 N 随 n 的变化数。

表13-1　管理幅度级数

n	N	n	N
1	1	6	222
2	6	7	490
3	18	8	1 080
4	44	…	…
5	100		

从公式及表13-1的内容可以看出，当 n 呈算术级数增加时，上级需要协调的人际关系数会呈几何级数增加。这就意味着管理幅度不能够无限度增加，毕竟每个人的知识结构、能力水平都是有限的。

当今组织结构设计呈现出扩大管理幅度、减少管理层级的趋势，许多大型组织采用扁平化的组织结构。如通用电气公司的管理幅度已拓宽到10~12个下属；沃尔玛的组织结构只有3个层次。在1992年沃尔玛超过西尔斯百货公司成为美国第一个零售商时，管理大师汤姆·彼得斯早几年就预见到这一结果，他曾说："西尔斯没有机会，一个12层次的公司无法与一个3个层次的公司抗争。"

4）统一指挥的原则

统一指挥原则就是要求每位下属应该有一个并且只能有一个上级，要求在上下级之间形成一条清晰的指挥链。如果下级有多个上级，就会因为上级可能下达彼此不同甚至相互冲突的命令而使下级无所适从。

为确保统一指挥，应当注意以下几点：

(1)指挥链不能中断

管理组织的指挥链如同人的血液循环系统，靠它来统一全体人员的思想和行动，为实现共同的管理目标而努力。中断了指挥链，就会造成指令无法贯彻，信息无法反馈，整个组织陷于瘫痪的无政府状态。

(2)切忌多头领导

组织设计时必须考虑总体协调，保证命令的统一性与有效性。

(3)不要越级指挥

为了保证指挥链的完整，在通常情况下，上级对下级的指挥应逐级进行。组织设计时，要明确各层机构不同人员的职责权限，各级做各级应该做的事。当然，也应当明确，上级对下级，不可以越级指挥，但可以越级检查工作；下级对上级，不可以越级请示，但可以越级反映情况。

5)分工与协作原则

分工是指按照不同专业和性质将组织的任务和目标分成不同层次的部门或个人的单项任务或目标，并规定出完成各自任务或目标的手段和方式。分工是提高组织工作效率的基本手段，可以使每一个部门或个人专心从事某一方面的工作，增加熟练程度和技巧，配备专业化的仪器设备。

协作是指规定各个部门之间或部门内部的协调关系和配合方法。组织是一个系统，作为其子系统的各个部门不可能相互脱离而独立运行，必须相互协调才能高效率地完成各自的任务，最终实现组织的总目标，所以分工与协作是相辅相成的。

所谓分工与协作原则就是指在组织设计时，按照不同专业和性质进行合理的分工，并规定各个部门之间或部门内部的协调关系和配合方法。这是提高组织运行效率的有效手段。

13.1.5 影响销售组织设置的因素

建立销售组织时，需要考虑以下几个因素，即商品特征、销售策略、商品销售的范围、渠道特性以及外部环境等。

1)商品特征

不同的商品具有不同的销售特征，应采用不同的销售组织。因此，在建立销售组织时，首先要考虑该商品的性质和特征。例如，本公司将出售的商品究竟是生产资料还是消费资料，是专用品还是一般商品，等等。家电企业的销售队伍结构就不同于计算机企业销售队伍的结构。

有时由于商品性质的不同(如生产资料、专用品等)，在销售方式上技术方面的因素便显得十分重要，因而销售组织也不相同。特别是当产品技术复杂，产品之间联系少或数量众多时，按产品专门化组成销售队伍就较合适。例如，柯达公司就为它的胶卷产品和工业用品配备了不同的销售队伍。胶卷产品销售队伍负责密集分销的简单产品，工业用品销售队伍则负责那些具有一定的技术含量的工业用品。

除上述内容外，还需考虑本公司预备的商品是否齐全，在预备商品的过程中是否要安排重点商品。如果商品少、重点性强，那么就要采取按地区建立组织的方式。

2）销售策略

企业如何销售产品影响着销售组织的设计。企业是通过广告销售还是人员推销来销售产品则对企业销售组织的要求不同。例如，通过广告销售产品的企业的销售人员较少，则其销售组织较简单；若是通过人员推销就要求有较多的销售人员，则销售组织结构较复杂。企业是通过中间商销售产品还是直接销售产品，其销售组织也不一样。例如，美国安利公司采用直销形式，其销售队伍庞大，销售组织也较复杂。此外，企业的售后服务政策也影响着企业的销售组织结构。

在销售策略中，影响企业销售组织结构最大的因素是推销形式。各公司为从消费者手中获得订单而互相竞争。它们必须有一套销售策略，即在适当的时间以适当的方法去拜访适当的顾客。销售人员可用以下几种办法和消费者打交道。

①销售人员对一个顾客。一个销售人员通过电话或亲自拜访，和一个现存顾客或潜在顾客进行交谈。

②销售人员对一群顾客。一个销售人员尽可能多地结识顾客群体中的成员。

③销售小组对顾客群体。公司销售小组向顾客群体进行销售工作。

④推销研讨会。公司销售小组为客户单位举办一个有关产品技术发展状况的教育讲座。

企业采用什么样的推销形式要求设立相应的销售组织。

3）商品销售的范围

在最简单的销售组织中，各个销售人员被派到不同地区，在该地区全权代理公司业务。商品销售的区域范围影响着销售组织的结构。区域由一些较小的单元组成，如市或县，它们组合在一起就形成了具有一定销售潜力或工作负荷的销售区域。划分区域时要考虑地域的自然障碍、相邻区域的一致性、交通的便利性等。因此，产品销售区域范围小，销售组织则相对简单；产品销售范围大，销售组织则较复杂一些。例如，地区性的产品销售组织就不同于全国性的销售组织，而国际性的销售组织也不同于全国性的销售组织。

4）渠道特性

还有一个重要的问题是要考虑商品的流通渠道究竟有多宽，还要看各渠道的不同行业性质。如果渠道宽且行业性强，那么就要按顾客对象或商品建立销售组织。此外，如果整个企业组织采用部门制，那么就要考虑其部门是按商品类别还是按商品群类别建立。

5）外部环境

企业外部环境对销售组织变化的影响较大。一般来讲，在比较稳定的外部环境中，企业的销售组织结构一旦确定，就会在一个较长的时间内发挥效用，而不会产生剧烈的变动。而在迅速变动的外部环境中，企业的销售组织乃至整个公司组织体系也会经常呈现出一种相应的变动状态。导致销售组织变动的外部因素主要有两个：一是市场需求变化；二是竞争状况。从消费者市场来看,市场需求的变化也会影响销售组织的调整。如当家电在城市市场逐渐趋于饱和时,开拓农村市场就成为家电企业销售工作的新增长点,一些企业相应地加强了对农村市场的促销力度,并成立了专门的销售部门承担这项工作。从竞争的角度来看,企业为了谋取竞争优势,往往需要加强某一方面的销售力量或增加某些销售组织机构。例如,一些公司为了提高销售管理质量,聘请了销售管理专家,并且设立了销售策划部,以加强对企业销售工作的指导。另外,一些奉行市场跟随战略的企业,也往往会学习竞争者的销售组织设计模式,增加或调整某些销售部门。又如外国企业进入我国市场加剧了市场竞争的激烈程度,也影响了许多企业的销售组织设置,一些企业模仿外国企业设立了相应的销售组织部门。

13.2 销售组织设置的程序

销售组织的设置有一定的程序可循。

13.2.1 分析销售组织环境

任何一个销售组织都是在不断发展变化着的社会经济环境中运行,并受这些环境因素的影响和制约。外部环境包括很多复杂的因素,如政治、经济、社会、文化、科学技术等,而对销售组织影响最明显的主要是市场和竞争者状况,此外企业自身的状况也影响着销售组织。

1)市场状况

市场状况首先是指市场的稳定程度。对于房地产市场而言,在一个较长时间内,客户消费行为、配销渠道、新房供应等变化不会很大。因而,房地产销售组织可以相对稳定,以适应市场稳定程度较高的需要。

从产品生命周期的角度来看,以商品房为例,在某种类型的商品房的不同生产周期阶段,企业的销售战略和销售组织也相应地有所不同。通常在投入期,企业冒着很大的风险向市场投放新房,往往建立临时性的组织如销售小组,以便迅速对市场做出反应。在成长期消费者需求增大,利润不断上升,吸引大批竞争者加入市场。这时企业应建立有效的销售组织如市场导向型矩阵结构,确立自身强有力的竞争地位。在成熟期,购房需求稳定,利润开始下降,企业应建立高效率、低成本的组织(如职能金字塔组织)以获取最大利润。而在衰退期,购房需求减弱,此时企业为保持原有的利润水平,应着手精简部分组织结构。

另外,消费者行为类型也是市场状况的一个方面。不同类型的购房者对企业提供的房屋有不同的要求和侧重。例如,文化层次较高的消费者要求住宅周围绿化较好,上班族强调交通方便,家庭主妇则更重视室内的宽敞舒适。企业应该准确把握目标顾客群的侧重点,强调自身的优势特色,相应地在组织上有所侧重。

2)竞争者状况

销售组织必须从两个方面来面对竞争者:一是竞价者是谁,他们在干些什么;二是如何对竞争者的行为做出反应。房地产企业所面对的竞争者不仅包括其他房地产企业,还包括所有从居民手中争夺大宗货币支出的企业和组织,如汽车制造商、教育机构、医疗机构等。住房是昂贵的商品,居民在其他方面的支出多了,自然也就很准支付购买商品房的款项。

企业搜集竞争情报的方式多种多样,既可以设立专门的市场调研部,也可以借助销售人员获得,还可以依靠外部的咨询机构。不同的选择将直接影响销售组织的构成。企业搜集到情报后,还必须制订相应的措施,经由销售组织贯彻实施。如果经调查发现,加强售后服务是提高企业竞争力的主要手段,企业就可能增加市场调研部门和物业管理部门的合作。

3)企业状况

企业的目标、企业内部资源拥有状况、企业外部环境等因素在不同程度上影响销售组织结构的形式,因此应充分了解企业的状况。高层管理者的经营思想对企业销售组织的设计影响较大。此外,企业的规模、文化传统等因素也会影响销售组织的设计。如有些企业规模大了之后,不注意与经销商和其他相关部门建立长期的合作关系,也没有建立一套市场危机处理系统,结果出现某些地区的经销商集体反水、消费者信用危机等情况,就会危及整个销售体系和企业的形象。

13.2.2　确定销售组织内部各项活动

销售组织内部的活动主要有两种类型:

1)职能活动

职能活动涉及销售组织的各个部门,范围相当宽广。企业在制订战略时就会确立各个职能部门在销售组织中的地位,以便开展有效的竞争。

2)管理性活动

管理性活动涉及管理任务中计划、协调和控制等方面。企业通常是在分析市场机会的基础上制订销售战略,然后再确定相应的销售活动和组织的专业化类型。假定一家房地产企业较为年轻且易于控制成本,企业的几种商品房都在相对稳定的市场上销售,竞争战略依赖于广告或人员推销等活动,则该企业就可能设计职能式组织。同样,如果企业同时在多个城市开发住宅小区,并且每个城市的消费行为与需求存在很大差异,则它就会建立地区式组织。但上述逻辑在实践中有时是行不通的,因为企业的销售战略可能被现有的组织结构所制约。例如,一家房地产企业通过对市场和竞争者状况的分析,决定实行系统销售战略,然而由于该企业原有的组织机构是为不断开发新项目而设计的,采用这种新战略就显得困难重重。

13.2.3　建立组织职位

企业在确定了销售组织活动之后,还要建立组织职位,使这些组织活动有所归附。职位决策时要弄清楚各个职位的权力和责任及其在组织中的相互关系。它要考虑三个要素,即职位类型、职位层次和职位数量。每个职位的设立都必须与销售组织的需求及其内部条件相吻合。通常对职位类型的划分有三种方法。

1) 直线型和参谋型

处于直线职位的人员行使指挥权,能领导、监督、指挥和管理下属;而处于参谋职位的人员则拥有辅助性职权,包括提供咨询和建议等。事实上,直线型和参谋型之间的界限是模糊的,一个主管人员既可能处于直线型职位,也可能处于参谋型职位,这取决于他所起的作用及行使的职权。

2) 专业型和协调型

一个职位越是专业化,它就越无法起协调作用,但是各个专业化职位又需要从整体上进行协调和平衡,于是就产生了协调型职位,像项目经理或小组组长都是类似的例子。

3) 临时型和永久型

严格地说,没有一个职位是永久的,它只是相对于组织发展而言较为稳定罢了。临时型职位的产生主要是由于在短时期内企业要完成某项特殊任务,有时在组织进行大规模调整时也设立临时型职位。

职位层次是指每个职位在组织中地位的高低。比如,公共关系和销售管理的地位孰高孰低,对于不同的企业情况不大一样,它取决于这些职位所体现的销售活动与职能在企业整个销售战略中的重要程度。职位数量是指企业建立的组织职位的合理数量。它同职位层次密切相关。一般地,职位层次越高,辅助性职位数量就越多。很明显,市场调研经理在决策时就要依靠大市场分析专家和数据处理专家的帮助。

职位决策的目的是把组织活动纳入各个职位。因此,建立组织职位时必须以销售组织活动为基础。企业可以把销售活动分为核心活动、重要活动和附属性活动三种。核心活动是企业销售战略的重点,所以首先要根据核心活动来确定相应的职位,而其他职位则要围绕这一职位依其重要程度逐次排定。

此外,职位的权力和责任的规定主要体现在工作说明书上。工作说明书包括工作的名称、主职能、职责、职权和此职位与组织中其他职位的关系以及与外界人员的关系等。如企业决定建立新的职位,有关部门主管就会同人事专家拟出一份关于职位的工作说明书,以便于对应聘人员进行考核和挑选。

13.2.4 设计组织结构

关于组织结构的设计应注意:

1) 销售组织结构的设计是销售战略规划的重要内容

销售组织结构的设计是销售战略规划的重要内容。企业要想把自己的产品迅速有效地传递到消费者手中,并且能够及时了解消费者的消费动向,保证企业的政策能够及时传达和实施。那么,从这些目标来看,企业组合设计自己的销售组织至关重要。

2) 组织结构的设计和职位类型密切相关

组织结构的设计与组织结构类型密切相关,设计组织结构的首要问题是使各个职位与所要建立的组织结构相适应。

从这个意义上来讲,对组织结构的分析要注重外部环境因素(包括市场和竞争状况),它强调组织的有效性。但是,市场营销经理总是希望节约成本和费用,还要兼顾效率。通常,组织的效率表现为以较少的人员和上下隶属关系以及较高的专业化程度去实现组织的目标。这取决于两个因素:

(1)分权化程度

分权化程度即权力分散到什么程度才能使上下级之间更好地沟通。

(2)管理宽度

管理宽度即每一个上级可以控制的下级人数。人们普遍认为,假如每个职员都是称职的,那么,分权化越高,管理宽度越大,则组织效率也就越高。如果一个 20 人的销售队伍仅由 1~2 名经理来控制,那么,这支队伍就有较大的决策自主权,从而,可能会取得较好的效果。

3)设计组织结构要立足于将来

销售组织总是随着市场和企业目标的变化而变化,所以设计组织结构要立足于将来,为未来组织结构的调整留下更多的余地。

13.2.5 配备组织人员

配备组织人员应该注意以下内容。

1)配备组织人员需考虑的情况

在分析销售组织人员配备时,必须考虑两种组织情况,即新组织和再造组织。相比较而言,再造组织的人员配备要比新组织的人员配备更为复杂和困难。这是因为,人们总是不愿意让原组织发生变化,他们视再造组织所提供的职位和工作为一种威胁。组织经过调整后,许多人在新的职位上从事原有的工作,这也大大损害了再造组织的功效。同时,企业解雇原有职员或招聘新职员也是容易的事。

但是,不论哪种情况,企业配备人员时必须为每个职位制订详细的工作说明书,从受教育程度、工作经验、个性特征及身体状况等方面进行全面考查。对再造组织来讲,还必须重新考核现有员工的水平,以确定他们在再造组织中的职位。

2)在销售组织中,应该重视小组人员配备

此外,在销售组织中,小组人员配备也应引起重视,小组往往是企业为完成某项特殊任务而成立的,是组织的一个临时单位,其成员多从组织现有的人员中抽调。如果希望小组有效地发挥作用,则必须使小组成员与组织成员之间保持协调关系。比如,组织下层人员不可能作为领导来管理组织高层的成员,小组领导的职位也不应该比该小组所隶属的经理的职位高。不过,当人们意识到参与小组工作将影响其正常工作和晋升机会时,销售组织就很难为小组配备合适的人员。

13.2.6 检查和评价销售组织

世界上没有尽善尽美的组织,各种组织总是不同程度地存在着摩擦和冲突。因此,从销售组织建立之时起,销售经理就要经常检查、监督组织的运行状况,并及时加以调整,使之不断得到发展。销售组织需要调整的原因主要有以下几种:

1）外部环境的变化

外部环境的变化包括商业循环的变化、竞争加剧、新的生产技术出现、工会政策、政府法规和财政政策、产品或销售方法的改变等。

2）组织主管人员的变动

新的主管人员试图通过改组来体现其管理思想和管理方法。

3）改正组织结构缺陷

有些缺陷是由组织本身的弱点所造成的，如管理宽度过大、层次太多、信息沟通困难、部门协调不够、决策缓慢等。

4）解决组织内部主管人员之间的矛盾

总而言之，企业销售组织的设计和发展大体上要遵循以上六个步骤，而这六个步骤相互联系、相互作用，并形成一个动态有序的过程。为了保持销售组织的生机和活力，销售经理就要根据这一过程进行有效决策。

13.3 销售组织的类型

销售组织采取恰当的组织结构有利于节省开支和提高效率。同一时期，不同的企业根据各自的环境和资源特征，选择不同的销售组织结构模式。如果企业只有一个产品类，而且顾客分布很广，那么组织结构就可以比较简单，即可按地区分配销售人员。如果企业有若干产品和若干顾客类型或目标市场，那么组织结构就比较复杂，销售人员可以根据产品分工，也可以根据市场来分工。而同一企业，在不同的历史阶段根据内外环境的变化，不断调整、变革自身的组织结构，选择不同类型的组织形式。具体来讲，主要有下述几种组织结构可供选择。

13.3.1 职能型销售组织

职能型销售组织主要根据市场销售的核心业务流程中关键销售职能设立相应的部门，如按照促销、销售、售后等销售职能分设不同的部门、岗位或者人员，分别负责不同销售职能的履行，或者由一个单一的销售部门负责全部销售职能活动的组织形式（图 13-1）。在这种组织形式下，企业往往会以自身的经营规模和各种销售活动业务量为依据。

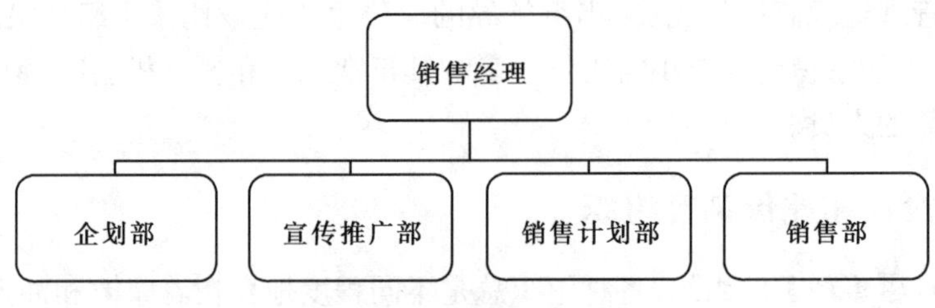

图 13-1 职能型销售组织结构图

1)职能型销售组织的优点

职能型销售组织有以下优点:

①各级管理机构和人员实行高度的专业化分工,各自履行一定的管理职能;

②管理权力高度集中;

③由于专业人员属于同一部门,有利于知识和经验的交流,这样专业人员可以从本职部门获得一条顺畅的晋升途径。

2)职能型销售组织的缺点

职能型销售组织有以下缺点:

①需要一个复杂的管理系统,费用大,如果各职能间失调,容易发生混乱;

②销售活动缺乏灵活性;

③在考核时责任不太明确。

要想使不同职能的销售组织有效地发挥作用,就应注意以下几点:

①给各职能组织之间设定明确的职能范围,密切进行相互之间的联系和调整;

②使指令系统一元化,避免因繁多的指令而造成不必要的混乱;

③使销售组织的运行带有灵活性,避免迟缓和不适宜的情况出现。

13.3.2　区域型销售组织

按地区划分销售区域,这是企业中最常见的销售组织模式。市场范围广、业务量大、任务复杂的企业,通常多选用区域型销售组织,即按行政地域设立销售组织系统,分区域开展销售业务(图13-2)。例如,我国大陆的中国人保、中国人寿、中国太平洋、中国平安等大型保险公司和我国香港地区的国卫保险公司均采用这种组织形式。在这种结构中,每个销售人员都负责一块独立的区域,并在此从事销售工作。相邻销售区域中一定数量的销售人员受到区域经理的管辖,而区域经理则要对销售总经理负责。

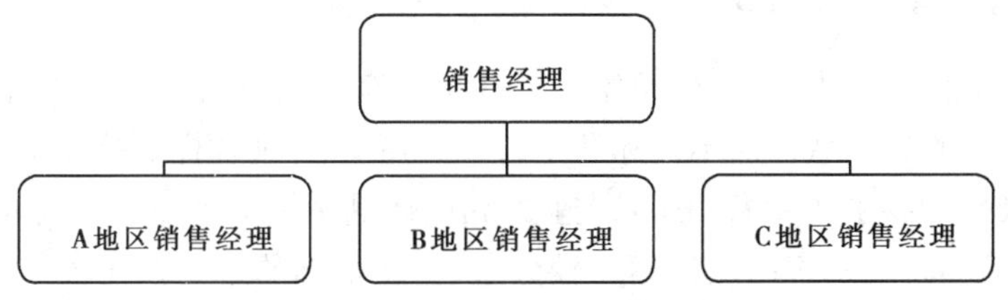

图13-2　区域型销售组织结构图

1)区域型销售组织的优点

区域型销售组织的优点有:

①责任清晰明确。由于一个区域只有一个销售人员,每个销售人员的责任非常清晰明确,他要承担因自己个人的因素而造成该区域销售成绩好坏的全部责任。因此,销售人员迫使自己尽最大的努力来提高销售业绩。

②与客户关系密切。由于长期在一个区域工作,对这个区域的情况比较了解,对当地客户而言,销售人员是企业在当地的唯一代表;对销售人员而言,搞好与当地各方面的关系,可

以帮助其顺利完成本职工作。因此区域结构型销售组织可以激励销售人员积极地开拓当地的市场并建立良好的人际关系,这些关系常能增进销售人员的销售成果。

③销售费用比较低。因为每个销售人员的巡回区域只限于一个很小的范围,差旅费等可以相对减少。

④管理费用比较低。由于组织结构简单,日常的销售管理费用和开支比较节省。

⑤地区经理的权力相对集中,决策的速度快。

2)区域型销售组织的缺点

区域型销售组织的缺点如下:

①这种组织方法适用于差异化较小的产品和相对单一的客户,如果企业的产品和市场有相当大的差异,其销售效果就会大减。因为产品种类多,市场结构复杂,销售人员就很难完全了解所有的产品和客户,因而难以有效地开展销售工作。

②由于销售人员在技术上不够专业,这种结构对种类多、技术含量高的产品销售是十分不合适的。

③不能适应目前全国性零售连锁企业发展的需要。

④由于不同区域的利益原因使区域之间的协调与统一相对较难,压货现象比较严重。

设立销售组织时,应根据各地区来考虑销售组织的结构。无论是采用何种形式,最终销售组织单位的分布都是根据各地区的因素而定的。销售组织需按地区分布,组织之间要统一管理,并明确下放权限。分布在各处的销售点的称呼,通常都是与地区的各级划分相对应的,如销售部、销售分公司、销售点、经销处、办事处等。要明确这种上下级组织关系,并统一管理。统一管理就是使指示命令、销售商品的责任、功能范围和任务及指导性建议内容等明确化。上级销售组织对下级销售组织实施统一管理的同时,还要明确下放权限。关键是要在销售、回收、利润指标的完成等基本职能范围方面给予独立权限,彼此要相互确认具体的活动范围。

13.3.3 客户型销售组织

随着销售观念的深入人心,各公司纷纷寻找更为有效的方法以服务于各种不同的细分市场的需求。特别是在一些产品不是标准化、客户的需求各种各样的情况下,销售人员必须成为处理某一类客户要求的专家。如果企业经营的产品销售量集中在一些采购量比较大的主要客户上,或者客户的销售网点虽然比较分散,但是他们的采购权比较集中的时候,可以采用以客户来划分的销售组织。对不同的客户销售相同的产品,由于客户需求不同,销售人员需要掌握的销售知识也不同,企业按市场或消费者(即客户类型)来组建自己的销售队伍,便于销售人员能集中精力和充分发挥自己的特长来服务各种类型的客户,从而成为针对某类客户的销售专家。例如,一家计算机厂商,可以把它的客户按顾客所处的行业(金融、电信等)来加以划分,采用不同的销售方式。所以,客户结构型销售组织就是指根据不同客户对象(根据客户、销售活动对象或销售途径)组建的销售组织。当一家公司向许多小客户销售其产品时,它采用一种由每个销售代表负责处理数家客户的传统销售人员组织。如果公司有一家大客户,则常指定高一级的销售经理去处理,这样的大客户又被称为重要客户、主要客户或大公司客户。如果该客户是个大公司,在全国各地有许多分部而且又受制于许多有权势的买家，便有可能作为全国性客户并指派专人或专门的销售小组来处理。如果销售商手中有几个这样的客户，就有可能组织起一个全国性的客户管理部。这种销售结构的组织模式如图13-3所示。

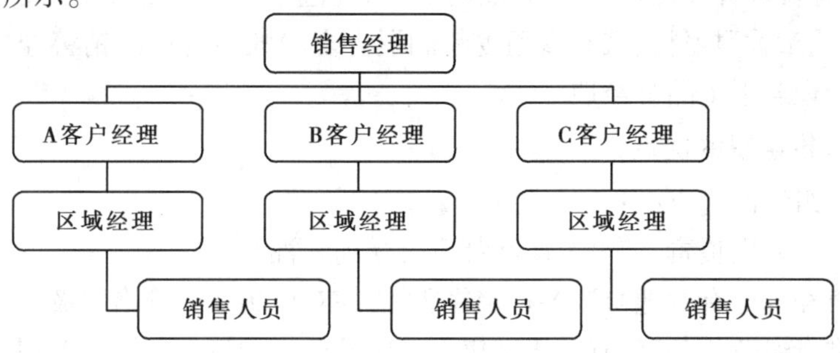

图13-3　客户型销售组织结构图

1)客户型组织销售人的优点

客户型组织销售员的优点有：

①能够让销售人员满足不同客户的不同要求。

②销售人员更接近客户，知道他们所在行业正在发生什么事情，了解他们是怎样变化的。

③公司能更好地在不同的细分客户中配置资源。

④销售人员可以更接近客户以开发新技术和新产品。

2)客户型销售组织方式的不足之处在于

客户型销售组织的缺点有：

①因为在同一地区有多个销售人员，故而效率相对较低。

②在不同产品的销售人员之间可能滋生本位主义。

③销售人员必须了解整个产品线。

④与其他方式相比，管理和协调各个小组更为困难。

13.3.4　产品型销售组织

产品型销售组织是指企业按产品分配销售人员，企业将产品分成若干类，每个销售人员专门负责特定产品或产品线的销售业务(图13-4)。

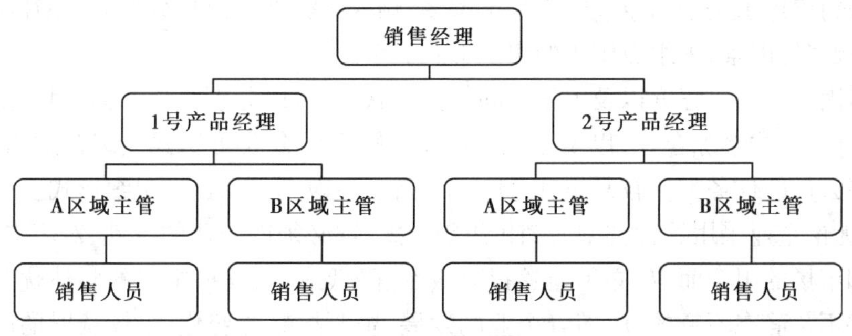

图13-4　产品型销售组织

产品型销售组织模式首先出现于美国宝洁公司，之后不少企业，尤其是食品、肥皂、化妆品和化学药品等行业，都建立了产品销售组织。如通用食品公司，在其所属邮购部就采用了产品销售组织：有负责管理麦粉、猫狗食品的饮料的独立产品销售经理；在麦粉产品线中，有管理营养麦粉、儿童香甜麦粉、家庭食用麦粉和混合麦粉的独立产品销售经理；营养麦粉产品销售经理则管理若干个品牌经理。

1）产品型销售组织的优点

产品型销售组织的优点有：

①产品项目由专人负责，使每个产品都不会受到忽视。

②产品销售经理能有效地协调各种销售职能，并对市场变化作出积极反应。

③按产品进行专业化分工，有助于销售人员熟悉产品的特点，总结和积累各种产品有效的推销经验和方法。

④当产品技术复杂，产品之间联系少或数量众多时，按产品专门化构建销售组织比较合适。

⑤易实现销售目标，有利于以利润最大化为目标进行商品管理，易于实现产销协调。

2）产品型销售组织的缺点

产品型销售组织的缺点有：

①缺乏整体观念。在这种组织模式中，各个产品销售经理相互独立，可能出现他们为保持各自产品利益而产生矛盾。

②部门冲突。一方面产品销售经理对其他营销职能部门依赖性强；另一方面他们却未必有足够的权威能协调与广告部门、销售部门、生产部门和其他部门的关系并得到支持和配合。

③整体成本费用比较高，比较难管理。

④当企业的产品种类繁多时，不同的销售人员会面对同一顾客群，这样不仅使销售成本提高，而且也会引起顾客的反感。如庄臣公司设有几个产品分部，每个分部都有自己的销售队伍。很可能在同一天，几个庄臣公司的销售人员到同一家医院去推销不同的产品。如果只派一个销售人员到该医院推销公司所有的产品，可以省下许多费用。

13.3.5 综合型销售组织

综合型销售组织是指当企业的产品类型多、顾客的类别多而且分散时，往往综合考虑区域、产品和顾客等因素，来组成销售的组织形式。

根据诸因素的重要程度以及因素之间的关联状况，可以分别组成产品区域综合式、顾客区域综合式、产品顾客综合式，以及区域—产品—顾客混合式等形式。综合式销售组织中，每一位销售人员的任务都比较复杂，因此，非不得已一般不采用这种组织形式。

总之，无论企业采用哪种类型的销售组织形式，都必须以企业的特性、对客户的服务、企业的产品和市场的组合而定，必须能够提高效率、降低成本、发挥组织的整体优势。销售组织的模式并不是静态不变的，应随着企业的发展、企业战略的变化、市场状况的改变进行适当调整，以适应市场的需要，为客户提供更好的服务。上述四种形式的销售组织都各有利弊,企业可以根据实际情况选择一种适合自己的销售组织形式,也可以将这四种形式有机地综合起来使用。

【本章小结】

销售部门的组织模式是企业销售战略的重要内容。建立高效率的销售组织体系是确保销售业务高效运转的前提。本章重点讨论了三个问题:一是销售组织概述,它包括销售组织的含义、销售组织的构成要素、销售组织的功能和特点、销售组织设计的原则和影响销售组织设置的因素;二是销售组织设置的程序,内容包括分析销售组织环境、确定销售组织内部各项活动、建立组织职位、设计组织结构、检查和评价销售组织、配备组织人员;三是销售组织的类型,重点讨论了职能结构型、区域结构型、产品型、综合型五种销售组织类型。

【案例分析】

耐克的销售组织变革

现在,慢跑作为一种都市健身方式越来越流行,老人、孩子、男士、女士都热衷于此。每当我看到大汗淋漓、兴致勃勃的健身者时,都会想到世界著名的耐克公司。当年耐克公司正是抓住美国人慢跑健身的热潮实现了大发展,似乎国内的企业还未能感觉到这个巨大的市场空间。

一、创新的耐克

耐克(Nike)公司成立于1964年,由一位会计师菲尔·奈特和一位运动教练比尔·鲍尔曼共同创立,现已成为领导性的世界级品牌。当年奈特先生仅仅花了35美元请一位学生设计了耐克的标志,如今那个著名的弯钩标志价值已超过100亿美元。40多年的发展,耐克已成为一个商业传奇,它的成功之道人所共知,就是虚拟生产的商业模式。它以优良的产品设计和卓越的营销手法控制市场,而将生产环节外包。

很多企业都在模仿耐克的虚拟生产,可是成功者寥寥无几,为什么?应该说,并不是虚拟生产有什么难解的奥秘,而是因为谁都知道生产环节处在"微笑曲线"的最低端,利润最薄,都想朝曲线的高端发展,而设计和营销本身就是一个非常讲究创意的领域,想一直保持竞争优势,企业就必须保持持续的、出类拔萃的创新能力。耐克的虚拟生产背后,正是两位创始人所推崇的创新精神。

家喻户晓的故事是:比尔·鲍尔曼先生从妻子的蛋奶烘饼烤模获得灵感,并最终设计出一种新的运动鞋鞋底。今天,耐克公司的产品设计室仍被称作"创新厨房"(Innovation Kitchen)。创新厨房对绝大部分来访的客人,甚至是大多数耐克公司的员工来说都是禁区,公司用诙谐的口吻在大门的标示牌上写道:"厨房重地,闲人免进"。在这个以运动鞋为工作中心的智囊团里,设计师们从各个领域寻找创作灵感,从爱尔兰风格的建筑到斯特拉迪瓦里家族制作的小提琴上的圆弧线，无所不包。办公室的墙壁上展示着耐克公司曾经制作的每一双乔丹篮球鞋，而工作间里则堆满了新款运动鞋的设计草图。

更为深刻的创新来自被称为耐克之父的菲尔·奈特，一个公认的营销大师。美国一位运动产业的咨询专家感慨地说："奈特先生可以说以一己之力，开创了一个新的产业。是他使体育运动员成为明星、富豪，是他使运动服装成为时尚商品，是他使一个小企业成为国际性的大公司。"

耐克是第一个采取名人代言方式打响知名度的厂商，早在 1973 年便聘请长跑健将史蒂夫·普瑞方汀代言其运动鞋。1985 年聘请乔丹为代言人，更使耐克名声大噪、业绩大增。而且耐克也是第一个把流行音乐和运动营销相结合的厂商，1987 年它首先将披头士的音乐放在耐克运动鞋的广告中，引起轰动。

二、销售组织的变革

在过去的几年里，耐克大力扩张产品线，并增加了新的品牌。耐克的主力商品原来以篮球鞋为主，最近几年则推出高尔夫运动用品系列，并以老虎伍兹为代言人，同时加强足球鞋的推广，以迎合足球运动人口的增加。目前足球运动用品系列的营业额已高达 10 亿美元，占有全球 25%的市场，在欧洲市场更高达 35%的占有率。耐克先后并购了高级休闲鞋名牌 COLEHAAN、曲棍球名牌 BAUER、第一运动鞋名牌 CONVERSE 和滑溜板名牌 HURLY，并放手让各名牌独自经营，取得了不俗的成绩。

耐克在体育销售方面的成绩是不容置疑的，但是对耐克销售方面的质疑也从未停止过。有几点意见耐克也不得不认真考虑：一是随着品牌的扩张，耐克品牌已不再"酷"了；二是耐克在销售上动辄一掷千金的作风，暴露了销售管理上的漏洞；三是耐克在新兴市场上，销售本土化不够，销售效果不理想。

根据六月份最新公布的公司财务年报，耐克公司的年营业收入达到 163 亿美元，增长 9%，净收入达 15 亿美元，增长 7%，每股净收益达到 2.93 美元，增长 11%，这又是一个创纪录的结果。但是作为一个股票公开上市的公众公司，增长是永远的压力，华尔街只关注你今后的增长来自哪里。耐克的董事长和首席执行官迈克·帕克(Mark Parker)充满自信：耐克现在正面临着前所未有的发展机遇，我们具有将关于消费者的洞察力转化为优势产品的独特能力，这正是耐克成为全球行业领袖的重要原因。

帕克的自信源于耐克的销售组织变革。耐克品牌总裁 Charlie Denson 宣布，耐克将进行销售组织和管理变革，以强化耐克品牌与新兴市场、核心产品以及消费者细分市场的联系。实施这一变革，使耐克从以品牌创新为支撑的产品驱动型商业模式，逐步转变为以消费者为中心的组织形式，通过对关键细分市场的全球品类管理，实现有效益的快速增长。Charlie Denson 认为，这是一个消费者掌握权力的时代，任何一个公司都必须转向以消费者为中心。这种消费者为中心的模式已经开始发挥作用，比如在耐克的专卖店现已经有耐克+iPod 的销售组合，以满足追求时尚的青年消费者。

为此，耐克强化了四个地区运营中心，新设立了五个核心产品运营中心。四个地区运营中心是：美国、欧洲、亚太、中东及非洲。五个核心产品运营中心是：跑步运动、足球、篮球、男士训练、女士健康。这是一个矩阵式的管理，目标是把企业的资源向关键区域、核心产品集中,去抓住企业最大的市场机会。与传统的矩阵管理不同,关键是要实现跨地区、跨部门的协同。实际上,耐克公司已经有成功的经验,正是采用这种协同矩阵的管理方式,耐克公司组建了一支专门的队伍,将公司足球用品市场的经营额从 1994 年的 4000 万美元扩大到如今的 10 多亿美元。Charlie Denson 说:通过这种方式,我们可以更好地服务于运动员,更好地加深与消费者的联系,更好地扩大我们的市场份额,实现有效益的增长,增强我们的全球竞争力。比如中国的篮球运动市场,就由亚太区运营中心和全球篮球运营中心协同开拓。
(资料来源:新浪网 http://finance.sina.com.cn/leadership/case/20071229/10144351669.shtml)

问题:
耐克的销售组织采取的是哪种组织类型,并试述这种销售组织对耐克发展的影响?

复习思考题

1.销售组织的构成要素、功能及特点。
2.销售组织设计的原则有哪些?
3.销售组织设置的影响因素。
4.销售组织设置的程序。
5.销售组织的主要类型及优缺点有哪些?

第 14 章　销售计划管理

【核心概念】

销售目标管理;销售预测;高级经理意见法;德尔菲法;时间序列分析法。

【引例】

马拉松冠军的故事

1984 年,在东京国际马拉松邀请赛中,名不见经传的日本选手山田本一出人意外地夺得了世界冠军。当记者问他凭什么取得如此惊人的成绩时,他说了这么一句话:凭智慧战胜对手。

当时许多人都认为这个偶然跑到前面的矮个子选手是在故弄玄虚。马拉松赛是体力和耐力的运动,只要身体素质好又有耐性就有望夺冠,爆发力和速度都还在其次,说用智慧取胜确实有点勉强。

两年后,意大利国际马拉松邀请赛在意大利北部城市米兰举行,山田本一代表日本参加比赛。这一次,他又获得了世界冠军。记者又请他谈经验。山田本一性情木讷,不善言谈,回答的仍是上次那句话:用智慧战胜对手。这回记者在报纸上没再挖苦他,但对他所谓的智慧迷惑不解。

10 年后,这个谜终于被解开了,他在他的自传中是这么说的:每次比赛之前,我都要乘车把比赛的线路仔细地看一遍,并把沿途比较醒目的标志画下来,比如第一个标志是银行;第二个标志是一棵大树;第三个标志是一座红房子……这样一直画到赛程的终点。比赛开始后,我就以百米的速度奋力地向第一个目标冲去,等到达第一个目标后,我又以同样的速度向第二个目标冲去。40 多公里的赛程,就被我分解成这么几个小目标轻松地跑完了。起初,我并不懂这样的道理,我把我的目标定在 40 多公里外终点线上的那面旗帜上,结果我跑到十几公里时就疲惫不堪了,我被前面那段遥远的路程给吓倒了。

启示:销售工作就像是在啃一块"硬骨头",销售计划制订首先是需要制订长期目标的达成方案,然后根据目标分段执行,由各个项目计划的滚动执行,以确保长期计划的达成。每个销售人员更要明白:每天每次只要迈出一小步,坚持下去,成功则离你越来越近。

制订计划是销售管理的起点,是企业直接实现销售收入的一连串过程的安排,成功的销售活动源于完善的销售计划。销售管理过程实质就是销售计划制订、实施和评估的控制过程。销售计划主要涉及根据环境因素进行销售预测、设定销售目标、编制销售配额、制订销售预算、建立销售组织、设计销售区域和销售渠道等方面。

14.1 销售计划概述

人们对计划的看法持有不同的观点:有的人认为计划无用;有的人认为凡事预则立,不预则废。对于计划无用论者来说,他们强调的是计划赶不上变化,编制计划是一种浪费,所以无用。计划是行动的指南,好的计划等于成功了一半,对于管理者来说,制订良好的计划,是其实现有效指挥的依据,是减少浪费、降低风险、提高效益、掌握主动的方法与手段。

14.1.1 销售计划的含义

计划是对未来活动的事先安排,是管理者将已经确定的愿景、目标与组织的具体日常活动、组织的资源配置等战略目标所需要的方向制订一致的过程。经过这一过程最终形成的组织计划详细说明了组织的目标以及管理者为实现这些目标所要采取的行动方案。

销售计划是指企业根据历史销售记录和已有的销售合同,综合考虑企业的发展和现实的市场情况制订的针对部门、人员的关于任何时间范围的销售指标(数量或金额),企业以此为龙头来指导相应的生产作业计划、采购计划、资金筹措计划以及相应的其他计划的安排和实施。

14.1.2 销售计划的内容

销售计划的内容可以概括为“5W2H”+“一个前提”+“应变措施”,销售计划必须能清楚地确定和描述这些内容。销售计划工作的内容如表 14-1 所示。

表 14-1 销售计划工作的内容

要素	所要回答的问题	内 容
前提	该计划在何种情况下有效	预测、假设、实施条件
目标	做什么,What	最终结果、工作要求
目的	为什么要做,Why	理由、意义、重要性
战略	如何做,How to	途径、基本方法、主要战术
责任	由谁做,Who	人选、奖惩措施
时间表	何时做,When	起止时间、进度安排
范围	涉及哪些部门、何地,Where	组织层次、地理范围
预算	需要投入多少资源,How much	费用、代价
应变措施	实际与前提不相符怎么办	最坏情况的计划

【小贴士】

某公司年度销售计划管理样例

一、基本目标

本公司××年度销售目标如下：

1.部门全体　　　　　　　　　××××元以上

2.每一员工/每月　　　　　　　×××元以上

3.每一营业部人员/每月　　　　××××元以上

4.利益目标(含税)　　　　　　××××元以上

5.新产品的销售目标　　　　　××××元以上

二、基本方针

为实现下期目标，本公司确立下列方针并付诸实行：

(一)本公司的业务机构，必须一直到所有人员都能精通其业务、人心安定、能有危机意识、有效地活动时，业务机构才不再做任何变革。

(二)贯彻少数精锐主义，不论精神或体力都须全力投入工作，使工作朝高效率、高收益、高分配(高薪资)的方向发展。

……

三、业务机构计划

(一)内部机构

(二)外部机构

四、零售商的促销计划

(一)新产品销售方式体制

(二)新产品协作会的设立与活动

(三)提高零售店店员的责任意识

五、扩大顾客需求计划

(一)确实的广告计划

(二)活用购买调查卡

六、营业实绩的管理及统计

七、营业预算的确立及控制

(一)必须确立营业预算与经费预算，经费预算的决定通常随营业实绩做上下调节。

(二)预算方面的各种基准、要领等须加以完善成为示范本，本部与各事业部门则需交换合同。

(三)针对各事业部门所做的预算、实际额的统计、比较及分析等确立对策。

(四)事业部门的经理应分年、期、月别，分别制订部门的营业方针及计划，并提出给本部修正后定案。

八、提高经理干部的能力水准

(一)本部与事业所之间的关系

(二)事业所内部

九、提高负责人员的能力水准

(一)经理人员的指导教育

(二)销售应对基准的制作

资料来源：网络资源 http://www.diyifanwen.com/fanwen/xiaoshougongzuojihua/

14.1.3　销售计划的性质

销售计划是实现目标的路径,也是销售人员每日工作内容的指引。一方面,销售计划是决策的逻辑延续,组织实施销售任务的行动纲领;另一方面,具体的销售计划指标和要求为企业管理及销售提供了目标依据和衡量标准。其性质表现在以下5个方面。

1)目的性

销售计划工作是为实现组织目标服务的。

管理者为什么要做销售计划?主要是因为销售计划的目的性。销售计划可以给出管理者方向,减少变化的冲击,使浪费减至最少,并可以设立标准利于控制。

2)主导性

销售计划是销售活动的桥梁,是销售组织、领导与控制等管理活动的基础。如果说决策工作确立了组织生存的使命和目标,描绘了组织的未来,那么销售计划工作就如一座桥梁,为组织提供了通向未来目标的明确的道路,是组织、领导与控制等系列管理工作的基础。

3)普遍性

销售计划工作涉及销售组织管理区域的每一个层级,只是对于不同职能、不同层级的管理人员销售计划工作的特点与内容不同。高层管理人员计划销售组织发展的总方向,制订的销售计划类型一般为战略性计划,而比较基层的管理人员据此再拟订其详细的销售计划,称之为业务销售计划,从而保证实现组织的总目标。

4)效率性

销售计划的效率性表现为计划的制订与实施所需要的成本与达到目标后所获得利益相比。有效率是指销售计划实现之后所带来的利益扣除制订与实施这个销售计划所需要的费用出现了盈余;反之,则是无效率。特别需要注意,在衡量费用时,不仅要用时间、金钱等来衡量,而且还要用个人和集体的满意程度来衡量。实现目标有许多途径,必须从中选择尽可能好的方法,以最低的费用取得预期的成果,避免不必要的损失,并保持较高的效率。为了使销售组织的努力有效,每个人都更需要了解应该做什么,这就是销售计划。

5)灵活性

面对不确定性因素日益增加的世界,销售计划要求具有灵活性。计划的制订并不是一成不变的,销售计划应随着外界环境灵活改变,销售计划的灵活性也表现在销售计划内容中的应变措施上。对于一些变化的东西,由于人们具有有限理性的特征,并不能全部掌握,因此,在制订销售计划时,要使销售计划具有弹性,就要随环境变化而变化。

14.2 销售计划制订的程序

任何一个企业的销售活动都离不开销售计划的指导和控制，因此，制订和实施销售计划很重要，它反映了企业的营销管理水平。

14.2.1 分析营销现状

市场营销现状的分析比较复杂，又包括了市场营销环境分析，竞争对手及产品、销售渠道和促销工作等的分析。

1）市场营销环境分析

企业总是在一定的市场营销环境下生存的，市场营销环境是企业外部不可控制的因素和力量，是影响企业生存和发展的外部条件。它既能给企业带来生存和发展的机会，也能带来某种巨大的威胁。市场营销环境是比较复杂多变的，所以，分析企业所处的市场营销环境也是十分困难的，不同的因素对营销活动的各个方面的影响和制约也不相同。

一般来说，企业的营销环境主要包括两个方面：一方面是微观环境因素，是指与企业紧密联系，直接影响企业营销能力的各种参与力量。这些参与力量包括企业的供应商、中间商、目标客户、竞争对手以及影响营销管理决策的企业内部各个组织单位。另一方面是宏观环境因素，是影响企业微观环境的巨大社会力量，包括经济、政治、法律、人口、科学技术、社会文化及地理区域等多方面的因素；微观环境直接影响和制约企业的市场营销活动，而宏观环境主要以影响微观环境来间接影响和制约企业的市场营销活动。企业要正确分析各个环境要素，可以充分利用外部资源，把握有利时机，避免各种风险的出现。通过对整体环境进行分析后，企业就可以知道整个行业内部的动态，从而可以测算出行业需求的预测值。

2）竞争对手分析

竞争对手分析是制订销售计划中必不可少的环节，企业要在剧烈的市场竞争中获胜，就必须做到知己知彼。

①分析竞争对手要求首先识别竞争对手，并不是所有的竞争参与者都是企业的竞争对手。只有那些有实力与企业抗衡的竞争参与者才是企业的竞争对手。具体来说，企业可以将生产相同产品或替代产品的企业看作竞争对手。随着企业间竞争范围的扩大，企业在进行竞争对手分析的时候，也要密切关注行业内的变化，找到来自潜在产品的替代者的威胁。

②企业要识别和判断竞争对手的目标。因为目标决定着行动，了解竞争对手的目标，就可以知道竞争对手是否满足目前状况，就可以知道竞争对手的一些竞争反应。

③企业要确认竞争对手的战略。通过竞争对手的战略可以知道竞争对手在做什么以及将来会做什么，从而可以提前做出应对策略。

④评估竞争对手的优势和劣势。通过分析竞争对手的优势和劣势，企业可以知道竞争对手的真正竞争力，可以做好充分的应对措施。

⑤预测竞争对手的反应模式。竞争对手的反应模式是基于竞争对手对目前的满意程度。如果企业知道竞争对手对市场变化的反应模式,就可以预测到竞争对手的行动。

根据竞争对手的总体竞争力、市场和产品的竞争状况,竞争对手的优势和劣势,竞争对手的反应方式等,企业可以最终确定自己的竞争战略,并采取相应的攻击或避让的策略。同时企业可以对竞争对手的经营历史、竞争对手的管理层和董事会的构成和背景进行分析,有助于了解竞争对手的企业发展、企业治理状况等,从而辅助本企业的战略决策。但是企业要切忌成为行业的跟随者,对行业外的潜在竞争对手的创新性的方法却没有足够的重视。

3)预测企业的销售额

在上面两个步骤都分析完之后,企业可以根据自己在市场上的实力及行业状况,预测出企业的销售额有多大,这为制定销售目标打下了基础。企业销售额的预测方法在后面一节将具体介绍。

14.2.2　确定销售目标

根据企业的销售额预测值,再考虑到企业内部现状,如前线销售现状的报告、以往销售情况的报告,以及内部管理和销售人员的建议,如各部门主管、销售负责人等,可以确定下年度的销售收入目标是多少。然后,再根据企业产品的各区域市场状况,将目标销售额一一分解下去,分配到各区域、各销售团队和销售个人。具体来说,企业可以根据产品类别先进行分配,如某款产品属于产品生命周期中成长期的产品,而企业在这个领域有很强的竞争力,所以这款产品在下一年的目标销售额就要大一些。

按产品类别分配完销售额之后,企业可以逐次按地域不同进行进一步分配。可以根据市场占有率进行分配,也可以根据以往经验估计进行分配,最后是分配到每一位销售人员身上。在这些分配完之后,为了使销售计划具有可执行性,再按月份进行分配,确定每个月份的目标销售额。这样就比较完善,并且可操作性较强。

14.2.3　制订销售策略

确定了企业的目标销售额以后,营销部门应该制订具体的销售策略。

1)产品策略

营销部门首先应该针对每一个目标细分市场的具体情况,分析产品组合的状况和结构,判断各产品项目在各细分市场上的生命力,并评价其发展趋势,不断调整产品的组合,在变动的形势下,努力使产品组合最优化。在分析产品组合的优劣时,先根据产品的生命周期理论,判断出各细分市场中产品的状况。处于成长和成熟期初期阶段的产品,是有良好发展前景的产品;而成熟期后期或衰退期的产品,基本没有很大的潜力,这时可以适当地加以取舍。不可能所有的产品都处于最优的位置,营销部门要在可以预测的变动范围内,使各细分市场获得最大利益的产品组合。同时,营销部门也要参考产品的盈利水平以及产品的竞争状况,采用相应的工具,如采用波士顿矩阵法加以优化,这样就可以选择出相对合适的产品组合。

2)定价策略

营销部门根据各个目标细分市场的状况,为每个产品确定合理的价格,首先应该合理安排产品线内各个产品之间的价格梯级。一般情况下，如果产品线中两个前后连接的产品之间价格差额小，客户就会购买新推出的新产品。所以营销部门需要在分析各种产品成本之间差额的基础上，再确定价格梯级，这样通过合理利用价格梯级，在使客户满意的同时，又增加了企业的利润。其次，营销部门也应该根据每个目标细分市场的情况，采取适当的提价或降价策略。进行价格变动策略，不仅可以使企业更灵活地应对市场变化，同时更具有竞争力。特别注意的是，企业采取提价或降价策略的时候，应及时掌握客户的反应，这样才能收到良好的市场效果。最后，营销部门还应考虑到企业的销售政策，由于地区之间的差异，目标细分市场的销售政策也是不同的。因此，各个细分目标市场的价格也应有一定的差别性，各个地区的价格应该是既照顾到地区的具体状况，同时又不足以发生串货行为。

3）渠道策略

营销部门根据各个目标细分市场的状况，选择合适的渠道策略。完全借助于中间商的渠道存在很多问题，中间商直接掌握最终客户的信息，而客户的信息是企业生存和发展的基础，中间商一般不会与生产企业共享客户信息。这样，生产企业不能准确了解市场信息，从而影响产品的销售，同时还会影响对客户的服务。所以企业应该在依赖中间商的同时也要有自己的销售渠道。自建渠道的成本比较高昂，所以企业应该根据具体的市场情况加以选择。有了良好的渠道策略，才能更紧密和精确地联系目标细分市场，这样才会更具有竞争优势。

4）促销策略的销售渠道

企业通过采用合适的促销组合，如广告策略、公共关系、销售促进、人员推销，使客户对企业和企业的产品有更深的了解，并产生购买的冲动，从而达到销售的目的。企业应根据产品的特点、目标市场的具体情况、促销方式的有效性以及客户对产品和促销组合的接受过程，加以合理的组合。

在进行以上策略的同时，企业还应该根据销售额的分配情况，估算出销售费用，从而为销售策略编制出销售预算。不同的销售策略销售预算可能不同，即使同一个销售策略销售预算也可以不同。预算太多，销售费用太高，企业利润率降低，极有可能出现销售额很大，但是企业盈利比较少的情况，这种情况在现实情况中经常出现。预算太少，销售目标难以实现，从而影响整个营销计划的实施。

【小贴士】

顺丰速运销售策略

顺丰速运无疑是目前国内物流企业销售的成功典范。顺丰速运自1993年成立以来，二十多年间迅速发展，成为国内速度最快、服务最好、系统最完善、最安全的快递物流企业。顺丰的成功迅猛发展，除了它别具一格的管理理念之外，出色的销售策略运用对顺丰品牌的树立和宣传、顺丰文化的深入人心、顺丰产品及服务的推广也起到了极大的作用。

目前，顺丰速运的销售可以说是无孔不入，各种销售策略的联合使用，让顺丰无处不见。

顺丰成立和发展之初，销售主要靠的不是广告的宣传，而是优质的产品及服务。

而在近年来，顺丰的销售组合策略逐步由以产品为导向的4PS物流销售组合策略转变为以消费者需求为导向的4CS物流销售组合策略。将尽可能地按照消费者的需求提供优质的服务放在首位，并着手于建立顾客关系和顾客忠诚。

1）产品及服务策略

顺丰可以提供全国32个省、直辖市、港澳台地区的高水准门到门快递服务。采用标准定价、标准操作流程，各环节均以最快速度进行发运、中转、派送，并对客户进行相对标准承诺。

顺丰可以按照寄件方客户（卖方）与收件方客户（买方）达成交易协议的要求，为寄件方客户提供快捷的货物（商品）专递，并代寄件方客户向收件方客户收取货款；同时，可以提供次周、隔周返还货款的服务。

（1）顺丰的产品及服务优势

①快捷的时效服务

从客户预约下单到顺丰收派员上门收取快件，1小时内完成；

快件到达顺丰营业网点至收派员上门为客户派送，2小时内完成；

自有专机和400余条航线的强大航空资源以及庞大的地面运输网络，保障各环节以最快路由发运，实现快件“今天发明天到”（偏远区域将增加相应工作日）。

②安全的运输服务

自营的运输网络：提供标准、高质、安全的服务。

先进的信息监控系统：HHT手持终端设备和GPRS技术全程监控快件运送过程，保证快件准时、安全送达。

严格的质量管控体系：设立四大类98项质量管理标准，严格管控。

③高效的便捷服务

先进的呼叫中心：采用CTI综合信息服务系统，客户可以通过呼叫中心快速实现人工、自助式下单、快件查询等功能；

方便快捷的网上自助服务：客户可以随时登录顺丰网站享受网上自助下单和查询服务；

灵活的支付结算方式：寄方支付、到方支付、第三方支付、现金结算、月度结算、转账结算、支票结算等。

（2）顺丰的产品及服务特色

①365天全天候服务

一年365天不分节假日，顺丰都将一如既往地提供服务。

②多项特色增值服务

顺丰提供代收货款、保价、通知派送、签回单、代付出/入仓费、限时派送、委托收件、MSG短信通知、免费纸箱供应等多项增值服务。

③新增夜晚收件服务

为满足客户需求，延长收取快件时间，自2009年7月1日起，顺丰在北京市、天津市以及山东省、江浙沪和广东省服务地区推出夜晚收件服务。

2)价格策略

顺丰速运坚信价格是价值的标签,即价格要与产品价值来对比才能看出是否合理。顺丰在同行业中的价格应属中等水平(如表14-2所示),但提供的服务却是上等优质的服务。例如:

①您的货物享受国内唯一的货物包机服务,在速度上体现快捷;

②在安全方面,顺丰的运输网络都是自己组建,并通过高科技术的业务系统全程跟踪货物在各个运输环节的安全情况;

③货物信息在收派终端唯一实现信息实时上传,并可以通过短信形式免费通知客户快件的运输状态。

表14-2 顺丰速运国内标准价格表

原寄地	重量 / 目的地	1 kg	1.1—50 kg	50.1—100 kg	100.1—300 kg	300.1 kg以上
		首重	续重			
温州	浙江	10	2	2	2	2
	安徽、上海、江苏	12	2	2	2	2
	连云港、徐州、福建	15	6	6	6	6
	湖北、江西、海南	20	8	8	7	7
	北京、天津、辽宁、河北、山东、湖南、四川、陕西、昆明、山西、兰州	20	10	8	7	6
	黑龙江、吉林、呼和浩特、银川	20	12	10	10	9
	广东、广西	20	13	11	11	10
	乌鲁木齐	20	16	14	13	12
温州	香港、澳门	30	12	12	11	10
	台湾	35	26	26	26	26

享受这样快捷、准确、安全的服务,将直接帮助从事电子商务的企业或个人提升业务优势,让参与电子商务的消费者更满意。

3)促销策略

顺丰速运的促销策略运用在国内物流企业中首屈一指。手段多样、形式多变的促销策略为顺丰吸引大量的潜在客户,也为老客户随时关注顺丰动态提供方便。

顺丰速运的促销策略不仅仅是为了宣传产品,提高企业的知名度,更重要的是为了给客户提供获取物流服务的便利性,以及方便与客户沟通,并通过互动、沟通等方式,把客户和企业双方的利益无形地整合在一起。

(1)传统销售策略

顺丰通过电视、报纸、广告牌等进行品牌定位和产品及服务特色宣传,让新老客户及时快捷地了解到企业动态，以及新的产品及服务的研发情况和特色；

通过统一规格的运输车辆、统一的快件包装对品牌及企业文化进行推广。

(2)网络销售策略

在 Internet 飞速发展的今天，基于电子商务的物流企业在进行销售策略研究时，网络销售策略十分重要。国内物流企业中，顺丰速运的网络销售无疑最为出色。

①顺丰速运建有完善的官网，并在百度、谷歌、新浪、搜狐、网易、有道等多家搜索引擎进行网站推广；

②顺丰速运在淘宝、当当等电子商务网站对产品及服务特色进行广告宣传；

③顺丰速运与多家需要快递服务的企业进行联合，共同宣传，增强企业的知名度和信誉度。

（资料来源：百度文库《顺丰速运营销策略研究案例分析》）

14.2.4　编制销售计划

企业相关部门综合评价营销部门所提出的销售方案，从多个角度进行讨论，权衡利弊，形成最终的销售策略方案。各销售部门根据总的销售目标、分配的销售额以及销售策略方案，编制各部门的销售计划，之后上报给销售的总负责人。然后，销售的总负责人把各部门的销售计划进行汇总，经过统一、反复的讨论、协调，结合企业的营销战略，最后形成企业总的销售计划。

14.2.5　制订销售计划行动方案

销售计划的执行是将计划转化为具体行动方案的过程，也就是调动企业的全部资源投入到日常的销售活动中去。一个好的计划必须落地才能给企业带来销售额的提升，如果没有好的组织安排和实施，是不可能有效的。所以，在总的销售计划制订出来以后，应该制订每个部门具体的行动方案。

制订具体行动方案时要明确：具体行动方案要分解成几个步骤；每个步骤之间应该有明确的关系次序等；要标明每个步骤的负责人及所需要的资源；注明每个步骤完成的时间区间。同时，在具体的行动方案里，尽量说明与行动方案有关的一些数据，如广告费用是多少，总的活动预算是多少，企业目前的市场占有率是多少等。尽量把行动方案列出详细的程序表，这样可以方便执行和检查，如表 14-3 所示。

表 14-3　市场活动执行表

市场活动内容	负责人	起始时间	预　算	所需资源	备　注
1					
2					
3					
4					

14.2.6 对销售计划进行指导和控制

销售计划的实施过程可能遭遇各种问题,例如,销售计划的执行只是遵循一个简单的目标,导致执行过程中偏离主线,使销售计划流于形式,落不到实处;企业制订出的销售计划比较复杂,到区域执行时,缺乏对销售计划落实的培训,导致计划搁置。所以要对销售计划进行指导和控制。

1) 对销售计划进行培训

企业要给各级销售组织的销售计划进行培训,保证整个销售组织达到统一思想,理解充分,这样每个部门乃至每个人都充分了解到自己的责任,使销售计划真正落实到行动中去。

2) 建立执行的规章制度

企业还应该建立相应的规章制度来保证销售计划的实施,对于偏离计划的人员采取相应的惩罚机制。这样一方面保证了销售计划的执行,另一方面又对相关人员进行了二次教育,使销售活动沿着销售计划正确实施。

3) 采取相应的控制指标

企业采用管理信息系统及时收集、反馈信息,时时监督和追踪销售计划的执行情况。由于各个企业营销工作的差异,控制的内容也不相同,具体有年度计划控制、盈利率控制、效率控制和战略控制等。

年度计划控制就是保证企业实现年度计划中所制订的销售和利润目标。企业根据每个月份和季度的目标,对市场上计划的执行情况进行监督,对偏离的行为进行及时的修正。盈利率控制就是通过各种盈利分析,企业决策层决定哪些销售活动应该加大力度,哪些活动应该减小力度甚至取消等。效率控制就是评价和提高预算开支的效率及效果,从而提高销售活动的效益。战略控制就是检查企业各个目标细分市场上的变化情况,如新产品和新进入者等,这样可以为企业提供反馈信息,从而为将来的计划做准备。企业可以将这四个方面加以细化,然后进行选择,这样才能使销售活动执行得更好。

14.3 销售目标管理

销售目标管理就是通过设定合理的销售目标,并对其进行合理的分解,通过合适的手段予以实施和监控,并关注最终结果和评估的一种管理过程。

14.3.1 销售目标管理的步骤

销售目标管理分为 6 步。

1) 确定销售目标

销售目标包括年度、月度销售目标。具体分为:

①销售额目标:指公司向各个区域市场下达的销售额任务,以出货额或量计算。

②销售费用率目标:指公司规定每个区域的产品或总体市场拓展费用占该区域同期销售额的比重,具体包括条码费、助销物、广宣品、赠品、促销品等及其他零散的小额市场拓展费用。

③销售利润目标。

④其他目标。

2)分解销售目标

分解步骤:第一步:在规定的时间内分解;第二步:逐级分解。例如,某公司对销售目标的分解:①在规定的时间内。比如某快速消费品企业规定每月5日下午17:30前,营销总经理、区域经理必须将下月月度销售目标和费用目标分解到下属的区域经理、业务主管、业务人员及经销商,营销总经理及区域经理以此对所辖区域的费用率进行统筹分配。②按照要求在规定的时间内分解。比如该公司要求每月9日下午17:30前,将下属填好的下月《月度任务分解表》或《目标责任书》《月度网络拓展计划》《月度宣传促销品申请表》《区域月度费用计划表》《区域促销实施方案》进行认真审核,并上报销售管理部。

分解注意五个方面:第一,分解目标要高于下达的目标;第二,保证分解目标既有挑战性,又有可执行性;第三,便于控制管理;第四,分解到每一天;第五,目标要进行日点检。

3)签订销售目标责任书

销售目标责任书应注意三点。

①在规定的时间内完成。举例,某企业每年12月31日前,销售管理部确定各区域的年度、季度销售目标和费用率,由营销总经理、总经理审批,并由销售管理部以公司文件的形式直接下达给各省部和直属区域。

②销售目标要进行具体确认。举例,某企业每季度第三个月5日前,由省部和直属区域经理向销售管理部上报下季度销售目标确认书和分解表,经销售管理部评审、沟通与调整,由营销总经理审核、总经理审批。

③目标责任书签署。举例,某企业每季度第三个月末,由区域经理签署季度销售目标责任书,并经销售管理部经理确认,由营销总经理签字生效。

4)审核、审批销售目标

审核、审批销售目标应注意:

①限定目标分解表等报表时间。例如某企业要求区域经理的各类报表必须按照要求的规定时间内上报,每超时一天扣罚工资100元,由销售管理部做出书面处理决定,由财务部从其下月工资中直接扣罚。

②按照标准上报报表。例如某企业要求报表必须符合公司规定的统一电子文档格式,不符合格式的报表视为无效,并要求重新上报,如因不符格式重新填写而导致超时上报,仍然按照标准扣罚责任人工资。

③审批时限。例如某企业要求销售管理部于每月11日下午17:30前,完成对各区域上报的下月目标分解计划、费用分解计划及其他报表的汇总,经销售管理部经理审核,并由营销总经理于每月14日下午17:30前完成审批。

④销售目标内部要求。例如某企业要求销售管理部于每月 15 日下午 17:30,必须将审批后的下月《区域月度费用计划表》回传至各区域,同时将各区域的下月《月度任务分解表》送财务部,作为核算各区域绩效奖金的依据。

5) 评估检讨销售目标

评估检讨销售目标应注意:

①销售目标进度上报。例如某企业要求各区域经理必须于每周一下午 17:30 前填写本区域的上周《销售周报》,并上报至销售管理部。

②销售目标总结报告。例如某企业要求各区域经理必须于每月 7 日下午 17:30 前填写本区域上月度的《销售月度总结报告》《区域月度费用实际执行情况报告》和《本月新增零售终端报告》,并上报至销售管理部。

③达成率统计。财务部于每月 5 日 17:30 前,完成对各区域上月的销售额目标完成率和累计销售费用率数据的汇总统计。

④财务检核。例如某企业要求财务部于次月 6 日下午 17:30 前确认上月销售额目标完成率未达标和累计销售费用额度超标的区域名单,标明其目标完成率和销售费用率,并传至销售管理部。

⑤销售目标评估。例如某企业销售管理部根据财务提供的销售数据和区域经理上报的总结报告,对区域的上月目标完成情况进行评估,如果各区域上月所辖经销商某品项实际库存严重超出规定的库存限额,则库存超出部分不计入区域上月的销售额。

6) 考核销售目标

考核销售目标应注意:

①达成率考核。例如某企业规定:销售目标完成率未达成 70%,第一月,扣薪 10%;连续两个月,降薪一级;连续三个月,降薪二级;连续四个月,降职一级;连续五个月,则予以免职。

②费用率考核。例如某企业规定:累计销售费用超过额度的 10%,第一个月,扣薪 10%;连续两个月,降薪一级;连续三个月,降薪二级;连续四个月,降薪三级;连续五个月,降职一级;如费用超标严重,则予以免职。

③销售目标完成率超标考核。例如某企业规定:如果连续两个季度累计销售目标达成率超过 130%,则提薪一级,如果年度累计销售目标达成率超过 130%,则提薪二级。

④销售管理部根据对各区域的评估结果,于次月 8 日前对目标完成率未达成 70%或下季度 8 日前,对累计销售费用额度超标的责任人做出扣薪、降薪、降职或辞退的处理决定,并报营销总经理批准。

⑤销售管理部根据营销总经理的审批意见,以公司文件的形式公布对有关责任人的处理决定,并将决定传给被处罚责任人,并报营销总经理批准。

⑥财务部根据销售管理部的文件,具体处理被处罚责任人的扣薪、降薪事宜;人力资源部根据销售管理部的文件,具体处理被处罚责任人的降职、辞退事宜。

14.3.2 销售目标值的确定方法

销售目标值往往是在销售预测的基础上,结合本公司的营销战略、行业特点、竞争对手的状况及企业的现状来确定的。

确定销售收入目标是确定整个企业的销售目标的核心。企业作为一个赢利的社会团体,其销售收入(销售额)的大小就是企业经营好坏的最好标志,故本书重点介绍销售收入目标值的确定方法。确定销售收入目标时,需考虑到下列三项因素,即与市场的关联、与收益性的关联、与社会性的关联。

与市场的关联是针对企业服务的顾客层及可服务多少而言。企业正是根据这个构想,来确保企业在市场中的地位。即销售目标值的大小必须能确保企业在市场中的地位,而企业为了确保其市场地位,务必对市场展开最佳的活动,最终成果明显表现在"市场占有率"上。与收益性的关联方面,销售收入的目标值须能确保企业生存与发展所需的一切利益,也就是企业需从事足以获得收益的活动。

另外,企业是属于社会的一个单位,所以在决定销售收入目标之时就必须考虑到社会性,不可在已确保市场与收益性之余忽视了社会性。因此,企业需顺乎时代潮流,尽量满足企业内外各利害关系人的不同需求,尽其所能地为社会服务。

确定销售收入目标值时,应统筹考虑上述因素。确定销售收入目标值的方法主要有:

1)根据销售增长率确定

销售增长率是本年度销售实绩与前一年度实绩的比率。其计算公式如下:

$$销售增长率 = \frac{本年度销售实绩}{前一年度销售实绩}$$

有时企业决定销售增长率极为简单,例如最高层经营者下达指标:明年的销售收入额需达今年的150%。此时就不需任何计算了,使用上述的数值即可。

但若想求出精确的增长率,就须从过去几年的增长率着手,利用趋势分析推定下年度的增长率,再求出平均增长率。此时所用的平均增长率并非以"期数"(年数)去除以"增长率",因为每年的销售收入是以几何级增加的,其平均增长率的求法如下:

$$平均增长率 = \sqrt[n]{\frac{本年度销售实绩}{基本销售实绩}}$$

n 值的求法是以基年(基准年)为第0年,然后算出当年是基年后的第几年,即 n 为几。如果是基年后的第3年,则 n 为3。

有时,是以"经济增长率"或"业界增长率"来代替销售增长率。但无论采用什么方法,均需要运用下列公式计算销售收入的目标值:

$$下年度的销售收入目标值 = 本年度销售实绩 \times 销售增长率$$

2)根据市场占有率确定

市场占有率是企业销售额占业界总的销售额的比率。其求法如下:

$$市场占有率 = \frac{本公司销售收入}{业界总销售收入} \times 100\%$$

使用这个方法,首先要通过需求预测求出业界总的销售收入。销售收入目标值的计算公式为:

$$下年度的销售收入目标值 = 下年度业界总销售收入 \times 市场占有率目标值$$

3)根据市场增长率(或实质成长率)确定

这是根据企业希望其市场的地位扩大多少来确定销售收入目标值的方法。如果企业想保住本公司的市场地位,其销售增长率就不能低于业界市场增长率。公式如下:

$$市场增长率 = \frac{本年度市场销售总额}{前一年度市场销售总额} \times 100\%$$

下年度的销售收入目标值=本年度销售额×市场增长率

4)根据损益平衡点公式确定

销售收入等于销售成本时,就达到了损益平衡。损益平衡时对应的销售收入计算公式推导如下:

销售收入=成本+利润

销售收入=变动成本+固定成本+利润

销售收入=变动成本+固定成本(利润为0时)

销售收入-变动成本=固定成本

变动成本随销售收入(或销售数量)的增减而变动,故可通过变动成本率计算损益平衡点上的销售收入。

$$变动成本率 = \frac{变动成本}{销售收入} \times 100\%$$

销售收入-变动成本率×销售收入=固定成本

可利用上述公式导出下列损益平衡点公式:

$$损益平衡点上的销售收入 = \frac{固定成本}{1 - 变动成本率}$$

5)根据经费倒算确定

企业各项经营活动的展开,例如开拓市场必须投入一定的资金,企业要收回投资就要有一定的销售收入。因此,可以根据经费的投入来确定销售收入。其具体计算方法如下:

$$销售收入目标值 = \frac{投入销售费用 + 预期纯利润}{1 - 销货毛利率 - 变动成本率}$$

式中,销售毛利率=销售毛利/销售额×100 %,毛利率一般根据上一年或同行业数据计算;变动成本率=变动成本/销售收入×100%,这一数据也是根据以往的资料进行计算。

6)根据消费者购买力确定

此法适合零售商采用,是估计企业营业范围内的消费者购买力,用以预测销售额的方法。使用这种方法首先需要设定一个营业范围,并调查该范围内的人口数、户数、所得额及消费支出额,另外还需调查该范围内的商店数及顾客的平均购买力。

7)根据销售人员确定

根据销售人员来确定销售收入的方法有三种。

(1)根据销售人员人均销售收入确定

这是以销售效率或经营效率为基数求销售收入目标值的方法。其中最具代表性、最简易的方法是运用如下公式:

销售收入目标值=每人平均销售收入×人数

每人平均销售收入与人数之积就是下年度的销售收入目标值。当然,以过去趋势作单纯的预测或以下年度增长率为基准来预测均可以。

(2)根据人均毛利确定

这是根据每人平均毛利额计算销售收入的方法。公式如下:

$$销售收入目标值=\frac{每人平均毛利\times人数}{毛利率}$$

(3)根据销售人员申报确定

这是逐级累积第一线销售负责人申报的销售收入预估值,借以计算企业销售收入目标值的方法。由于第一线销售人员(如推销员、业务人员等)最了解销售情况,所以经过他们估计而申报的销售收入必然是最能反映当前状况,而且是最有可能实现的销售收入。当然,如果第一线销售人员的总预测值和经营者的预测一致的话最为理想。当采用本法时,务必注意下列三点:

①申报时尽量避免过分保守或夸大。预估销售收入时,往往产生过分夸大或极端保守的情形。此时,销售人员应依自己的能力来申报"可能"实现的销售收入值。身为第一线领导者的业务经理务必使推销员明了这一点。

②检查申报内容。第一线销售管理者除应避免过分夸大或保守外,还需检查申报内容的市场性,即检查申报内容是否符合过去的趋势以及市场购买力。

③协调上下目标。由于销售人员申报是"由下往上分配式",一线销售人员往往过于保守,其销售收入目标值一般定得较低,不能达到公司总的销售收入目标要求。因此,销售经理还要采用下达销售收入目标的"由上往下分配式"来调整销售收入目标,并做好协调工作。

14.4　销售预测

关于销售预测,我们将厘清以下内容。

14.4.1　销售预测的定义

销售计划的中心任务之一就是销售预测,无论企业的规模大小、销售人员的多少,销售预测都会影响包括计划、预算和销售额确定在内的销售管理的各方面工作。

销售预测是指对未来特定时间内,全部产品或特定产品的销售数量与销售金额的估计。销售预测是在充分考虑未来各种影响因素的基础上,结合本企业的销售实绩,通过一定的分析方法提出切实可行的销售目标。

14.4.2　销售预测的影响因素

尽管销售预测十分重要,但进行高质量的销售预测却并非易事。在进行预测和选择最合适的预测方法之前,了解对销售预测产生影响的各种因素是非常重要的。

一般来讲,在进行销售预测时考虑两大类因素:

1)外界因素

影响销售预测的外界因素有:

(1)需求动向

需求是外界因素之中最重要的一项。如流行趋势、爱好变化、生活形态变化、人口流动等,均可成为产品(或服务)需求的质与量方面的影响因素,因此,必须加以分析与预测。企业应尽量收集有关对象的市场资料,市场调查机构资料、购买动机调查等统计资料,以掌握市场的需求动向。

(2)经济变动

销售收入深受经济变动的影响,经济因素是影响商品销售的重要因素,为了提高销售预测的准确性,应特别关注商品市场中的供应和需求情况。尤其近几年来,科技、信息快速发展,更带来无法预测的影响因素,导致企业销售收入波动。因此,为了正确预测,需特别注意资源问题的未来发展、政府及财经界对经济政策的见解以及基础工业、加工业生产、经济增长率等指标变动情况。尤其要关注突发事件对经济的影响。

(3)同业竞争动向

销售额的高低深受同业竞争者的影响。古人云"知己知彼,百战不殆",为了生存,必须掌握对手在市场的所有活动。例如,竞争对手的目标市场在哪里,产品价格高低,促销与服务措施,等等。

(4)政府、消费者团体的动向

考虑政府的各种经济政策、方案措施以及消费者团体所提出的各种要求等。

2)内部因素

影响销售预测的内部因素有:

(1)营销策略

市场定位、产品政策、价格政策、渠道政策、广告及促销政策等变更对销售额所产生的影响。

(2)销售政策

考虑变更管理内容、交易条件或付款条件、销售方法等对销售额所产生的影响。

(3)销售人员

销售活动是一种以人为核心的活动,所以人为因素对于销售额的实现具有相当深远的影响力,这是我们不能忽略的。

(4)生产状况

货源是否充足,能否保证销售需要等。

14.4.3 销售预测的程序

销售预测可以看作一个系统,是由有关信息资料的输入、处理和预测结果的输出所组成的信息资料转换过程。对于复杂的预测对象,有时要把它进行分解,对分解后的子系统进行预测,在此基础上再对总的预测目标进行预测。它始于预测目标的确定,终于销售预测结果的使用。其过程如图14-1所示。

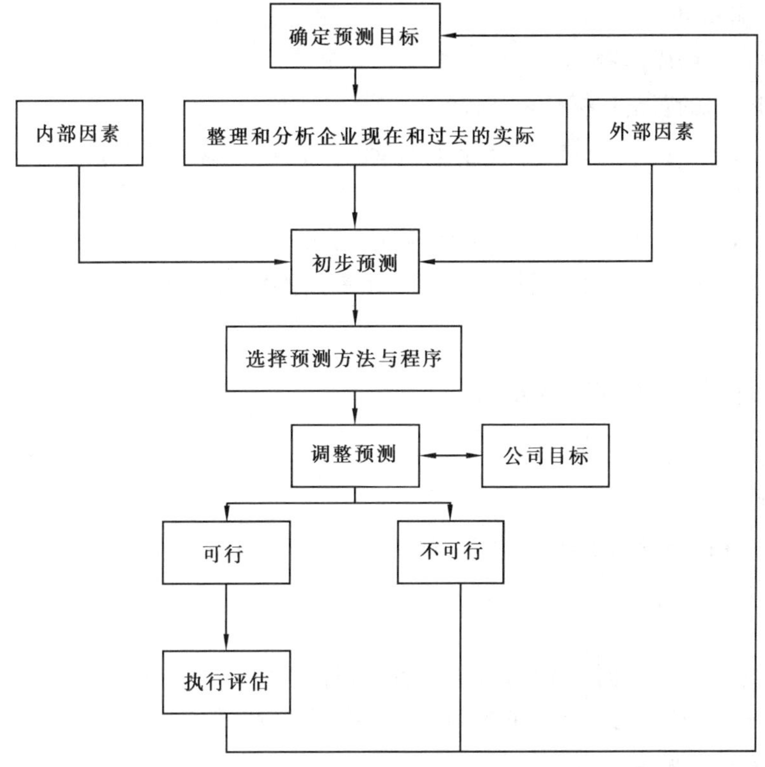

图14-1 销售预测的程序

1)确定预测目标

确定预测目标应包括:

①销售预测的目的是什么?

②预测将被如何使用?谁来使用?

③是否用于企业计划进入的市场?

④预测是否需要体现对现金的控制?

⑤是否用于个人销售配额的设定?

2)初步预测

初步预测将来的销售量,主要确定预测应涉及哪些变量,如销售量、市场占有率、利润率等。

3)选择预测方法与程序

这主要是决定采用什么方法,以什么样的程序来进行预测。

4)依据内外部因素调整预测

从内部来讲,预测期间的工作同过去相比将有什么不同?整个营销战略是否有改变?是否有新产品推出?价格策略如何?促销费用如何安排?销售渠道有无变化等。

外部因素要考虑的是:一般经济环境是改善了还是恶化了?是否有重要对手加入?竞争对手的营销策略动向如何?

5)比较预测和目标

比较预测和目标应注意:

①预测和公司的营销目标是否一致?

②预测不能满足目标,是降低目标值还是进一步采取措施来实现原来的目标?

6)检查和评价

销售预测不是固定不变的。随着内外环境的变化,或者调整目标,或者采取措施来实现公司的销售目标。另外,必须有反馈制度使一些重大的变化能够在销售预测和决策中反映出来。

14.4.4 销售预测的基本方法

销售预测的基本方法如下:

1)定性预测

一般来说,在销售预测中常用的定性预测方法有四种:高级经理意见法、销售人员意见法、购买者期望法和德尔菲法。

(1)高级经理意见法

高级经理意见法是依据销售经理(经营者与销售管理者为中心)或其他高级经理的经验与直觉,通过一个人或所有参与者的平均意见求出销售预测值的方法。

(2)销售人员意见法

销售人员意见法是利用销售人员对未来销售进行预测。有时是由每个销售人员单独作出这些预测,有时则与销售经理共同讨论而作出这些预测。预测结果以地区或行政区划汇总,一级一级汇总,最后得出企业的销售预测结果。

(3)购买者期望法

许多企业经常关注新顾客、老顾客和潜在顾客未来的购买意向情况,如果存在少数重要的顾客占据企业大部分销售量这种情况,那么购买者期望法是很实用的。

这种预测方法是通过征询顾客或客户的潜在需求或未来购买商品计划的情况,了解顾客购买商品的活动、变化及特征等,然后在收集消费者意见的基础上分析市场变化,预测未来市场需求。

(4)德尔菲法

德尔菲法又称专家意见法,是指以不记名方式根据专家意见作出销售预测的方法。至于谁是专家,则由企业来确定,如果对专家有一致的认同则是最好不过的。德尔菲法通常包括召开一组专家参加的会议。第一阶段得到的结果总结出来可作为第二阶段预测的基础,通过组中所有专家的判断、观察和期望来进行评价,最后得到具有更少偏差的预测结果。

这种方法的最大优点是充分民主地收集专家意见,把握市场的特征。但是,德尔菲法一般只能得到企业或行业的预测结果,用此方法所求得的地区、顾客、产品分类等预测结果就没有那么精确了。

2)定量预测

用来进行销售预测的定量预测方法可以按照不同类型分成两大类:时间序列分析法、回归和相关分析法。

(1)时间序列分析法

时间序列分析法是利用变量与时间存在的相关关系,通过对以前数据的分析来预测将来的数据。在分析销售收入时,大家都将销售收入按照年或月的次序排列下来,以观察其变化趋势。时间序列分析法现已成为销售预测中具有代表性的方法。

(2)回归分析法

各种事物彼此之间都存在直接或间接的因果关系,同样的,销售量亦会随着某种变量的变化而变化。当销售与时间之外的其他事物存在相关性时,就可运用回归和相关分析法进行销售预测。

【本章小结】

销售计划是指企业根据历史销售记录和已有的销售合同,综合考虑企业的发展和现实的市场情况制订的针对部门、人员的关于任何时间范围的销售指标(数量或金额),企业以此为龙头来指导相应的生产作业计划、采购计划、资金筹措计划以及相应的其他计划安排和实施。

销售计划的内容可以概括为“5W2H”+“一个前提”+“应变措施”。销售计划应该具有:目的性、主导性、普遍性、效率性和灵活性五大性质。

销售计划制订的程序包括:分析营销现状;确定销售目标;制订销售策略;编制销售计划;制订销售计划行动方案;对销售计划进行指导和控制。

销售目标管理就是通过设定合理的销售目标,并对其进行合理的分解,通过合适的手段予以实施和监控,并关注最终结果和评估的一种管理过程。

销售目标管理的步骤包括:确定销售目标;分解销售目标;签订销售目标责任书;审核、审批销售目标;评估检讨销售目标;考核销售目标。

销售目标值的确定方法主要有:根据销售增长率确定;根据市场占有率确定;根据市场增长率(或实质成长率)确定;根据损益平衡点公式确定;根据经费倒算确定;根据消费者购买力确定;根据销售人员确定。

销售预测是指对未来特定时间内,全部产品或特定产品的销售数量与销售金额的估计。销售预测是在充分考虑未来各种影响因素的基础上,结合本企业的销售实绩,通过一定的分析方法提出切实可行的销售目标。

销售预测的影响因素有外界因素和内部因素。

销售预测的程序包括:确定预测目标;初步预测;选择预测方法与程序;依据内外部因素调整预测;比较预测和目标;检查和评价。

销售预测的基本方法有:定性预测;定量预测。

【案例分析】

某公司销售计划管理制度

第一章　基本目标

本公司××年度销售目标如下：

第一条　销售额目标。

(1)部门全体年度销售××万元以上。

(2)每一员工每月销售××千元以上。

(3)每一营业部人员每月销售××万元以上。

第二条　利益目标××万元以上。

第三条　新产品的销售目标××万元以上。

第二章　基本策略

第四条　公司的业务机构应经常变革，使所有人员都能精通业务，有危机意识并能有效地工作。

第五条　公司员工都必须全力投入工作，使工作向高效率、高收益、高分配(高薪资)的方向发展。

第六条　为提高运营的效率，公司将大幅下放权限，使员工能够自主处理各项事务。

第七条　公司推行责任体制，将实行重赏重罚政策。

第八条　为促进零售店的销售，应建立销售方式体制，将原有购买者的市场转移为销售者的市场，使本公司能享有控制代理店、零售店的权利。

第九条　将主要目标放在零售店方面，培养、指导其促销方式，借此进一步刺激需求的增长。

第十条　设立定期联谊会，以进一步加强与零售商的联系。

第十一条　利用顾客调查卡的管理体制来规范销售实绩、需求预测等统计管理工作。

第十二条　除沿袭以往对代理店所采取的销售拓展策略外，再以上述的方法作为强化政策，从两方面着手致力拓展新的销售渠道。

第十三条　随着购买者市场转移为销售者市场，应制订长期契约来统一交易的条件。

第十四条　检查与监督的关系，确立具有一贯性的传票会计制度。

第十五条　本策略中的计划应做具体实效，贯彻至所有相关人员。

第三章　业务部门计划

第十六条　外部部门。

交易机构及制度将维持“公司→代理店→零售商”的原有销售方式。

第十七条　内部部门。

(1)服务店将升级为营业处，借此促进销售活动。

(2)营业处增设新的服务中心。

(3)解散食品部门，其所属人员分配到营业处，致力于扩展销售活动。

(4)以上各新体制下的业务机构暂时维持现状,不做变革,借此确立各自的责任。

(5)在业务的处理方面若有不妥之处,再酌情进行改善。

第四章 零售商的促销计划

第十八条 新产品的销售方式。

(1)将全国有影响力的××家零售商店依照区域划分,在各划分区域内采用新产品的销售方式。

(2)新产品的销售方式是指每人负责30家左右的店铺,每周或隔周做一次访问,借访问的机会督导、奖励销售,并进行调查、服务及销售指导、技术指导等工作,借此促进销售。

(3)新产品的库存量应努力维持在零售店为一个月库存量、代理店为两个月库存量的界限之上。

(4)销售负责人的职务内容应明确化。

第十九条 新产品协作机构的设立与工作。

(1)为使新产品的销售方式所推动的促销活动得以顺利展开,另外还要以全国各主力零售店为中心,依地区设立新产品协作次级机构。

(2)新产品协作机构的工作内容如下:

①分发、寄送机关杂志。

②增送本公司产品的销售人员领带夹。

③安装各地区协作店的招牌。

④分发商标给市内各协作店。

⑤分发广告宣传单。

⑥协作商店之间的销售竞争。

⑦积极支持经销商。

⑧举行讲习会、研讨会。

⑨增设专柜。

⑩介绍新产品。

(3)协作机构的存在方式属于非正式性。

第二十条 增强零售店员工的责任意识为加强零售商店员工对本公司产品的关心,增强其销售意愿,应加强下列各项实施要点:

(1)采用奖金奖励。零售店员工每次出售本公司产品时都寄送销售卡,当销售卡达到15张时,即颁发奖金给本人以提高其销售积极性。

(2)加强人员的辅导工作。

①负责人员可利用访问进行教育指导说明,借此提高零售店店员的销售技术及加强其对产品的认识。

②销售负责人员可亲自接待顾客,对销售行为进行示范说明,让零售商的员工从中获得直接的指导。

(3)提高公司的教育指导。

①促使协作机构的员工参加零售店员工的研讨会,借此提高其销售技巧及对产品的

认识。

②参加研讨会的员工向其他店员传授销售技术及产品知识、技术，借此提高大家对销售的积极性。

第五章 扩大消费需求计划

第二十一条 明确广告计划。

(1)在新产品销售方式体制确立之前，暂时先以人员的访问活动为主，把广告宣传活动作为未来规划活动。

(2)针对广告媒体，再次进行检查，务必使广告计划达到以最小的费用创造出最大成果的目标。

(3)为达成前述两项目标，应针对广告、宣传技术进行充分的研究。

第二十二条 利用购买调查卡。

(1)针对购买调查卡的回收方法、调查方法等进行检查，借此确实掌握顾客的真实购买动机。

(2)利用购买调查卡的调查统计、新产品销售方式体制及顾客调查卡的管理体制等，切实做好需求的预测。

第六章 营业业绩的管理及统计

第二十三条 利用各零售店员所返回的顾客调查卡，对销售额的实绩进行统计，或者根据这些来进行新产品销售方式及其他的管理。

(1)依据营业处、区域分别统计商店的销售额。

(2)依据营业处、区域分别统计商店以外的销售额。

(3)另外几种销售额统计必须以各营业处为单位进行。

第二十四条 根据上述统计，观察并掌握各店的销售实绩和各负责人员的活动实绩，以及各商品的销售实绩。

第七章 确立及控制营业预算

第二十五条 必须确立营业预算与经费预算，经费预算须随营业实绩进行调节。

问题：

结合案例试述销售计划的内容及程序？

复习思考题

1.销售预测受哪些因素影响？

2.销售计划的内容包括哪些？

3. 销售计划的制订程序。

4.销售预测的方法有几种？各有什么优缺点？

5.什么是销售目标管理？企业怎样进行销售目标管理？

第 15 章　销售人员的报酬与激励

【核心概念】

销售报酬;纯粹薪水制度;纯粹佣金制度;薪水加佣金制度;薪水加奖金制度;薪水加佣金再加奖金制度;销售文化。

【引例】

宝马的销售员

宝马汽车 1994 年正式进入中国市场。现在中国是宝马全球第三大市场,宝马汽车在中国的销量位居豪华车品牌第二位。2010 年,宝马汽车在中国内地共销售 16.9 万辆,销售增长率高达到 86.7%。

宝马厂商对一线销售人员的直接激励基本上是通过培训、竞赛等活动来实现的。销售人员每卖出一台车,宝马厂商都设置了单车提成奖励,对于一些促销款车型也将提供额外奖励。宝马还设立各种奖项,奖励杰出的销售人员或团队。宝马厂商每年都会举办全国性和区域性的销售冠军竞赛,对销售人员的销售绩效、销售技能和销售知识等方面进行综合性考核,以奖金或赴德国进修的形式来激励销售人员的工作积极性。除此之外,宝马厂商每年会组织一些新车上市的培训,安排在旅游城市,相当于旅游福利。而且宝马还为每位销售人员设计了一本宝马护照,并制订相应的福利政策,以此来提高销售人员的工作积极性和工作稳定性。只要销售人员参加厂商规定的培训,通过考试后即可获得。持有护照的销售顾问可以在全国宝马经销商网内自由转岗。

15.1　销售报酬的内涵与作用

销售报酬对于销售人员来说意义重大。

15.1.1　销售报酬的内涵

销售报酬是指销售人员通过在某组织中从事销售工作而取得的利益回报,包括工资、佣金、津贴、福利及保险和奖金。

企业销售人员的报酬通常包括以下几个部分:

1)基本工资

基本工资是根据销售人员所承担或完成的工作本身或者是销售人员所具备的完成工作的技能向员工支付的稳定性报酬,是员工收入的主要部分,也是计算其他收入的基础。

2)津贴

这是工资的政策性补充部分。如岗位津贴、工龄津贴、地区补贴、国家规定的价格补贴等。

3)佣金

这是根据销售员工的销售业绩给予的报酬,它有时又称销售提成。对销售员工来讲,佣金一般是销售报酬的主体。

4)福利

这部分报酬通常不与销售人员的销售能力和销售业绩相关,而是一种源自销售人员组织成员身份的福利性报酬。福利因国家的不同而不同。像亚洲的韩国、日本、中国等国都会发放各种津贴和补贴作为福利。津贴是指工资无法全面、准确反映的由劳动条件、社会环境、社会评价、物价浮动等对员工造成伤害的可能性较大,在社会看来不够体面的工作等;而把与生活相联系的补偿称为补贴,如住房补贴等。这在欧美是较少的,他们的福利更多地表现为非货币形式,比如休假、服务(医疗咨询、员工餐厅)和保障(医疗保险、人寿保险和养老金)等。当前,福利和服务已日益成为报酬的重要方式,它对于吸引、保有员工有着不可替代的作用。这通常指销售员工均能享受,与其贡献关系不太大的利益,如企业的文化体育设施、托儿所、食堂、医疗保健、优惠住房等。福利一般是根据国家政策来给予的。

5)保险

这是指企业在销售员工受到意外损失或失去劳动能力以及失业时为其提供的补助,包括工伤保险、医疗保险、失业保险等。

6)奖金

奖金就是为了奖励那些已经(超标)实现销售业绩标准的销售人员,或为了激励销售人员去完成某些预定的销售绩效目标,而在基本工资的基础上支付的可变的、具有激励性的报酬。它可以从两个角度去理解,即奖金被用于:

①对已完成的超额、超标准的销售业绩进行奖励;

②对预定的销售业绩目标进行激励。

简单地说,奖金就是为了奖励销售人员和激励销售人员追求目标业绩所支付的报酬,其支付依据主要是销售业绩标准。

15.1.2 销售报酬的作用

销售报酬是一种奖励,而受到奖励的行为对销售队伍的成功起着最有效的作用。因此,设计和实施一套有效的销售报酬制度是非常必要的。

对销售业绩基本上可以用三种方式进行奖励。这三种方式可以在任何一种类型的销售组织里使用。这三种相互联系的方式是：

①直接经济报酬。如加薪、红利、佣金、竞赛、退休计划、保险以及其他形式的经济鼓励。

②职位晋升或培训。如分配到更大的客户和销售辖区、在组织内获得提升，以及参加培训和脱产学习等。

③非经济报酬。如感谢宴会、小礼品、成就证书、销售简讯上的特别报道、纪念品，以及特殊团体的会员资格。虽说销售报酬制度并非是激励销售人员的唯一方式，但它却是最为重要的。只衡量销售业绩，却没有恰当地给予报酬和奖励，会严重影响销售人员的积极性以及业绩水平，因为"经济是最活跃的杠杆"。

销售人员的报酬直接影响他们为企业所做的一切，由此决定着企业对销售人员管理是否有效的问题，因而销售报酬的作用是十分明显的。主要表现在：

1）激励员工，保证企业营销目标顺利实现

由于销售报酬不仅决定销售员工的物质生活条件，也是一个人社会地位的决定因素，是全面满足销售人员生理、安全、社交、自尊及自我实现需要的经济基础。因此，报酬是否公平合理对销售人员积极性影响很大。适度的销售报酬能激发销售人员的工作热情，他们会超额完成任务，从而保证企业利润目标的实现。因此，适度报酬成为许多企业制订报酬制度的出发点。

2）保证销售人员利益的实现

一般来讲，销售人员利益实现主要来源于销售报酬。销售人员的报酬追求动机是比较复杂的，他们既要获得物质利益（保障生活稳定），又要获得事业的发展和人际关系的改善。因此，企业制订了销售报酬制度后，能达到稳定销售队伍，完成企业销售目标的目的。

3）简化销售管理

合理的销售报酬制度能大大简化销售管理工作。销售活动是一种复杂的经营活动，涉及的费用方式也比较复杂，如果没有一定的报酬制度，势必会使销售费用和销售人员薪金的管理非常复杂，操作起来也很费劲。所以，有了合理的报酬制度，可以使这些复杂的管理工作变得简单，销售经理会有更多的时间去加强对销售活动的管理，以提高工作效率。

15.2　销售报酬的类型和设计原则

销售报酬有多种类型，它的设计应遵循一定的原则。

15.2.1　销售报酬的类型

根据企业的实际经验，销售报酬的类型大体有以下几种。

1）纯粹薪水制度

纯粹薪水制度又称固定薪金制度，是指无论销售人员的销售额是多少，其在一定的工作时间之内都获得固定数额的报酬,即一般所谓的计时工资制。固定报酬的调整主要依据对销售人员的表现及销售结果的评价。

当企业销售人员需为顾客提供技术咨询或需负担很多销售推广工作时,单纯的薪水制度是最适合的报酬制度。这种制度也适用于销售人员从事例行销售工作,如驾驶车辆分送酒类、饮料、牛奶、面包和其他类似产品的情况。当公司生产的是大众化的产品而且容易推广时,销售员不需花太多时间和工夫向客户说明,生意就可能迅速成交,在这种情况下,公司会偏向于采用"不发佣金"的固定薪金制度。

纯粹薪水制度的优点是:

①易于操作,且计算简单。

②销售人员的收入有保障,易使其有安全感。

③当有的地区有全薪调整的必要时,可以减少敌意。

④适用于需要集体努力的销售工作。

纯粹薪水制度的缺点是:

①缺乏激励作用,不能继续扩大销售业绩。

②就报酬多少而言,有薄待绩优者而厚待绩差者之嫌,显得有失公正。若不公平的情形长期存在,则销售员流动率将增高,而工作效率最高的人将首先离去。

2)纯粹佣金制度

纯粹佣金制度是与一定期间的推销工作成果或数量直接有关的报酬形式,即按一定比率给予佣金。这样做的主旨是给销售人员以鼓励,其实质是奖金制度的一种。

公司聘用销售员时如果销售的重点是获得订货单,而销售以外的任务不太重要时,佣金制度常被广泛地采用。如服装业、纺织业、制鞋业,以及医药业、五金材料批发业等。有些无实际产品的行业如广告、保险和证券投资业,便完全采用佣金制度。单纯佣金制度最大的优点是对业务员提供了直接的金钱鼓励,可以促使他们努力提高销售量。采用纯粹佣金制度,销售能力高者可较薪金制获得更多的报酬,同时能力低者也可获得与其能力相对等的报酬。虽然采用佣金制初期销售员的变动率会加快,但仔细分析,离开的大都是能力低的。这种制度的适应性大,可被多种类型公司采用。

佣金的计算可根据销售额或销售数量(毛额或净额)。其计算可以是基于总销量,也可以是基于超过配额的销货量,或配额的若干百分数。佣金也可以根据销售人员的销售对公司利润的贡献来定。支付佣金的比率可以是固定的,即第一个单位的佣金比率与第100个单位的佣金比率都一样,也可以是累进的,即销售量(或利润贡献等)越高,其佣金比率越高。比率也可以是递减的,即销售量越高,其比率越低。

佣金比率也应顾及产品性质、顾客、地区特性、订单大小、毛利量、业务状况的变动等。

(1)纯粹佣金的支付方法

纯粹佣金的支付方法有如下三种:

①保证提存或预支账户。让销售人员预支一定金额,将来由其所得佣金偿还。如果所得佣金大于预支金额,则不必归还其差额,实际上与纯粹薪水方法相似。

②非保证提存或预支账户。销售人员必须偿还全部预支金额,如果本期佣金不足偿还,

可递延至下期清算。所以预支金额实际上相当于一种借款形式。

③暂记账户。每个月给予各销售人员一定的金额,记入该人员暂记账户的借方;每位销售人员每月应得的佣金,应记入本账户的贷方。年底结账时,如果有贷方余额,应补发给该销售人员;如果借方有余额,可以注销如同保证预支账户,也可递延至下年度结算,如同非保证预支账户。

(2)纯粹佣金制度的优点

纯粹佣金制度有以下优点:

①富有激励作用。

②销售人员能获较高的报酬,能力越高的人赚的钱也越多。

③销售人员容易了解自己薪水的计算方法。

④控制销售成本较容易,可减少公司的营销费用。

(3)纯粹佣金制度的缺点

纯粹佣金制度有以下缺点:

①销售人员的收入欠稳定,在销售波动的情况下其收入不易保证,如季节性波动、循环波动。

②销售人员容易兼差,同时在好几个企业上班,以分散风险。

③销售人员推销其本身重于推销公司的产品,因为若推销自己成功,可提升自身价值。这类推销人员往往身带好几种名片,代表好几家公司,推销不同种类的产品。

④公司营运状况不佳时,业务人员会纷纷离去。

⑤增加了管理方面的人为困难。

3)薪水加佣金制度

纯粹薪水制度缺乏弹性,对销售人员的激励作用不够明显,而且纯粹佣金制令销售人员的收入波动较大,销售人员缺乏安全感。薪水加佣金制度则避免了前两种制度的不足,它是一种混合报酬制度。

薪水加佣金制度是以单位销货或总销货金额的一定百分比(一般较小)作佣金,每月连同薪水一起支付,或年终时累积支付。

薪水加佣金制度的优点是:与奖金制度相类似,销售人员既有稳定的收入,又可获得随销货额增加而增加的佣金。其缺点是:佣金太少,激励作用效果不大。

4)薪水加奖金制度

薪水加奖金制度是指销售人员除了可以按时收到一定薪水外,还获得许多奖金。奖金是按销售人员对企业作出的贡献发放的。

薪水加奖金制度的优点是:可鼓励销售人员兼做若干涉及非推销的销售管理的工作。其缺点是:销售人员不重视销售额的多少。

5)薪水加佣金再加奖金制度

薪水加佣金再加奖金制度兼顾了薪水、佣金和奖金制度的优点,是一种比较理想的报酬制度。薪水用来稳定销售人员,而利用佣金及奖金可以加大对销售人员的激励程度,以促进工作总体成效的提高。这种方法被许多企业所采用。

薪水加佣金再加奖金制度的优点是：

①给销售员提供了赚取更多收入的机会。

②可以留住较有能力的销售员。

③销售员同时领有固定薪金,生活较有保障。

④奖励的范围加大,使目标容易依照计划达成。

它的缺点是：

①计算方法过于复杂。

②除非对渐增的销售量采用递减的佣金,否则会造成销售员获利不成比例。

③销售情况不好的时候,底薪太低,往往留不住较有才能的人。

④实行此制度需要较多有关的记录或报告,因此增加了管理费用。

6)特别奖励制度

特别奖励就是规定报酬以外的奖励,即额外给予的奖励。这种特别奖励在国外是以红利的形式出现的,它可以与前面任意一种基本报酬制度结合使用。

企业给予的额外奖励分为经济奖励及非经济奖励两种。经济奖励包括直接增加薪水或佣金,或间接的福利,如假期加薪、保险制度、退休金制等。非经济奖励的方式很多,如通过销售竞赛给予销售人员一定荣誉——记功、颁发奖章及纪念品等。额外奖励可根据销售人员超出配额的程度、控制销售人员费用的效果或所获得新客户的数量等来决定,它一般有三种形式。

(1)全面特别奖金

全面特别奖金是指企业在特殊的时间里,如圣诞节、春节或年底,不计盈利率发给所有销售人员的奖金。可以是付给每名销售员同样数额的奖金,也可以是根据现在的工资和在本公司工作时间的长短来支付奖金。例如美国普强公司向那些在公司工作了一到两年的销售人员发放一份相当于他们年薪的1.5%的圣诞红利,工作了两年或三年的人得到的则是年薪的2%。有的企业这个百分比会高至8%。这种奖励是单独支付的,与雇员的业绩无关。

(2)业绩特别奖励

这是一种与业绩相关的奖励,有很多种形式,但按照是奖励给个人还是集体,可以把它们分为个人业绩特别奖和集体业绩特别奖两大类。奖金的发放不仅可以按销售额或所售数量,还可以按毛利率或销售业绩评估、开发的新客户数、公司或地区销售单位的收入或销售额以及某种产品的销售额来计算。集体业绩特别奖的发放是为了培养团队销售精神,一般是按照销售区域来发放的。发给一个销售地区的奖金数额,可能是把它的业绩同组织内其他销售地区的业绩相比较而确定的。然后,地区销售经理会按业绩再分给每个销售分区一定数额。分区经理则会把这份分区奖金平均分给全体销售人员,或是根据销售人员的个人业绩分发。

(3)销售竞赛奖励

第三种影响销售人员业绩的特别奖励报酬形式是销售竞赛奖励。销售竞赛是一种特别销售计划,它给销售人员提供奖励,促使他们实现短期销售目标。这些奖励包括证书、现金、物品或旅游等。有时竞赛时间会长达一年,这种奖励是除正常报酬外额外给予的。国外有些行业通常会把其中的35%用于进行销售奖励,其中78%用在商品奖励上,22%用在旅游奖励上。

销售竞赛是一种有效的激励方式,它能够促使销售人员在工作中更加坚持不懈地去努力。管理部门可以指导销售人员去推销某些特殊商品(如滞销品)或从事某些有利于推销的非销售性活动,这都是在平时没有竞赛刺激的情况下他们所不愿做的事情。竞赛还可以促使销售人员为达到竞赛目标、赢得额外奖励,而工作更加勤奋,工作时间更长。销售竞赛对于销售人员还产生了几种间接的影响。许多销售经理认为,特别奖励和这些竞赛都能增进他们所在的销售集体的团队精神及销售人员对工作的兴趣和对工作的满足感,并降低缺勤率和人员变动率。

特别奖励制度的优点是:鼓励作用更为广泛有效,常常可以促进滞销产品的销售。其缺点是:奖励标准或基础不易确定,有时会引起销售人员的不满以及管理方面的困扰。

15.2.2　销售报酬的设计原则

报酬管理的目的是建立科学合理的报酬制度,为此,在报酬设计和报酬管理的过程中,必须坚持以下几项原则和要求。

1) 销售人员报酬公平性原则——内部一致性

行为科学的一个重要理论——公平理论指出,人们往往通过与他人所受待遇的对比评价自己所获得的报酬的公平性程度。销售人员的公平感受来自:第一是与外部其他类似企业销售岗位(或类似岗位)相比较所产生的感受;第二是销售人员对本企业报酬系统分配机制和人才价值取向的感受;第三是将个人报酬与公司其他类似职位的报酬相比较所产生的感受;第四是对企业销售人员报酬制度执行过程的严格性、公正性和公开性所产生的感受。

2) 销售人员报酬竞争性原则——外部竞争性

竞争原则包含两重意思:第一是指销售人员工资水平必须高到可以吸引和留住雇员。如果与其他公司销售人员的工资相比不平等的话,不仅雇不到销售人员,而且会导致本公司销售人员离职;第二是指如果人工成本在一个公司的总成本中所占比例较大时,它们就会直接影响这个公司的产品价格——公司会将成本转嫁到商品或服务上。因此,实现富有特色、具有吸引力且成本可控的有效的报酬管理才是真正把握了竞争性原则。

3) 销售人员报酬激励性原则——员工的贡献度

一个科学合理的报酬系统对销售人员的激励是最持久也是最根本的激励。因为报酬系统解决了人力资源管理中最核心的问题——分配问题。有效的报酬系统应该是努力越多,回报也越多的机制。有些企业重视绩效,比如阿斯特拉——默克的报酬目标是"只为绩效庆功"。有些企业重视资历,比如日本的大企业长久以来实施的"年功序列制"。这些都直接影响到雇员的工作态度和表现,进而也影响了所有的报酬目标。什么样的报酬系统对销售人员才是具有吸引力的呢?报酬制度发展到今天已表明,销售人员单一的工资制度刺激日显乏力,灵活多元化的报酬系统则越来越受到人们的青睐。

4)销售人员报酬合法性原则

销售人员报酬管理要受法律和政策的约束。比如,国家的最低工资标准规定,有关职工加班加点的工资支付的规定,企业必须遵照执行。也就是说企业在制订销售人员的报酬政策时必须要以不违背国家的法律法规为基本前提,理解并掌握劳动法规是对人力资源管理者特别是报酬制订者的起码的素质要求。如《中华人民共和国劳动法》《最低工资标准》等。

销售人员报酬管理是指一个组织针对销售人员所提供的服务、销售业绩等销售指标来确定他们应该得到的报酬总额、报酬结构及报酬形式等这样一个过程,在该过程中企业必须就销售人员报酬水平、报酬体系、报酬形式及报酬制度和政策做出决策,这些决策及具体的实施就是销售人员报酬管理的基本内容。

15.3 销售人员报酬的影响因素

一般说来,影响和决定销售人员报酬的主要因素包括企业内部因素、企业外部环境因素、销售人员个人因素及销售工作特征。

15.3.1 影响销售人员报酬的企业内部因素

影响报酬的内部因素很多,主要有以下几种:

1)企业的战略

企业战略是在企业发展的一定阶段背景下,对企业发展具有全局性、长期性、根本性问题进行的统筹规划和深刻思考。人力资源战略是企业战略的重要方面,而报酬战略是人力资源战略的主要内容,它由一定阶段的企业战略所决定,同时又为企业战略服务。在变革激烈的经营环境中,报酬管理的作用和影响已经超越了人力资源乃至企业管理框架的局限,直接影响到企业的战略本身。在实践中,越来越多的企业在探讨如何通过加强销售人员报酬战略与组织战略目标之间的联系,来使企业的经营变得更有效率。明确公司的销售人员报酬战略,将为报酬决策者进行相关制度制订和报酬调整提供重要的方向指导。

2)企业文化

企业文化决定企业报酬理念,其核心是企业的价值观,因此其对销售人员报酬有很大的影响。企业文化在某种程度上是企业家理念的一个折射,它不仅对销售人员的报酬有着重要的影响,而且对企业内其他的报酬制度也有影响。其他的一些企业文化关键性特征对报酬制度影响巨大,如以平均主义为导向的企业文化与以绩效为导向的企业文化在对报酬激励影响上就存在明显的差异,如表15-1所示。研究表明,每一类企业文化的战略重点以及对员工的要求都存在不同,这也就要求企业的报酬战略必须能够反映这种差异。事实上,不同的企业文化会直接影响报酬的方方面面,包括对外部竞争性、内部公平性、报酬结构、福利等的不同看法。

表 15-1　绩效导向文化与平均主义文化的差异

特征项目	公司文化	自我	员工	奖励制度	奖励目标	奖励基础	提薪基础
绩效导向文化	以市场为主	现实的自我	单个员工	公平竞争	最优化	值得	绩效
平均主义文化	以集体为主	将来的自我	团体	平均分享	牺牲	需求	论资排辈

销售文化是企业文化的重要组成部分，它是销售人员的价值观念、信仰、态度和习惯的融合，是企业在创立和发展过程中形成的根植于销售人员头脑中并支配全部活动与行为的文化观念体系。它是企业销售管理战略实施的重要工具，也是影响销售人员报酬的重要因素。销售人员报酬体系不仅是一套对销售人员贡献予以承认或回报的方案，更是一套将企业的战略及文化转化为具体行动方案以及支持员工实施这些行动的管理流程。企业销售报酬策略的选择、销售报酬计划的制订、销售报酬方案的设计、销售报酬发放的方式，都应该体现对企业价值导向的细致思考，否则企业的战略目标和核心理念将得不到贯彻。这就需要企业真正下功夫去研究销售报酬体系的设计和运作，使销售人员报酬体系与企业文化紧密结合，使其真正成为企业文化的组成部分。

3）企业的发展阶段

企业针对自身处于不同的发展阶段而制订着不同的战略目标，战略目标的不同直接决定了企业的价值取向。不同的发展阶段，企业的赢利能力也不同，因此，企业销售人员的报酬也会受到影响，如表 15-2 所示。例如，企业在创立阶段，往往采用低工资、高奖金、低福利的报酬模式；企业在成熟阶段，往往采用高工资、低奖励、高福利的报酬模式。在创立阶段的企业通常需要投入大量的资金进行产品和服务的生产和销售。此时产品和服务的质量一般不稳定，生产成本较高，产品的知名度较低，市场占有率低。由于企业初创，资金往往呈现净流出状态，任何不确定的风险因素都会直接或间接地转化为对投资增加的需求。为解决这一时期的困难，报酬应该具有很强的外部竞争性。由于急需大批优秀的销售人员，但由于受外部人力资源条件的限制，因而只能靠较高的报酬水平来吸引优秀的人才。而且要适当淡化内部公平性。这一时期，企业常常存在一人多职或职责交叉的现象，主导员工的更多的是创业热情，而不是名誉和正式的地位。另外，此时的报酬结构要注意基本工资和福利所占的比重要小，而绩效奖金所占的比重要大，这样可以减轻企业的财务负担。企业一方面急需销售人才的加盟，另一方面迫于财务的压力，使许多企业采用长期激励的方式来吸引和留住销售人才。

表 15-2　企业不同发展阶段的销售人员的报酬体系

企业发展阶段	创立阶段	成长阶段	成熟阶段	衰退阶段	再造阶段
销售报酬的外部竞争性	强	较强	一般	较强	较强
销售报酬的刚性	小	较大	大	较大	小

续表

企业发展阶段		创立阶段	成长阶段	成熟阶段	衰退阶段	再造阶段
销售薪酬结构	基本工资	低	较高	高	较高	较低
	绩效工资	较高	高	较高	低	较高
	福利	低	较高	高	高	低
	长期报酬	高	较高	高	低	较高
	非物资报酬	低	较高	高	较高	较低

除了企业生命周期对销售人员报酬模式的影响，各阶段与销售人员年龄阶段的相互作用，也可能会出现一些新的问题和要求，从而使企业的报酬制度面临新的挑战。当企业发展处于年轻（成长）阶段时，如果员工年轻，企业则面临着如何建立一个合理的报酬制度的挑战问题；但当员工的年龄增大，进入成熟阶段后，企业在报酬上就面临着改变年长员工价值观和顽固看法的挑战。

4）产品生命周期

销售人员售出产品的生命周期一般被考虑用来作为报酬测量标准。如果基于产品生命周期的产品组合不同，则同样的报酬测量标准不能应用于组织内的所有销售人员。此外，针对公司所销售的不同产品，对相同的销售人员应使用不同的绩效测量标准。在产品导入阶段，要鼓励能够产生最大销售额的行为，绩效测量集中于销售额（佣金的基础）。到了成长阶段，销售人员致力于保持现存客户，开发新客户。绩效测量标准是现存客户的增加比例和新客户的开发数量，以及总体的客户满意度。在市场分享（衰退/转变）阶段中，市场竞争激烈，组织为市场份额和成本控制而努力。绩效测量标准是销售人员如何在组织内其他方面的专家的帮助之下实现产品和服务的增值。重点不在于产品价格，而在于产品质量以及客户需要的相关服务。最优化（成熟）阶段是销售人员重新以核心产品为重点，分析客户群，确定什么样的客户可以得到最佳服务。组织以目标客户为核心，努力提高客户满意度和对客户需求的反应能力。这可能要求组织放弃某些客户，以便使企业更有效率地服务于核心客户。这一阶段的绩效测量标准不需要改变，但决策过程会变得分散。

5）企业的经营绩效

企业在确定销售人员报酬制度，尤其是销售人员报酬水平时，都会将其与企业的经营绩效紧密相连。企业的市场效益对销售人员报酬的支付能力具有重要的作用，市场经营状况的好坏直接决定着销售人员的报酬水平。较高的报酬水平，虽然有利于吸引和留住优秀的销售人员，但也会相应地增加企业成本。如果销售报酬超过企业的支付能力，则可能会导致企业财务状况恶化；反之，如果销售报酬水平过低，成本虽然有所节约，但又会影响企业对人才的吸引，并最终可能会导致优秀销售人员的流失和市场份额的下降。如此，企业在销售报酬支付和经营绩效方面，需要认真权衡后作出选择。

15.3.2　影响销售人员报酬的外部环境因素

影响销售人员报酬的外部环境因素也很多,主要有以下几种:

1) 企业所处的行业

同一个行业的企业往往具有共同的生产经营特点和劳动特点,由于历史原因和现实需要,各行业的员工对报酬的期望是不同的。行业环境影响企业销售人员报酬的因素主要有行业生命周期、行业竞争程度、行业的性质等方面。

根据行业的发展特性和竞争特性等指标,可将一个行业划分为引入期、成长期、成熟期和衰退期等 4 个基本的生命周期。在不同的行业生命周期阶段,需要不同的报酬制度与之相匹配。行业竞争因素主要指行业竞争的激烈程度、行业竞争的类型和行业竞争的策略等方面。在完全垄断市场,企业没有任何竞争的威胁,企业报酬的确定完全依据企业的内部条件,所以企业的报酬水平往往很高。在寡头垄断市场,厂商之间一般不采取价格竞争的手段,厂商之间报酬的结构大体一致,报酬水平也大体相当。在垄断竞争市场,一切产品都有差异,市场上的厂商很多,不能勾结起来控制市场价格,厂商进出市场较容易,市场竞争非常激烈。在这种条件下,企业之间的报酬制度差异很大,报酬水平的确定必须充分考虑竞争者的情况和每一个职务的报酬市场价格,报酬水平不会很高。另外,不同行业技术含量、熟练工人的比例、人均资本占有量、产业集群程度等因素不一样,报酬制度与报酬水平就有较大的差异。报酬水平与企业所处行业以及企业规模等方面的关系,如表 15-3 所示。

表 15-3　企业薪资占企业年收益的比例

业　行		企业规模百分位次		
		第 10 个	第 60 个	第 90 个
薪资占企业年收益的比例(%)	卫生保健业	37.5	48.7	61.6
	通用制造业	13.9	22.2	36.6
	保险业	6.8	9.9	27.0
	所有行业	8.9	26.6	55.0

2) 企业的所有制

由于各种原因,企业所有制对企业的销售人员报酬激励模式的设计也有一定的影响。据资料显示,不同所有制企业的相同岗位,其报酬也不一样。例如,三资企业的员工工资会相对高,学习和晋升机会相对多,而福利会相对低;国有企业的员工工资会相对低,而福利会相对高。

3) 法规政策

政府的许多法规政策影响销售人员报酬激励模式的设计,例如,对员工最低工资的规定;员工的所得税比例;工厂安全卫生规定;女职工的特殊保护;员工的退休、养老、医疗保险等。

4)人才市场

人才市场和企业的销售人员报酬激励模式的设计关系十分密切,当人才资源充沛时,企业的报酬相应会降低;当人才资源匮乏时,企业的报酬相应会提高。

5)当地的经济发展状况

一般来说,当地的经济发展处在一个较高水平时,企业员工的报酬会较高;反之则低。目前,我国的各地区经济发展不平衡,沿海地区经济发展水平较高,大城市经济发展水平较高,因此,这些地区企业销售人员的报酬较高。

6)当地的生活指数

由于销售人员报酬激励模式与销售人员的生活息息相关,因此,当地的生活指数较高时,销售人员的报酬也会相应提高。反之,当地的生活指数较低时,销售人员的报酬也会相应降低。

15.3.3 销售人员个人因素对销售人员报酬的影响

销售人员个人因素对其报酬的影响主要是以下三方面。

1)人力资本价值

销售人员的人力资本价值主要体现在他们的销售技能、长期以来的稳定绩效、市场价值等方面。销售技能和能力主要体现在客户关系的建立和管理、销售过程中运用的技能(包括探查客户、接触客户前的准备、推销技能、处理客户的不同意见、达成交易以及售后服务)、了解客户的行业和业务、为客户的业务提供建议和评估他们的业务水平、产品和服务的有关知识(包括对如何完善产品和服务的了解)、了解销售人员所在公司的业务和行业态势、与公司其他部门协作,在吸引新顾客方面的创新、交流,对竞争对手的了解、组织能力等。长期以来的稳定绩效主要体现在一直与销售指标相符合、成功处理与业务区域的潜力相关的较大指标。销售人员的能力越强、经验越丰富,其绩效也可能越好,报酬也就应该越高。这同时也是企业录用销售人员的最主要的指标。对传统销售人员报酬所作的考查表明,很多报酬计划的组成部分是解决当前销售队伍或者短期经营策略中许多行为问题独立的补救方法。

2)销售业绩

由于能力和良好的销售业绩之间存在着相关的联系,因此许多企业常把销售人员报酬与能力的获得与培养联系在一起。企业根据他们的销售业绩来决定其报酬,使销售人员除了基本报酬以外的浮动部分主要应由其销售业绩来决定。由于绩效报酬有明确的绩效目标,能够把销售人员的努力集中在企业既定的目标上,这就有助于避免销售人员的行为偏离企业战略的主线,从而有利于企业总体经营绩效水平的提高。

3)岗位和职位差别

这要求必须针对不同行业、不同企业类型、不同规模企业中的销售人员所处岗位和职位的不同特点,采取不同的报酬形式。岗位和职位差别主要包括销售人员服务的区域、市场和职务差异。不同的岗位和职位级别反映了影响力、经验和此岗位、职位被定义的重要性等级。岗位越重要、职位级别越高,在职者被寄予的期望就越高。从一个岗位和职位前进到下一个更重要的岗位和职位，是对销售人员个人绩效的一种奖励。同一岗位和职位在不同行业与公司里面名称差异会很大。比如，副行长这个名称在银行业是一个高级别的销售人员，相似的职位在高科技企业里可能就会叫作销售总监。不同的岗位和职位是企业在确定销售人员的基本工资时必须考虑的重要方面，也是充分考虑他们从事工作的价值而采取不同的报酬形式的重要依据。一个良好的销售人员报酬激励方案总是能够检验出岗位和职位内容是否清晰以及重点是否明确。

15.3.4　销售工作的特征对销售人员报酬的影响

企业经营成功的关键就在于其吸引和保留客户的能力。销售队伍作为企业和客户之间联系的纽带，充当了决定企业成长和赢利的核心要素，尤其是在当前这样一个经营环境多变、客户需求日益个性化的市场上，企业能否激励销售人员，培养建设一支方向明确、士气高昂、训练有素、经验丰富的销售队伍，激发他们在合适的时间、以合适的方式和合适的价格，向合适的客户提供合适的产品，对于企业的市场竞争成败来说无疑是最为重要的挑战之一。

虽然也存在企业产品本身就能够吸引客户的可能性，但在通常情况下，企业仍然需要通过销售工作来达成企业的经营业绩。与企业的其他工作相比，销售工作主要具有以下三个方面的重要特征：

1）灵活性很大的工作时间和工作方式使对销售人员的工作监督很难进行

由于外部市场环境以及客户、竞争对手的情况时刻都在发生变化，因此销售工作本身的灵活度也非常高。销售人员的工作时间和地点以及工作的方式往往没有一个定式，管理部门很难对销售人员的行为实施直接的监督和控制。销售人员往往是基于个人的知识、经验、社会联系、销售技巧等开展工作，他们往往是在得不到指导和监督的情况下自己安排工作日程，自己反省自己的工作，因此，想要通过对销售人员的工作态度、行为或者工作时间来进行考核并确定他们的报酬，难度是相当大的。

此外，即使同样为销售人员，由于所销售的产品和服务本身的差异、销售方式的差异以及销售对象的差异，销售工作本身的差异性也是相当大的，有相当一部分销售工作需要销售人员独立工作，而另外一些销售工作则需要整个销售团队的通力协作。但无论是哪一种情况，销售工作的灵活性和挑战性都是非常突出的。

2）销售人员的工作业绩通常可以用非常明确的结果指标来衡量

销售人员的工作时间和工作态度以及行为等不便控制，但是销售人员的工作结果通常却比较容易衡量，这一点与从事日常行政事务工作、职能管理工作甚至技术工作的其他员工存在相当大的差异。销售人员的工作结果通常可以用销售额、回款率、客户保留率、销售利润率、销售费用以及售后服务等方面的工作结果来进行衡量。这就使对销售人员的绩效评价很自然地是以结果而不是以过程为导向的，尽管在某些情况下，企业也会在对销售人员的绩效评价中加进去一些过程方面的评价要素。

3）销售人员工作业绩的风险性很高

在一般情况下，销售人员只有持续不断地付出努力，才能达到开发和保留客户的目的。由于他们所面临的工作环境（产品、客户以及竞争对手）本身也是处在瞬息万变之中的，因此，在销售人员的日常工作中，很大的一个挑战就是要应付风险和不确定性的问题。在通常情况下，他们的工作和努力所获得的结果并不具有一致性和持续性，有些时候，销售人员能够顺利地完成甚至超额完成任务，销售人员也会很有成就感；但是在销售人员身上也经常发生这样的情况，即在特定的目标上投入了大量的时间和精力却得不到丝毫回报。此外，不能从管理者处得到及时的反馈，只关注于结果和产出，对于如何履行职责得不到清晰的指导，无法充分参与组织的决策制订等多方面的因素，都大大增强了销售人员工作中的不确定性。

销售工作本身的风险性和挑战性决定了从事这种工作的员工也是一群特殊的人。麦克利兰通过对个人的成就动机进行研究发现，高成就动机的员工最有可能出现在组织的销售部门。

其他研究也表明，销售人员通常会给自己制订出富有挑战性的业绩目标，倾向于得到及时的反馈，并往往能够在销售和实现目标的过程中得到享受。在大多数企业的销售部门，销售人员都极为关注公司的销售人员报酬计划。销售人员所具有的这些特征，也是销售人员报酬体系在设计时所必须考虑的因素。

尽管销售人员个人的知识、能力和销售经验等对于销售结果的影响是比较大的，但是产品销售的季节性、宏观经济波动的影响、产品本身的性能和质量、竞争对手的替代产品的出现等外在因素，对于销售人员的业绩的影响也是不容忽视的。在这种情况下，如果企业单纯根据当期的销售业绩来确定销售人员的报酬，则销售人员很可能会选择在环境好的时候增加工作量，而在环境不好的时候减少工作量；或者是在本企业的销售工作比较难做的时候，流动到其他销售形势比较好的企业当中去。因此，在确定销售人员的报酬的时候，企业应当力图设计出一种既让销售人员乐于承担风险，同时又能对他们所承受的风险提供合理回报的这样一种报酬和奖励制度，因为只有这样，销售工作及其结果的不确定才能真正从一种具有负效用的因素转化为销售人员工作的动力源泉。

4）销售人员所从事的工作并非就是一种单纯的销售活动

除了获取信息、分析信息、寻找订单、物色客户、服务客户、提供反馈、达成交易等销售行为之外，几乎所有的销售工作都要求员工履行一定的管理职责，如提供销售报告以及竞争对手的活动情况汇报、客户反馈意见等。同时，也并非所有的销售活动都是由销售人员来完成的，销售活动通常还要求来自组织内部各个部门的支持。这些支持中的一部分是事务性的，一部分是管理性的，还有一部分则是技术性的。事实上，现代企业的销售工作已经不再单纯是销售部门的责任了，与这一任务有关的部门已经日趋多样化。从一般意义上来讲，“销售”可以被理解为员工与客户间的一种互动，因此通过这种互动来帮助企业获得、保持或是扩张收益流的员工都可以被理解为销售人员。这样，销售人员的报酬管理工作无疑就变得复杂了。

随着科学技术尤其是互联网的迅速发展以及企业管理水平的不断提高，客户购买商品或服务的方式越来越多，这在一定程度上加大了负责销售人员报酬管理的专业人员的工作难度。因为要确定一件商品究竟是由谁售出的现在已经变得越来越困难，传统的确定员工的报酬尤其是奖金的基础现在可能变得越来越模糊。

【本章小结】

好的报酬与激励制度一方面能稳定销售队伍，另一方面能提高管理效率，调动销售人员的积极性，从而达成公司的销售目标。

销售报酬是指销售人员通过在某组织中从事销售工作而取得的利益回报，包括工资、佣金、津贴、福利及保险和奖金。

销售报酬的作用是十分明显的。主要表现在：激励员工，保证企业营销目标顺利实现；保证销售人员利益的实现；简化销售管理。

销售报酬的类型有纯薪水制、纯佣金制、薪水加佣金制、薪水加奖金制、薪水加佣金再加奖金制、特别奖励制度六种形式。销售报酬的设计要遵循公平性、竞争性、激励性、合法性四大原则。

一般说来，影响和决定销售人员报酬的主要因素包括企业内部因素、企业外部环境因素、销售人员个人因素及销售工作的特征。

【案例分析】

白秦铭想要的报酬

白秦铭在大学时代所学专业是日语，不知何故，毕业后被一家中日合资公司招为销售员了。他对这个岗位挺满意，不仅工资高，而且尤其令他喜欢的是这个公司给销售业务员发的是固定工资，而不采用佣金制，这样他不用担心自己没受过这方面的专业训练。若拿佣金，比不过别人，比人少了丢脸。

刚上岗位的头两年，小白虽然兢兢业业，但销售成绩只属一般。可是随着他对业务的逐渐熟练，又跟那些零售商客户们搞熟了，他的销售额渐渐上升。到第三年年底，他觉得自己已可算是全公司几十名销售员中头20名之列了。不过公司的政策是不公布每人的销售额的，也不鼓励互相比较，所以他还不能很有把握地说自己一定是坐上了第一把交椅。

去年，小白干得特别出色。尽管定额比前年提高了25%，可到了9月初他就完成了全年销售定额。10月中旬时，日方销售经理召他去汇报工作。听完他用日语做的汇报后，那经理对他说："咱公司要有几个像你一样棒的推销明星就好了。"小白只微微一笑，没说什么，不过他心中思忖，这不就意味着承认他在销售员队伍中出类拔萃、独占鳌头么？

今年，公司又把他的定额提高了25%。尽管一开始不如去年顺手，但他仍是一马当先，比预计干得要好。他根据经验估计，10月中旬前准能完成自己的定额。不过他觉得自己心情不舒畅。最令他烦恼的事，也许莫过于公司不告诉大家干得好坏，没个反应。他听说本市另两家中美合资的化妆品制造企业都搞销售竞赛和奖励活动，其中一家是总经理亲自请最佳销售员到大酒店吃一顿饭，而且人家还有内部发行的公司通讯之类的小报，让人人都知道每人的销售情况,还表扬每季和年度的最佳销售员。想到自己公司这套做法,他就特别恼火。其实,在开头他干得不怎么样时,他并不太关心排名第几的问题,如今可觉得这对他越来越重要了。不仅如此,他开始觉得公司对销售员实行固定工资制是不公平的,一家合资企业怎么也搞“大锅饭”?应该按劳付酬嘛。

上星期,他主动找了那位日本经理,谈了他的想法,建议改行佣金制,至少实行按成绩给予奖励的制度。不料那位日本上司说这是既定政策,母公司一贯就是如此,这正是本公司的文化特色,从而拒绝了他的建议。昨天,令公司领导吃惊的是,小白辞职而去,听说他被挖到另一家竞争对手那儿去了。

问题:

1.用你所学的知识全面分析白秦铭为什么跳槽。

2.为该合资公司的营销类人员设计具有激励性的报酬方案。

复习思考题

1.销售报酬的内涵是什么?

2.销售报酬在设计的时候,主要由哪几个部分构成?

3.销售人员报酬制度设计的指导原则有哪些?

4.如何理解销售人员报酬的内部一致性和外部竞争性,且如何在两者之间找到平衡?

5.请全面分析销售人员报酬的影响因素。

6.销售人员的报酬方案包括哪几个类型,且每种方案各自的优点和缺点是什么?

第 16 章　销售人员的绩效考评

【核心概念】

绩效考评标准;横向比较法;纵向比较法;尺度考核法;平衡记分卡;目标考核法;360°绩效考核;关键绩效指标法。

【引例】

销售人员绩效考核怎么做?

A 公司是一家网络运营商,共有 8 个分公司。年初公司总部为了激励分公司实现公司制订的年度销售目标,制订了统一的针对各分公司及销售人员的销售考核及激励政策,主要是以提成加补充考核的形式来实现考核和激励作用。半年考核下来,发现销售的业绩并不十分理想:有些产品的销售业绩非常好,半年达到全年目标的 80%以上,有些产品的销售完成不到全年的 10%;有的分公司完成的销售业绩非常好,而有的分公司半年完成不到全年的 30%。那么根据公司统一的销售考核及激励政策,各分公司及分公司的销售人员得到的激励结果差别非常大,造成部分分公司及销售人员的意见比较多,纷纷要求总部调整考核和激励政策。那么,公司的销售考核和激励政策问题到底出在哪里?

原来,A 公司建立在统一基础上的看似公平合理的销售考核及激励制度实际上存在严重的不公平性。首先,他没有考虑产品的差别,不同产品受到市场、客户、政策和发展环境的不同而销售情况大不相同;另外,他没有考虑部门(或地区)及人员差别,不同的部门(或分支机构)或销售人员由于受地域、职责、人员能力、环境等的影响,其要求的销售业绩和激励方式也应该有所区别。

销售业绩考核及激励的公平性主要体现在如下三个方面:制度(政策)的公平性、执行的公平性和结果的公平性。其中考核制度(政策)造成的不公平现象是销售考核及激励结果中最常见的问题,也是造成销售人员的考核及激励效果差的最主要的原因。

针对案例中 A 公司的问题,相关专家提出如下建议:

首先,要保证考核制度的公平。虽然没有绝对公平的制度,但是,在帮助建立更公平的制度上,有几点原则性的建议应该还是有效的:以销售业绩为考核的最核心指标,实行软、硬激励相结合原则,除了考虑“销量”“销售额”等反映核心销售业绩的硬性指标外,兼顾“信息反馈”“工作态度”“客户满意度(或投诉)”等软性目标;考虑考核环境影响的原则,针对不同的市场基础、不同市场区域、不同的季节或时间周期,要对销售人员采取不同的考核策略。

其次,做到考核执行过程的公平。第一,考核的程序尽量公平合理,通过对程序执行中发现问题的分析和及时总结与完善来达到考核程序无漏洞;第二,严格按照考核制度执行,通过对执行过程的监督与控制来达到使考核制度执行不走偏的目的;第三,避免考核执行过程中人为因素的干扰,主要通过对员工的培训与企业文化的培育来减少人为干扰因素。只有做到这两方面,才有可能实现结果的公平。

绩效考核的效果直接关系到绩效管理的成败。从该案例中,我们看到销售人员绩效考核中存在很多问题,企业在销售人员绩效考核的思想、原则上把握不够,在对销售人员绩效考核的认识和运用中存在很多问题,绩效考核无法起到效果。只有基于销售人员的核心工作职能和工作特点,在保证考核制度公平的前提下,做到考核执行过程的公平,才能有效激活销售人员的工作积极性,在提高销售人员个人绩效的同时提高组织绩效。

(资料来源:百度文库《销售人员绩效考核方法——最专业咨询公司绩效考核案例分析》)

16.1 销售人员绩效考评概述

世界经济一体化的加速发展与中国经济飞速进步的经济格局已经形成,中国企业的竞争日益激烈,企业的人力资源正在经受最严峻的考验,尤其是处于市场最前线的销售人员的管理以及绩效管理比以往任何时期都提出更高标准、更高水平的要求。绩效考评是增强组织人力资源竞争力的关键,因而对销售人员的绩效考评也就成为销售管理的基础和重点。

16.1.1 销售人员绩效考评的作用

对销售人员进行绩效考评的作用有六点。

1)可以作为改进工作的基础,能体现销售人员工作的优缺点

绩效考评可以体现出销售人员工作的优点,则有利于增强销售人员工作的满足感和胜任感,使员工对工作充满热情并了解自己的缺陷。反之,如果体现的是销售人员工作的缺点,则有利于销售人员在今后的工作中加以改进。

2)可以作为销售人员升迁调遣的依据

管理者依据绩效考评的结果,安排员工升迁调遣,以求达到员工与职位完美匹配的状态。不过,绩效考评要作为升迁调遣的依据时,要先对将要调升的职务做预先考评,以便销售人员升迁后仍能与工作相匹配。同时,绩效考评还可以作为选用和淘汰销售人员的参考,作为人事研究的重要基础。

3)可以作为研究发展指标确定的依据

通过绩效考评,发现销售人员技能方面的不足,来制订未来研究发展的计划,并在此过程中随时根据绩效考评的结果加以修正或补充。

4) 可以作为调整薪资的重要依据

根据绩效考评的结果制订调整薪资的标准,分别调整优良绩效、中等绩效或缺乏绩效的销售人员薪金的幅度。通常,绩效考评都会作为企业核定薪资的参考因素之一。

5) 可以作为教育培训的参考

把绩效考评的结果应用于教育培训,一方面通过评估了解销售人员在技能和知识等方面的缺陷,参考制订销售人员的再教育计划;另一方面则在一定程度上帮助销售人员了解自己的缺点,使他们愿意接受在职训练或职外训练。

6) 还可以作为奖惩反馈的基础

企业可以根据绩效考评结果,制订赏罚标准,对绩效好的销售人员加以奖赏;而对绩效不好的则加以惩罚。同时,销售人员还能由此了解企业绩效考评的标准,做出适时的反馈。

16.1.2　销售人员绩效考评的原则

在建立绩效考评体系和实施绩效考评时,必须遵循绩效考评的基本原则。这些基本原则既是建立绩效考评体系的重要理论依据,又是良好的、行之有效的绩效考评体系应该满足的基本条件。

1) 客观公正原则

销售人员绩效考评应当根据明确规定的考评标准,针对客观考评资料进行评价。制订绩效考评标准时多采用可以量化的客观尺度,尽量避免掺入主观因素和感情色彩,用事实说话,使考评建立在客观事实的基础上。同时做到被考评者与既定考评标准比较,而不是人与人之间比较。

2) 明确公开原则

绩效考评目标、考评标准、考评程序、对考评者的规定以及考评结果应对全体员工公开。这样做,一方面,可以使被考评者了解自己的优点和缺点,从而使考评成绩好的人再接再厉,继续保持一种向上的信念,也可以使那些考评成绩不好的人看清问题和差距,找到努力的目标和方向,激发出进一步改进工作、提高自身素质的积极性;另一方面,有助于消除被考评人员对于绩效考评工作的疑问,提高绩效考评结果的可信度,从而保证考评的公正和合理。考评明确公开增加了绩效考评工作的透明度,也增强了人力资源部门的责任感,促使他们不断改进和提高工作质量。

3) 可行性与实用性原则

在进行绩效考评时,应考虑目标的可实现性。任何一次测评所需时间、人力、物力、财力都要为参与考评各方的客观环境所允许;同时应该考虑和绩效标准相关的资料来源是否可靠,分析潜在的问题,预测可能发生的问题、困难和障碍,准备应变措施;另外,还应该考虑绩效考评的手段是否有助于企业目标的实现,考评的方法和手段是否和相应的岗位以及考评的目的相适应。

4) 定性与定量相结合原则

在绩效考评的过程中,定性考评是一种概括性比较强的考评,主要反映销售人员的整体性质与特点,定量考评则比较清楚地反映员工完成工作任务的实际状况。精确的定量考评与模糊的主观判断相结合有利于得出准确、全面的结论,有利于对销售人员的绩效作出客观、有效的考评。

5)多层次、多渠道、全方位原则

企业在对销售人员进行绩效考评时,要真正做到科学评价非常困难,因为员工在不同时间、不同场合可能会有不同的行为表现。因此,人力资源部门在进行绩效考评时,应多方收集信息,建立起高层次、多渠道、全方位的考评体系,应将上级考核、同级评定、下级评议及员工自评等几个方面结合起来,综合运用,这样才能保证考评工作的客观公正性。

6)定期化与制度化原则

企业生产经营活动是连续的过程,销售人员的工作也是持续不断的行为,销售人员绩效考评既是对其过去和现在工作能力、绩效、态度的考量,也是对其未来行为的预测。因此,销售人员绩效考评工作必须作为一项定期化、制度化的工作来抓,这样才能最大限度地发挥绩效考评的各项功能,才能全面了解销售人员的潜能,从而调动和保持销售人员的工作积极性,及时发现管理中的问题,促进企业的发展。

7)注重反馈原则

注重反馈原则既反映在绩效目标制订过程中,也反映在绩效考评结束后。绩效标准和水平的制订需要管理者与销售人员共同参与,达成共识。在考评结束后,应当将考评结果反馈给被考评者本人,要向被考评者说明和解释考评的相关事项,肯定成绩和进步,指出不足,提供今后努力的方向。在对结果有不同意见时,销售人员有可以向更上层申述的通道。不论将结果用于薪酬分配、职位变动还是职业生涯发展,都应与销售人员进行明确的沟通。

16.1.3 销售人员绩效考评的内容

销售人员绩效考评有以下内容:

1)传统的绩效考评内容

关于考核的内容,我国最早明确的规定是在1979年11月21日《中共中央组织部关于实行干部考核制度的意见》中提出来的:"干部考核的标准和内容,要坚持德才兼备的原则,按照各类干部胜任现职所应具备的条件,从德、能、勤、绩四个方面进行考核"。这也成为企业员工绩效考评的内容。

①德。德是人的精神境界、道德品质和思想追求的综合体现。德决定个体行为的方向(为什么而做)、行为的强弱(做的努力程度)、行为的方式(采取何种手段达到目的)。德的标准不是抽象、一成不变的。不同时代、行业、层次对德有不同的标准。

②能。能指人的能力素质,即个体认识世界和改造世界的能力。当然,能力不是静态、孤立存在的。因此,对能力的评价应在素质考察的基础上,结合其在实际工作中的具体表现来判断。能,一般包括动手操作能力、认识能力、思维能力、表达能力、研究能力、组织指挥能力、协调能力、决策能力等。对不同的职位,在评价过程中应各有侧重,区别对待。

③勤。勤指一种工作态度,主要体现在员工日常的工作表现上,如工作的积极性、主动性、创造性、努力程度以及出勤率。对勤的评价不仅要有对量的衡量,如出勤率,也要有质的评价,即是否积极、主动地投入工作。

④绩。绩指员工的工作业绩,包括完成的工作数量、质量和经济效益等。在企业中,岗位、责任不同的人,其工作业绩的评价重点也各有侧重。对绩的考评是对员工绩效评价的核心。

确定"德、能、勤、绩"的考评内容对于建立科学的员工考评体系无疑有重要作用。然而对于竞争日益激烈的市场经济中的企业而言,这套考评内容体系存在诸多不足,显得过于陈旧,无法有效适应企业参与市场竞争的需要。

2)现代销售人员绩效考评内容

根据现代心理学与组织行为学的研究成果,决定销售人员绩效的因素可归结为工作业绩、工作能力、工作态度三个方面(见表16-1)如图16-1所示。

表16-1　某酒店销售人员工作能力和工作态度绩效考核表

考核指标		分值	考核指标考核标准
工作能力(20%)	沟通能力(6%)	6	能灵活运用多种谈话技巧和他人沟通
		4	能有效地化解矛盾,并具有一定说服力
		2	能较清晰地表达自己的想法
	学习能力(6%)	6	具有强烈学习的愿望,对新知识的吸纳非常快
		4	具有主动学习的愿望,学习新知识较快
		2	需要时才能进行学习,能较快地学习新知识
	业务技能(8%)	8	精通本职岗位的业务知识,并能掌握与其相关的知识
		5	能熟练掌握本职岗位所需的业务知识
		2	比较熟练掌握本职岗位所需的知识
工作态度(20%)	责任心(6%)	6	明确掌握岗位职责,能严格对工作结果和行为表现负责
		4	需要有人监督,能对工作结果和行为表现负责
		2	通常能但不完全能对工作结果和行为表现负责
	积极性(6%)	6	总是能主动完成工作,并能提前进行
		4	需要在上级督进时,才能提前进行工作
		2	不能提前进行,但能及时完成工作
	服务意识(8%)	8	能发自内心提供热情、周到的服务
		5	能较自觉主动提供热情、周到的服务
		2	比较被动地提供服务

①工作业绩。工作业绩指销售人员的工作效率与效果,主要包括员工完成工作的数量、质量、成本费用以及在本职工作中改进与提高的情况等。工作业绩是公司对销售人员的最终期望,是销售人员绩效考评中最重要的部分。对销售人员工作业绩进行考评,是指用计划目标水平(任务标准)去衡量销售人员在预定期限内任务完成情况所得的结果。该项考评的重点在于产出和贡献,而不关心行为和过程。

②工作能力。工作能力是指对一个人担任某一职位的一种标准化要求,是一种潜在的行为,并由员工的素质来体现。而且它一般只能通过结果导向来间接体现,所以对工作能力的考核要制订有效的衡量标准。考评员工的工作能力,可以使员工了解自身存在的不足,不断加以改进,也可以使企业领导了解本企业整体的人力资源状况,借此制订培训计划等。对员工能力的考评指标主要有创新力、应变力、执行力、判断力、协调力和理解力等。

③工作态度。在绩效考评中,不能把工作能力和工作业绩两者等同起来。在企业中经常可以发现有的销售人员能力很强,但出工不出力,绩效很差,而有的销售人员能力不强,却兢兢业业,工作业绩较好。两者不同的工作态度,就产生了截然不同的工作结果。这与能力无关,与工作态度有关,态度是工作能力向工作业绩转换的中介。

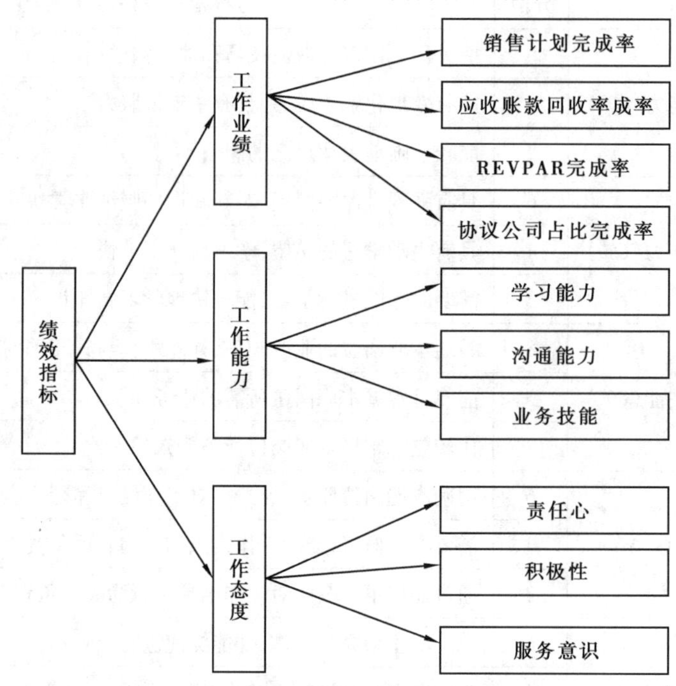

图 16-1　某酒店销售人员绩效考核体系

16.1.4　销售人员绩效考评的类型

根据考评的内容来分,销售人员绩效考评主要有如下四种类型。

1)综合型考评

这是对一个销售人员所作所为的整体评价与鉴定。它不以职务分析为基础,也可以不再划分为若干维度(方面),而仅作粗线条的、概括性的、定性的描述,往往涉及被考评者的道德品质、作风、基本能力等,可能完全与工作中的具体表现、成绩无关。

2)品质基础型考评

这种考评假定相应的品质能够导致相应的绩效,通过对被考评者特定品质的考评来进行绩效考评。它首先要识别所要考评的品质,通过这些品质的状况来对工作绩效作出判断。它比综合型考评要细致些,通常要作维度分解,从各个不同的维度分别进行评价。考评的内容仍是那些较抽象的人的基本品质,如忠诚、可靠、主动、有创造性、较有自信、愿与他人合作等。这种考评简便,但难以掌握,操作性和有效程度较差,不具体,不精确,且往往与具体工作行为和效果无直接联系。这种考评适合于对销售人员工作潜力、工作精神及人际沟通能力等的考评。

3)行为基础型考评

这种考评假定相应的行为能够导致相应的绩效,以被考评者所表现的行为为基础,根据行为的频率和程度来确定考评结果。它非常细微,不但是多维的,而且每个维度都设计了标准的尺度以供定量测定。尺度(也称量表)中的标尺刻度,若仅用1,2,3,4,5等数字标示,在测评中仍无从下手。若各刻度用词来标定,如优、良、一般等,虽然较单纯数字标定在可操作性上有一定改进,但仍欠具体,主观判定成分大,信度较低。较为可取的办法是以一些具体、可测量的行为来标定,即把对一定行为的描述语和某一刻度联系起来,使考评更具操作性。这种类型较适合于绩效难以量化的考评。

4)效果基础型考评

这类考评假定所获得的工作结果等同于工作绩效,通过对被考评者所取得的工作结果的考评来进行绩效考评。它着眼于"干出了什么",而不是"干什么"。这类考评虽然也是多维的,但考评重在产出和贡献,而非行为与活动。由于考评的是工作业绩,而不是工作过程,所以考评的标准容易制订,并且考评也易操作。但由于只测效果,不问手段,所以考评的维度通常具有短期性和表面性。适用于对一线员工的考评,尤其是从事具体生产操作、体力劳动的蓝领工人。

16.2 销售人员绩效考评的程序

销售人员绩效考评工作大致要经历制订绩效考评计划、确定考评标准和方法、收集数据、分析评价、反馈、结果运用六个阶段。

16.2.1 制订绩效考评计划

为了保证销售人员绩效考评顺利进行,必须事先制订计划,在明确评价目的的前提下,根据目的的要求选择考评的对象、内容、时间。

不同的考评目的,其考评的对象也不一样。如销售人员晋升职务,只需考察和评价具有晋升资格的那部分人,而加薪或评先进,其考评对象就应包括全体销售人员。

不同的考评目的、对象,其重点考察的内容也不一样。如发奖金,则应以销售人员工作成绩为主要考察内容。

不同的考评目的、对象、内容,其评价时间会有所差别。如一个人的思想品质在一段时间内是比较稳定的,其考察时间可以长一些,一般是一年一次;对于直接从事销售活动的员工,其工作业绩变化可能很快,因此考察期应短一些,可以按月考察。

16.2.2 确定考评的标准和方法

确定考评的标准和方法如下:

1)考评的标准

绩效考评标准就是指对销售人员绩效进行考核的标准和尺度。考评标准可分为绝对标准和相对标准两类。

(1)绝对标准

如出勤率达到96 %,文化程度达到大学本科等。这种标准是以某种客观现实为依据的,不以被考评者或考评者的个人意志为转移,有较强的客观性。

绝对标准又可分为业绩标准、行为标准和任职资格标准三大类。

①业绩标准。如对销售人员的销售定额要求,均属业绩标准。

②行为标准。如上班时间不准看报纸,不准扎堆闲聊,不准在办公室吸烟,不得在工作场所喧哗、打闹等。

③任职资格标准。如要求销售人员具有两年以上的销售工作经验等。

(2)相对标准

将销售人员之间的绩效表现相互比较,也就是以相互比较来评定个人工作的好坏,此时每个人既是被比较的对象,又是比较的尺度,因而标准在不同的被考评群体中往往存在差别。

2)编制考评标准的原则

绩效考评标准对于一定时期销售人员的努力方向和积极性的发挥有重要影响,因此在编制销售人员绩效考评标准时应慎重对待。在编制绩效考评标准时应遵循以下几项原则:

(1)绩效考评定量要准确

考评标准能用数量表示时应尽可能用数量表示。同时,标准的定量必须准确。定量准确包括三个方面:第一,各种指标标准的起止水平应是合理的。第二,各标准的含义,相互间的差别应是明确合理的,评分应是等距的。第三,选择的等级档次数量要合理。

(2)绩效考评内容要科学合理

所谓科学是指考评标准要反映社会组织的技术水平、管理水平。所谓合理是指考评标准不能太严也不能太松,既不能使员工的考核分数都较低,也不能使员工的每项指标都达到满分。一般应以多数员工都能达到的水平为考核的及格分。

(3)绩效考评文字应简洁、通俗

在绩效考评标准中,应尽量使用人们常用的大众化语言和词汇,表达力求简明扼要,专业术语及模棱两可的词句尽量不用,以减少因考核者对词汇概念理解的不同而产生的评定差异。

3)考评方法

在确定考评目标、对象、标准以后,就要选择相应的考评方法。需要注意的是,绩效考评的方法很多,每种方法都有自己的特点,在实际工作中应根据具体的考评要求有针对性地加以选择。常用的绩效考评方法我们在下一节具体论述。

16.2.3　实施绩效考评

对销售人员的绩效进行具体的考评,一般包括销售人员日活动情况考评、月业绩考评、服务能力考评、工作能力考评、工作纪律考评等。

如中国平安营销人员的绩效考核是以业绩为主的考核方式,个人的收入和职位的升降主要以业绩为依据。对于基层营销人员:考核周期为月考核和季度考核,考核内容是营销人员与客户签订保险单的金额。企业规定了固定的金额标准,达到了规定标准,则可视为正式员工;达不到标准的,则辞退;如果超过规定标准一定数额的,可以进行晋升。对于新进营销人员一般发放3~9个月底薪,数额与新人的业绩量挂钩。初次成为中国平安营销人员后的前9个月内每月根据当月完成的初年度佣金的多少可以获得500~1200元不等的责任底薪。若这几个月没有业绩或没有达到标准,底薪为零。对于管理基层营销人员的业务主任,考核周期为季度考核,考核方式是本人完成的保单金额和所带基层营销团队的保单金额之和。同样,企业也规定了固定的金额标准,达到标准的业务主任,会继续保留其职务;达不到企业规定标准的则进行降职处理,超过企业规定标准一定数额的则进行奖励或提升职位。

16.2.4　绩效考评的分析评价

绩效考评的分析评价是一个由定性到定量的过程,包括:

1)评定等级

评定等级指对员工每一个考评项目评定等级,如工作业绩、态度等。一般可分为3~5等,如可分为好、中、差三等,也可分为优、良、合格、稍差、不合格五等。

2)量化考评项目

量化考评项目是指为了将不同性质的考评项目结果综合,就必须分别对各个项目予以量化,即以不同分数值赋予不同评价等级,用以反映实际特征。以好、中、差三等为例,可以把“好”这一等定为10分,“中”这一等定为6分,“差”这一等定为3分。

3)计分评定

计分评定指在考评过程中,要对每一个员工每一考评项目进行评定打分,然后还要做出综合的评定。在进行综合评定时,有两种情况要区别对待。

①对同一项目不同考评结果的综合。有时同一项目由若干人对某一员工同时进行考评,但得出的结果不一定相同,为综合这些考评意见,可采用算术平均法或加权平均法综合。

②对不同项目的考评结果加以综合。在考评时,往往需要从总体上对一个人进行评价,需要将其知识能力、判断能力、社会交际能力等综合起来考评,而这些项目由于受考评的目的、被考评人的具体职务的影响,同一项目在整个评价体系中的地位是不同的,因此,必须将

各个项目分配以合适的权数。

仍以好、中、差三等为例，假设 3 个人对某员工工作能力的考评分别为“好”(10 分)、“中”(6 分)和“差”(3 分)。如采用算术平均的方法，该员工的工作能力应为“中”(6. 3 分)。如果参加考评的 3 个人分别是其主管、同事和下属，其考核结果的重要程度不同，则可以通过赋予他们不同的权重反映出来。如果主管上司的意见最重要，则可定为 50%；同事次之，可定为 30%；下属再次之，可定为 20 %。可采用加权平均法计算：10×50% + 6×30%+ 3×20% =7.4(分)，该员工的工作能力应为“中”。

分析评价是一个十分复杂的变化过程，其中涉及因素众多，经过环节也比较多，还涉及考评者与被考评者、考评者之间的关系等问题。因此，这一过程的重点工作，是要提高分析评价的信度和效度，减少评价误差。

16.2.5 绩效考评反馈

绩效考评反馈是指将考评的意见反馈给被考评者。一般有两种形式：

(1)绩效考评意见认可，即考评者将书面的考评意见反馈给被考评者，由被考评者予以同意认可，并签名盖章。如果被考评者有不同意见，可以提出异议，并要求上级主管或人力资源部门予以裁定。

(2)绩效考评面谈，则是通过考评者与被考评者之间的谈话，将考评意见反馈给被考评者，征求被考评者的看法。绩效考评面谈记录和绩效考评意见，也需要被考评者签字。

16.2.6 绩效考评结果运用

绩效考评不是目的，因此，要特别注意绩效考评结果的运用。在绩效考评过程中获得的大量有用信息可以运用到社会组织的各项管理活动中。

首先，可以利用向员工反馈评价结果，帮助员工找到问题、明确方向，这对员工改进工作、提高工作绩效会有促进作用。其次，也为人力资源决策，如任用、晋升、加薪、奖励等提供依据。最后，还可以用来检查社会组织管理的各项政策的运用结果，如人员配置、员工培训等方面是否有失误，还存在哪些问题等。

16.3 销售人员绩效考评的方法

销售人员绩效考评的方法较多。

16.3.1 横向比较法

这是一种把各位销售人员的销售业绩进行比较和排队的方法，主要从几个特定的绩效维度(如销售额、销售成本、销售利润、顾客对其服务的满意程度等)分别对销售人员进行评价。进行评价时，员工最终的绩效结果取决于他在各个绩效维度上的排队位置的平均值，用这个位置与其他员工进行比较，从而决定他的最终位置。

下面假定以销售额、订单平均批量和每周平均访问次数三个因素来分别对销售人员小王，小李和小张三人进行业绩考评，如表 16-2 所示。

表 16-2　某公司销售人绩效考评

考评因素 \ 销售人员		小王	小李	小张
销售额	①权数	5	5	5
	②目标（万元）	50	40	60
	③完成（万元）	45	32	57
	④达成率（%）	90	80	90
	⑤绩效水平（权数×达成率）	4.5	4.0	4.75
订单平均批量	①权数	3	3	3
	②目标（万元）	800	700	600
	③完成（万元）	640	630	540
	④达成率（%）	80	90	90
	⑤绩效水平（权数×达成率）	2.4	2.7	2.7
每周平均访问次数	①权数	2	2	2
	②目标（万元）	25	20	30
	③完成（万元）	20	17	24
	④达成率（%）	80	85	80
	⑤绩效水平（权数×达成率）	1.6	1.7	1.6
绩效合计		8.5	8.4	9.05
综合效率（绩效合计/总权数）		85%	84%	90.5%

由于销售额是最主要的因素，所以把权数定为 5。另外，订单平均批量和每周平均访问次数的权数分别定为 3，2。用三个因素分别建立目标，由于存在地区差异，所以每个因素对不同地区的销售人员建立的目标是不一样的。比如销售人员小张的销售额核定为 60 万元，高于销售人员小王的 50 万元和小李的 40 万元，这是考虑到他所在地区的潜在顾客较多，竞争对手较弱而决定的。由于销售人员小王所在地区内有大批量的客户，所以其订单平均批量也相对较高。每个销售人员每项目标的达成率等于他所完成的工作量与目标的比率，将达成率与权数相乘就可以得出各个销售人员的综合效率。可以看出，销售人员小王、小李和小张的综合效率分别为 85%、84%和 90.5 %，销售人员小张的综合绩效最好。

16.3.2　纵向比较法

这是将同一销售人员的现在和过去的工作实绩进行比较，包括对销售额、毛利、销售费用、新增顾客数、流失顾客数、每个顾客平均销售额、每个顾客平均毛利等数量指标进行分析的方法。例如，对销售人员 R 的绩效考评如表 16-3 所示。销售经理可以从表 16-3 了解到有关销售人员 R 的许多情况。R 的总销售量每年都在增长,但并不一定说明 R 的工作有多出色。对不同产品的分析表明,R 的销售产品 B 的销售量大于销售产品 A 的销售量,对照 A 和 B 的定额达成率,R 在销售产品 B 上所取得的成绩很可能是以减少产品 A 的销售量为代价的。根据毛利额可以看出,销售产品 A 的平均利润要高于产品 B,R 可能以牺牲毛利率较高的产品 A 为代价,销售了销量较大、毛利率较低的产品 B。销售员 R 虽然在 2013 年比 2012 年增加了 8 000 元的总销售量,但其销售毛利总额实际减少了 700 元。

表 16-3　销售人员绩效考核表

考评因素＼年　份	2010	2011	2012	2013
产品 A 的销售额(元)	376 000	378 000	410 000	395 000
产品 B 的销售额(元)	635 000	660 000	802 000	825 000
销售总额(万元)	1 011 000	1 038 000	1 212 000	1 220 000
产品 A 的定额达成率(%)	96.0	92.6	88.7	85.2
产品 B 的定额达成率(%)	118.3	121.4	132.8	130.1
产品 A 的毛利(元)	75 200	75 600	82 000	79 000
产品 B 的毛利(元)	63 500	66 000	80 200	82 500
毛利总额(元)	138 700	141 600	162 200	161 500
销售费用(元)	16 378	18 476	18 665	21 716
销售费用率(%)	1.62	1.78	1.54	1.78
销售访问次数	1 650	1 720	1 690	1 630
每次访问成本(元)	9.93	10.74	11.4	13.32
平均客户数	161	165	169	176
新客户数	16	18	22	27
失去客户数	12	14	15	17
每个客户平均购买额(元)	6 280	6 291	7 172	6 932
每个客户平均毛利(元)	861	858	960	918

销售费用率基本得到了控制,但销售费用是不断增长的。销售费用上升的趋势似乎无法以访问次数的增加予以说明,因为总访问次数还有下降的趋势,这可能与取得新顾客的成果有关。但是,R 在寻找新顾客时,很可能忽略了现有客户,这可从每年失去客户数的上升趋势上得到说明。最后,每个客户平均购买额和每个客户平均毛利要与整个企业的数据进行对比时更有意义。如果 R 的这些数值低于企业的平均数据,也许是他的客户存在地区差异性,也许是他对每个客户的访问时间不够。也可用他的年访问次数与企业销售人员的平均访问次数相比较,如果他的平均访问次数比较少,而他所在销售区域的距离与其他销售人员的平均距离并无多大差别,则说明他没有在整个工作日内工作,也许是他的访问路线计划不周。

16.3.3　尺度考核法

尺度考核法是企业最常用的绩效考核方法之一。这种方法将考核的各个项目都赋予考核尺度，将每项考核因素划分出不同的等级考核标准，然后根据每个销售人员的表现按标准评分，并可对不同的考核因素按重要程度给予不同的权数，最后核算出总的得分（如表16-4所示）。

表16-4　某医药公司销售人员绩效考核表

姓名：　　　　　　　　　　　　　　　区域：　　　　　　　　　　　　　　月份：

考核指标	考核标准	得分标准	得分
回款额（40）	本地区本月实际回款额	月均回款额≥400万元，得满分；月均回款额≥350万元，标准分×90%；月均回款额≥300万元，标准分×80%；月均回款额≥250万元，标准分×70%；月均回款额≥200万元，标准分×60%；月均回款额<200万元，标准分为0	
回款完成率30）	实际回款/目标回款	标准分×回款达成率	
费用率	预算回款费用率	实际回款费用率/预算回款费用率>1，得0分；实际回款费用率/预算回款费用率≤1，得满分	
合　计			

16.3.4　平衡记分卡

20世纪90年代初，哈佛商学院的Robert Kaplan和诺朗诺顿研究所所长David Norton发展出一种全新的组织绩效管理方法：平衡计分卡。实际上，该方法主要的贡献是打破了传统的只注重财务指标的业绩管理方法。平衡计分卡认为，传统的财务会计模式只能衡量过去发生的事情（相对落后的结果因素），但无法评估组织前瞻性的投资（相对领先的驱动因素）。在工业时代，注重财务指标的管理方法还是有效的。但在信息社会里，传统的业绩管理方法并不是全面的、有效的，组织必须通过在客户、供应商、员工、组织流程、技术和革新等方面的投资，获得持续发展的动力。正是基于这样的认识，平衡计分卡方法认为，组织应从四个角度审视自身业绩：学习与成长、内部运营、顾客、财务，见图16-2。

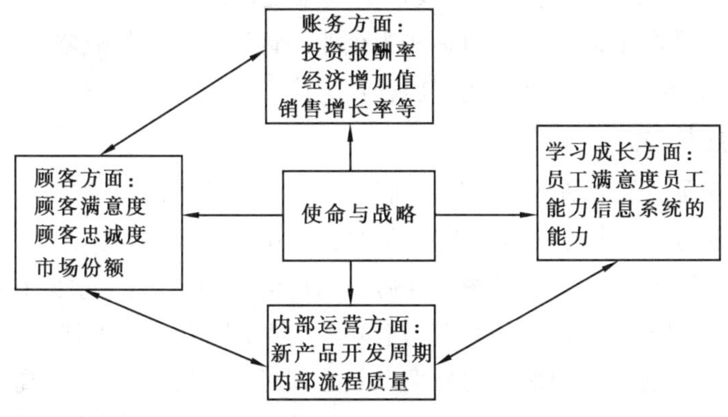

图16-2　平衡计分卡的四个维度

【小贴士】

平衡计分卡的研究课题首先是从公司绩效考核开始的。1990 年美国的复兴全球战略集团 Nolan-Norton 专门设立了一个为期 1 年的新的公司绩效考核模式开发,Nolan-Norton 的执行总裁 David P.Norton 任该项目的项目经理,Robert S. Kaplan 担任学术顾问。参加此次项目开发的还有通用电气公司、杜邦、惠普等 12 家著名的公司。项目小组重点对 ADI 公司的记分卡进行了深入的研究并将其在公司绩效考核方面扩展、深化,并将研究出的成果命名为"平衡计分卡(Balanced Score card)"。该小组的最终研究报告详细地阐述了平衡计分卡对公司绩效考核的重大贡献意义,并建立了平衡计分卡的 4 个考核维度:财务、顾客、内部运营与学习发展。

1992 年初,Kaplan 和 Norton 将平衡计分卡的研究结果在《哈佛商业评论》上进行了总结,这是他们所公开发表的第一篇关于平衡计分卡的论文。论文的名称为《平衡计分卡——驱动绩效指标》。在论文中,Kaplan 和 Norton 详细地阐述了 1990 年参加最初研究项目采用平衡计分卡进行公司绩效考核所获得的益处。该论文发表后 Kaplan 和 Norton 很快就受到了几家公司的的邀请,平衡计分卡开始得到企业界的关注。

1)内部运营方面

管理者需要关注影响客户满意度和企业财务目标的那些内部过程,主要是为了吸引和留住目标客户,满足投资回报要求,并设立衡量指标。细化为三个方面:评价企业正常运转的指标;可评价企业创造更新的指标;评价企业售后服务质量的指标。使之实现管理人员准确定位,精准的了解财务状况,来采取一些行之有效的措施增进企业总体管理水平提高。通过考评,企业可更加详尽地、细致地掌握各级员工的实际情况以便进行再改革,再发展。

2)财务方面

其核心指导思想主要分为:公司运作指标;公司财务指标;公司效益指标;公司持续壮大投资战略指标等。合理的作出适合企业发展的前景规划,以及企业在应对发展过程中可能遇到的一些常见问题的对策,以财务目标作为企业制订行之有效的战略时的最终表现形式,并以此来衡量,界定出此阶段企业的进展历程与速度。

3)在学习和成长方面

学习和成长方面主要可细化为三个层面:①评价企业信息能力的指标,表现在信息系统反映的时间及对事物所作出的灵动性比例、信息反馈中的真实有效比例、实际获得与希望得到的并需要的信息的比例等;②评价激励与协作的指标,在采纳员工意见的总数量和所涉及的方式方法层面、采纳建议后的成效结果等;③评价员工综合能力的指标,表现在员工稳定率、工作有效率及对工作的认可和满意程度以及培训时间、员工知识水平高度等。

企业要实现长期的发展,必然要以提高员工的整体素质,进行对雇员的知识水平的总体提高、技能水平培训的提高、组织信息灵动性能等方面的投资。

4) 在顾客方面

管理层首先应该对自己的企业准确定位，确立企业将要参与竞争的目标客户群组，并将目标转换成一系列的硬性指标，表现为市场份额、客户获取率、客户留住率以及客户利润贡献率、顾客满意度。投资者最关心的是以平衡计分卡的四个财务指标的运用所带来的总体效益的提高，企业内部管理必须行之有效地以服务顾客并让顾客满意为最终思想，只有让顾客产生对产品的好感并认可接受企业的产品和服务后，才会给企业带来更大的利润。先有一个员工的学习、成长（第一个敢于吃螃蟹的人），才有可能使企业内部流程管理变得优化并做到调动广大员工完成工作的积极性，企业的效益才能做到不断的提升，企业得到持续稳定的不断发展。当发展中的企业运行了一段时间后，会在实际的工作中表现出一些前所未有的新的问题，然后就需要对员工进行更加深远的、细致的培训与管理，形成良性循环的模式。平衡计分卡所依据的中心指导思想是有着发展潜力的、有一定的实力的企业发展历程，使之存在于一个较高的平台或出发点进行进一步的改进与积累自身实力并保持持续稳健的发展为最终目的。

16.3.5　目标考核法

1954 年，美国著名管理学家彼得 · 德鲁克在《管理的实践》一书中，首次提出"目标管理和自我控制"的主张，将目标管理定义为"由下级与上级共同决定具体的绩效目标，并定期检查完成目标进展情况的一种管理方式，并由此目标的完成情况来确定奖励或处罚。"

这种方法要求企业各级主管让员工参与工作目标的制订，由此决定上下级的责任和分目标，明确责、权、利；在目标实施过程中，充分信任员工，进行适度的授权，让员工实行"自我控制"，努力完成工作目标；以目标对下级进行考核，评定成果，进行奖励，激发员工的积极性，保证企业总目标的实现。因此，目标管理的实质，是以目标来激励员工的自我管理意识，激发员工行动的自觉性，充分发挥其智慧和创造力，以期最后形成员工与企业同呼吸、共命运的共同体。

目标管理的过程强调三个共同，如图 16-3 所示：

实施目标管理法通常分为六个步骤：设定目标；审议组织架构和职责分工；确定下级目标；上下级就达成目标所需的条件和目标达成后的奖惩达成协议；实现目标管理的过程及最后的总结与评估，如图 16-4 所示。

在考核之前，主管人员和员工共同制订考核期内要达到的工作目标，所制订的目标必须明确具体，可以计量。目标确定以后，还要制订达到目标的具体计划，以及执行计划中的绩效评估标准。绩效考评时，对照既定的目标和绩效评估标准，对员工完成目标的情况作具体的评估。通过绩效考评，可以发现员工的实际工作绩效与既定目标之间的差距，主管人员与被考评员工一起找出造成这些差距的原因，并采取相应的改进措施，提高员工的工作绩效，实现既定的目标（表 16-5）。

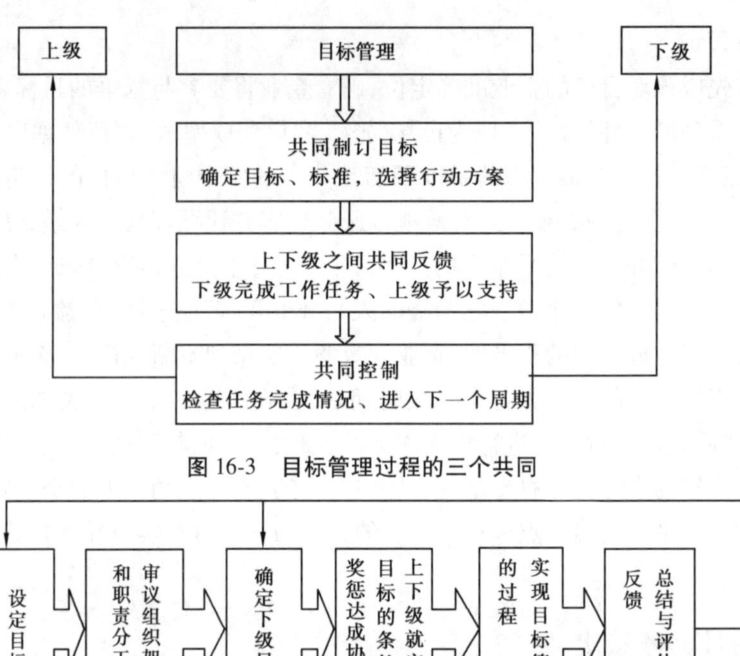

图 16-3　目标管理过程的三个共同

图 16-4　目标管理的步骤

表 16-5　销售人员目标管理的考核报告案例

目标项目	计划目标	完成情况	完成率/%
销售电话拨打次数	100	104	104
接触新客户次数	20	18	90
批发销售 A 号新产品数量	30	30	100
销售 B 号新产品数量	10 000	9 750	97.5
销售 C 号新产品数量	17 000	18 700	110
客户投诉/服务电话	35	11	31.4
成功完成销售函授课程的数量	4	2	50
每月底完成销售报告的次数	12	10	83

作为一种绩效评估工具,目标管理得到了广泛的应用。许多研究认为,目标管理具有较

高的有效性，它通过指导和监控行为而提高工作绩效，因为目标管理使员工知道期望于他们的是什么，从而把时间和精力投入到最大程度实现重要的组织目标的行为中去。再者，目标管理的绩效标准是按相对客观的条件来设定的，因而评分相对没有偏见，是一种比较公平的绩效评估方法。

但目标管理本身也存在一些缺点和潜在的问题，比如，目标管理使员工的注意力集中在目标上，但它并没有指出达到目标所要求的行为，这对一些需要指导的员工来说是个问题。再者，目标管理也倾向聚焦于短期目标，这可能导致员工为达到短期目标而牺牲长期目标的行为。最后，因为目标是上级与下级共同制订，双方达成一致的，因此绩效标准可能因员工能力的不同而不同（为一位"中等"员工所设置的目标可能比那些"高等"员工所设置的目标挑战性要小一些），绩效标准不统一影响了目标管理的有用性。

16.3.6　360°绩效考核

360°全视角反馈，是爱德华 & 埃文等在 20 世纪 80 年代提出，后经 1993 年美国《华尔街时报》与《财富》杂志引用后，开始得到广泛的关注与应用。它是一种从不同角度获取组织成员的工作行为表现的观察资料，然后对获得的资料进行分析评估的方法，可能有的评估者包括被评估者本人、下属、同事、主管、客户、供应商、零售商等，见图 16-5。

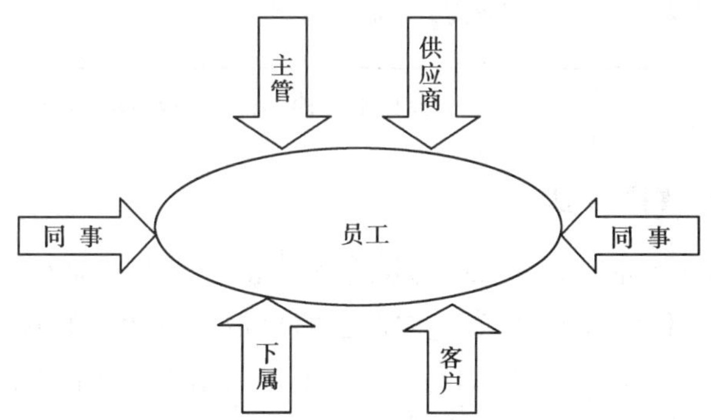

图 16-5　360°绩效考核的参与

在上图的评估中，主管对员工的评估并不总是最好的，因为有的主管可能根本没有机会观察被评估的员工。同事的评估与主管评估相比稍微可靠一些，因为同事有足够的机会观察被评估的员工的表现；下属的评估可能是最能够反映被评估的员工的日常表现的各个方面，但问题是，下属可能害怕得罪领导或希望领导奖励而使评估的结果扭曲；自我评估可能是最客观的一种评估方法，因为有研究表明，与其他方法相比，自我评估的结果相对准确，但会与主管的评估产生偏差；不管是供货商还是客户，他们对被评估的员工的了解并不全面，而且客户的期望往往会与组织的期望有差异，但是无论如何，客户永远是对的，客户的期望应该给予满足。不同的评估者所具有的特点见表 16-6。

表 16-6　不同评估者的特点

1.自我
- 因自我认识的偏差而倾向于夸大评估
- 由于有一些盲点而倾向于夸大评估
- 有些人会倾向于低估自我

2.主管
- 倾向于夸大评估
- 评估标准的界限不明确
- 不同的被评估者之间的界限不明确

3.同事
- 可靠且有效
- 对接受反馈的人有很高的可信度 4.下属
- 在提供适当的保护的情况下评估的结果是可靠、有效的

5.客户
- 如果客户与被评估的员工有工作接触，评估是可靠、有效的
- 评估标准之间的界限不太明确

6.供应商
- 在被评估的员工看来，评估结果有较高的可信度

（资料来源：http://instruction.bus.wisc.edu/lkuzuhara/mhr305）

16.3.7　关键绩效指标法

关键绩效指标（Key Performance Indicators，简称 KPI）是指企业宏观战略目标决策经过层层分解产生的可操作性的战术目标，是宏观战略决策执行效果的监测指针。KPI 是衡量企业战略实施效果的关键指标，其目的是建立一种机制，将企业战略转化为内部活动和过程，以不断增强企业的核心竞争力和盈利能力。

关键绩效指标理论基础是“二八法则”。“二八法则”运用到绩效考核中，具体体现在 KPI 上，即一个企业在价值创造过程中，存在着 20/80 的规律，即 20%的关键行为完成了企业 80%的工作任务。因此，抓住了 20%的关键行为，对之进行分析和衡量，就等于抓住了绩效考核的重心。关键绩效指标的建立，必须遵循的一般原则是 SMART。即指标尽可能是具体的（Specific）、可衡量的（Measurable）、可实现的（Attainable）、现实的（Realistic）和有时限的（Time bound）。通常企业关键绩效指标由三个层级构成：即企业级关键绩效指标、部门级关键绩效指标、具体岗位（或子部门）关键绩效指标。

关键绩效指标同其他任何一种方法一样，都有其优缺点。它具有的优点是：关键绩效指标与组织战略目标、部门使命和岗位要求紧密相连，它是组织战略目标的分解和细化，其直接反映理论组织既定目标的实现程度；考核方法简便、易行；可通过计算机软件实现自动化、程序化，为组织节约管理成本；考核结果可比性强，有说服力，易被员工及其上级接受。

关键绩效指标的缺点是指标的量化要求严格，对于很难量化绩效指标的岗位适用性有限；关键绩效指标体系的建立工作量大，在建立初期需投入较大的人力、物力和财力；仅对绩效结果进行评价，对于关键任务的"过程性评价"无能为力。

【本章小结】

销售人员的绩效考评的作用体现在：可以作为改进工作的基础，能体现员工工作的优缺点；可以作为员工升迁调遣的依据和企业研究发展指标确定的依据；可以作为调整薪资的重要依据；可以作为教育培训的参考；还可以作为奖惩反馈的基础。

销售人员绩效考评的基本原则为：客观公正原则；明确公开原则；可行性和实用性原则；定性与定量相结合原则；多层次、多渠道、全方位原则；定期化与制度化原则；注重反馈原则。

销售人员绩效考评的内容分为传统的绩效考评内容和现代的销售人员绩效考评内容，其中前者包括德、能、勤、绩四方面；后者包括工作业绩、工作能力和工作态度三个方面。

销售人员绩效考评的类型包括以下四种：综合型考评、品质基础型考评、行为基础型考评和效果基础型考评。

销售人员绩效考评的程序大致要经历制订绩效考评计划、确定考评标准和方法、收集数据、分析评价、反馈、结果运用六个阶段。

销售人员绩效考评的常见方法有横向比较法、纵向比较法、尺度考核法、平衡记分卡、目标考核法、360°绩效考核和关键绩效指标法。

【案例分析】

GE 公司销售人员绩效考核体系研究

GE 这家著名跨国企业的经营之道一直被人们奉为管理学的经典，成为产业界和学术界研究的对象。

通用公司考核的内容分两块："红"和"专"。"专"是指工作业绩，如销售人员的指标：销售额、回款额、其他考核指标，属量化指标；"红"是指考核价值观。这两方面综合起来考核的结果就是最终的结果。

通用的年终目标考核共分 4 张表格：

自我鉴定表：包括个人学习记录表，个人工作记录表，目标完成自评表。

公司评定：表绩效考核总评表。

GE 绩效考核最核心的，也是对我们最有借鉴意义的是考核结果的运用，即结果的运用对绩效考核是否能够起到管理工具、激励和鞭策员工努力工作的至关重要的方面。如果考核结果出来了，但并不执行，或者执行不到位，就会造成很多问题：如员工不再重视绩效考核或者消极抵触绩效考核。

我们来研究 GE 是怎么运用绩效考核的结果的。

首先是 GE 原总裁杰克·韦尔奇创造的著名的"活力"曲线,见图 16-6:

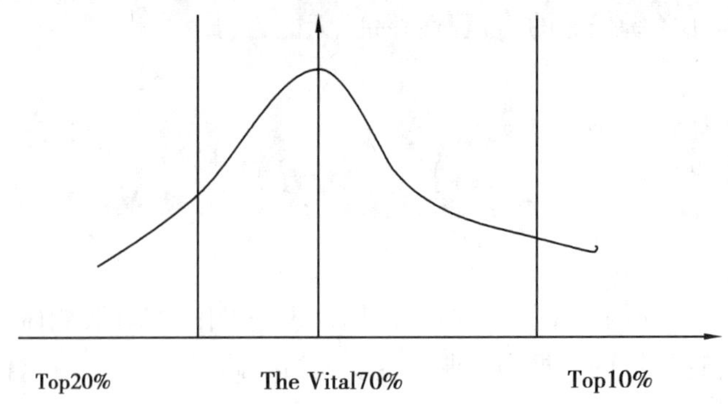

图 16-6　GE 的活力曲线

根据活力曲线,GE 认为公司的员工也包括销售部员工可以分为三类,见表 16-7:

表 16-7　GE 定义的三类员工

员工分类	占比/%	行为特点	综合体现	分类依据	考核结果运用	公司的态度
A 类	20	激情满怀、勇于承担、思想开阔、富有远见,有活力,自己业绩优秀还能带动其他员工	GE 的 4E:Energy(很强的精力);Energize(激励别人成功);Edge(有决断力);Execute(执行力)	绩效考核	提高工资股票期权奖励、职位晋升	是公司重要的财富,每位 A 类员工流失都将是公司的巨大损失,必须开会检讨
B 类	70	能够完成自己的工作	业绩尚可,价值观与公司匹配	绩效考核	提高工资、给予更多培训机会	企业的主体,是企业培训关注的对象
C 类	10	不能胜任自己的工作;态度与行为阻碍公司的发展	业绩不好,价值观与公司不匹配	绩效考核,强制分布	淘汰	末位淘汰

把简单的事情做好:考核能取得预期目标,有多种因素,最重要的不是考核方法有多复杂,有多高深,而是 GE 能把简单的事情做好、做到位,贯彻考核制度的制订和执行、应用,而这也是 GE 一直传递的一个价值观"确立一个明确、简单和从现实出发的目标,传达给所有人"所要求的。

问题：

对 GE 公司绩效考核的体系进行概括?

复习思考题

1.简述销售人员绩效考评的作用。
2.试述对销售人员进行绩效考评时,应遵循什么原则?
3.试述销售人员绩效考评的程序。
4.简述销售人员绩效考评的方法有哪些?
5.试述平衡计分卡的内容。
6.简述 360°绩效考核方法的优缺点。
7.简述关键绩效指标法的概念及优缺点。

第 4 编

客户管理

第 17 章　客户管理概述

【核心概念】

客户管理;客户价值;关系营销。

【引例】

State Farm 无处不在

创建于 1922 年的 State Farm 保险公司是美国最大的互助保险公司,全美超过五分之一的汽车都在 State Farm 投保。从成立开始,公司就认识到对客户进行管理的重要性。因为,美国的金融保险企业同客户的关系呈现出长久和稳定的特点,有的客户甚至一生只和一家银行或保险公司打交道。公司的管理层认为,客户管理已经成为公司所有商业关系管理中最为重要的一种管理。为此,公司投入巨资购买了对客户进行管理的系统,以对自己 6 000 多万个客户进行差异化的管理。新的客户管理系统不但提高了公司员工的工作效率,更有效地提升了客户的满意度。正如 State Farm 的广告所说:“犹如一个好邻居,State Farm 无处不在。”公司的管理者认为,“好邻居”就是无论何时何地,只要客户有需要,公司就能够及时提供个性化的服务。

17.1　客户管理的理念

关于客户管理的理论,演化发展到今天,已经有了丰富的内容。

17.1.1　什么是客户管理

客户是企业利润的源泉。相比于传统的、以企业或产品为核心的营销理念,以客户为核心,强调为客户创造价值,提升客户体验的新营销理念也被越来越多的企业认可和接纳。微营销、大数据营销等全新营销手段的出现也意味着企业开始改变以往将客户视为无差别个体的做法,转而在收集、储存和整理客户信息的基础上为客户提供个性化、定制化的产品和服务。这些都表明企业需要进行有效的客户管理,进而建立和巩固竞争优势。

客户管理可以从广义和狭义两个角度来理解。广义的客户管理包含了围绕客户展开的全部管理活动,包括了设计和生产满足客户需要的产品和服务,制订符合客户价值预期的产品和服务的价格,为客户提供便捷获取产品和服务的渠道,以及加强同客户的沟通,让他们能够准确地了解产品和服务的功能和价值。狭义的客户管理则是指客户关系管理(Customer Relationship Management, CRM),即企业通过与客户的交流与沟通,理解客户的行为并对其施加影响,进而为客户创造更多价值,并帮助企业提升客户忠诚和获利能力。本书所说的客户管理主要是指客户关系管理。

从客户管理狭义视角的定义中,我们可以发现,客户管理理念的核心思想是将客户置于企业经营活动的中心,通过选择有价值的客户,对其进行分析和定位,为其提供卓越的、个性化的服务,最终建立客户忠诚,降低企业营销成本,实现客户与企业双赢的局面。在制造业、电信业、金融业、零售业、电子商务和公共服务业等领域,客户管理已经得到了广泛的接受和运用。

17.1.2 客户管理理论的演化与发展

客户管理并非是最近几年出现的理念。在20世纪80年代,美国企业就开始探索"接触管理(Contact Management)",即企业如何在恰当的时间点,采用恰当的方式对恰当的客户提供适当的产品和服务;随后出现的"关系营销"让营销人员开始重新审视客户在企业营销活动中的重要地位;与之相对应,销售自动化系统和客户服务系统在企业运营中得到了广泛采用。到了20世纪90年代则出现了尝试通过为客户提供服务进而追求更高客户满意的"顾客关怀(Customer Care)"理念;许多企业在销售自动化系统和客户服务系统的基础上,使用计算机电话集成技术开发出整合了企业销售和服务的呼叫中心。

随着市场中进入企业的数量不断增加,以及可供企业拓展的市场空间不断缩小,企业间的竞争不断加剧,获取新客户的成本不断提高,单纯地依靠产品改进或价格策略较难为企业带来稳定的竞争优势,而IT技术的发展为企业通过分析客户信息获取商机提供了可能,在此基础上,高德咨询集团(Gartner Group Inc)于1999年正式提出了客户关系管理的概念。高德咨询集团认为,企业应当按照客户细分来有效地进行资源组织,培养以客户为中心的经营活动,实施以客户为中心的业务流程,并以此为基础最大化客户满意和企业的活力能力。高德咨询集团认为,从本质上来看,客户管理不仅只是用于获取和整理客户信息的技术手段,而应当成为企业经营管理的重要手段,融入到企业的日常经营管理活动中。

在向客户管理提供信息技术支持的过程中,一些技术公司,例如思爱普(SAP),开始尝试强调客户管理系统中的技术要素。为了便于向用户出售相关的信息管理系统,这些公司更多地强调客户管理过程中客户数据管理和构建客户数据库的重要性,但却忽视了协调管理机制和信息系统的重要性,因此也让大量装备了客户关系管理系统的企业无法从对系统的投资中获取收益。

随着企业对客户管理认识的发展以及技术的不断进步,以管理体系为主导的客户管理系统和强调技术主导的客户管理系统逐渐出现了融合的趋势。现如今,互联网和移动技术的快速发展,以及电子商务的迅猛崛起,也给企业如何更好地应用客户管理提出了新的挑战。特别是借用大数据的力量,从互联网多渠道获取的大量客户信息中识别出优质客户,增加客户对企业的黏性,降低业务运营的金钱和时间成本,实现优质客户的利润最大化,将是今后客户管理的重要发展方向。

17.1.3　客户管理的相关理论

与客户管理相关的理论有关系营销理论和客户价值理论。

1)关系营销理论

关系营销理论是客户管理实践的重要基石。关系营销是指将营销活动看成是企业同消费者、供应商、分销商、竞争者、政府及其他工作发生互动的过程;如何建立和维系客户关系,并在与客户保持长期关系的基础上开展营销活动,实现企业的营销目标则是关系营销的核心内容。

关系营销理念是从"大市场营销"的概念衍生而来的。"大市场营销"的策略思想认为,随着贸易壁垒和舆论障碍的盛行,在传统的单纯依赖企业内部营销力量的基础上,企业还需要通过综合使用政治权力和公共关系以获取生存和发展的空间。从本质上来看,关系营销也就意味着企业需要与市场中的各种利益关联群体建立长期稳定的依存关系,以实现彼此的共同发展,因此在关系营销的实施中,企业也需要遵循下列原则:

①主动沟通原则。关系营销理论认为,关系营销中的参与者都应主动与其他参与者接触和联络,相互传递信息;并通过合同或其他形式将各方的交流予以制度化,以便各方及时了解其他伙伴的需求变化,在需要时予以帮助,增强合作关系。

②承诺信任原则。在建立和维系关系的过程中,关系营销的参与者应相互之间做出一系列书面或口头的承诺,通过诺言的履行,赢得或增进其他各方的信任。

③互惠原则。互惠意味着在相互交往的过程中,各参与方都必须做到相互满足各方的经济利益,在公平、公正、公开的情境下进行稳定、高质量的价值交换,让参与方都能从关系的建立和维系中获得实惠。

在关系营销重视建立和维系全部利益关联群体关系的基础上,客户管理重点强调了企业与客户之间的关系。客户管理更加重视企业与客户的双向信息交流,重视为客户创造更多的价值,重视如何引导客户以实现关系双方的互惠互利。

2)客户价值理论

客户管理的目标就是为客户创造更多价值,并依此为基础和客户建立长期稳定的关系,最终提升企业的获利能力。在客户管理中的客户价值包含了两层含义:一个是企业为客户创造的价值;另一个是客户对企业盈利的贡献。

(1)客户视角下的客户价值

从客户的视角理解的价值主要是消费者所感受到的,获取产品和服务所获得的收益与所付出的成本之间的差异,或者是对产品或服务效用的整体评价。客户视角下的价值理论对客户价值与客户满意之间的关系、影响客户价值感知的因素进行了广泛探讨。产品的属性特征、使用情境和使用目标以及顾客过往的经历都是影响客户价值体验的重要影响因素,消费者对产品价值的评价既取决于产品获取收益和成本的比较,也受到产品价值预期和产品价值实际感知之间比较的影响。

(2)企业视角下的客户价值

企业视角所述的客户价值主要是客户终生价值,即每个购买者在与企业的接触过程中为企业带来的收益的总和。客户给企业带来的价值强调了客户在与企业交往的整个生命周期内对企业的贡献,即包括了历史和当前价值以及客户未来的潜在价值,也包括了客户对企业的经济贡献(购买)和社会贡献(口碑)。

总体上来看,消费者视角下的客户价值和企业视角下的客户价值虽然角度不同,但却并不矛盾。企业在计算客户终生价值时,需要对客户视角下的价值因素予以考虑,通过发现和理解影响感知价值的因素,企业可以更加准确地对客户的终生价值进行评估,以回避那些更难令其满意的客户,接近那些更容易感到满意的客户。另外,通过了解感知价值的影响因素,企业也可以策略性地调整营销要素,以更好地发掘和实现客户对企业的贡献。

17.1.4 客户管理与企业的营销变革

从根本上来看,客户管理意味着企业需要通过信息技术收集、储存和分析客户信息,发现和了解影响客户价值感知的要素,并加强与客户的沟通,为客户提供更高价值的产品和服务。客户管理理念的贯彻和实施,也意味着企业需要调整以往以产品为核心的营销策略;通过客户管理的技术手段,企业可以更加准确地了解客户的需求,更为有效地对企业的各个职能部门进行协调,因而也能为新营销理念的实施提供支持。

1)整合营销

整合营销是指通过将营销工具、手段和资源的系统整合,达到加强与客户的关系,以及建立、维护和传播品牌的目的。整合营销的实施,不但包括了各种营销职能的整合,例如市场调研、产品设计和定位、销售渠道的选择、销售终端促销、客户服务等职能的紧密配合,也包括产品研发、原材料采购、产品生产、销售、财务等不同职能部门的协调一致。通过客户管理的实施,企业需要围绕客户建立起新的组织构架和工作流程,有关客户的信息可以更为流畅地在组织中传递,这些更有利于企业围绕客户的需要展开全方位的营销乃至企业资源的配置,促进整合营销的实施。

2)体验营销

随着互联网和电子商务的发展,体验在营销中的重要性日益提升。所谓的体验营销,是指从客户的感官、情感、思考、行动和联想等方面进行产品的设计,通过让目标客户观摩、聆听、尝试等方式,激发并满足客户的体验需求,拉近与客户的距离,进而实现企业目标。然而,体验营销的实施,需要建立在对客户行为和心理特征准确把握的基础上;同时也需要企业内部各部门通力合作,提升响应速度和服务质量;为了持续提升客户的体验,企业还需要对客户的感受进行持续的监控。这些都需要在客户管理的基础上才能得以实施。

3)逆向营销

逆向营销起源于以客户为中心的营销理念。同传统营销以企业为中心的推式策略不同,逆向影响强调客户导向的拉式策略,从产品开发、价格设定时就鼓励客户主动参与,在渠道选择时则更加重视终端与客户的双向沟通。逆向营销的实施必须源于对客户的理解,以及建立起客户对企业的信任关系。如果缺乏信任，或者对客户知之甚少，企业很难设计行之有效的针对性营销方案去打动客户。因此，只有通过客户管理，增进企业和客户之间的沟通和交流，同客户建立起稳定的合作关系，企业才能更准确地对客户的需求进行引导。

17.2　客户管理的内容和技术

在这里，我们将探讨客户管理的内容与技术。

17.2.1　客户管理的内容

客户管理的内容包括：

1）客户资料管理

对客户资料进行收集和管理，并在此基础上对客户进行分析是成功开展客户管理的前提。在客户管理的开展过程中，首先需要对客户的基础资料进行收集和分类。这一块的主要工作是弄清楚客户的基本情况，例如客户的名称、地址、电话、个人爱好等，对于企业客户，还需要了解企业的业务、资产、企业所有者、经营管理者以及他们的兴趣爱好、家庭、学历、能力等情况。除此之外，还需要了解客户的基本行为和需求特征，例如客户的购物习惯、支付习惯、信息接收习惯、所属的社会群体、文化价值观念等，对于企业客户则需要了解其所经营的区域特征、销售能力、发展潜力、经营方向、经营政策和特点、管理者和从业者的素质、与其他竞争者的关系等信息。最后，企业还需要在收集信息的基础上分析客户差异对企业利润的影响等，并依据这些影响的大小将客户进行层级的划分，以找出那些需要重点对待的客户。

2）客户沟通管理

客户沟通是企业获取客户信息，以及向客户传递企业信息的重要手段。从本质上来看，客户管理的过程也就是企业与客户进行信息交流的过程。同以往的营销沟通相比，客户管理中的沟通更加强调双向性，即信息不再只是由企业发往客户，客户也可以及时将自己的想法和意见发回企业。例如在产品的设计过程、产品的渠道选择过程以及促销过程中，客户不再只是被动地接受企业的做法，而是可以主动参与到这些活动中，表达自己的意见和看法，甚至成为信息传播内容的制造者和二次传播者。客户承诺管理、客户反馈管理以及客户教育是客户沟通管理的主要内容。承诺管理主要涉及企业如何对产品或服务的价值进行售前说明，承诺的内容应以客户的需求为准，并尽可能降低客户的风险感知。客户反馈管理则是通过各种途径，收集客户对产品或服务的意见和看法，作为企业制订各种决策的重要依据。企业还需要通过客户管理中的信息沟通向客户传递产品或服务的相关知识和信息，例如产品或服务的使用信息及其他使用情境信息，以便更好引导客户期望的形成。

3）客户忠诚管理

提高客户的满意度和忠诚度，降低客户流失率是客户管理的重要目标。客户忠诚度是指在质量、价格、服务等诸多因素的影响下,客户对某一企业的产品或服务产生感情,形成偏好并长期重复购买的程度。为了提升客户忠诚,企业需要建立以客户为中心的经营理念,持续对客户不断变化的需求进行理解;采用恰当的手段增进客户信任,引导客户期望,理解产品或服务的价值;为客户提供超越其期望的产品或服务;并对服务失误和客户不满予以积极的响应。

4)客户服务管理

卓越的、定制化的服务是提升客户满意度,与客户建立长期关系的重要手段。客户服务以实现客户满意为目的,包括了企业营销服务、部门服务和产品服务等几乎所有的服务内容。客户服务管理的核心理念是企业全部的经营活动都要从满足客户的需要出发,以提供满足客户需要的产品或服务作为企业的义务。因此,客户管理应向服务员工提供客户的完整信息,并提供多种客户交流的工具,帮助服务人员更加快捷、迅速和便利地为客户提供服务咨询和其他定制化服务;同时通过对客户资料的分析,销售系统可以依据客户可能的需求向客户提出针对性的购买建议;此外,客户管理还可以设计各种客户互助平台,帮助客户之间进行沟通和交流。

5)销售、营销和服务的自动化

客户管理还应在企业大量运用电子设备和互联网设施的基础上,推进销售、营销和服务的自动化工作。企业可以利用信息技术对营销信息的流动和客户接触各种营销信息的行为痕迹进行自动记录和分析,并在此基础上对客户的购买倾向和可能遇到的服务需要进行评估,并将相应的客户线索分配给一线销售或服务人员,或者在恰当的时机直接同客户联系,为其提供相关的营销和服务信息。

17.2.2 客户管理实施的主要技术

客户管理的实施主要采用以下技术:

1)数据仓库技术(Data warehousing)

数据仓库是实施客户管理的技术基础。所谓数据仓库,是指为企业所有层次的决策制订过程提供所有类型数据支持的战略集合。传统的数据库技术是以单一的数据资源为核心进行的简单的数据处理工作。随着竞争环境的日益复杂,企业需要处理的数据越来越大,传统的数据库技术已经无法满足处理多元数据的要求,无法满足对客户关系管理所需的数据进行处理。因此,数据仓库的出现为决策支持系统和联机分析数据提供了结构化的数据环境。

数据仓库并不是对数据的简单存放,数据仓库中的数据是在对原有分散的数据库进行数据抽取、清理的基础上进行系统加工、汇总和整理而来。而且数据仓库中的数据一般不能进行更改,只能定期加载与刷新,供企业查询所用。另外,数据仓库中的数据通常会按照一定的主题域(即决策所关心的重点话题)进行组织,可能会包括多个与具体事务处理关联的数据。随着储存技术的发展,一些服务商开始提供数据仓库的云存储服务,例如 Snowflake 所提供的以云服务为基础的数据仓库技术,可以帮助众多的中小型企业在无需购置大量存储设备的情况下使用数据仓库技术。

2)数据挖掘技术(Data mining)

数据挖掘是指从大量的、半结构化的、模糊的、带有噪声的数据中,发现不为人们所察觉的、隐含在数据中但又潜在有用的信息和知识的过程。从客户关系管理的角度来看,数据挖掘就是从储存在数据仓库中的大量客户和业务数据进行的抽取、转换、分析和其他模型化处理,帮助企业从中提取有助于发现客户价值、维系客户关系的信息,进而对客户进行分类管理并找到有针对性的营销策略和服务方案。借助数据挖掘的各种技术,企业可以按照不同的主题,选择不同的标准,将客户分为不同的类型,并对每一类客户的行为模式进行描述。例如,通过数据挖掘,企业可以发现客户对不同促销方式的偏好差异,找到客户对沟通内容和形式的选择差异,这些都可以帮助企业更好地找到目标客户,同时降低目标客户对企业营销活动的抵触,提升客户满意度。

3)商业智能(Business intelligence)

商业智能是指把海量的数据转化成为决策提供依据的知识,以支持企业正确决策的方法和过程。在知识经济时代,传统的数据分析技术很难从海量的客户数据中快速有效地抽取出有用知识,以支持面向客户的决策,商业智能技术由此就有了用武之地。确切地说,商业智能并不是一种新的技术,它是将数据仓库、联机分析处理(OLAP)和数据挖掘进行整合后的系统,数据仓库为整个商业智能提供数据基础,联机分析处理和数据挖掘则为商业智能提供知识提取和智能化的展示过程。

总体来看,信息技术的发展能够帮助企业更有效率地对客户数据进行记录、分析和分享,帮助企业根据不同客户的偏好和特征提供差异化的服务;信息技术也可以帮助企业更好地去识别不同价值的客户,并针对特定的客户关系采用恰当的营销手段,实现客户价值最大化和企业利润最大化之间的平衡。然而,在利用信息技术实施客户管理的时候,企业仍需要注意以下几点:首先,信息技术要想发挥作用,数据本身的质量非常重要,企业应高度重视客户信息的收集工作。其次,信息技术不能代替销售人员,信息技术的最终目的是为销售人员服务客户提供更好的支持。最后,在推广信息技术时,需要对销售人员进行必要的培训,以降低他们对信息技术的抵触。

17.3　客户管理的实施

关于客户管理的实施有以内容:

17.3.1　客户管理的实施目标

客户管理的实施包括两层含义,一是企业需要从管理层面对管理理念、管理机制、管理模式和内部业务流程进行变革;另一方面则需要从技术层面部署客户关系管理系统,为销售和服务人员提供可以使用的信息工具,让客户管理的理念能够在企业运营中得以实现。这两个层面的实施是相互依存、相互促进的关系。没有在信息技术方面进行投入,企业就无法对现实生活中海量的客户数据进行及时准确的处理,也就无法为销售和服务人员提供确实有效的客户信息,以帮助他们开展一对一的定制化服务;而如果没有从根本上对管理思想和流程进行变革,信息技术也只是摆设,缺少了跨部门协调和合作,一线员工也无法高效地利用客户管理系统为企业和客户创造价值。

一个完整的客户管理系统的实施需要企业投入大量的资源。对于企业而言,在设计和实施客户管理系统的时候,可以采用两种不同的途径:企业可以与那些有成熟的解决方案和丰富实践经验的系统服务提供商合作,购买成熟的客户关系管理系统;企业也可以选择将客户关系管理中的数据业务外包给企业外部的专业机构进行处理,自身则专注于业务的调整和改进。

具体而言,实施客户管理的目标包括了四个方面。

①提高销售额。通过客户管理系统获取更为全面和综合的客户信息,并以此为依据对客户的需求进行准确的分析和预测,以增加交叉销售和向上销售的成功率,进而提高企业的销售收入。

②增加利润率。通过客户管理系统,企业需要更加准确地了解客户的偏好和兴趣,并且同客户建立较为稳定的情感联系,在此基础上,企业应该更好地利用各种非价格手段开展营销活动,提高销售利润。

③提高客户满意。企业应利用客户管理系统与客户建立多元化的信息沟通渠道,提高自己对客户"声音"的回应效率;同时,企业应从客户管理系统储存的客户信息中发现为客户提供个性化营销和服务的机会,以此提高客户的满意水平。

④降低销售成本。企业应当从客户管理系统提供的信息中对客户的行为特点和购买意向进行分析,以便更有针对性地接触客户,降低推广的盲目性,节约企业销售的成本。

17.3.2 客户管理的实施步骤

从战略层面来看,成功的客户管理实施包括拟定战略目标、确定个性化的沟通策略、确定个性化的提供内容、设计恰当的客户维持策略、设定流程和组织应用等步骤。

1)拟定战略目标

总体来看,客户管理可以帮助企业更好地了解当前和潜在客户的需求,围绕客户对已有的经营战略、组织结构等要素进行调整,所以在实施客户管理之时,企业需要根据企业的总体战略和目标,结合外部竞争环境和内部经营情况的特点,有针对性地选择客户管理的总体战略目标。

在制订客户管理的战略目标时,企业需要回答的问题包括:

①实施客户管理的战略愿景是什么?

②企业实施客户管理需要解决的具体问题是什么?

③所要实施的客户管理能够在何种程度上利用已有的客户管理资源?

④实施客户管理能够给企业带来哪些商业机会?

2)确定个性化的沟通策略

在确定了整体的管理目标后,企业需要确定与客户进行沟通的策略,并在此基础上准确

地定义数据需要,设计客户数据库,以便为后期业务的选择和开发奠定基础。在确定个性化沟通策略时,企业需要回答的问题包括:

①应该选择在哪些接触点强化与客户的沟通?当前的沟通强度是否充分?是否还存在额外的沟通机会帮助提高客户忠诚度和销售?

②进行个性化的沟通需要哪些基本数据?应该采用何种技术对消费者的购买行为进行预测?

③为了提升与客户沟通的效率,企业内部各部门该如何调整以适应接触点、沟通内容和频率?

3)确定个性化的提供内容

在同客户进行了沟通,增进对客户的了解后,企业还需要依据不同客户的需求和成长潜力来确定个性化服务的水平。在确定为客户提供的个性化产品或服务的内容时,企业需要回答的问题包括:

①能够让客户利益最大化,并且提高客户忠诚的最好的个性化产品和服务是什么?

②如何通过与客户的直接沟通从而对客户的购买行为进行预测?

③如何依据不同客户的需求和获利潜力确定适度的个性化水平?

④如何确定客户参与现有产品或服务供给流程的程度?

4)设计恰当的客户维持策略

在为客户提供个性化的服务后,企业还需要确定如何利用当前的数据和客户服务,设计恰当的客户维持项目。在确定如何持续维系客户关系时,企业需要回答的问题包括:

①如何对客户进行细分,并依据不同客户的特点选择客户维持项目?

②哪些业务对客户维持项目的效果影响最大?

③在确定与客户长期合作时,能够选择的最好的合作概念是什么?

④客户维持项目对数据库结构有哪些特殊要求?

5)设定流程和组织应用

最后,企业还需要对客户管理的流程及其已有运营流程的衔接进行分析,并确定企业该如何使用新的客户管理流程。在流程和组织应用的设定阶段,企业需要回答的问题包括:

①需要被保护和发展的当前和未来的企业核心能力有哪些?

②企业是否应当从外部供应商处购买相应的技术?

③新的客户管理流程能否与现有的营销或销售过程进行衔接?组织需要在多大程度上去适应新的客户管理流程?

④客户管理会给组织结构带来多大影响?

17.3.3　客户管理的实施原则

客户管理的实施应当遵循三个原则。

1)动态管理

企业与客户的关系是一个动态发展的过程,客户本身的情况也会不断变化,所以客户管理也是一个动态变化的过程。企业需要对客户的需求状况和购买情况的变化进行跟踪,对客户资料要进行不断的补充和调整,同时,企业也需要依据客户关系生命周期的阶段对客户管理的具体策略进行针对性的调整。

2)重点突出

数据仓库会存储海量的客户资料。因此,企业需要借助数据挖掘技术透过这些资料找出最为重要的数据。不仅要通过这些资料对客户进行分类,发现重点客户,还要对各类客户的行为特征和与企业建立关系的潜力进行评估,从中发现未来客户或潜在客户。这样可以为企业选择新客户,开拓新市场提供资料,为企业进一步发展创造机会。

3)灵活应用

客户管理的目的是通过灵活应用各种客户信息,有针对性地设计和提供个性化的产品或服务。所以,在建立客户资料卡或客户管理卡后,不能束之高阁,应以灵活的方式及时全面地提供给推销人员及其他有关人员,使他们能进行更详细的分析,使单纯的客户资料变成销售人员和服务人员的行动指引,提高客户管理的效率。

17.3.4 成功实施客户管理应注意的问题

要使客户管理的实施获得成功,应注意以下问题:

1)高层领导的支持

客户管理系统的实施不仅意味着技术的小范围应用,还意味着企业的管理观念和整个组织层面的变革。因此在实施的过程中,客户管理系统有可能受到来自于组织员工较强的抵触。如果没有高层领导的支持,客户管理系统将很难得以真正实施。

2)对流程更加关注

客户管理不仅意味着大量信息技术的运用,同时更需要整个企业的所有部门将客户置于核心的位置,围绕为客户创造价值进行业务流程的设计。而信息技术的应用则是围绕组织业务流程的设计进行配置的。因此,在实施客户管理时,企业需要将更多的精力放在如何对业务和组织管理流程进行调整上,而不是关心是否采用了最先进的技术。技术的选择应当与流程的设计密切相关。

3)有组织良好的团队

客户管理的实施团队应当能够熟练地进行管理系统的客户化和集成化应用,有较强的适应和协调能力,并且能够与企业的 IT 部门保持良好的协作关系。

4)分步实施

为了有效地实施客户管理,企业不仅需要有明确的战略目标,还需要将这个目标分解为具有操作性的阶段,并且详细制订每个阶段应当完成的工作。

5)重视系统整合

客户管理需要企业的各个部门的通力合作,在实施中也需要对各个部门的数据进行调用和整合,因此,客户管理系统的各个部分的集成对客户管理能否成功非常重要。

【本章小结】

客户管理是指企业通过与客户的交流与沟通，理解客户的行为并对其施加影响，进而为客户创造更多价值，并帮助企业提升客户忠诚和获利能力。客户管理源于20世纪末期的美国，随着竞争的加剧和互联网通信技术的发展，越来越多的企业希望通过客户管理获取竞争优势。客户管理的理论思想主要源于关系营销理论和客户价值理论，客户管理的实施有助于企业开展整合营销、体验营销和逆向营销。客户管理的内容包括客户资料管理、客户沟通管理、客户忠诚管理、客户服务、销售、营销和服务的自动化，数据仓库技术、数据挖掘技术以及商业智能是客户管理的主要技术手段。客户管理的实施目标包括了提高销售额、增加利润率、提高客户满意、降低销售成本四个方面。客户管理的实施包含了拟定战略目标、确定个性化的沟通策略、确定个性化的提供内容、设计恰当的客户维持策略、设定流程和组织应用等步骤。客户管理的实施包括了动态管理、重点突出、灵活应用原则。

【案例分析】

万科服务法则

在地产界风行这样一个现象：每逢万科新楼盘开盘，老业主都会前来捧场，并且老业主的推荐成交率一直居高不下。这在业主重复购买率一直比较低的房地产行业，不能不说是一个奇迹。

1）万科的第五专业

在设计、工程、营销、物管的基础上，万科提出了“房地产第五专业”的理念，即客户关系管理，企业也从原来的项目导向转为客户价值导向。为适应企业对客户关系管理的更高诉求，万科主动引入了信息技术，探索实现了客户关系管理的信息化。他们建立了客户中心网站和客户关系管理等信息系统，从多个视角、工作环节和渠道，系统性收集客户的意见建议，及时做出研究和响应。

2）关注客户体验

通过以其产品为道具、以服务为舞台，万科营造了一个让消费者融入其中、能产生美好想象和审美愉悦的空间环境与人文环境，万科出售的不再仅仅是“商品”和“服务”，万科出售的是客户体验——客户在其精心营造的审美环境中，通过自身的感悟和想象，得到了一种精神上的愉悦。

3）“6+2”服务法

万科有一个称为“6+2”的服务法则，“6”主要是从客户的角度设计购房过程的客户服务策略：强调开发商信息透明；在合同条款中尽量多地告诉业主签约的注意事项；定期发出短信、邮件，组织业主参观楼盘，了解楼盘建设进展情况，及时将其进展情况告诉业主；在业主入住时举行入住仪式；建立客户经理制，通过沟通平台及时发现、研究、解决出现的问题；当问题出现时，主动承担责任。“2”是购房之后的客户服务策略：建立忠诚度维修基金，所需资金来自公司每年的利润及客户出资；每过4年全面走访一遍客户，看看有什么需要改善的。

4）多渠道关注客户问题

具体的渠道有：各地客户关系中心，监控管理投诉论坛，第三方公司进行的客户满意度调查，以及集团客户关系中心。

5）精心打造企业与客户的互动形式

创立“万客会”，通过积分奖励、购房优惠等措施，为购房者提供系统性的细致服务。“万客会”的理念不断提升和丰富，从单向施予的服务，到双向沟通与互动，再到更高层次的共同分享。“万客会”与会员间的关系越来越亲密，从最初的开发商与客户、产品提供方与购买方、服务者与使用者，转变为亲人般的相互信任，朋友般的相互关照。

问题：

1.万科采取了哪些具体措施来实施客户管理？

2. 客户管理如何帮助万科获取成功？

复习思考题

1. 客户管理的定义是什么？
2.客户管理对企业营销变革有哪些影响？
3.客户管理的主要内容有哪些？
4.客户管理的主要技术手段有哪些？
5.客户关系的发展过程包括哪些阶段？
6.客户管理的实施步骤有哪几步？
7.客户管理的实施原则有哪些？

第 18 章　客户分析

【核心概念】

客户;客户分析;客户关系生命周期;客户终生价值。

【引例】

客户终生价值

美国主机这个行业竞争非常厉害,各大域名主机提供商主要是通过联署营销方式进行推广。IXwebhosting 是美国虚拟主机行业的提供商,他们热卖的一款主机为客户提供了无限空间无限流量,另外赠送 15 个独立 IP,3 个国际域名。这款产品价格非常低,一年只需要 95.4 美元,但是他们给联署营销商的佣金是每个客户 95 美元。IXwebhosting 为什么要进行看似"赔钱"的推广呢?他们又如何赚钱?

因为他们看重的是客户终生价值。从第一年来看,他们确实会赔钱,但是大部分购买了他们虚拟主机的客户,会长期使用。假如一个客户使用它们主机的时间是 5 年,那么这 5 年中客户付给他们的是 5 个 95 美元,所以他们最后还是赚钱的。正因为他们看重的是客户的终生价值,所以他们才把宣传佣金调得非常高,几乎把第一年的销售额都给了帮助他们进行推广的联盟成员,正因为佣金非常高,所以全世界非常多的网站都会帮它做推广,最终他们才能够在激烈的竞争中发展得非常迅速,并且越做越大。

18.1　客户与客户分析

关于客户与客户分析,主要有以下内容:

18.1.1　什么是客户

从传统的营销角度来看,客户就是指具有特定的需要或欲望,并且愿意购买企业产品或服务来满足这种需要或欲望的消费者。然而,这一定义主要从静态的角度阐释了客户对企业的价值，只关注如何完成与消费者的单次交易，并且没有对客户价值的高低进行区分。随着市场竞争的日益激烈，在了解客户的基础上与客户建立长期稳定的关系，并对不同的客户进行差异化对待，这些对企业盈利至关重要，因此传统营销对客户的理解也体现了较大的局限。

关系营销理论则对客户的含义进行了新的解读，客户是那些能够或者已经与企业建立了长期合作关系，对企业有较高信任，能够通过与企业的持续接触获得有价值的产品或服务，并且为企业创造价值的人。与传统营销对客户的理解相比，关系营销采用了长期和动态的视角对客户的含义进行解读，客户不再是那些会和企业进行简单的、单次交易的消费者或企业顾客，而是与企业建立了稳定交易关系，会进行重复购买或额外购买的人。

更确切地说，在传统营销理论中，企业的主要服务对象被称作消费者（Consumer），而在关系营销理论中，企业的服务对象被称作客户（Account）。从这种称呼的差异中，我们可以看出，消费者对企业而言不具备价值上的差异，并且也体现不出企业与消费者之间交易的性质，因为消费者只是从企业那里购买产品或服务，而企业为促成交易的代价无法体现。客户则更好地反映了交易给企业带来的价值，也体现了企业与客户之间维系长期关系的意义。对企业而言，不但接触不同客户并促使其达成交易的成本存在差异，客户对企业的价值也会随着企业自身的客户管理水平的不同而出现差异。

弄清楚传统营销和关系营销对客户理解的差异非常重要，两者的差异会直接影响企业如何看待客户管理。例如，在传统交易营销视角下，对消费者的分析多是碎片化，以单次交易为基础展开的，而企业营销人员的工作重心会放在如何成功地实现单次交易，不关心交易完成后如何开展后期服务，以及如何进一步挖掘消费者后期购买潜力。在关系营销视角下，客户关系管理则要求对客户资料进行连续的收集和分析，营销人员不但要完成单次交易，更要设法同客户建立长期稳定的关系，通过持续为客户提供优质的服务获取客户的信任和忠诚，在此基础上通过额外销售或鼓励客户参与的方式深度挖掘客户价值；同时，客户管理还意味着营销人员需要依据客户对企业价值的差异实现差异化对待。

18.1.2 客户分析

客观准确地对客户进行分析，对于企业意义重大。

1）客户分析的含义

对客户的了解是企业与客户建立长期稳定的交易关系，并深度发掘客户价值的关键因素，而客户分析是企业获取和丰富客户知识，更好地了解客户的重要手段。所谓客户分析，是指企业根据客户信息数据分析客户的特征，对客户的价值进行评估，并为客户制订相应的营销策略和资源配置计划。

客户关系管理注重对客户的终生行为进行分析，因此，客户分析会贯穿客户管理的全过程，并且需要对大量的客户属性信息进行处理。表 18-1 列举了一些需要处理的重要客户属性数据。

表 18-1　客户分析处理的客户属性信息举例

属　性	说　明
人口统计特征	性别、年龄、婚姻状况等
联系方式	家庭住址、住房类型、社交账号、电子邮箱、工作单位等
生活方式	个人嗜好、兴趣、休闲方式、工作性质等
价值观	对金钱、时间、便利、风险等因素的态度
消费行为	沟通渠道选择、购买渠道选择、购买决策制订、购前信息收集等
产品/服务期望	对产品和服务的属性预期,购买动机等
盈利能力	当前及将来的收入水平及变化,个人的财务状况(贷款、投资)等
社会关系	家庭成员状况,朋友、亲戚、同学等社会交际范围
个人的重要事件	结婚、生日、升职、乔迁、特殊纪念日等

2)客户分析的意义

客户分析是企业客户管理的基础工作,对客户管理的高效开展具有重要意义。

①通过系统的、精确的客户分析,企业可以准确了解不同客户的需求差异,以及不同时间段客户需求的变化,帮助企业更为准确地进行产品或服务的设计。

②通过发现客户消费特征和企业运营绩效间的联系,企业可以更加有效地对运营策略进行规划设计,例如选择恰当的接触时点和方式。

③通过系统的客户属性分析,企业可以发现潜在客户,或者从现有的客户关系中发现潜在的扩展交易的机会,帮助企业获取更大商机。

④客户分析能够帮助销售人员对客户群体进行恰当的分类,帮助他们有效地规划客户接触所花费的时间和精力,提高工作效率。

18.2　客户关系生命周期分析

如同企业发展存在生命周期,客户关系的发展也存在一个从双方开始初步了解,建立交易关系,逐渐建立起相互信任和相互承诺,并在此基础上建立起结构化战略合作关系,直至最终双方之间的业务关系完全终止的过程,这个过程也被称作客户关系生命周期。一个完整的客户关系生命周期过程包括考察期、形成期、稳定期和退化期四个阶段(图 18-1)。从发展的阶段来看,客户关系的发展无法进行跳跃式的前进,只能在客户与企业的接触过程中慢慢发展,同时,在任何一个关系发展阶段,都有可能会出现客户关系的停滞、倒退甚至中断。而客户关系的中断也并非意味着关系的彻底结束,通过采取合适的补救措施,双方的关系仍有可能修复。

客户关系生命周期采用了动态的视角探讨了客户关系对企业的价值。在客户关系的各

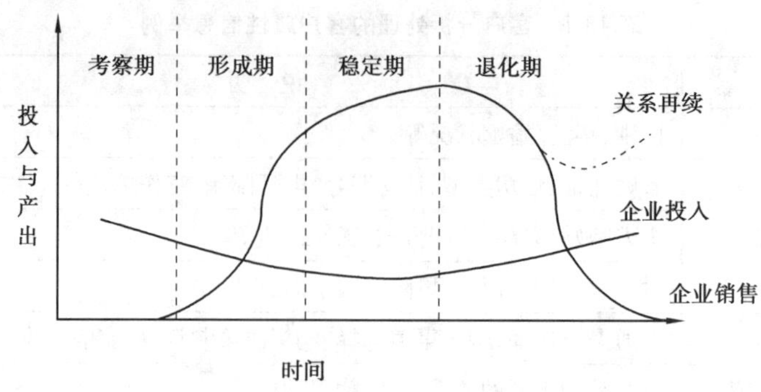

图 18-1 客户关系生命周期曲线

个发展阶段,客户的行为特征存在差异,为企业创造的价值也不尽相同。通过对客户生命周期的分析,可以帮助营销人员更加清楚地了解客户关系的特征及其对企业价值创造过程的影响,因而可以为企业有效地进行客户关系管理提供指导。

18.2.1 考察期

在考察期,企业与客户之前并没有业务往来关系,客户可能并没有听说过或者购买过企业的产品或服务。由于对企业缺乏必要的了解,客户对企业的能力和意图都缺少信任,此时会更加关注企业对产品、服务或价格的价值理解是否与自己相一致。他们的购买行为更多出于尝试性的目的。在这一阶段,企业的主要目标是如何让潜在的客户发展成正式的客户。此时企业可以采用的策略包括:首先,企业可以通过加大市场调研的投入观察和了解客户的基本情况,对客户的行为特点和偏好的了解可以帮助企业更有效率和针对性地同客户进行接触。其次,企业需要做好客户教育和客户承诺。企业应该向客户提供详细的产品或服务的信息,并耐心解答客户关心的问题,在能力允许的范围内给予客户能提升其感知价值的承诺,帮助客户建立起较为实际的产品期望,以及建立交易信心。最后,企业应当在首次接触客户时积极展现出自己为客户提供产品或服务的意愿和能力,应当努力提供超出基本服务承诺的卓越服务,让客户感到惊喜,以此打动客户,增进其同企业维系关系的意愿。由于获取潜在客户需要企业花费相当的营销资源,所以在考察期客户对企业利润的贡献较低。

18.2.2 形成期

在形成期,企业和客户关系进入快速发展阶段。经历了考察期的相互了解和试探,企业和客户已经建立了一定的相互信任和依赖关系。随着产品使用或服务的进一步深入,客户对附加产品和增值内容的需要也随之增加,此时客户的交叉购买率也会上升,客户会逐渐形成购买习惯,进而降低客户与企业接触的交易成本,并提升客户对企业的情感依赖。虽然新客户对企业产生了初步的认同,但消费经验的积累和产品知识的增加会让客户对其他可替代的产品或竞争企业有更多了解,客户会对转换交易伙伴的收益和成本进行权衡,因此企业仍需继续培养客户的信任感和忠诚感。另一方面,客户在与企业交易过程中的体验以及对所购买产品的价值判断,将会影响他们今后是否会继续与企业进行重复交易。综合上述说明,此时企业的主要目标是如何进一步增进客户的信任和忠诚,提升客户的价值。这一阶段企业应利用收集的客户数据对客户价值进行分析,确定个性化的接触策略;同时,企业还应为客户提供多样化的沟通渠道,传递企业在价值创造方面的优势,积极获取客户的反馈。在形成期,企业的投入相比开发期要小得多。此时客户已经开始为企业做贡献,企业从客户交易获得的收入已经大于投入,开始盈利。

18.2.3 稳定期

进入稳定期,客户对企业的信任程度进一步提升。在这个阶段,伴随着交易的频繁进行,客户和企业为能长期维持稳定的关系,双方都作了大量有形和无形投入;客户对企业更加信任,相信能从企业持续获得所需的产品或服务,这一信念进一步加强了客户的情感忠诚,并自愿为企业做宣传,推荐新客户。即使出现不利的竞争局面,客户也不会轻易退出现有关系,对企业产生了情感依托。这个时候,客户的满意度和忠诚度应该是企业关注的焦点;企业还需要时刻关注客户需求的变化,以便及时将企业的相关产品介绍给他们。企业客户管理的重点内容是保持与忠诚客户原有的业务关系,同时加强增值创新能力,努力与客户建立新的业务关系,将他们培养成为新业务的客户,扩展他们的赢利性;同时企业还可以通过各种业务的设计,让客户和自己建立结构性的战略合作关系,例如共同投资某个系统,或通过类似众筹等手段实现双方的目标协调;企业还可以在对客户深入了解的基础上,为其提供更具个性化的定制服务。因为较强的互信关系,在这一阶段,企业为维持客户关系的接触成本开始降低,企业与客户交易量处于较高的时期,客户为企业盈利做出较大的贡献。

18.2.4 退化期

退化期是客户与企业的关系发生负向逆转的阶段。关系的退化并不总是发生在稳定期后,实际上,在任何一阶段客户关系都有可能退化。导致关系退化的原因很多,例如一方或双方在接触的过程中经历了一些不满意,客户的需求或者竞争环境发生变化等。通常而言,当客户与企业的业务交易量逐渐下降或急剧下降,客户自身的总业务量并未下降;一方或双方开始考虑结束关系甚至同其他关系伙伴开始接触时,说明客户已进入衰退期。此时企业应当认真分析客户流失的原因,尽可能地降低客户流失给企业带来的负面影响。例如可以设法加大对有价值客户的投入,尝试重新与客户建立关系,或者选择不再为价值小的客户做过多的投入,渐渐放弃这些客户。此时,客户对企业的贡献处于下降期,甚至有可能给企业的盈利带来负担。

18.3 客户价值分析

对于顾客价值的理解,一直存在两种不同的方式。一种是从客户的角度出发,强调客户是如何感知企业为其创造的价值;另一种则是从企业的角度出发,强调客户的购买、推荐等行为为企业创造的价值,这种价值又被称为客户盈利价值或客户终生价值。本章所介绍的客户价值分析选择了从企业的角度探讨客户在关系生命周期内为企业提供的价值。

18.3.1 客户终生价值的含义与作用

客户终生价值(Customer Lifetime Value,简称 CLV),是指在整个客户关系生命周期里,在减除企业为吸引客户、向该客户出售商品和提供服务以及维系客户关系而支出的成本后,企业从客户那里获得的所有收益。由于客户价值的分析跨越了生命中期的不同时段,在分析客户终生价值时,需要考虑时间价值的影响,对客户在不同时期的贡献进行贴现。

客户终生价值在客户管理中具有重要作用,客户终生价值已经成为评估企业资产的重要指标之一。许多国际大公司都对其客户的终生价值进行了预测,例如可口可乐公司认为,一位忠诚客户 50 年能够给公司带来 1.1 万美元的收益;卡迪拉克公司的客户 30 年的价值是 33.2 万美元;北欧航空公司的商务旅行者 20 年能够为企业创造 48 万美元的价值。总体上来看,公司所关注的客户价值不仅包括单个客户的终生价值,同时也包括所有客户的终生价值总和。

从客户终生价值的定义中我们可以发现,客户终生价值包含了三个重要的构成维度:

1)客户维持的时间

客户关系的维系时间是决定客户价值的重要因素。随着客户关系的稳定持续,客户对企业信任和情感依赖会持续提升,不但降低了企业的营销成本,也为企业发现新的销售机会创造了条件。

2)客户份额

客户份额是指一个企业所提供的产品或服务在某个客户同类消费支出中所占的百分比。高的客户份额本身就是反映客户与企业关系的重要参照指标,而高客户份额为企业通过向上销售和交叉销售深度挖掘客户价值奠定了基础。

3)客户范围

客户范围反映了客户的构成状况。客户范围对客户价值的影响主要从企业层面得以体现。客户范围的拓展,意味着企业可以接触到更多类型的客户,会提升企业的总体客户价值规模。而从个体层面来看,客户范围则意味着企业需要弄清楚客户是谁。

18.3.2 客户终生价值的组成

客户终生价值的构成可以用一个价值表达公式进行描述:

$$CLV = CLV_1 + CLV_2 + CLV_3 + CLV_4 + CLV_5 + CLV_6$$

其中,CLV 代表了客户终生价值。

CLV_1是指客户在交易初期通过购买给企业带来的价值,例如客户首次购买企业的产品或服务给企业带来的财务价值。

CLV_2是指客户在与企业的持续接触中,由重复购买及提高的对企业的支出份额为企业带来的收益。例如在与企业的接触中,客户提高了购买频率,或者将企业列为主要的产品/服务提供者,由此给企业带来的财务价值。

CLV_3是指企业向客户进行交叉销售带来的收益。例如客户与企业的持续接触过程中，客户从企业购买了更多其他产品或服务种类而带来的收益；或者当企业推出新产品或服务时，客户购买而产生的收益。

CLV_4是指服务成本降低、产品/服务失误容忍度以及营销效率提高带来的收益，例如在熟悉了企业的产品和服务流程后，客户对相关信息咨询服务需求的降低，减少了服务人员的相关工作的时间占用。

CLV_5是指推荐收益。例如客户向周围的人推荐企业的产品或服务给企业带来的收益。

CLV_6是指客户价格敏感性降低带来的收益。例如在与企业建立了长期稳定的关系后，客户对价格返利等促销措施的偏好降低，不会和企业围绕价格进行长期交涉，也不易受竞争对手降价影响而带来的成本的节约。

从客户终生价值的表达公式中可以看出，维持客户关系可以给企业创造大量的价值。这些价值包括了由购买等行为带来的财务价值的增加，也包括了由于口碑和推荐行为带来的间接收益，以及企业运营和关系维系成本降低带来的收益。

18.3.3　客户终生价值的影响因素

客户终生价值的影响因素较多。

1）终生价值计算的时间长度

终生价值计算的时间长度是指分析客户价值时，反映客户与企业关系维持时间长短的指标，即反映客户生命周期长度的指标。计算的时间长度反映了客户价值会随时间的变化而变化的性质。一般而言，客户终生价值会随着客户生命周期的延长而增加；随着客户生命周期的延长，客户和企业之间的关系越紧密，客户就越有可能将企业作为主要的交易伙伴，在企业那里进行额外购买的可能性就越高，就越有可能将企业的产品或服务推荐给其他人；客户与企业的互动越频繁，相互之间的了解越深入，企业维系客户的成本会逐渐降低，客户也会更重视价格之外的其他产品特质。如果只考虑一个计算周期，客户终生价值（CLV）就等于客户单次购买产品为企业创造的价值（CLV_1）；而随着计算时间长度的增加，客户终生价值中关系维系收益和成本降低（CLV_2至CLV_6）的构成比重则会增加。

2）贴现率

终生价值是对客户关系生命周期内客户价值的计算，因而反映了客户在未来为企业创造的价值。企业在分析客户终生价值时，需要将这一部分的未来价值进行换算，将其转换为当前的货币价值。因此，贴现率会对客户终生价值的大小产生重要影响，一般而言，贴现率的选择是在综合考虑企业的资金成本率、企业投资报酬率和行业平均投资报酬率后的权衡结果。在客户终生价值的分析中，客户的终生价值与贴现率成反比。

3）客户维系率

客户的维系率是指客户经历了一个购买周期后，仍然与企业维持交易关系的概率。一般来说，客户的维系率与客户对企业的忠诚以及企业从客户那里获取的收益成正相关关系，客户越忠诚，客户的维系率就可能越高，而企业越有可能从客户那里获得更多的收益，因此，客户维系率与客户终生价值呈正比关系。

4)产品被提及率

产品的被提及率是用于反映客户口碑宣传效果的重要指标,因而产品被提及率同客户终生价值构成中的推荐收益密切关联(CLV_5)。产品被提及率不仅会受到客户对产品/服务满意水平的影响,同时也会受到客户在社交关系网络中所处位置的影响。对于单个客户而言,对产品/服务越满意,客户主动向他人推荐产品的可能性也会增加,从而产品被提及率会相应增加;而如果客户是某一个社会圈子的意见领袖,或者拥有较多的社会联系,那么他所发表的口碑也会接触到更多的受众,因而会增加产品的被提及率。另外,产品被提及时的效价也会影响到推荐收益。如果产品被正面提及,那么推荐的收益会增加终生价值;如果客户传递了对产品的抱怨或不满,那么推荐将会减少终生价值。

5)客户收入的变化

客户收入的变化会对客户的消费行为产生重大影响,进而影响客户终生价值。这种影响不仅表现在购买数量上,也会在购买结构上得到反映。一般而言,当客户的收入增加,在其他条件不变的情况下,客户的原有购买频率会得以维系,甚至有可能会增加购买的频率和购买量;客户对产品/服务品质的偏好也有可能会因为收入的变化而发生改变,当收入增加时,客户对产品价格的敏感程度会有所减轻,对高品质产品/服务的需求也会提升,有利于企业实现交叉销售;而反过来看,客户收入的下降会迫使客户降低购买的品质偏好,降低客户的购买频率和数量,让客户变得对价格更加敏感。所以,客户收入的变化会对客户重复购买(CLV_2)、交叉销售(CLV_3)以及价格敏感性(CLV_6)产生影响,进而影响客户终生价值。

6)客户关系的维系成本

客户关系的维系成本指为了维系客户关系所发生的代价。客户关系的维系成本既包括了维护客户所需付出的财务代价,例如忠诚奖励计划、会员返点或折扣等级等,也包括维护客户的非财务代价,例如客户服务人员的客户接触成本等。客户关系的维系成本并不是单次交易相关的直接成本,例如客户忠诚奖励计划,会在客户重复消费达到奖励条件后才会给予客户经济上的补贴;而客户关系的非财务维系成本常常会出现前高后低的特点,例如和客户建立稳定的情感联系会有效降低客户服务人员的情绪劳动负担。因此,客户关系成本和客户生命周期的关系相对而言比较复杂,一方面虽然客户维系成本有可能会随着关系的延续而降低,但为了更好地维系关系,企业也需要加大客户维系方面的投入,例如在客户忠诚计划方面增加投入,这反而会增加客户维系成本。所以在确定客户关系的维系成本时,企业应当设立一个较为恰当的水平,让客户的维系所创造的收益和成本处于一个合理的区间。

7)营销费用

营销费用主要包括广告费用,客户数据库的建立以及客户资料分析费用等。一般而言,营销费用会随着客户关系的延续而有所降低。

除了上面几种影响因素外,诸如竞争对手进入或退出市场等影响客户所处市场环境的因素也会对客户的终生价值产生影响,需要企业在分析客户终生价值时具体分析。

18.3.4 影响客户终生价值实施的关键因素

影响客户终生价值实施的关键因素有:

1）影响客户终生价值的驱动因素

客户终生价值评估了客户为企业创造的价值，其本意是希望通过客户管理与客户建立长期稳定的关系，以此来稳定交易基础，进一步挖掘交易机会。但是，客户与企业之间关系形成的性质会决定关系维系时间的长短以及关系质量的好坏，最终影响客户终生价值大小。因此，在评价客户终生价值时，企业也需要对这些驱动客户终生价值的因素加以考虑。

①法律纽带，主要指企业与客户通过合同关系而建立的合作关系。法律合同对双方关系的延续带有较强的约束力，违反合同会让违约方承担较为严重的法律后果和经济损失，因而法律纽带对合同有效期内双方的合作关系提供了一定约束和保障，但也无法完全排除双方貌合神离的状态。

②经济纽带，指客户缺少某些资源，或者能够从企业的产品和服务中获取经济利益的诱惑，而同企业建立的合作关系。经济纽带虽然能够有效地保障客户关系，但是单纯依靠经济纽带，一方面有可能会压低客户关系价值；另一方面也会因竞争企业提供更为有利的经济利益而导致客户流失的状况。

③技术纽带，是指因产品/服务在技术上存在依赖关系而形成的企业客户关系。双方在关联技术上的共同投入可以为两者的关系构建相当稳固的基础，这种技术纽带一般也较难为竞争对手破坏，但是企业需要警惕由于新技术出现引起关系的破裂。

④时间-地理纽带，指客户对获得特定产品或服务具有时间或距离上的限制，只有通过与特定企业的接触才能得以满足。企业需要注意客户生活或行为模式的变化有可能会破坏这种纽带。

⑤社交-知识纽带，指客户和企业在社会交往或信息沟通方面的联通性而出现的稳定合作关系。客户和企业的社会互动及在产品技术上的共享容易在两者之间激发较强的信任关系，这种连接会随着时间的延长而更加牢固。

⑥文化-价值观纽带，指企业与客户在文化和价值观上有较多的共同点，彼此之间在心理上相互认同而形成的稳定关系。文化和价值观会对客户的价值感知、行为和心理活动产生重要影响，相同的文化和价值观更容易帮助企业和客户在一系列关键事件上形成一致的看法，进而促成互信，帮助客户与企业维系稳定的合作关系。

2）影响客户终生价值成功实施的因素

在利用客户终生价值指引客户管理时，除了要仔细甄别客户终生价值的影响要素，还需要在技术上和管理上确保有关终生价值的信息能够真正用于指导企业的客户管理实践。

①获得准确的客户信息。准确计算和分析终生价值的前提是获取充分有效的客户信息。客户终生价值本身包含了大量的分析内容，以及众多的影响因素。因此企业在收集相关客户数据时，需要对客户属性数据进行广泛和详细的收集记录，既要包括客户人口统计属性和历史交易行为的数据，也要包括有关客户生活方式、价值观、社会关系等数据。

②在企业内广泛分享。客户终生价值只是指引企业进行客户管理的工具，要真正地发挥客户终生价值的作用，企业还需要围绕客户终生价值制订企业的产品策略和服务策略，设定以客户为中心的企业内部运营和管理流程。因此，有关客户终生价值的信息需要在企业内部进行广泛的分享和传播，以便于企业组织跨部门合作和协同，让客户终生价值真正得以实现。

③依据实施环境动态利用。在分析终生价值时,企业会对影响客户终生价值的诸多因素进行综合考量,但是,企业和顾客的关系是动态发展的,会受到企业运营环境变化、宏观经济形势变化、社会文化变化、消费时尚或潮流变化的影响,所以,企业在依据终生价值对客户进行管理时,还需要依据实施的具体情况进行动态调整。

18.4 客户分类管理

客户分析的最终目的是通过对客户及客户价值的了解,制订有效的客户管理策略,提升客户管理的效率。不同客户的关系价值存在较大差异,企业要试图为所有客户提供优质的服务,不仅不切实际,也会对收益产生影响。因此,企业需要依据客户为其创造的价值对客户进行区别化的分类管理。这一小节主要介绍两种不同的客户分类管理方法:一种是主要依据客户的行为特征对客户进行分类管理;另一种是依据客户对于企业的财务价值,将客户划分为若干个利润群组(细分市场),然后依据每个利润群组的特定情况提供有针对性的服务。

18.4.1 RFM 分类法

RFM 分析是衡量客户盈利能力的重要工具。这一分析方法主要通过考察某个客户的近期购买行为(Recency)、购买的总体频率(Frequency)以及购买金额(Monetary)三项指标来描述客户的价值状况。因此,企业可以依据 RFM 分析的结果对客户进行分类。

近期购买行为是指最近一次购买发生的时间。曾经买过企业商品、服务的客户是最有可能再次从同一企业购买东西的客户;而要吸引几个月前才上门的客户购买,比吸引一年多以前来过的客户要容易得多。所以,近期购买时间越近的客户应该是比较忠诚的客户,对企业当期提供的商品或服务也最有可能进行反应。购买频率是客户在给定时间内的购买次数。一般而言,购买频率反映了客户对企业产品/服务的满意程度。购买频率较高的客户,通常是对企业更为满意或者更为信任的客户。购买金额是客户在一定时期内从企业购买产品的累计金额。购买金额越高,也就意味着客户对企业的盈利价值越高,但是购买金额并不能作为反映客户忠诚度的重要指标。

在利用 RFM 模型进行客户分类时,通常企业会将近期购买(R)、购买频率(F)和购买金额(M)分为五级,然后依据客户在每一个指标上的具体情况为其进行打分。通过对这三个指标的综合分析,企业可以比较客户在级别区间的变动,了解客户的变化情况,并以此为依据拟定应对策略。例如通过分析客户在 R、F 指标上的变化,企业可以推测客户消费的异动状况(频次降低、购买间隔延长),估计客户流失的可能性,然后再结合 M 的角度来分析,这样就可以把关系维系的工作重点放在贡献度高且流失机会也高的客户上,对其进行专门拜访或有针对性的联系,提升维持客户的效率。

事实上,RFM 更加强调以客户的行为而非单纯的财务贡献作为区分客户的依据。RFM

非常适用产品单价相对不高，品种较多的企业，如消费品、化妆品、小家电等；它也适合在消耗型耐用品行业使用，如复印机、汽车维修等；RFM 也很适合用于服务行业，例如加油站、旅行保险、快递、快餐店等。

18.4.2　获利能力层次划分法

客户对企业财务方面的贡献是不同的。在企业的全部客户中，少数客户提供了最高的销售和利润比，这种现象通常被称为“80/20 法则”，即 20%的客户提供了企业 80%的销售额或利润。因此，这也意味着在客户管理中，企业需要依据客户为企业创造的盈利价值，对不同的客户进行差异化的层级管理。

通过客户数据的收集，企业可以对客户生命周期价值进行较为准确的估计。随后，企业可以依据客户价值的高低，将客户划分为白金层、黄金层、铁层和铅层四个层次。

白金层是对企业最有价值的客户的描述。这部分客户，尤其是那些大客户，基本对于价格不是特别敏感，并且愿意购买和尝试企业新推出的产品/服务，这部分客户是企业的忠实客户。

相比于白金层，黄金层为企业盈利水平的贡献有限。这些客户有可能会比较在意价格上的折扣；而且这些客户会希望企业提供更高水平的价格折扣，他们也有可能同多个供应商保持联系。

铁层客户拥有一定数量的购买量，企业可以通过这部分需求的产品数量来充分利用已有的产能。但是这一层级的客户的忠诚度和回报率都较低，不值得企业为其投入大量资源。

铅层客户通常是指那些会浪费企业资源的客户。他们会对企业提出超过其对应代价的要求，占用企业的服务资源，甚至有可能向其他人抱怨。

企业在依据获利能力层次对客户进行联系时，需要依据上面的客户层次划分对不同层次的客户进行差别对待。企业应当将主要的营销资源集中到白金层和黄金层客户，设法同白金层和黄金层客户维持长期合作关系，并挖掘更多的商业机会。对于铁层和铅层客户，企业可以尝试改变他们的行为，通过提升购买获取更多利润，或者通过改变企业的成本结构来降低与他们接触或向他们销售产品的成本。企业也可以设法将这部分客户转移给竞争对手。

18.4.3　客户分类管理的缺点

尽管客户分类管理为企业客户管理提供了解决思路，但是企业在实施客户分类管理的时候，仍然需要注意一些问题。

首先，客户分类管理有可能诱发效率与公平的矛盾。尽管客户分类管理从企业的角度来看是有意义的，但是客户一般并不会主动对这一做法表示支持，更不会乐意自己被分到比较差的类别之中。企业的客户分类管理有可能会受到客户的抵制和抗议，影响企业形象。

其次，客户分类管理有可能会因价值评估错误而错过潜在客户。对客户价值的准确评价是客户分类管理有效开展的前提。然而，客户价值的准确分析涉及大量的数据收集和整理，同时还要考虑到具体的运营环境对客户价值的影响，客户价值的评估很难做到完全准确，因此，一些有潜力的客户就会因此而被企业忽视。

【本章小结】

客户是那些能够或者已经与企业建立了长期合作关系,对企业有较高信任,能够通过与企业的持续接触获得有价值的产品或服务,并且为企业创造价值的人。客户分析是指企业根据客户信息数据分析客户的特征,对客户的价值进行评估,并为客户制订相应的营销策略和资源配置计划。客户分析是企业客户管理的基础工作,对客户管理的高效开展具有重要意义。

如同企业发展存在生命周期,客户关系的发展也存在一个从双方开始初步了解,建立交易关系,逐渐建立起相互信任和相互承诺,并在此基础上建立起结构化战略合作关系,直至最终双方之间的业务关系完全终止的过程,这个过程也被称作客户关系生命周期。一个完整的客户关系生命周期过程包括考察期、形成期、稳定期和退化期四个阶段。

客户终生价值是指在整个客户关系生命周期里,在减除企业为吸引客户、向该客户出售商品和提供服务,以及维系客户关系而支出的成本后,企业从客户那里获得的所有收益。客户终生价值包含了时间、客户份额、客户范围三个重要的构成维度。客户终生价值包括客户在交易初期通过购买给企业带来的价值;客户在与企业的持续接触中,由重复购买及提高的对企业的支出份额为企业带来的收益;企业向客户进行交叉销售带来的收益;服务成本降低、产品/服务失误容忍度以及营销效率提高带来的收益;推荐收益;以及客户价格敏感性降低带来的收益。客户终生价值的影响因素包括时间长度、贴现率、客户维系率、产品被提及率、客户收入的变化、客户关系的维系成本以及营销费用。法律纽带、经济纽带、技术纽带、时间-地理纽带、社交-知识纽带、文化-价值观纽带是客户终生价值的关键驱动要素,客户终生价值若要成功实施需要做到获得准确的客户信息,在企业内广泛分享,并依据实施环境动态利用。

客户分类管理的方法主要有 RFM 分类法和获利能力层次划分法。企业在实施客户分类管理的时候,仍然需要注意客户分类管理有可能诱发效率与公平的矛盾,也有可能会因价值评估错误而错过潜在客户。

【案例分析】

丽思酒店的“传奇”

丽思·卡尔顿酒店对于崇尚奢侈品的人来说是一个传奇,这个传奇有着无数名流为其背书,其中最为有名的故事来自可称得上时尚代名词的可可·香奈尔。从 1934 年到她去世的 1971 年,可可一直住在巴黎的丽思酒店。这些富豪与名流对这家酒店的态度可以用依恋、依赖、依靠来形容,很多人将其当作了家。而酒店的服务人员某种程度上就是其家人,他们对客人直呼其名。无论岁月怎样流逝,你遇到的始终是同样的楼层服务生和侍者,他们个个都对你的怪癖了如指掌，无论是从客人最喜爱的长圆形小甜糕的味道，最讨厌的格子床单，还是客人生了病的小狗需要吃什么样的食物……这一切构成了这个被称作商业服务业最为经典的案例。

无数的知名公司为了获取丽思酒店的奥秘前来取经，其中有美国银行的私人财富管理团队，也有掌管着全球最赚钱的零售商店的苹果公司经理们。

在《哈佛管理导师》中有一门课程叫做“以顾客为中心”，其核心思想是说并非所有的客户都是你的上帝，只有那些忠诚客户才是你真正的财富。顾客保持忠诚的时间越长，为公司带来的利润就越多，因为他们创造稳定的收入流，营销费用也会减少。而且随着顾客对公司越来越熟悉，服务顾客所需的费用也会下降；同时，忠诚的顾客还会带来关联销售——他们会向亲朋好友积极推荐。这样一群人在丽思·卡尔顿酒店被称作“终生客人”。

丽思酒店的高级领导总监 Brian Grubb 向前来取经的经理们介绍道：“我们顾客终生的平均消费为 120 万美元。”这意味着，按平均每间客房 500 美元一晚的价格来计算，这个客人要在酒店住上 2 400 晚，如果每个月都在这里住两晚，也要连续住上 100 年。

Brian 曾在海滨圣地加州半月湾的丽思酒店工作。一天，他在餐厅接待了一位带着两位孩子的普通客人。对方穿着套头圆领衫和大短裤，脚踩海滩鞋，走在洛杉矶大街上，没人会认为有什么特别之处。本着酒店一贯的待客之道，Brian 尽心地接待了父子一行，看得出来，孩子们非常喜欢这个地方。退房之际，客人出手订下了 8 间海景套房。在接下来的 5 年时间，每到暑期，这位客人都要带着家人在这家酒店住上近 4 个月，每次还都住在那 8 间面向大海的套房中。

显然，如果都是这种客人，那 120 万美元就不那么让人惊讶了。但这种客人究竟有多少呢？根据丽思的统计，有 22%的客人贡献了大约 78%的生意，而总营业收入中的 60%是由 2%的客人贡献出来的，也就是说，每 50 位客人中，有一位比其他 49 位客人给酒店带来的总收入还多。在外人看来，这个贡献度有点匪夷所思，但是丽思酒店的人只将其视为服务准则的第一条“建立良好的人际关系，长期为丽思·卡尔顿创造终生客人”的必然结果。

问题是，你怎么知道刚进门的客人就是最有价值的那位呢？

Brian 说没人知道谁将是这 2%的客人，但所有的丽思员工都知道，只要做到“我能及时对客人表达和未表达的愿望及需求做出反应”，以及“我得到了足够的授权为我们的客人提供独特难忘和个人化的体验”这两条准则，来酒店的每一位客人都有可能成为“终生顾客”。

在丽思酒店，有一个全体员工每天必须参加的 15 分钟小组晨会，主要内容就是分享全球各地丽思人每天为创造独特难忘的顾客体验的亲身经历。丽思的员工每时每刻都用心创造着独特的体验，他们的服务故事被公司印成小报，在全球的每个丽思的角落中反复传播。每名员工都在试图创造这样美妙的服务。当这成为一种每天都无数次地用各种故事演绎的文化时，终生顾客只会是必然结果。正因为不知道谁是下一位终生顾客，所以，每一位享受丽思服务的客人都得到了最衷心的照顾。

问题：

1.丽思酒店如何获取客户的终生价值？

2.结合丽思酒店的例子，谈谈你对客户终生价值的理解？

复习思考题

1. 什么是客户？什么是客户分析？
2.客户分析对企业有何意义？
3.请简单对客户关系生命周期进行说明。
4.什么是客户终生价值？
5.客户终生价值包括哪些内容？
6.客户终生价值有哪些驱动因素？
7.客户分类管理有哪两种方法？请分别对这两种方法进行简单说明。

第 19 章　客户忠诚度管理

【核心概念】

客户忠诚;客户满意;客户流失。

【引例】

税务软件的新功能

美国财务软件公司财捷集团(Intuit)开发的税务软件有数百种功能,有时就连会计人员都觉得复杂。财捷集团分析了从新会计客户那里获得的定期反馈后发现,许多客户对产品功能的了解并不充分,而且不知道财捷集团提供了在线研讨会以及其他渠道的使用方法培训。鉴于此,财捷集团成立了新客户服务小组,追踪新客户,向其解说产品关键功能,并使新系统变得简单易学。最终,参与该项目的49%的客户更愿意更新软件,第二年的客户收益提高了约50%。

19.1　客户忠诚

随着市场竞争的加剧,获取新客户的难度越来越大,不少企业开始将目光转向老客户。越来越多的证据也表明,相比新客户,老客户能够为企业带来更多的价值。获取新客户的成本不但远远高于维系老客户,其购买产品的可能性也远远低于老客户。所以,挽留尽可能多的老客户,提升他们对企业的忠诚,是当前企业赢得竞争优势,获取更高价值的重要手段。大量企业也开始关注如何对客户忠诚进行管理。

19.1.1　客户忠诚的定义

下面将讨论客户忠诚的定义。

1)客户忠诚与客户忠诚度的定义

客户忠诚是指客户对某一特定产品/服务或品牌产生的情感投入,并在此基础上形成了稳定偏好,进而重复购买的一种倾向。因而,那些对企业忠诚的客户已经同企业建立了长期、稳定和互信的关系，他们往往愿意为企业的产品/服务支付适当的溢价。

客户忠诚度是指客户忠诚的程度，是对客户忠诚的量化评价。因此，客户忠诚度是指由于受到企业营销因素和销售情境因素影响，客户对企业的产品/服务产生情感、形成偏爱并长期重复购买的程度。

2）客户忠诚的维度

客户忠诚是一个复杂的概念，包含了认知、情感、意向和行为等要素。而依据这些要素的差异，我们可以从四个角度对客户忠诚的概念进行解读。

①认知维度。客户忠诚的认知维度表现为客户由于了解产品或服务的信息而形成的，认为企业的产品或服务优于竞争对手的看法。

②情感维度。客户忠诚的情感维度表现为客户对企业的理念、经营活动和品牌形象的情感支持与认同。

③意向维度。客户忠诚的意向维度表现为客户做出的对今后购买企业产品或服务的想法或冲动。

④行为维度。客户忠诚的行为维度表现为客户对企业产品或服务的重复购买行为。

19.1.2 客户忠诚的作用

客户是企业获利的源泉，忠诚的客户对于企业的长期盈利和发展具有巨大意义。客户忠诚对企业带来的利益主要表现为以下三方面：

1）能够为企业带来稳定的、不断增长的利润

在激烈的竞争环境中，客户忠诚是企业利润的主要来源。首先，忠诚客户能够帮助企业提升产品销量，忠诚度越高，客户就越有可能进行重复购买，也越有可能购买企业推出的全新产品或服务。例如忠实的 APPLE 的客户不但会重复购买 iPhone 的升级产品（手机），也会购买 iPad（平板电脑）和 iMac（台式电脑）及其他 APPLE 推出的产品。其次，忠诚客户往往并不是十分在意企业是否提供价格上的折扣，例如 APPLE 的粉丝更在意是否能在第一时间购买到新出的 iPhone 系列手机，甚至愿意为此支付溢价，而并不会在意是否能享受价格折扣。最后，忠诚客户会主动搜寻产品相关的信息，同时也更信任企业的产品宣传，从而降低了企业的沟通说服成本。

2）帮助企业进行品牌/产品的宣传和塑造

忠诚客户会通过口碑等形式向其他潜在客户传播自己的消费体验，相比于企业的广告，口碑是更加有效的沟通手段。因而，忠诚客户不仅可以帮助企业拓展业务，也帮助企业节约了广告费用。而当企业遭遇了品牌危机时，忠诚客户会表现得更加宽容，也会帮助企业向其他客户进行解释。

3）帮助企业强化市场竞争地位

忠诚客户会对企业竞争对手的产品予以排斥，这种排斥不仅表现在购买行为上，还表现为对竞争对手营销手段的不敏感，这意味着竞争对手需要花费更大的代价才能挖走忠诚客户。企业可以借此构筑防御壁垒，以强化自己在市场中的地位。

19.1.3　客户忠诚的分类

根据客户重复购买原因的差异，客户忠诚可以分为垄断忠诚、惰性忠诚、潜在忠诚、方便忠诚、价格忠诚、激励忠诚和超值忠诚。

1) 垄断忠诚

垄断忠诚是指客户的忠诚来源于产品和服务的垄断。一些企业在行业中处于垄断地位，在这种情况下，不论是否满意，客户都别无选择，只能长期使用这些企业提供的产品和服务。虽然客户的重复购买较高，但是客户对企业的心理依恋却不高，所以，一旦出现替代品，客户就会主动去试用竞争对手的产品。

2) 惰性忠诚

惰性忠诚又称习惯忠诚，是指出于方便的考虑或者因为行为惯性，客户会对某个品牌保持长期的忠诚。例如，由于纯粹的距离远近和熟悉企业服务流程，客户会出于方便和避险心理形成某种程度的客户忠诚。值得注意的是，这种忠诚虽然会引起高重复购买，但客户的心理依恋程度较低，一旦发现更加方便的目标，或者竞争对手加强了宣传攻势以降低风险感知，这种忠诚就会消失。

3) 潜在忠诚

潜在忠诚是指客户主观上希望能够持续购买企业的产品或者服务，但由于企业内部或者外部环境的因素限制了这些客户的购买行为。虽然无法在当前将客户的忠诚转化为购买行为，但是一旦当限制条件解除，客户就可以进行购买。

4) 方便忠诚

方便忠诚是指出于地理位置等因素考虑，客户总是在较为便利的企业处购买产品。但是一旦出现更为方便的供应商之后，这种忠诚就会随之减弱，甚至消失。

5) 价格忠诚

价格忠诚是指企业提供了足够低的产品价格，致使那些对价格敏感的客户出现重复购买行为。然而，因为价格折扣而忠诚的客户倾向于同能提供最低价格的企业打交道，价格是决定其购买行为的关键因素，这就导致竞争对手能够有效地利用价格战吸引这部分客户。

6) 激励忠诚

激励忠诚是指客户是否会经常购买取决于企业是否提供了足够的奖励刺激。企业的各种促销奖励活动是推动客户购买的重要因素，因此，一旦企业不再提供奖励，或竞争对手提供了更为丰厚的奖励时，这些客户可能就会停止购买或转向其他提供奖励的企业。

7) 超值忠诚

超值忠诚是指在了解、使用产品或者服务的过程中，客户与企业有了某种感情上的联系而表现出来的忠诚。具有超值忠诚的客户不仅在行为上体现为重复购买，同时在心理上也对企业的产品或者服务有高度的认同感，因而不会总是等待价格折扣或其他奖励计划而购买，他们也会主动地为企业进行宣传。

企业在对客户忠诚度进行管理时，需要对这几种忠诚进行分别对待。一般而言，惰性忠诚、潜在忠诚、方便忠诚、价格忠诚、激励忠诚虽然给企业带来了购买和利润,但客户容易受到竞争对手和其他因素的影响,对于这几类客户,企业应当用利益去驱动忠诚;而对于超值忠诚的客户,企业应当重视他们的反馈,不断改进产品和服务,同时给予客户更多的情感上的关怀和价值观的认同等,从而保持企业对这部分客户的吸引力。

19.1.4 客户忠诚的测量

总体上来看,客户忠诚的测量可以从两个方面展开:认知-情感层面和行为层面。需要注意的是,认知-情感层面的测量要素能够反映忠诚形成的深层次原因,但是其在转换为购买行为时会受到其他因素的干扰;而行为测量指标则缺少对行为背后客户心理活动的了解,行为忠诚的表现可能只是在客观条件约束下的表象。所以,在对客户忠诚进行测量时,需要结合两方面观测的结果进行综合评价。

1)认知-情感层面

客户对企业的忠诚会在客户的认知-情感层面得以反应。因此,对这些认知-情感反应进行评估可以让企业了解客户的忠诚度。

(1)客户的信息搜寻和处理

客户想要了解产品信息的欲望会随着他们对企业产品兴趣的提升而增长;当客户对企业保有好感和一定的偏好时,他们会积极主动地搜寻和了解同企业有关的信息,会详细了解产品的相关细节。在建立起对企业的信任后,客户甚至会有选择地关注企业的正面信息,无视或抵制负面信息。因此,了解客户对企业相关信息的收集和处理情况能够帮助企业对其忠诚度水平进行衡量。

(2)客户对待产品质量和价格的态度

客户忠诚度水平的差异会影响客户如何看待产品的质量和价格。通常来说,对企业更为忠诚的客户对价格会更不敏感,他们更加看重企业产品/服务所提供的品质,对企业的价格变动的忍耐水平更高。那些忠诚度水平较低的客户则更加关注价格信息,价格的轻微变动就会引发他们更换供应商的行为。另外,当产品的质量出现问题时,忠诚度水平的差异也会引起客户差异化的反应。忠诚度较高的客户会给予产品质量问题较大的宽容,他们甚至会将这一问题归因于运气或自己的使用不当;而忠诚度较低的客户则会对产品的质量更为挑剔。因此,了解客户对于产品质量和价格的看法与态度也是测量客户忠诚度水平的重要手段。

(3)客户对企业的信任与认同

较高的客户忠诚意味着客户在情感上对企业进行了投入,这些客户所主张或向往的价值观和生活理念与企业所主张的价值观或生活理念有较高的重合,因而能够产生对企业的认同,也会对企业形成高水平的信任。他们愿意相信企业的信息,并会对企业的行为及动机予以正面解读,会给予企业运营活动较高水平的支持,也会积极参与到企业的运营活动之中。因此,在衡量客户的忠诚度时,也可以用了解客户对企业的信任和认同水平来进行。

(4)客户对待竞争企业的态度

客户对企业的忠诚是带有对抗意味的,换言之,真正的高度忠诚只会出现于某个特定的企业。因此,当客户对某个企业表现出忠诚时,会负面影响他对竞争企业的态度。客户对竞争企业信息的兴趣会降低,会有意识地关注竞争企业的缺点,也会在其他客户面前流露对竞争企业的质疑。另外即便购买了本企业的产品,但如果客户也在积极了解和关注替代企业的信息,这也表明客户有随时更换供应商的可能。因此,了解客户对竞争企业的态度也是准确了解客户忠诚度水平的重要途径。

2)行为层面

通过了解客户产品购买的相关行为,企业能够直接判断客户与企业的关系。尽管在某些时候,行为并不能真正反映客户内心深层次的考虑,但仍是多数企业用于了解和评价客户是否忠诚的重要指标。

(1)购买频率与重复购买率

购买频率与重复购买率是客户忠诚度水平最直接的体现。在一段时期内,客户从企业处购买产品的次数越多,或者在较长的时间里,客户总是从企业那里购买产品,这些都表现了客户对企业产品的偏好,反映了客户对企业利润的稳定贡献。而且,相比于其他测量指标,这两个观察指标的数据也更容易收集。因此,购买频率和重复购买率是常见的了解客户忠诚度的主要手段。

(2)购买份额

同客户对待竞争企业的态度相一致,客户对待竞争企业的行为也带有对抗性。多数情况下,客户有可能会同时与若干个供应商建立产品买卖关系,在客户预算总额不变的情况下,客户通常更有可能在更为信任的企业那里购买更多的产品。所以,了解客户购买产品的支出比例也可以帮助企业了解客户忠诚水平。

(3)购买挑选时间

客户通常会花费时间用于在不同的产品之间进行比较。如果客户对于企业的忠诚度较低,那么他们会花费较多的时间用于收集信息,比较不同企业提供的产品或服务,最后才决定是否购买。相反,如果客户信任企业的产品,那么他们用来挑选产品的时间就会缩短,购买决策会更加迅速。因此客户挑选产品时间的长短也可以测量顾客忠诚。

(4)潜在客户推荐

满意的客户会乐于向其他人分享自己的购物体验。对企业高度忠诚的顾客也会成为企业产品的主动宣传者。因此,客户向其他消费者的推荐活动也是了解客户忠诚水平的重要指标。

19.1.5　如何提升客户忠诚

要提升客户忠诚,需注意以下内容。

1)影响客户忠诚的因素

影响客户忠诚的因素有以下几种:

(1)客户满意

企业提供了让客户感到满意的产品或服务是形成客户忠诚的重要因素。满意通常是指一次产品购买或服务接触所引起的让客户感觉到满足的状态。单次的产品/服务满意是形成客户忠诚的基础,但满意的客户不一定就能转化为长期的客户。如果企业能够持续地为客户提供令其满意的产品或服务,就可以赢得客户的忠诚。

(2)产品/服务质量

产品/服务的质量也是影响客户忠诚形成的重要因素。优质的产品质量是留住客户、培养客户忠诚度的前提。质量包括客观质量和主观质量。客观质量可以通过技术指标和产品级别评价得以反应,而主观质量则是客户心理对产品或服务质量的感受和评价。客观质量和主观质量并不一定完全吻合,主观质量对于客户忠诚的形成有更大影响。因此,企业不仅要切实提高产品或服务的质量,还要通过恰当的手段让客户能够形成产品/服务质量的良好印象。另外,可能影响客户消费心理的质量因素还包括与产品相关的售后服务、运送服务、服务环境等。

(3)客户感知价值

客户感知价值是客户感知利得与利失的差异而对产品和服务效用的总体评价。客户对价值的判断不仅和产品/服务的绝对利得和利失的差异有关,也会受到客户期望价值的影响。即便是再忠诚的客户,获取价值仍然是其与企业建立稳定关系的主要目的。要使客户忠诚,必须为客户提供满足他们需要的价值,从而提升感知价值,促进客户的再购买意愿。因此,优质的客户感知价值是培育客户忠诚的基础,增加感知利得或减少感知利失是提升客户的感知价值和培养忠诚客户的重要手段。

(4)品牌形象

获取功能价值只是客户购买企业产品的理由之一,客户还会关注企业提供的情感价值和符号价值。品牌形象是存在于人们心中的关于品牌各要素的图示及概念的集合,好的品牌形象能够激活客户有关品牌的正面联想,进而诱发客户正面的情感体验;而品牌本身也可以作为社会符号的载体,向客户周边的人传递着持有者的社会身份、品味、性格等信息。因此,是否拥有良好的、有个性的品牌形象也成为企业能否获得客户忠诚的重要因素。

(5)转换成本

转换成本即客户在更换供应商时需要付出的代价高低也是影响客户忠诚的重要因素。尽管客户忠诚反映了客户的情感或行为,企业仍然可以通过设置转换成本以提升客户转换的代价,或让客户能够明确感受转换的损失。转换成本包括程序性转换成本、财务性转换成本和关系性转换成本。程序成本是指客户在购买和使用产品时在时间和精力上的付出。例如由于对交易对象的不熟悉而必须承担风险的心理压力;花费时间和精力去了解供应商的产品并学习该如何使用等,这些都会让客户感到转换供应商的代价,从而维持与原有企业的交易。财务转换成本则是客户由于转换供应商而出现的可计量的经济损失,例如已有的价格折扣,或其他之前的资金投入。关系成本是客户在情感和心理上的损失,例如由于转换供应商在人际关系(与供应商或其他忠诚客户)或品牌支持方面遭受的损失。

2)提高客户忠诚的措施

提高客户忠诚有以下措施:

(1)提升客户满意度

在合理的成本范围内,企业应通过调查准确了解客户的需求,合理引导客户形成产品/

服务预期,通过不断创新提供高品质的个性化服务给客户带来惊喜,并正确地处理客户的投诉。

(2)设置财务奖励措施,为客户提供特殊利益

为了鼓励客户增加购买或挽留客户,企业可以设置一定的财务奖励措施,例如提供阶梯返点或价格折扣鼓励客户增加单次购买金额,或采用客户忠诚计划鼓励客户多次重复购买。

(3)加强结构性联系,提高转换成本

除了设置财务等营销激励手段,企业还可以采用鼓励客户参与经营事业合作的方式,让客户与企业的利益或目标达成一致,从而提升客户的转换成本。

(4)增加与客户的情感交流

企业可以通过社交媒体工具,增进与客户日常的交流;或者通过定期组织各种形式的客户集会活动,增加与客户接触的机会;也可以通过设立客户社群,让客户之间建立联系,让客户之间的互动构建良好的社群沟通氛围。

(5)塑造良好品牌形象

企业可以塑造对客户有吸引力的个性化的品牌形象,或者通过积极参加社区或社会公益活动,向客户和社会展示良好的品牌形象,增加品牌的吸引力。

(6)加强内部管理

为了有效地提升客户忠诚,企业还必须在企业范围内树立以客户为中心的经营理念,设置有利于提升客户忠诚的组织构架和流程,做好跨部门的组织和协调,对一线员工进行充分的授权并提供充分的组织支持。

19.2　客户满意

关于客户满意,我们要了解以下内容。

19.2.1　客户满意概述

客户的满意,对于企业来说非常重要。

1)客户满意的定义

总体来看,对客户满意的定义主要存在状态说和过程说两种不同的视角。状态说将客户满意理解为消费后客户所经历的状态,认为客户满意是客户对购买行为的事后感受,是消费体验的结果。过程说则从过程的角度来定义顾客满意,认为顾客满意是事后对消费行为是否达到期望的评价。综合上述两种观点,我们认为,客户满意是客户在对产品/服务的效果感知与期望进行比较后,所形成的需求被实现的满足感。

从客户满意的定义中我们可以发现,满意来源于客户对从产品/服务中实际感受到的价值与所期望获取价值的比较。因此,满意既会受到客户期望价值的影响,也会受到企业最终所提供的价值以及客户会如何感知价值的影响。而两者之间比价的结果则会决定客户在消

费后体验到不同形式的“满足感”。

当产品/服务呈现出惯性消费的特征时,客户并不会主动留意到自己的期望,满足可以是一种被动反应;而对那些发现产品/服务远远超过自己期望的客户,满足感则会表现为惊喜。

2)客户满意的影响因素

一般来说,影响客户满意的因素如下:

(1) 产品和服务的特性

客户对产品和服务特性的评价会对客户满意产生重大影响。产品和服务的特性不仅会影响它们的功能效用,也会影响它们的情感效用或符号效用。特别需要注意的是,不同的属性对于客户满意的影响并不相同。事实上,依据对客户满意影响的差异,我们可以将产品/服务的特性分为两类:保健属性和激励属性。保健属性是客户认为产品/服务必须具有的特性,当这些属性的表现水平较低时,会让客户感到不满;但是当这些属性的表现超过了一定程度后,也不会对客户满意的提升产生影响,例如手机的通话质量;而激励属性是那些客户预想之外的属性,缺少这些属性不会让客户感到不满,但是当这些属性的表现超出客户的预期时,客户会感到惊喜,例如酒店的离店礼物。客户的个人偏好以及购买或使用情境等因素会影响客户对保健因素和激励因素划分的判断。

(2)客户的情感

客户的情感同样是影响客户满意的重要因素。这些情感可能是事先存在的情绪状态,例如客户处于愉悦的情绪中购物时,更容易对产品/服务感到满意;也可能是在消费过程中受到外部环境因素影响后的情绪状态,例如企业服务人员的情感对客户情感的渲染等。

(3)归因

顾客对产品/服务表现(远超预期或未达预期)原因的推断同样会影响满意。特别是当出现服务失误的时候,如果客户将失误的原因归于自己,例如参加英语补习的学生认为自己不努力而导致补习效果未达预期,或者将失误的原因归于非企业可以控制的外部原因,例如旅行者认为天气恶劣导致了航班晚点,那么客户不满意的程度会大大减轻。

(4)公平感知

客户认为自己是否受到平等或公平的对待同样会影响他们的满意感知。这种公平感即来源于客户将付出的金钱和努力与得到的产品品质进行的比较,也来源于将自己获得的产品品质同其他客户进行的比较。例如企业突然开展价格折扣活动会让之前刚刚购买产品的客户感到不公平,因为他们认为相比于后面的客户,自己“吃了亏”。

(5)其他客户

其他客户对产品/服务的态度也会对客户满意产生影响,特别是当客户对自身的感觉不是特别确定时更是如此。例如,当客户观看了电影后,很有可能会去浏览其他观影者有关电影的评论,而这些评论的观点会在一定程度上影响客户对电影的印象,甚至会左右客户有关电影的评论。

19.2.2 客户满意与客户忠诚的关系

虽然我们认为客户满意是客户忠诚的重要影响因素,在实际操作中,许多企业也把客户满意视为客户忠诚的检测指标。但是,客户满意与客户忠诚之间的关系却相当复杂和微妙,因此,我们有必要对两者之间的关系进行详细的说明。

1)客户满意的容忍域

客户满意来源于实际产品/服务体验与期望的产品/服务体验的比较。客户对产品和服务的期望可以分为两个水平:一个是客户希望产品/服务达到的理想状态,又被称为理想期望;另外一个是客户认为虽然不理想,但可以接受的状态,又被称为适当期望。这两类期望水平分别代表了客户期望的上限和下限,而处于理想期望和适当期望之间的差距则被称为容忍域。

在客户接受了产品/服务后,他会将产品/服务带来的感知价值与期望价值进行比较。如果感知价值超过了客户的理想期望价值,客户会感到非常高兴甚至惊喜;如果感知价值低于客户的适当期望价值,客户会感到不满甚至愤怒;但如果感知价值落在容忍域内,客户可能会表现得较为平静,既不会表现出特别满意,也不会表现得特别不满意。而顾客满意在表现程度上的差异则会在很大程度上影响客户忠诚。

2)客户满意与客户忠诚

客户的满意与忠诚有以下影响因素:

(1)容忍域的影响

容忍域的存在会干扰满意与忠诚之间的关联,导致客户满意与忠诚之间的关系并非线性的正相关关系。如果顾客获得的价值落在容忍域区间内,即客户达到基本满意或满意的状态,客户满意和忠诚之间只存在微弱的联系,满意并不能导致忠诚;如果客户获得的感知价值超过了理想期望,客户感受到高度满意甚至惊喜,才会表现出较高的重复购买意愿和口碑传播意愿;如果客户获得的感知价值低于适当期望,顾客会感到失望和不满,而这种不满的感觉会严重影响客户忠诚。在不同的竞争条件下,客户满意对客户忠诚的影响方式也会出现变化。在竞争激烈的行业,只有高满意水平才会产生较强的忠诚效应,而一般满意水平对提高忠诚度的影响甚微,但是出于行为的惯性,客户仍有可能持续购买;然而,在完全垄断的行业中,一般满意甚至不满意的顾客都会表现出较高的"垄断忠诚",这种忠诚极不稳定,一旦垄断被打破,客户与企业的关系将会发生剧烈的变化。

(2)转换成本的影响

除了容忍域的影响外,企业设置的转换成本也会影响客户满意与客户忠诚之间的关系。由于转换成本的存在,导致客户在转换供应商时会承担一定的成本,因而即便是客户感到不满,他们仍然有可能会维持与原供应商的关系。但是,随着转换成本的减弱,或者出现了更有吸引力的竞争对手,客户都有可能随时终止与供应商的关系。

19.2.3 提升客户满意的方法

提升客户满意有以下方法:

1)贴近客户

企业要想提升客户满意,首先需要做到贴近自己的客户。企业可以借用互联网技术和各种市场调查技术,对客户深层次的需求进行细致的了解,仔细了解客户的产品使用习惯和使用情境;企业也可以通过各种社交媒体了解客户对企业产品的评价和改进建议;通过设立体验中心和组织社区活动,企业可以让客户更好地了解和感受自己的产品。加深对客户的了解,并在心理层面上拉近与客户的距离是提升客户满意的重要途径之一。

2)关注细节

企业若要提升客户满意,还需要对产品或服务中的各种细节给予关注。随着竞争的日益激烈,不同企业在产品的主要属性方面的表现已经日益趋近,在这种情况下,这些属性已经无法有效地给予客户足够的惊喜。因而,在做好产品主要属性的基础上,企业需要将更多的精力投入产品细节的改进之中,这些细节更有可能成为引发客户高度满意的"激励属性"。

3)让客户感动

情感是影响客户满意的重要因素。因此,企业需要站在客户的角度来考虑问题,除了要向客户提供专业的产品和服务,让客户感到企业是真心在帮助自己解决问题,也要通过向客户提供同销售无关的服务,以此增进客户与企业之间的情感共鸣,真正地与客户成为朋友。

4)做好服务补救

当企业的产品或服务出现了故障或失误,如果能够得到及时的修复和更正,能够有效地挽回可能因此流失的客户,甚至会提升客户的满意程度。对于客户而言,虽然不愿意经历产品或服务失败,但是"人无完人",产品或服务失误在所难免,如果企业能够有效地为客户提供补救,会让客户感到更为可靠和值得信赖。因此,企业应当重视服务补救工作,并将其视为恢复甚至提升客户满意的机会。

19.3 客户流失

关于客户流失,主要有以下内容。

19.3.1 客户流失概述

客户流失有多种类型。

1)客户流失的定义

客户流失是指客户由于各种原因终止与企业的交易关系,转而购买其他企业的产品和服务。流失的客户通常在购买意图和行为上都发生了彻底的变化。流失的客户可以是与企业刚建立交易关系的新客户,也有可能是与企业长期接触的老客户,或者是企业的中间客户(代理商、经销商)。

2)客户流失的类型

客户流失分为主动流失客户和被动流失客户。

(1)主动流失客户

主动流失客户是指当企业的产品、服务不能满足客户的需求时,主动做出的更换供应选择的客户。客户的主动流失大概包括以下几种情况：

①自然流失。自然流失是由非人为的因素引发的，例如客户搬迁等。对于这一类型的客户流失，企业可以通过扩大经营规模和范围予以应对。

②竞争流失。竞争流失是指由于竞争对手的营销活动而造成的客户流失。企业可以通过加强对竞争对手的监控，采用有针对性的营销策略进行反击。

③过失流失。过失流失是指由于企业的失误引起客户的不满而造成的客户流失。例如品牌形象差、服务态度恶劣等。企业需要通过加强内部管理来预防客户的流失。

(2)被动流失客户

由于恶意欠款或者累计债务等原因导致供应商被迫终止其服务的客户又被称为被动流失的客户。被动流失的客户又可以分为两类：

①非恶意被动流失。这部分客户的行为并没有主观恶意。企业可以通过设置提醒业务来避免这种流失的出现。

②恶意被动流失。恶意被动流失一般是客户的信用度或客户故意诈骗等原因导致的。企业可以建立完善的客户资料库，评估客户信誉，采用产品的预付费等方式来避免出现这种类型的客户流失。

19.3.2 客户流失的识别

企业可以从客户、市场、企业财务和企业竞争力4个方面对客户流失的情况进行了解和判断。

1)客户指标

客户指标包括客户流失率和客户保持率。

(1)客户流失率

客户流失率是判断企业客户流失情况的主要定量指标，能够用于反映企业的经营管理状况。客户流失率的具体计算方式为：

$$客户流失率 = 客户流失人数 / 客户总人数 \times 100\%$$

(2)客户保持率

与客户流失率相对应，企业也可以通过计算客户保持率来了解客户的忠诚度以及客户流失水平。

$$\begin{aligned}客户保持率 &= 客户保持人数 / 客户总人数 \times 100\% \\ &= 1 - 客户流失率\end{aligned}$$

2)市场指标

一些用于反映企业市场经营状况的指标也可以用于了解客户流失情况，例如市场占有率、市场增长率、市场规模等。企业可以从市场调研部门获取相关数据。一般而言，这类数据同客户流失率呈反比关系。

3)企业财务指标

企业客户的流失情况也可以通过企业财务运营状况指标得以反映，例如销售收入、净利润等。企业可以通过财务部门获取这些指标。这类指标数据同客户流失率呈反比。

4)企业竞争力指标

行业协会和一些社会排名组织通常也会对企业的市场竞争状况进行排名,这些排名情况也可以间接反映企业的客户流失情况。一般而言,客户流失较为严重的企业,市场的竞争力往往会随之下降。

19.3.3 客户流失的防范与挽回

为了防范与挽回客户流失,我们应该分析原因,制订策略,并实施可行的方法。

1)客户流失的原因分析

为了阻止客户流失,企业必须对客户流失的原因进行了解和分析,并在此基础上拟定恰当的应对策略。总体上来看,可以将客户流失的原因归入以下八类:

(1)核心服务失误

核心服务失误是引发客户流失的最大因素。企业提供的产品和服务的核心要素是其提供价值的关键所在,核心服务失误意味着客户无法从产品中获取基本的价值,因而会引起强烈不满,导致客户流失。

(2)销售人员失误

销售人员的失误,例如对客户的不关心、不礼貌、对客户的询问没有反应、业务不熟练等也会影响客户对企业的评价,从而导致客户流失。

(3)企业对失误的反应

企业如何应对产品/服务失误也是影响客户流失的重要原因。在出现产品/服务失误后,企业补救不及时、对失误责任进行推脱、否认失误或者无视客户的投诉和抱怨会引发客户的退出和转化行为。

(4)价格因素

价格是最常见的引起客户流失的因素。事实上,许多客户都会为了获得更多的价格折扣不停更换供应商。通常来讲,由企业自身价格问题导致客户流失的原因又包括高价、提价、不公平价格措施,以及价格欺诈。

(5)便利因素

寻求便利是客户选择供应商的重要原因。因此,由于企业的地理位置、营业时间、服务等待时间等因素给客户造成的不便,也会导致一些客户选择终止与企业的关系。

(6)竞争因素

竞争对手会使用更低的价格折扣、更高的服务品质承诺等手段吸引客户转换。如果企业未能及时洞察竞争对手的举动,采取应对措施,也会导致客户流失。

(7)伦理道德因素

企业的经营活动如果存在不合法、不道德、不安全或违背社会规范的因素,例如盗版、使用不环保的材料、排放未经处理的废水等,都会引起客户的负面反应。为了表达对企业行为的不满,或者出于自身形象或安全问题的考虑,客户会选择更换供应商。

(8)非自愿流失

一些客户和商家都无法控制的因素会引起客户的非自愿流失,例如客户的迁移或者商家经营地点的转移等。

2) 客户流失的防范策略

防止客户流失一般有以下策略:

(1) 实施全面质量管理

为了防止客户流失,企业需要为客户稳定地提供高质量的产品和服务。因此,企业需要在企业内实施全面质量管理。全面质量管理要求企业必须把以客户为中心的思想贯穿到企业的全部业务流程当中,即从市场调查、产品设计、生产、检验、仓储、销售到售后服务的各个环节都应该牢固树立"客户第一"的思想,不但要生产物美价廉的产品,而且要为顾客做好服务工作,最终让客户放心满意。

(2) 重视客户的抱怨管理

企业的失误在所难免,因此,了解客户的抱怨并及时予以应对是预防客户流失的有效措施。企业应当培养正确对待抱怨的良好心态,并且为客户提供便捷的投诉渠道,能够积极倾听客户的抱怨并从中发现可以改进的问题。企业也可以主动对客户的抱怨开展多渠道的调查,以便及时发现产品和服务中存在的问题。

(3) 建立内部服务体制,提升员工满意度

满意的员工有助于提升客户的满意度。因此,良好的内部服务,例如为员工提供足够的培训、为员工提供更多的组织支持,以及采用更为人性化的管理方式能够有效提升员工的积极性和主动性,进而提升客户的满意水平,降低客户流失。

(4) 建立以客户为中心的组织架构

传统的组织架构多以产品和职能为中心,而为了降低客户流失率,企业需要将客户置于企业的中心。因此,企业需要对已有的组织架构进行调整,加强营销、销售、财务、生产、物流等部门的跨部门协调与合作的机制,并且要建立部门协作的绩效管理机制。通过调整组织架构,企业能够为客户提供全方位的服务,以此降低客户的流失概率。

(5) 建立客户关系的评价体系

为了避免客户流失,企业应当定期对客户关系进行评测,了解客户满意水平以及客户忠诚度的变化,以尽早发现可能会流失的客户。

3) 客户流失的挽回措施

挽回客户流失的措施如下:

(1) 调查原因,缓解不满

当客户流失的状况出现时,企业应当主动与流失的客户进行联络,诚恳地表示歉意,并通过适当的补偿缓解他们的不满;企业还要积极了解客户选择离开的原因,给予客户说明的机会,并主动听取他们的意见、看法和要求。

(2) 对症下药,争取挽回

在了解客户选择离开的理由后,企业应当依据客户流失的具体理由,有针对性选择挽留的措施。

(3) 对不同级别的客户流失采取不同的挽回方式

客户的挽回需要企业付出一定的代价,依照客户管理的思路,企业应当对不同级别客户

的流失进行区别对待。企业对有重要价值的客户应当极力挽回,对普通客户和较难避免流失的客户应当视具体情况而定,对于价值较低的客户可以选择放弃。

(4)放弃不值得挽留的客户

企业应当彻底放弃挽留问题客户。例如无法履行合同规定的客户,无理取闹的客户,妨碍企业对其他客户服务的客户,声誉太差会影响企业形象和声誉的客户,以及不能为企业带来利润的客户。

【本章小结】

提升老客户对企业的忠诚,是当前企业赢得竞争优势,获取更高价值的重要手段。客户忠诚是指客户对某一特定产品/服务或品牌产生的情感投入,并在此基础上形成了稳定偏好,进而重复购买的一种倾向。客户忠诚是一个复杂的概念,包含了认知、情感、意向和行为等要素。客户忠诚能够为企业带来稳定的、不断增长的利润,帮助企业进行品牌的宣传和塑造,强化企业的市场竞争地位。根据客户重复购买原因的差异,客户忠诚可以分为垄断忠诚、惰性忠诚、潜在忠诚、方便忠诚、价格忠诚、激励忠诚和超值忠诚。总体上来看,客户忠诚的测量可以从认知-情感层面和行为层面展开。客户满意、产品/服务质量、客户感知价值、品牌形象以及转换成本会对客户忠诚产生影响。企业可以通过提升客户满意度、设置财务奖励措施、加强结构性联系、增加与客户的情感交流、塑造良好品牌形象、加强内部管理等方式提升客户忠诚。

客户满意是客户在对产品/服务的效果感知与期望进行比较后,所形成的需求被实现的满足感。客户满意的影响因素包括产品和服务的特性、客户的情感。客户的情感同样是影响客户满意的重要因素。这些情感可能是事先存在的情绪状态,例如客户处于愉悦的情绪中购物时,更容易对产品/服务感到满意;也可能是在消费过程中受到外部环境因素影响后的情绪状态,例如企业服务人员的情感对客户情感的渲染、归因、公平感知、以及其他客户。客户满意与忠诚的关系并非是线性的,满意不一定会引起忠诚,而忠诚也不一定意味着满意,两者的关系会受到满意容忍域和转换成本的影响。为了提升客户满意,企业需要做到贴近客户、关注细节、让客户感动、做好服务补救。

客户流失是指客户由于各种原因终止与企业的交易关系,转而购买其他企业的产品和服务。客户流失可分为主动流失客户和被动流失客户。为了识别客户流失,企业可以通过客户指标、市场指标、企业财务指标、企业竞争力指标对客户流失的程度进行判断。核心服务失误、销售人员失误、企业对失误的反应、价格因素、便利因素、竞争因素、伦理道德因素和非自愿流失因素是客户流失的原因。为了防范客户流失,企业需要实施全面质量管理、重视客户的抱怨管理、建立内部服务体制、建立以客户为中心的组织架构以及建立客户关系的评价体系。为了挽回流失的客户,企业应当做到在调查原因后对症下药,并且对不同级别的客户的流失采取不同的挽回方式,要坚决放弃不值得挽留的客户。

【案例分析】

亚马逊的Prime服务

2015年8月2日,亚马逊市值超过2 500亿美元,超越了市值为2 300亿美元的沃尔玛,成为美国市值最大的零售商。

亚马逊的营收从2004年的60亿美元增长到2014年的接近900亿美元。但利润在2010年达到每股2.53美元的最高纪录后,过去几年一直在微利和微小的亏损之间徘徊,公司不断把利润投入到新的产品和服务开发之中。

2001年初,互联网泡沫破灭的时候,亚马逊现金流吃紧,为了尽快实现短期盈利,公司财务总监说服贝索斯(亚马逊CEO)悄悄把部分书籍的售价提高。但是不久,在与贝索斯和好事多(Costco)的创始人之一吉姆会面之后,他又改变了主意。吉姆在给贝索斯介绍自己的商业模式时说:

"客户的忠诚度是最重要的。好事多所有的产品价格都只比成本高14%。即使有时可以多赚,也不会这样做。好事多的利润主要是来自于每年的会员费。但是客户知道,他们来好事多买东西,肯定都是非常便宜的。最终,由于每个客户购买量大,好事多再以自己的巨大体量,向供应商施压,要求获得最低的供货价格。我的哲学是,价值胜于其他所有东西。人们来我们这里买东西,是因为我们提供价值。我们坚持每天做到这一点。"

这次会面后不久,亚马逊宣布对于书籍、音乐和录像全面降价20%~30%,贝索斯对华尔街分析师介绍:"世界上有两类零售商,第一类总是想如何多收客户的钱,第二类则是想如何降低客户的价格。我们要做第二类公司。"

2005年初,亚马逊推出Prime服务,年费最初为79美元,保证所有送货两天内可以到达。服务推出后,Prime的会员平均比普通买家消费高两到三倍,他们就像一个本来去好事多只要买啤酒的顾客,出来时又顺带买了几盘DVD、几斤牛排和一台电视机。

Prime会员购买更多的产品,又吸引更多第三方卖家通过亚马逊囤货和发货,这一切都极大增加了亚马逊的运营利润。贝索斯没有忘记好事多的吉姆给他的忠告:不断给客户提供价值。今天亚马逊的Prime服务,除了最初两天内到货的福利外,还包括:大量免费的影视录像可直接在网站上观看;上百万的歌曲直接在云端播放;免费在云端备份照片;可以从Kindle的网上图书馆一个月借一本书。对于亚马逊来说,除了自己已经接近垄断的电子书领域外,在影视录像和音乐市场占据一席之地,不让客户流失,同等重要。把多余的利润投入到这方面的战略布局,是毫不犹豫的选择。

这一切都加强了客户的忠诚度,如今,亚马逊Prime的会员估计已经超过4千万。

问题:

1.亚马逊采用了哪些措施获取客户的忠诚?

2.请结合案例谈谈客户忠诚对企业价值的影响。

3.你如何看待亚马逊的经营哲学?

复习思考题

1. 什么是客户忠诚？客户忠诚对企业有何价值？
2.客户忠诚有哪些类别？
3.如何对客户忠诚进行测量？
4.哪些因素会影响客户忠诚？企业该如何提高客户忠诚？
5.客户满意有哪些影响因素？
6.如何理解客户满意和客户忠诚之间的关系？
7.客户流失有哪些类型？
8.导致客户流失的原因有哪些？
9.企业如何防范客户流失？
10.企业如何挽留流失的客户？

第20章 客户投诉管理

【核心概念】

客户投诉;客户投诉管理;客户投诉战略管理。

【引例】

关于客户投诉的调查

美国对全国消费者进行了一项调查:

(1)"即便不满意,但还会在你那儿购买商品的客户有多少?"结果显示:

A.不投诉的客户占9%,其中91%的客户不会再回来;

B.投诉而没有得到解决的客户占19%,其中81%的客户不会再回来;

C.投诉并使问题得到解决的客户占54%,其中46%的客户不会再回来;

D.投诉并使问题迅速得到解决的客户占82%,其中18%的客户不会再回来。

可见,投诉表明客户对企业的信任,如果投诉的问题得到解决,客户的忠诚度会明显上升。即使问题没有得到解决,可他受到了重视,客户有受尊重的需求,他的不满得到了宣泄后,有可能再回来。如果投诉能得到迅速而合理的解决,投诉的客户80%以上会成为公司的忠诚顾客。

(2)"对服务不满意,你会选择投诉吗?"结果显示:

A.4%的不满意客户会向企业投诉;

B.96%的不满意客户不会向企业投诉。

可见,只有极少数人对服务不满意时选择投诉,绝大多数人并不选择投诉,但是会将他的不满意告诉16~20人,那么在这96%的人背后会有10倍的人对企业不满意。

另据美国市场营销协会AMA调查数据显示:"对于每一位抱怨的客户,在他们所抱怨的问题中,20%~30%可能是企业从来未听说过的。这二三十个人的抱怨中,至少有6个可能是非常严重的。这二三十个不满意的消费者,平均会向18个朋友和熟悉的人说出他们的抱怨。这意味着,我们听到的每一个抱怨,至少会被360人听到,有时候甚至更糟。"

正所谓"好事不出门,坏事传千里",客户对产品及服务不满意时,不仅仅是自己不购买你的产品,还会影响32个以上消费者不购买你的产品。可想而知,正确处理客户投诉,重视与投诉客户的沟通,是企业在市场中立于不败之地,持续发展的根本。

调查显示:企业争取一个新顾客即潜在客户的成本是维持一个老客户即现实客户的5~6倍;争取一个新客户比维护一个老客户要多付出6~10倍的工作量。

有人还做过统计:一家企业如果将其客户流失降低5%,其利润就可能增加25%~85%。根据20/80原则,一家企业利润的80%是老客户贡献的,新客户对利润的贡献只有20%。可见,客户流就是现金流,就是利润流,留住了客户就等于留住了金钱,留住了企业生存和发展的利润。

20.1　客户投诉概述

面对客户投诉,我们应该找到原因,积极处理,真诚应对。

20.1.1　客户投诉概念

在过去,一提到顾客投诉,人们首先想到的是"麻烦、挑剔、成心找茬"。而企业面对顾客投诉时也经常是害怕投诉或采取回避政策,没有真正意识到顾客投诉蕴藏的巨大价值。

但随着日趋激烈的市场竞争和买方市场的全面形成,市场竞争手段、竞争意识的知识化和专业化,提供高质量、高技术的产品和优质服务是企业永恒的主题。在现在顾客需求导向的市场营销活动中,客户在企业的经营活动中占据着越来越重要的地位,客户也总是在不断地满足需求中达到满意。这是一个发展的过程,因此,客户与企业的摩擦也就在所难免,出现客户投诉是任何企业都无法避免的。

企业的成功取决于能否使顾客满意,企业为了寻求持续发展就需要适应"以顾客满意为中心"这一新的竞争形式下建立的新的竞争法则。客户投诉管理是企业产品和服务管理系统中的一个组件,它是"以优质服务为顾客创造价值"为核心理念,为顾客快速、圆满地解决投诉,赢得顾客满意和忠诚的重要法宝,也是当今企业获得竞争优势的利器。

客户投诉是指消费者对企业的产品质量或服务态度等方面不满意,而提出的书面或口头上的异议、抗议、索赔,并要求得到相应补偿的一种手段。如今社会这种情况发生频率越来越高,这是一种进步的表现。也促使竞争更为激烈,产品质量更好,服务态度更好。消费者遇到问题时就要进行投诉以保护自己的合法权益。

客户投诉是每一个企业皆可能遇到的问题,它是客户对企业管理和服务不满的表达方式,也是企业有价值的信息来源,它为企业创造了许多机会。企业对外应化解客户投诉,使问题得到圆满解决,达到客户满意;对内应利用客户投诉,充分检讨与改善销售行为,将其转化为提升企业素质的良机。所以,企业要加强与客户的联系,倾听他们的不满,不断纠正企业在销售过程中出现的失误和错误,补救和挽回给客户带来的损害。维护企业声誉,提高产品形象,不断巩固老客户,吸引新客户。

【小贴士】

蝴蝶效应理论

南美洲亚马逊热带雨林中的一只蝴蝶扇动几下翅膀,几周后会在美国德克萨斯州引起一场龙卷风。从科学的角度看,蝴蝶效应反映了混沌运动理论的重要特征:系统长期行为对初始条件的敏感依赖性。客户投诉绝大部分是由一些细小的事情引起,业务人员的一个眼神、一句话、一次操作失误,都可能引发投诉。一般来说造成投诉的原因有两个方面,一是对过程不满,二是对结果不满。初始不满表示没有得到预期效果,客户投诉必然升级,甚至使客户与企业对簿公堂。投诉同样会证明蝴蝶效应理论的正确性。我们不妨借鉴消费者胜诉的官司击倒三株集团的案例:三株集团市值最高达到80多亿元。湖南常德汉寿陈伯顺因服用三株口服液导致三株药物高蛋白过敏死亡的一起投诉及诉讼中,三株一审败诉,二审胜诉,最终仍导致三株损失40多亿元,三株帝国神话破灭。“战马马蹄上丢了一个铁钉竟能让一个帝国灭亡”,“魔鬼隐藏在细节之处”(欧洲谚语),有些时候客户投诉乃至诉讼对一个企业的影响是无法用数字度量的。

20.1.2　客户投诉的原因分析

客户之所以提出投诉或对产品或服务进行抱怨,主要是因为满意度不够,究其原因,引起顾客投诉的原因不外乎以下几种:

1)企业自身的原因

企业自身原因引起顾客投诉时,我们应该慎重对待。

(1)产品质量无法满足顾客

良好的产品质量是塑造顾客满意度的直接因素,对于服务这种无形产品也是这样。对于服务的质量评估不但贯穿了顾客在从进入到走出服务系统的全部经历过程,还会延伸到顾客对服务所产生的物质实际的使用过程中。如一个顾客在超市选购商品,一方面,能不能在超市中以合适的价格顺利地买到质量合格的商品是决定顾客是否满意的主要判断标准;另一方面,即使商品的质量没有问题,但如果在使用的过程中,顾客发现使用该商品得到的效果并不是像他自己想象的那样,他也会对整个超市的服务产生不满,进而产生抱怨。因产品质量所引起的投诉主要有以下四个方面:

①产品本身存在问题,质量没有达到规定的标准。如床单在经过洗涤后缩水、变皱、褪色;罐头内有异物;音响的声音有杂音等。

②产品包装存在问题,导致产品损坏。如衬衫上有污点;半打装的玻璃杯中有一个已经破裂。

③产品的质量虽然没有大问题,但是存在小的瑕疵。如上装的袖子上有裂痕;不锈钢锅上有划痕。

④客户没有按照操作说明进行操作而导致故障。

(2)服务无法达到顾客的要求

服务是一种经历,在服务系统中的顾客满意与不满意,往往取决于某一个接触的瞬间。如服务人员对顾客的询问不理会或回答语气不耐烦、敷衍、出言不逊;结算错误;让顾客等待时间过长;公共环境卫生状态不佳;安全管理不当,店内音响声音过大;对服务制度如营业时间、商品退调、售后服务以及各种惩罚规则,等等,都是造成顾客不满、产生抱怨的原因。在日常服务过程中,主要投诉的有以下几个方面:

①应对不得体。如不顾顾客的反应,一味地推荐;只顾自己聊天,不理会顾客的招呼;在为顾客提供服务后,顾客又不买了,马上板起面孔,给顾客脸色;说话没有礼貌,过于随便。

②销售方式不当。如硬性推销,强迫顾客购买;对于商品的相关知识不足,无法满足顾客的询问。

③商品标志与内容不符。如标签上标示着红色的毛巾,回家拆开后才发现里面装的是蓝色毛巾;买了5个,却发现盒子里面只有4个等。

④价格标志与实际不符。如价格标牌上写的是促销的价格,但扫描显示却是正常的价格;价格标牌上写的是一种价格,但扫描显示是另一种价格。

⑤不遵守约定。如顾客依照约定的日期前来提货,却发现商品还没有订购,过了约定的日期却还没弄好。

⑥运送不当。如送货送得太迟;送错了地方;运输途中把商品损坏了。

(3)对顾客期望值管理失误

服务企业对顾客期望值管理失误导致顾客对于产品或服务的期望值过高。在一般情况下,当顾客的期望值越大时,购买产品的欲望相对就越大。但是当顾客的期望值过高时,就会使得顾客的满意度越小;顾客的期望值越低时,顾客的满意度相对就越大。因此,企业应该适度地管理顾客的期望。当期望管理失误时,就容易导致客户投诉。其中,客户期望管理的失误主要体现在两个方面:

①过度承诺。如有的网上商城承诺包退包换,但一旦客户提出退换要求时,总找理由拒绝。

②隐匿信息。例如,在广告中过分宣传产品的某些性能,故意忽略一些关键的信息,转移客户的注意力,引诱客户上当,造成客户预期的期望落空。这样的管理失误往往导致客户在消费过程中产生失望,乃至有上当受骗的感觉,就容易导致顾客产生抱怨,甚至会进行投诉。

2)顾客的原因

关于顾客的原因引发的投诉,主要有两种情况:

(1)弥补损失

顾客往往出于两种动机提出投诉,一是为了获得财务赔偿:退款或者免费再次获得该产品及服务作为补偿;另一种是挽回自尊:当顾客遭遇不满意产品、服务,不仅承受的是金钱损失,还经常伴随遭遇不公平对待,对自尊心、自信心造成了伤害。

(2)性格的差异

不同类型顾客对待“不满意”的态度不尽相同:理智型的顾客遇到不满意的事,不吵不闹,但会据理相争,寸步不让;急躁型的顾客遇到不满意的事必投诉且大吵大闹,不怕把事情搞大,最难对付;忧郁型的顾客遇到不顺心的事,可能无声离去,决不投诉,但永远不会再来。

3)环境因素

环境因素是指顾客与企业所不能控制的,在短期内难以改变的因素,包括经济、政治法律、社会文化、科学技术等方面。

(1)文化背景

在不同的文化背景下,人们的思维方式、做事风格有别,因此顾客投诉行为也存在差异。在集体主义文化中,人们的行为遵从社会规范,追求集体成员间的和谐,按照“我们”的方式思考;不喜欢在公众场合表露自己的情感,尤其是负面的;对事物的态度取决于是否使个人获得归属感,是否符合社会规范,能否保持社会和谐并给自己和他人保全面子。因此,他们更倾向于私下抱怨。而在个人主义文化中,人们追求独立和自足,用“我”的方式思考,喜欢通过表现自己的与众不同,表达自己的内心感受,来实现自我尊重。因此,他们更倾向于投诉。由此可见,文化背景对投诉行为的影响是通过影响顾客的观念,比如对投诉的态度。

(2)其他环境因素

除了文化背景和行业特征之外,一个国家或地区的生活水平和市场体系的有效性,政府管制、消费者援助等都会影响顾客的投诉行为。如消费者购物过程中因缺乏安全感,地板太滑,导致小孩摔跤;人太多,被小偷偷了钱包;扶手电梯突然停电;购物环境不便利。卖场灯光太暗;不通风;夏天空调不够凉,太热;服务设施不合理。比如,顾客必须先上二楼百货区域,才能下到一楼的生鲜区域;存包处太少;没有试衣间等都有可能被投诉。

20.1.3 客户投诉对企业营销的重要意义

企业必须认真对待客户投诉,一方面可以解决客户问题,另一方面也可使企业从中受益。对于销售人员来讲,很少有人没有经历过客户的投诉。对于销售经理来说,接受客户投诉已经成为一项日常工作。那么,如何有效地处理客户投诉就成了一个亟待解决的问题。客户投诉对企业营销的意义主要有以下几个方面。

1)有效维护企业形象

美国白宫全国消费者调查发现,不投诉的客户只有 9%会回来,投诉而没有得到解决的客户有 19%会回来。投诉而没有得到解决但还会回来,这是什么原因呢?客户有受尊重的需求,投诉尽管没有得到解决,但他受到了企业的重视。例如,客户对供应产品的质量不满意,提出改进质量的要求,销售人员虚心接受,并感谢客户提出的宝贵意见。实际上客户的问题没有得到解决,但是他可能还会再来,因为他受到了重视。所以,投诉没有得到解决的人与不投诉的人相比,其回来的比率会高出 10%。

投诉并得到解决的客户有 54%会回来,继续购买企业产品,有 46%不会再回来;而投诉并迅速得到解决的客户有 82%愿意继续购买企业产品,只有 18%的客户不会再回来。这就说明,企业需要客户投诉。客户投诉的意义在于,有效地处理客户的投诉可把投诉所带来的不良影响降到最低点,从而维护了企业的形象。

2)阻止顾客流失

现代市场竞争的实质就是一场争夺顾客资源的竞争,但由于种种原因,企业提供的产品或服务会不可避免地低于顾客期望,造成顾客不满意,顾客投诉是不可避免的。向企业投诉的顾客一方面要寻求公平的解决方案,另一方面说明他们并没有对企业绝望,希望再给企业一次机会。美国运通公司的一位前执行总裁认为:"一位不满意的顾客是一次机遇。"

相关研究进一步发现,50%~70%的投诉顾客如果投诉得到解决,他们还会再次与公司做生意;如果投诉得到快速解决,这一比重上升到92%。因此,顾客投诉为企业提供了恢复顾客满意的最直接的补救机会,鼓励不满顾客投诉并妥善处理,能够阻止顾客流失。

有一些客户投诉,实际上并不是抱怨产品或者服务的缺点,而只是向企业讲述对产品和服务的一种期望或者提出他们真正的需求。这样的诉求,会给企业提供一个发展的机遇。例如,美国的"戴尔"公司在笔记本电脑市场竞争如此激烈的情况下,依然能做得非常出色,正是因为它提供了一个更好的营销手段——产品定制。

3)减少负面影响

不满意的顾客不但会终止购买企业的产品或服务,而转向企业的竞争对手,而且还会向他人诉说自己的不满,给企业带来非常不利的口碑传播。据研究发现,一个不满意的顾客会把他们的经历告诉其他至少9名顾客,其中13%的不满顾客会告诉另外的20多个人。研究还表明,公开的攻击会比不公开的攻击获得更多的满足。一位顾客在互联网宣泄自己的不满时写道:"只需要5分钟,我就向数以千计的顾客讲述了自己的遭遇,这就是对厂家最好的报复……"

但是,如果企业能够鼓励顾客在产生不满时,向企业投诉,为顾客们提供直接宣泄的机会,使顾客不满和宣泄处于企业控制之下,就能减少顾客找替代性满足和向他人诉说的机会。许多投诉案例表明,顾客投诉如果能够得到迅速、圆满的解决,顾客的满意度就会大幅度提高,顾客大都会比失误发生之前具有更高的忠诚度;不仅如此,这些满意而归的投诉者,有的会成为企业义务宣传者,即通过这些顾客良好的口碑鼓动其他顾客也购买企业产品。

4)免费的市场信息

投诉是联系顾客和企业的一条纽带,它能为企业提供许多有益的信息。丹麦的一家咨询公司主席 Claus.Moller 说:"我们相信顾客的抱怨是珍贵的礼物。我们认为顾客不厌其烦地提出抱怨、投诉,是把我们在服务或产品上的疏忽之处告诉我们。如果我们把这些意见和建议汇总成一套行动纲领,就能更好地满足顾客的需求。"研究表明,大量的工业品的新产品构思来源于用户需要,顾客投诉一方面有利于纠正企业营销过程中的问题与失误,另一方面还可能反映企业产品和服务所不能满足的顾客需要,仔细研究这些需要,可以帮助企业开拓新市场。

从这个意义上,顾客投诉实际上是常常被企业忽视的一个非常有价值且免费的市场研究信息来源,顾客的投诉往往比顾客的赞美对企业的帮助更大,因为投诉表明企业还能够比现在做得更好。

5)预警危机

一些研究表明,顾客在每4次购买中会有1次不满意,而只有5%以下的不满意的顾客会投诉。所以如若将公司不满的顾客比喻为一座冰山的话,投诉的顾客则仅是冰山一角,不满顾客这个冰山的体积和形状隐藏在表面上看起来平静的海面之下。只有当公司这艘大船撞上冰山后才会显露出来,如果在碰撞之后企业才想到补救,往往为时已晚。所以,企业要珍惜顾客的投诉,正是这些线索为企业发现自身问题提供了可能。

例如,从收到的投诉中发现产品的严重质量问题,而收回产品的行为表面看来损害了企业的短期效益,但是避免了产品可能给顾客带来的重大伤害以及随之而来的严重的企业——顾客纠纷。事实上,很多企业正是从投诉中提前发现严重问题,然后进行改善,从而避免了更大的危机。

【案例分析】

"小小神童"洗衣机

前些年,海尔集团推出一款"小小神童"洗衣机。刚推出时,在设计上存在一些问题,所以当时这款洗衣机的返修率相当高。

海尔调集了大量的员工,承诺客户"接到投诉电话以后,24 小时之内上门维修",很多客户的洗衣机都是经过海尔连续三四次甚至五六次的上门维修才解决问题的。如此高的返修率,客户是否会非常不满呢?

很多客户反映说:"任何新的产品都会存在这样或那样的问题,但对海尔的服务,我们是满意的,因为我们看到了一家企业对客户的尊重和重视。"

正是海尔对客户投诉的重视,才使得消费者继续保持了对海尔品牌的信任,这也是海尔在今天能成为一家国际性大企业的重要原因。

如果企业不能有效地处理投诉问题,把投诉带来的不良影响降到最低,这种不利影响就会扩大。

20.2　客户投诉管理

遭遇客户投诉时,企业应该认真对待,并按照以下原则和程序好好处理。

20.2.1　处理客户投诉的原则

一般来说,处理客户投诉大致有以下原则:

1) 有章可循

要有专门的制度和人员来管理客户投诉问题。另外要做好各种防御工作,对客户投诉防患于未然。为此需要经常不断地提高全体员工的素质和业务能力,树立全心全意为客户服务的思想,加强企业内外部的信息交流。

2) 先处理情感,再处理事件

美国有一家汽车修理厂,他们有一条服务宗旨很有意思,叫作“先修理人,然后修理车”。什么叫做“先修理人,然后修理车”呢？一个人的车坏了,他的心情会非常不好,我们应该先关注客户的心情,然后再关注汽车的修理,“先修理人,然后修理车”讲的就是这个道理。可是这个道理很多企业都忽略了,往往是只修理车,而不顾及人的感受。因此,正确处理客户投诉,首要的一个原则就是“先处理情感,后处理事件”。

3) 耐心倾听客户抱怨,分析客户抱怨的原因

不仅要分清造成客户投诉的责任部门和责任人,而且需要明确处理投诉的各部门、各类人员的具体责任与权限,以及客户投诉得不到及时圆满解决的责任。如果一个客户在商场购物,对于所购买的产品基本满意,然而他发现了一个小问题,提出要退货,售货员不太礼貌地拒绝了他,这时,他开始抱怨,投诉到商场经理那里。事实上,在他的抱怨中,更多的是售货员的服务态度问题,而不是产品质量问题,只有认真听取客户的抱怨,才能发现其实质性的原因。客户投诉多数是发泄性的,情绪都不稳定,一旦发生争执,只会火上浇油,适得其反。真正处理客户投诉的原则是开始时应耐心地倾听客户的抱怨,避免与其发生争辩,先听他讲完。

4) 及时处理问题,想方设法平息客户的抱怨

由于客户的投诉多属于发泄性质,只要得到卖方的同情和理解,消除了怨气,心理平衡后事情就容易解决了。因此,作为一名销售人员,在面对客户投诉时,一定要设法搞清楚客户的怨气从何而来,以便对症下药,有效地平息客户的抱怨,并及时解决问题;拖延时间,只会使客户的抱怨变得越来越强烈,使客户感到自己没有受到足够的重视。例如,客户抱怨产品质量不好,企业通过调查研究,发现主要原因在于客户的使用不当。这时应及时通知客户维修产品,告诉客户正确的使用方法,而不能简单地认为与己无关,不予理睬,虽然企业没有责任,但这样也会失去客户。如果经过调查,发现产品确实存在问题,应该给予赔偿,并尽快告诉客户处理的结果。

5) 站在客户的立场,理解客户

漠视客户的痛苦是处理客户投诉的大忌,客户非常忌讳客户服务人员不能站在客户的立场上思考问题。服务人员必须站在客户的立场上,将心比心,诚心诚意地表示理解和同情,承认过失。因此,对所有的客户投诉的处理,无论是已经被证实的还是没有被证实的,都不应先分清责任,而是先表示道歉,这才是最重要的。

6) 及时、迅速采取行动

对于客户投诉,各部门应通力合作,迅速作出反应,力争在最短的时间里全面解决问题,给客户一个圆满的答复。否则,拖延或推卸责任,会进一步激怒投诉者,使事情进一步复杂化。体谅客户的痛苦而不采取行动只是一个空礼盒,例如,与其说:“对不起这是我们的过失”,不如说“我能理解给您带来的麻烦与不便,您看我们能为您做些什么呢?”客户投诉的处理必须付诸行动,不能单纯地只表示同情和理解,要迅速地给出解决的方案。

7) 留档分析

对每一起客户投诉及其处理都要做出详细的记录,包括投诉内容、处理过程、处理结果、

客户满意程度等。通过记录，吸取教训，总结经验，为以后更好地处理客户投诉提供参考。

【案例分析】

“帕杰罗”越野车

2001 年，日本三菱公司发生了一起投诉案：成都有人开三菱公司生产的“帕杰罗”越野车，因为故障导致车祸，有一个人成了植物人，所以投诉三菱公司。

三菱公司对这件事的处理态度是很消极的，首先要求把汽车运回日本鉴定，中国企业的鉴定不算数，必须由日本企业来鉴定。这件事情前后拖了很长时间，各大媒体纷纷把矛头指向了三菱公司，电视台也专门进行了采访。采访的时候三菱公司主管的态度也很消极，说无可奉告，始终没有正面回应这一事件。

最终这个投诉是怎么解决的呢？三菱在中国召回了所有的“帕杰罗”越野车，承诺对所有的“帕杰罗”越野车进行零件更换。整个投诉处理用了很长时间，给企业信誉带来了很大的不良影响。

可见，企业如果不能正确地处理客户的投诉，对企业带来的损失是难以估量的。

20.2.2　客户投诉处理流程

处理客户投诉的流程图如图 20-1 所示。

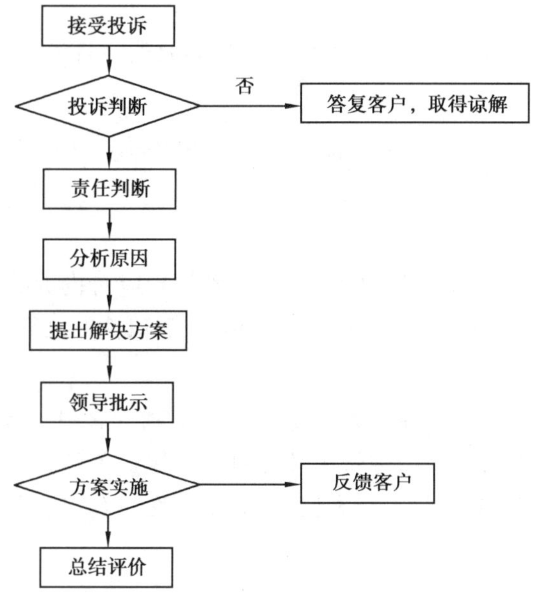

图 20-1　客户投诉处理流程

1）接受投诉

利用客户投诉记录表详细记录客户投诉的全部内容，如投诉人、投诉时间、投诉对象、投诉要求等，如表 20-1 所示。

表 20-1　客户投诉记录表

投诉人	投诉时间	投诉对象	投诉理由	投诉要求

2）投诉判断

了解客户投诉的内容后，要判断客户投诉的理由是否充分，投诉要求是否合理。如果投诉不能成立，应采取婉转的方式答复客户，取得客户的谅解，消除误会。

3）责任判断

根据客户投诉的内容，确定相关的具体受理单位和受理负责人。例如运输问题，由交通运输管理部门处理；质量问题，则交质量管理部门；服务问题，交服务部门处理。

4）分析原因

有关责任部门要认真分析投诉原因，查明具体造成客户投诉的责任人。

5）提出处理方案

根据实际情况，参考客户的投诉要求，有关部门要提出解决投诉问题的具体方案，如退货、换货、维修、折价、赔偿等。

6）领导批示

对于客户投诉，企业领导应予以高度重视，主管领导应对投诉的处理方案一一过目，及时作出批示。企业应根据实际情况，采取一切可能的措施，挽回已经出现的损失。

7）方案实施

企业对于已经作出决定的处理方案要贯彻落实，并通知客户，收集客户的反馈意见。对造成客户投诉的直接责任人和部门主管要按照有关规定进行处罚，依照投诉所造成损失的大小，扣发责任人一定比例的绩效工资和奖金；如果存在对客户敷衍或不认真对待的问题，还要对责任人追究行政责任。

8）总结评价

最后，对投诉处理过程要及时进行总结和综合评价，吸取经验教训，提出改进对策，写出客户投诉分析报告，以不断完善企业的经营管理和业务操作水平，提高客户服务质量和服务水平，降低投诉率。

【小贴士】

客户的满意程度对企业的影响

一个满意的顾客会告诉1~5人,100个满意的客户会带来25个新顾客,维持一个老顾客的成本只有吸引一个新顾客的1/5,更多地购买并且长时间地对该公司的商品保持忠诚,购买公司推荐的其他产品并且提高购买产品的等级,对他人说公司和产品的好话,较少注意竞争品牌的广告,并且对价格也不敏感,给公司提供有关产品和服务的好主意。一个投诉不满的顾客背后有25个不满的顾客,24人不满但并不投诉;一个不满的顾客会把他糟糕的经历告诉10~20人并拒绝该公司的产品。投诉者比不投诉者更有意愿继续与公司保持关系;投诉者的问题得到解决,会有60%的投诉者愿与公司保持关系;如果迅速得到解决,会有90%~95%的顾客继续与公司保持关系。日本开业的料理店说:要让顾客感受最好的服务,必须要把所有的问题发现在顾客之前解决。

20.3　客户投诉战略管理

在这一节,我们将探讨关于客户投诉战略管理的内容。

20.3.1　处理客户投诉的方法

处理客户投诉有以下方法:

1)鼓励客户倾诉

在有机会倾诉他们的委屈和愤怒之后,顾客往往会感觉好多了。重要的是,销售人员要让顾客充分地诉说委屈而不要打断他。打断只会增加已有的愤怒和敌意,并且使问题更难处理。一旦愤怒和敌意存在了,说服劝导更难,几乎不可能找到双方皆公平的解决办法。此外,销售人员还必须同样宽容开诚布公地对待那些很少表明他们的愤怒,较少冲动但也许有着同样深的敌意的顾客。

2)获得和判断事实真相

因为很容易受竭力为自己索赔讨个说法的顾客的影响,销售人员必须谨慎地确定有关的事实信息。用户总是强调那些支持他的观点的情况,所以销售人员应在全面、客观认识情况的基础上,找出令人满意的解决办法。当事实不能揭示问题的真相,或顾客和企业都有错时,最困难的情况出现了。在这种情况下,需要使顾客了解获得一个公平的解决办法的困难,然而无论如何,目标仍然是使顾客投诉得到公平的处理。

3)提供解决办法

在倾听客户意见,并从顾客的立场出发考察每一种因素之后,销售人员有责任采取行动和提出公平合理的最终解决办法。所以,一些企业规定了解决问题是销售人员的责任,另一些企业则规定当实际解决方案由总部的理赔部门做出时,销售人员应调查问题和提出备选方案。允许销售人员作出处理决定的企业认为,因为销售人员最接近顾客,所以他们最适合以恰当的方式得出公平的、令人满意的结论。运用第二种方法的企业认为,如果解决方案来源于管理层而非销售人员,顾客可能更易接受。

如果不考虑企业的政策,顾客非常看重企业对投诉的及时反应。销售人员应该避免去指责运输部门、安装人员或企业中的其他一些人,不满意的顾客不会欣赏企业内部人员的互相推卸责任。销售人员有责任解决问题而不做任何对企业形象有消极影响的评论,因为拖延和推卸使顾客感到困惑、为难,销售人员应该尽一切可能加速反应或从企业得到行动方案。处理投诉的时间如果推的太长,企业将失去留住顾客的机会。

当得到快速和公平的对待时,大多数顾客会表示理解和满意。销售人员务必使顾客理解企业提出的解决办法是公平合理的,这有时需要做一些解释和说服工作。对企业和顾客都公平合理的方案确实是对双方都有利的,更能赢得好的商誉。为了使顾客认识方案的合理性,有时需要大量细致的说服和解释,说明企业的决策过程和如此决定的原因。在任何情况下,销售人员都不应该一味迎合顾客,以至于顾客和企业发生利益冲突。仅仅迎合顾客并不能建立起友谊,反而可能导致顾客失去对销售人员和企业的忠诚。任何涉及最终决策的问题都应该让企业和销售人员直接处理,而无需顾客的直接参与。已经决定的行动应由销售人员以一种果断有说服力的方式传达给顾客。

4)公平解决索赔

为了帮助企业提出一个公平合理的解决办法,销售人员必须获取下列信息:顾客索赔的金额、顾客索赔的频率、顾客账户的规模、顾客的重要程度、所采取的行动对此顾客和其他顾客可能的影响程度、销售人员在其处理其他索赔时的经验以及特定的索赔信息。在检查了所提供的信息之后,企业的解决方案可采取以下形式:

①产品完全免费退换;

②产品完全退换,顾客只支付劳动力和运输费用;

③产品完全退换,由顾客和企业共同承担相关费用;

④产品完全退换,由顾客按折扣价格支付;

⑤顾客承担维修费用;

⑥产品送往企业的工厂再做决定;

⑦顾客向第三方索赔。

【小贴士】

处理顾客投诉的忌讳

1.逃避问题;

2.经常向上司求助;

3.急于转交他人处理;

4.还没有处理好就太快地走开；
5.现场与顾客争辩；
6.找一些借口开脱责任；
7.推卸责任，说其他部门的事情；
8.传达含糊不清的信息；
9.不适当的脸部表情；
10.当面或者背后评论顾客；
11.向顾客过分承诺自己做不到的事情；
12.把顾客投诉当作个人事情；
13.凭自己主观判断去处理问题；
14.事后忘记了向顾客的承诺。

20.3.2　有效处理客户索赔

有很多时候客户提出投诉的同时要求向企业索赔，此时企业必须细心应对，避免事件扩大，损害企业形象。再者，索赔事件若处理得当，不仅可消除企业危机，而且可得到客户长期的支持。其处理方式如下：

①面对客户时，应切记须以诚恳、亲切的态度处理。

②如明显是本企业问题，应首先迅速向客户致歉，并尽快处理；如有原因不能确定，应迅速追查原因（应对本企业的产品具备信心），不可在调查的阶段里轻易向客户妥协。

③对投诉的处理，以不影响一般消费者对本企业的印象为标准，有客户中心或公关部致函道歉，并以完好的产品予以调换；如已没有同样产品，应给予货币补偿。若赔偿调查需要耗费较长时日，应向客户详细说明，取得谅解（应设法取得凭证）。在处理上应注意加强追踪。

④责任不在本企业时，应由承办人召集有关人员，包括客户及各加工厂共同开会以查明责任所在，并确定应否赔偿以及赔偿的额度。

⑤当赔偿事件发生时，应速将有关情况通报相关部门，并以最快的速度加以处理，以防类似事件再度发生。

⑥发生客户索赔事件时，应对客户给予补偿，同时如果是供应商的问题，应尽速索取补偿。

20.3.3　处理客户投诉应注意的问题

在应对客户投诉时，难免会有一部分客户性格偏激，容易激动失控，处理不好比较容易引发情绪冲突，甚至导致公司的公关危机。所以，在处理客户投诉时，一定要依据心理学的一般规律，避免事态扩大。

1）请客户低位坐下

处理客户投诉时要尽量让对方坐下谈话，让对方放低重心，避免和对方站着沟通。心理学研究表明，人的情绪高低与身体重心高度成正比，重心越高，越容易情绪高涨。因此，站着沟通往往比坐着沟通更容易引发冲突，而座位越低则发脾气的可能性越小，所以，人们常说

"拍案而起"。

在处理客户投诉时,若对方情绪非常激动,摆事实讲道理都是没有用的,对方根本就听不进去。此时,第一件事就是应该让对方坐下,等对方情绪平静后再进行沟通。甚至,可以在接待投诉的地方专门安放几组特别矮的沙发,而且只要一坐就会陷下去,起来时还会觉得费力,那么客户身体一收缩,重心下移,自然不太容易发火。

2)反馈式倾听

反馈式倾听,即在倾听对方的倾诉时要主动配合并且注意给予反馈,根据沟通心理学的规律,应让自己的表情、语言、动作与对方说话内容保持高度一致。反馈式的倾听会让客户产生被重视的感觉,大大提高对方的满意度,容易稳定情绪。

表情和语言不断反馈的原则:眼睛要忽大忽小,嘴巴要哼哈不停,身体要前后摇摆,表情或惊讶或严肃专注或点头微笑,并伴随着相应的语言,如"竟然有这样的事!""请再重复一下,刚才说的是什么?"等。与此同时,还可以认真记录对方讲述的内容,显得非常正视认真,让对方更加感觉到自己被理解和重视。

当然,这些行为仅仅表示"我在认真听",并不表示同意对方的观点。面对客户,很多人都会面无表情地倾听,这是最忌讳的行为,这会让对方觉得一肚子委屈得不到重视,火气也越来越大。

倾听是解决问题的前提。在倾听客户投诉的时候,不但要听客户表达的内容,还要注意其语调与语气,这有助于了解客户语言背后的内在情绪。同时,要通过解释与澄清确保真正了解了客户的问题。在听的过程中,要认真做好记录,注意捕捉客户的投诉要点,以做到对客户需求的准确把握,为下一步对症调解打好基础。

3)语言艺术

在沟通过程中说话要艺术一点。在接待和处理投诉时,说话一定要热情、耐心、诚恳,语气要平和、谦逊。俗话说:"良言一句三冬暖,恶语伤人六月寒。"如果话说得恰当,不但可以让投诉者消气,融洽气氛,还有利于快速解决问题。如果话语不当,则可能把简单的事情复杂化。因此,平时接受业务咨询要使用清楚、准确、通俗的语言,避免客户产生歧义;要一次性把需要说明的问题交代清楚,避免客户问一句说一句,让客户办业务"跑来跑去";特别要注意不要轻易对客户说"不知道""不清楚""不归我管"等带"不"字的语言。

有些情况还可以将客户的谈话内容及思想加以整理后,再用自己的语言反馈给对方。例如,"为了使我理解准确,我和您再确认一下,您刚才的意思有以下两点,第一点是……第二点是……您认为我理解得对吗? 还有什么? 您接着说。"如此重复,可以让其感到备受重视,对方也一定会反过来专心听你重复的话,寻找错误或遗漏之处,如果转移注意力,自然更利于降火。重复对方的话的频率与客户情绪高低成正比,对方情绪越高,就应该增加重复的频率,从而努力让对方平静下来。

4)层次要高一点

客户提出投诉和抱怨之后都希望自己的问题受到重视,往往处理这些问题的人员层次会影响客户期待解决问题的情绪。如果级别高的领导能够关注处理或亲自出马,会化解许多客户的怨气和不满,比较容易配合服务人员进行问题处理。因此,在处理投诉和抱怨时,如果条件许可,应尽可能提高处理问题的人员级别,比如安排部门领导甚至新领导出面等。

5) 转换场地

如果请客户低位落座、反馈倾听、重复谈话都没能让客户的情绪平静下来,则可以考虑请对方换一个场所谈话,例如,“这里房间小,凳子也很不舒服,请您到另一间办公室吧。那里沙发坐着舒服,我再给你泡杯茶”,等等。到新的场地之后,客户会不由自主地分散精力辨析新场地,高亢的情绪通常能快速缓和。

6) 认真、迅速处理

处理投诉和抱怨的动作要快,态度要诚恳,一来可让客户感觉到尊重;二来表示企业解决问题的诚意;三来可以及时防止客户的负面影响对企业造成更大的伤害;四来可以将损失减至最低。一般接到客户投诉或抱怨的信息后,立即通过电话或传真等方式了解具体内容,然后在内部协商好处理方案,最好当天给客户答复。无论客户情绪如何,其最终目的仍然是解决问题。让他感到问题已在处理中,自然会逐渐平静下来,即便你无法采取客户所渴望的行动,但若能做到以下几点,客户仍会感到满意。

①准备好表格,让对方填写。通常,填写表格相当于签字画押,十分正式。这样会让客户觉得处理的程序非常规范,自己的投诉也得到了重视。

②拿出自己随身携带的小本子,在对方说话时进行记录,当对方快讲完时承诺一定会认真处理,同时将小册子放进口袋。这些行动都在告诉客户已经达到了投诉的目的,帮助其稳定情绪,为大事化小、小事化了提供谈判环境。很多人在听完客户投诉后,只是简单地用语音回复:“您放心,我们一定会尽快帮您解决问题的。”实践证明,这句话反而会让客户更担心。

7) 目光要看远一点

处理客户投诉的最终目的是把每一个客户留住,努力创造忠诚的客户和口碑效应。所以,当与客户就投诉处理方案达成一致后,不要就此草草收兵,还要以超出客户预期的方式真诚道歉,同时再次感谢其购买了企业的产品和服务。“善终”比“善始”更重要。服务弥补的过程决不应是一个对客户恩赐“补偿方案”的过程,而是一个去争取回头客户的过程。

【本章小结】

对于销售人员来讲,很少有人没有经历过客户的投诉,对于销售经理来说,接受客户投诉已经成为一项日常工作,那么,如何有效地处理客户投诉就成了一个有待解决的问题。有效处理客户投诉,可以维护企业形象,挽回客户对企业的信任,可以及时发现问题并留住客户,因此,有效处理客户投诉能有效地提高客户的忠诚度。客户投诉的主要内容有产品质量问题、合同条款问题、运输问题、服务问题等。销售经理要清理客户投诉的问题,在处理客户投诉中坚持原则,按规定的程序工作,采取适当的策略,高效率地处理客户投诉。

处理客户投诉应坚持的原则:先处理情感,后处理事情;耐心倾听客户抱怨,分析客户抱怨的原因;及时处理问题,想方设法平息客户的抱怨;站在客户的立场,理解客户;迅速采取行动。处理客户投诉的工作程序:接受投诉;投诉判断;责任判断;分析原因;提出处理方案;领导批示;方案实施;总结评价。处理客户投诉的基本策略:认真倾听;认同客户的感受;提供解决方案;合理解决索赔。同时,在处理客户投诉时,要注意建立制度、追究责任、研究预案以及善后问题的处理等。

【案例分析】

"晨光酸牛奶中有苍蝇"的顾客投诉处理案例

在某购物广场,顾客服务中心接到一起顾客投诉,说从商场购买的"晨光"酸牛奶中喝出了苍蝇。投诉的内容大致是:顾客李小姐从商场购买了晨光酸牛奶后,马上去一家餐馆吃饭,吃完饭李小姐随手拿出酸牛奶让自己的孩子喝,自己则在一边跟朋友聊天。突然听见孩子大叫:"妈妈,这里有苍蝇。"李小姐寻声望去,看见小孩喝的酸牛奶盒里(当时酸奶盒已被孩子用手撕开)有只苍蝇。李小姐当时火冒三丈,带着小孩来商场投诉。正在这时,有位值班经理看见便走过来说:"你既然说有问题,那就带小孩去医院,有问题我们负责!"顾客听到后,更是火上加油,大声喊:"你负责? 好,现在我让你去吃10只苍蝇,我带你去医院检查,我来负责好不好?"边说边在商场里大喊大叫,并口口声声说要去"消协"投诉,引起了许多顾客围观。

该购物广场顾客服务中心负责人听到后马上前来处理。他赶快让那位值班经理离开,又把顾客请到办公室交谈,一边道歉一边耐心地询问了事情的经过。

询问重点:①发现苍蝇的地点(确定餐厅卫生情况);②确认当时酸牛奶的盒子是撕开状态而不是只插了吸管的封闭状态;③确认当时苍蝇是小孩先发现的,大人不在场;④询问其以前购买"晨光"牛奶有无相似情况。在了解了情况后,商场方提出了处理建议。但由于顾客对值班经理"有问题去医院检查,我们负责"的话一直耿耿于怀,不愿接受商场的道歉与建议,使交谈僵持了两个多小时之久,依然没有结果。最后负责人只好让顾客留下联系电话,提出换个时间与其再进行协商。

第二天,商场负责人给顾客打了电话,告诉顾客:我商场已与"晨光"牛奶公司取得联系,希望能邀请顾客去"晨光"牛奶厂家参观了解(晨光牛奶的流水生产线:生产——包装——检验全过程全是在无菌封闭的操作间进行的)。并提出,本着商场对顾客负责的态度,如果顾客要求,我们可以联系相关检验部门对苍蝇的死亡时间进行鉴定与确认。由于顾客接到电话时已经过了气头,冷静下来了,而且也感觉商场负责人对此事的处理方法很认真严谨,态度一下缓和了许多。这时商场又对值班经理的讲话做了道歉,并对当时顾客发现苍蝇的地点——并非是环境很干净的小饭店,时间——大人不在现场、酸奶盒没封闭,已被孩子撕开等情况做了分析,让顾客知道这一系列情况都不排除是苍蝇落入(而非牛奶本身带有)酸奶的因素。

通过商场负责人的不断沟通,顾客终于不再生气了,最后告诉商场负责人:他们其实最生气的是那位值班经理说的话。既然商场对这件事这么重视并认真负责处理,所以他们也不会再追究了,他们相信苍蝇有可能是小孩喝牛奶时从空中掉进去的。顾客说:“既然你们真的这么认真地处理这件事,我们也不会再计较,现在就可以把购物小票撕掉,你们放心,我们会说到做到的,不会对这件小事再纠缠了

反思与借鉴

处理顾客投诉是非常艺术的工作,处理人当时的态度、行为、说话方式等都会对事件的处理效果有着至关重要的作用,有时不经意的一句话都会对事情的发展起到导火索的作用。我们对待顾客投诉的原则是:软化矛盾而不是激化矛盾,所以这需要我们投诉处理的负责人要不断提高自身的综合素质,强化自己对于顾客投诉的认识与理解,尽量避免因自己的失误而造成的不良后果。

①沉着:在矛盾进一步激化时,先撤换当事人,改换处理场地,再更换谈判时间。

②老练:先倾听顾客叙述事情经过,从中寻找了解有利于商场的有利证据,待顾客平静后对此向其进行客观的分析。

③耐心:在谈判僵持后,不急不躁,站在顾客角度为顾客着想去解决问题,且非常有诚意,处理方式严谨认真。

复习思考题

1.企业应该怎样有效处理客户投诉?

2.客户投诉的内容包括哪些方面?

3.处理客户投诉应该遵循哪些原则?

4.处理客户投诉的流程包括哪些步骤?

5.处理客户投诉应注意哪些问题?

第 21 章　重点客户管理

【核心概念】

重点客户；重点客户管理。

【引例】

飞利浦彩电重点客户管理业务模式

飞利浦彩电针对重点客户采用的业务模式是以总部统领分部的模式开展的。图 21-1 对这个模式进行了图释。具体分为以下两个步骤：

一、全国重点客户管理：总部间对接

由总部的全国重点客户管理经理负责与重点客户的总部进行业务对接，主要包括：制订重点客户管理策略，设计与重点客户的联合促销活动，销售数据的跟踪管理及对区域业务进行指导。

二、区域重点客户管理：分部间对接

区域负责重点客户管理的业务人员负责同重点客户的分部进行业务对接，主要对月销售计划的落实、促销活动的推进及相关合作事宜负责。区域同总部间没有行政隶属关系，但相应的有向总部全国重点客户管理经理汇报的工作关系。

这种业务模式利于飞利浦彩电和重点客户管理总部间的直接业务沟通，使沟通效率提高，沟通成本下降，能够在全国层面上发展和重点客户管理的业务关系。弊端在于总部和区域就重点客户管理的责权很难划清，如果区域的执行力不强，将会使统一结算、统一采购的方式陷入困境，各地的矛盾集合于总部，增加了总部间谈判和解决问题的难度和成本。

21.1　重点客户的识别

重点客户有其自身的特点，我们要善于识别，以期更好地为他们服务。

21.1.1　重点客户的含义

重点客户是指对企业的利润和发展具有重要战略意义的那一类客户，也叫核心客户、大

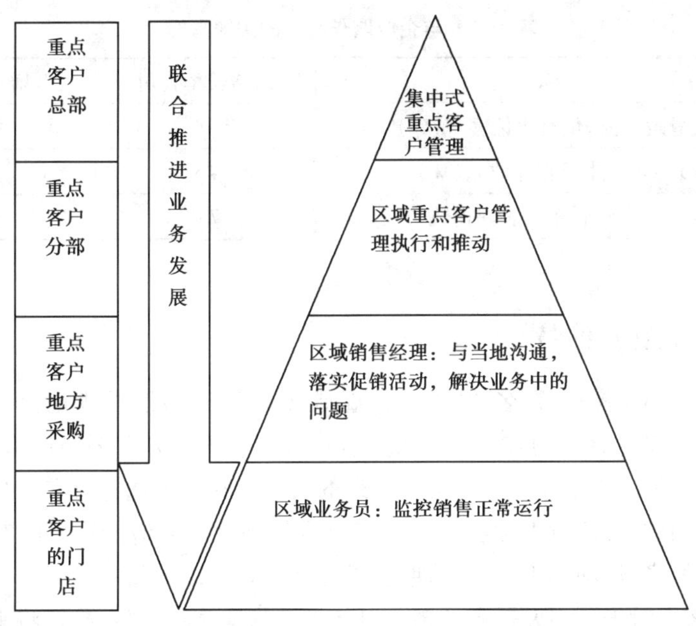

图 21-1　飞利浦彩电重点客户管理结构图

客户、主要客户、关键客户等。通常情况下，重点客户有两方面的含义，一是它定义了客户范围，这里的客户不仅仅指产品的最终用户，还包括企业供应链上的任何一个环节，如供应商、分销商、经营商、批发商和代理商、内部客户等成员；二是它明确了客户的价值，不同客户对企业利润贡献差异很大，具体是指那些为企业创造超过 50%利润而只占企业所有客户很小比重的一部分客户。

对于大多数行业和企业而言，重点客户对企业生产的产品或提供的服务消费量大、消费频率高，通常情况下对企业的整体利润贡献大，占据企业大部分销售量。比如饭店、宾馆的“金卡客户”，航空公司的“贵宾客户”，以及银行的“高端客户”，等等。可以说，如今各行各业都有着自己的重点客户。

重点客户对企业的发展具有重大的作用。因为重点客户虽然数量少，却贡献着最多的销量和利润。在现阶段，随着市场竞争中马太效应的加剧，资源的集中使得重点客户在企业的市场销售中扮演着越来越重要的角色。在某些行业，有些普通客户对企业的利润贡献可能是负数，企业为这些普通客户服务仅仅是为了树立社会形象，而重点客户才是创造企业利润的源泉，有人甚至说：“得重点客户者得天下。”针对这部分重点客户，企业不仅要花心思经营，而且要找对方法和策略。有人曾对《财富》杂志排名前 1 000 位公司的 200 位经理调查后得出结论：企业增长与清楚核心客户关系的价值，并采取一定技术来培育强有力的核心客户关系之间有明显的联系(见表 21-1)。表 21-1 反映了高增长率的企业比低增长率的企业更加懂得企业的利润主要是来自于企业的核心客户，并运用技巧来强化核心客户为企业创造更多价值。

表 21-1　与企业增长联系的关键指标

指　标	高增长率公司	低增长率公司
“极其清楚”那些最有价值客户(%)	38	22
前 10 位客户中所得年收入(%)	46	32
使用技巧强化与客户联系的表现指数(1—10)	7.0	5.7

21.1.2　重点客户的特点

客户的能力是不一样的,著名的“八二开规则”(帕雷托定理)从理论上说明了企业 80%的收入可以来自那仅占 20%的客户。对重点客户进行管理意味着公司经营的重点的变化、相关关系成本的增加。为了避免客户关系管理的盲目性和由于选错重点客户给公司造成的资源浪费和成本的增加,这就需要我们在进行重点管理之前分清什么样的客户是我们的重点客户。根据爱德华、赖利的重点客户理论,重点客户具有以下的特点:

第一,重点客户对于公司要达到的销售目标是十分重要的,现在或者将来会占有很大比重的销售收入。这些客户的数量很少,但在公司的整体业务中有着举足轻重的地位。

第二,公司如果失去这些重点客户将严重影响公司的业务,并且公司的销售业绩在短期内难以恢复过来,公司很难迅速地建立起其他的销售渠道。公司对这些重点客户存在一定的依赖关系。

第三,公司与重点客户之间有稳定的合作关系,而且他们对公司未来的业务有巨大的潜力。

第四,公司花费很多的工作时间、人力和物力来做好客户关系管理。这些重点客户具有很强的谈判能力、讨价还价能力,公司必须花费更多的精力来进行客户关系的维护。

第五,重点客户的发展符合公司未来的发展目标,将会形成战略联盟关系。当时机成熟,公司可以进行后向一体化战略,与客户之间结成战略联盟关系,利用重点客户的优势,将有利于公司的成长。

在认识了重点客户特征的基础上,我们才能利用客户吸引力因素和相对竞争优势因素对目前的客户进行分析和正确识别。

21.1.3　重点客户的评价框架

根据波特的五力模型,客户的讨价还价实力是决定一个产业潜在赢利能力的关键性竞争作用力之一。不同客户可能要求不同的服务水准,期望着不同的产品质量和耐用程度。客户不仅在大客户的结构位置上有所不同,而且增长能力也不同,因此大客户购买数量增长的可能性不同,为不同客户服务的成本也不同。为此构建核心客户选择的战略框架,即是以战略观点评价大客户潜质。

1)相对于公司能力的客户需求

如果公司相对于竞争者而言具有不同的能力来满足客户需求时,客户的不同需求便具有战略意义。在其他条件不变的情况下,如果公司比竞争者可以更好地满足客户的特殊要求,则公司便可加强其竞争优势。客户的增长潜力越大,其对公司产品需求的稳步增长的可能性就越大。在供应来源一定的条件下,固有砍价实力可能成为客户施加于供方的杠杆。或许大客户愿意以价格换取其他产品特性从而维持了供方利润。客户特定的购买需求与该企业的相对能力相匹配,这种匹配使企业与竞争者相比获得了较高的差异化。

2)增长潜力

三个直接条件决定了一个产业中某个客户的发展潜力:一是客户所在产业的增长速度;二是客户细分市场的增长速度;三是客户在产业中及主要细分市场占有率的变化。

3)结构地位

结构地位主要是指客户固有的砍价实力及运用这种砍价实力要求压低价格的意向。客户固有砍价实力包括五个方面:一是客户购买量。小批量客户无力要求价格让步,但希望承接货运等其他特殊照顾;二是客户选择来源。如果客户所需产品几乎无从选择,那么客户的砍价实力是极其有限的;三是客户交易代价。在获得可选择报价、谈判或执行交易等方面面临特殊困难的客户具有的固有实力较小,寻找新的供应商代价太大,客户将失去砍价杠杆;四是客户转换成本。如客户自己的产品规格受制于某供应厂商的规格或在学习使用某供方设备方面投资很大;五是服务成本。如果这些成本较高,则按其他标准评价出来的好客户可能会丧失其吸引力,因为这些成本会抵消供货中较高的售货赢利或较低的风险。

【小贴士】

波特五力模型

波特五力分析模型(Michael Porter's Five Forces Model)又称波特竞争力模型。波特五力模型是哈佛大学商学院的迈克尔·波特(Michael Porter)于1979年创立的用于行业分析和商业战略研究的理论模型。五种力量模型确定了竞争的五种主要来源,即供应商和客户的讨价还价能力,潜在进入者的威胁,替代品的威胁,以及最后一点,来自目前在同一行业的公司间的竞争。一种可行战略的提出首先应该包括确认并评价这五种力量,不同力量的特性和重要性因行业和公司的不同而变化,如图21-2所示。

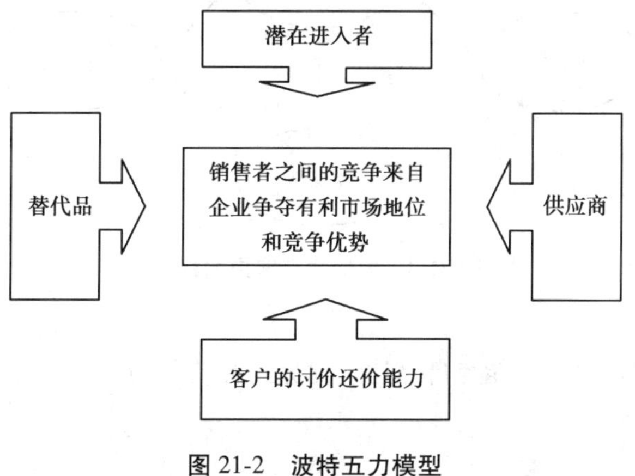

图21-2　波特五力模型

客户的讨价还价能力

客户是企业产品或服务的购买者，是企业服务的对象。客户对本行业的竞争压力表现为要求企业提供的产品尽可能价格低、质量高，并且能提供周到的服务。同时，客户还可能利用现有企业之间的竞争对生产厂家施加压力。影响客户讨价还价能力的主要因素有：

①客户集中度。客户采取集中进货的方式，或者进货批量较大，则对供方企业具有很大的讨价还价能力。

②客户从供方购买产品占其成本的比重。客户从本行业购买的产品在其成本中占的比重较大，它在购买时选择性较强，其讨价还价的欲望也会非常强烈，并会尽量压低价格。反之，如果所购产品在客户成本中只占很小比例，则客户对所购产品的价格并不十分敏感，花大力气去讨价还价的可能性也不大。

③客户选择后向一体化的可能性。客户实力强大，具有实现后向一体化的能力。客户如果选择后向一体化经营方式，则他们可以在向外购买与自行生产两种方式之间进行选择，这就增强了客户对供方的讨价还价能力。

④产品差异化程度和转换成本的大小。本行业产品的标准化程度高，客户的转换成本小，因而，客户对产品的挑选余地比较大，也会形成对本行业的压力。

⑤客户对信息的掌握程度。如果客户对所购产品的市场需求、市场价格、生产成本等信息有足够的了解，他们可能就此与供方进行充分的讨价还价。

21.1.4 重点客户评价标准

选择合适的重点客户是重点客户管理最关键的一步，因此企业理性地认识和评估潜在大客户是完全必要的。在评估潜在的大客户时，应考虑以下六种因素，如图 21-3 所示。

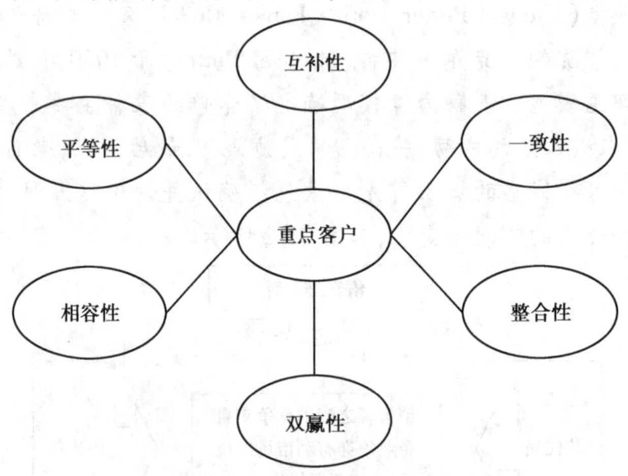

图 21-3 评估重点客户的标准

1) 互补性

互补性即潜在大客户是否能与自己达到优势互补的目的。

2)相容性

相容性指企业间的领导人之间是否合得来,若彼此之间文化差异较大或企业间的领导人之间难以相处,不能彼此信任则不易成功。

3)双赢性

双赢性是指企业与大客户之间通过合作能实现各自的利益目标。

4)整合性

整合性是指能否与大客户整合为协同竞争的整体。

5)一致性

一致性指企业与大客户双方在经营理念、企业文化等方面的一致性,表现为当遇到问题时,双方能够较快达成共识。

6)平等性

这是指企业与大客户能够相互尊重,双方以平等的姿态进行交流,不存在明显的以大欺小或居高临下。

因此,大客户最终选择,是公司对这些因素的综合衡量和平衡的过程。

21.1.5 重点客户的识别

客户识别是一个全新的概念,它与传统营销理论中的客户细分与客户选择有着本质区别。传统营销理论是以选择目标市场为着眼点,对整个客户群体按照不同因素进行细分,最后选择企业的目标市场。而客户识别是在已确定好目标市场的情况下,从目标市场的客户群体中识别出对企业最有意义的客户,作为企业实施重点客户管理的对象。客户识别与客户选择的区别的根源来自于客户关系管理与传统营销理论之间的区别。重点客户识别可以分为定位重点客户和调整重点客户。

1)重点客户的定位

在企业广泛与大量客户进行接触的基础上,通过 CRM 系统分析所有的客户信息,识别客户的一些基本资料,建立客户信用档案;再对重点客户的购买资格进行确认,即从以往的交易历史分析出客户对企业的贡献,然后再分项进行分析和评估,排出先后名次。可根据企业内部情况设定活跃客户标准,然后从活跃客户清单中选择贡献率最大的,辨识出为企业创造大部分利润的重点客户。这样做的目的:一是收集重点客户的信息,建立企业重点客户资料库,对重点客户进行风险分析,更便于未来对重点客户的产品或服务提供进一步的支持;二是使重点客户对企业产品或服务产生深刻的印象,以激发重点客户多次购买的欲望。

要准确定位重点客户,必须知道企业和重点客户之间的关系是什么性质,还必须对重点客户进行差异性分析。不同重点客户的差异性主要表现为对企业商业价值和产品需求两方面的不同。对重点客户进行差异性分析可以辨识重点客户的种类、详细需求和价值取向,使企业清楚地知道其利润形成所主要依赖的经营业务范围,重点客户对企业的依赖动力以及重点客户的分布情况。在此基础上,企业能更好地配置各种资源,不断地改进产品和服务,提高客户的满意度,从而建立牢固的客户关系,牢牢把握最有价值的客户资源,以期在最小成本的情况下实现企业利润最大化。

2)重点客户的动态调整

市场环境是瞬息万变的,所以必须用动态的、发展的眼光看待重点客户。随着企业重点业务的变化,有可能过去的重点客户今日不复存在,而过去的竞争对手已变为今天的重点客户。所以,寻找重点客户是一个长期的工作,它会一直伴随着企业生产经营的全过程,应根据企业的发展不断更新补充企业的重点客户。

21.2 重点客户管理概述

重点客户管理是一门考究的学问。

21.2.1 重点客户管理的由来及定义

其实,重点客户的管理由来已久。

1)重点客户管理的由来

重点客户管理曾有过许多不同的名称,大致包括大型客户管理、重点客户的销售、主要客户的销售、国内客户管理、全球客户的销售以及国内客户的营销等。但是不管它的名称如何,它都表现出企业是如何将自己的销售努力重点放在那些为数不多的,但却能给企业带来最大销售量的客户身上。

要了解重点客户管理的起源,需要追溯产业市场营销的历史发展过程。分析买卖双方关系的第一个理论突破是20世纪80年代提出的决策制定单元概念(DMU,Decision-marking Unit),它之所以有价值是因为它的思考模式是在买方组织内研究买方购买决策,它鼓励管理人员深刻了解交易中人的重要性。以往他们局限于“软”的方法论。不幸的是,销售管理专家倾向于把销售和谈判中的相互关系看作销售和采购人员之间面对面的冲突。而采购管理专家的方法侧重于对抗,这同样也有瑕疵。

20世纪80年代早期,IMP集团(the Industrial Marking and Purchasing)提倡同时分析买卖双方,把它们之间的关系视为双方的“互动”行为。他们强调买卖双方相互作用的过程、参与者、环境和气氛、关系,被认为是有价值的资源和投资,作为信息渠道的关系可提高企业的经济效益和技术效果,减少不确定性。他们进一步的研究成果形成了关系营销。关系营销把销售/营销的老方法和以关系为中心的方法进行了比较(如表21-2),认为前者是以交易为中心的,后者则更适合当前市场状况。以交易为中心侧重于单一销售、产品特征、战术手段、间歇顾客联系、有限承诺,认为顾客服务/质量是某个部门的事;而以关系为中心把顾客维系视为战略,认为企业应有长远的观念,应持续与顾客进行沟通,为顾客提供利益,完全承诺顾客服务,希望全体员工为顾客提供服务和保证服务质量,这样战略意图和共同价值观就成为产品/服务的一部分。同时,营销被重新定义为建立和维系顾客关系。与求婚和结婚一样,这种新观念的基本要求是维系与顾客的长期关系。这样，顾客维系和顾客盈利能力的关系第一次得到了充分的说明。

表 21-2　交易型和关系型

交易型	关系型
1.为了销售而了解顾客 2.谈论支配着倾听 3.培养产品驱动型顾客并以利润为中心 4.目标是争取购买者并通过说服、价格展示、条件来促成销售	1.了解了顾客再进行销售 2.倾听支配谈论 3.培养需要驱动型顾客并以解决问题为中心 4.目标是通过信用，对顾客的积极反应和信任建立与顾客的关系

直至 1998 年，克兰非尔德大学发布了其在重点客户关系管理方面的突破性研究成果，即从供应商的角度对重点客户管理进行研究，分析了市场环境变化、流程再造等带给营销的挑战。这使我们能比较容易地找出企业环境中影响重点客户管理的支配因素，同时使供应商认识到如果能满足这些挑战，满足顾客更复杂的需要就能与重点客户一起成长。

研究表明，重点客户不会满足于买卖双方的接触，也不会满足于一位传统的销售人员所管理的客户关系。供应商和客户双方就必须寻求管理重要关系的新方法。这种关系处于重点客户管理最核心的位置，它形成有附加价值的活动，提供了信息源和谅解，这种关系也带来了相互信任，能为长期业务打下基础。

客户是供应商为自己的未来所投资的顾客，这里的投资是时间和努力。重点客户更是如此，它意味着你要为你的努力寻求一定的收益，重点客户管理是对这样一笔投资的管理，是管理一种非同寻常的客户管理，也是管理该种关系对供应商自身业务的影响。

进行重点客户管理是企业管理未来的过程，是获得竞争优势的手段，是成为重要供应商的手段，是企业赢利的需要。

2) 重点客户管理的含义

重点客户管理最终的目的是为了更好地为客户服务，同时实现企业的销售业务。所谓的重点客户管理就是有计划、有步骤地开发和培育那些对企业的生存和兴旺有重要战略意义的客户。重点客户的管理是一种基本的销售方法，更是一种投资管理。

(1) 重点客户管理是一种销售方法

重点客户管理就是有计划、有步骤地开发和培育那些对企业的生存和兴旺有重要战略意义的客户，是一种销售方法。作为自己产品和服务的一种销售的方法，重点客户管理与其他常见的方法有着很大的不同。它不是一种零售的方式，将产品卖给批发商或分销商，并通过广告和刻意的包装来促进销售；它不通过大规模的营销，运用邮购、互联网或类似的媒体的宣传将产品直接卖给客户；它也不采用密封投标的方式，将卖主的投标公开揭示，且出价最低的投标人胜出。

重点客户管理是与对自己有重要战略意义的客户建立长期关系，从客户的角度出发来管理企业，将客户满意转变成企业的利润的方式。

重点客户管理要求供应商实实在在地担负起责任并做出巨大的投资。就像本森·P.夏皮罗说的那样,“客户管理是一件昂贵和困难的事。它只能用于主要的客户。为使其更加有效,它应被看作是一种对客户负起责任的哲学,而不是一堆用来说服客户的高级技巧。它的核心是建立在高度支持系统上的对客户要求的快速反应,它已超出了简单的销售范畴。”

(2)重点客户管理是一种投资管理

重点客户管理的目的之一就是要充分利用不多的销售与销售支持的资源。企业不可能有用之不竭的时间、人力和资金投入到销售上去,因此企业对自己的时间、精力和资金投到哪里以及如何投放必须做好规划安排。精明的客户经理善于在适当的时候,以适当的数量将适当的资源投放出去,从而最为经济地建立起自己的重点客户群。究竟投入多少资源?关键是要看是否能够达到自己的目标,以及必须对每个客户的投资回报进行评估。

21.2.2 重点客户管理的意义

供应商与客户之间的关系对供应商的业务来说是极其重要的,也可以由此将自己的产品与竞争对手的产品相区别,以减少或排除人们将价格作为购买决策时的唯一驱动力。只要能与客户保持持续稳定的关系,重点客户管理就是一种适当的销售管理方法。实施重点客户管理还具有以下重要意义:

①它有助于企业更好地确定将重点放在哪些客户身上,并帮助企业有计划地积聚起企业最重要的资产,即建立起自己与主要客户之间的关系。

②它能帮助企业在进出的通道上设置起更坚固的屏障,以保护企业在自己客户身上所作的投资,并阻止竞争者的进入。一道坚固的抵御进入的屏障可以使竞争者在与那些对企业具有重要战略意义的客户的接触中更难获得立足之处。而一道坚固的阻碍外出的屏障则可使企业的客户除了选择企业之外更加难以选择其他别的销售商。

③它可以使企业在应该把握住何种机会上有更多的选择余地。这样可以帮助降低销售成本,当企业对客户的了解就像企业对双方间的战略关系的认识一样深刻时,企业就能很好地识别哪些机会好,哪些机会不好。

④它可以通过建立与培育跨部门的、以客户为目标的人际关系网来改善企业各部门间的协调。此外,当企业中不同的部门在向同一客户提供服务时,它还将有助于企业对多部门的销售努力进行协调。

⑤它有助于在企业的客户的心里形成对企业的偏好,并由此而带来企业长期以来追求的业务的发展,即与客户建立起合作伙伴或战略联盟的关系。

⑥它能促进公司与客户之间的关系像“拉链式”似的紧密结合,即两个企业之间各层次人员关系的对等结合。形成这种拉链式紧密结合关系的主要好处在于,如果企业能使客户企业中各层次的人员都形成对企业们公司的偏爱,企业就能在该企业中某个关键的人物离开企业后减少自己的风险。

⑦它提高了企业与客户之间沟通的数量和质量,鼓励客户作出积极的反馈,并能够帮助企业衡量客户的满意度,从而对所存在的问题作出更有效的反应。

⑧还可以提高企业赢得新业务的能力,因为它能帮助企业更早地把握机会,更好地给自

已定位以在竞争中赢得胜利。

21.2.3　重点客户管理原则

重点客户管理原则有四:

1)动态管理

重点客户的资料卡建立后置之不理,就会失去它本来的意义。因为重点客户的情况不是静止不动的,重点客户的资料也应随时加以调整。剔除过去已经变化了的过时资料,及时补充新的内容,跟踪重点客户的变化情况,使重点客户管理保持动态性。

2)灵活机动

重点客户资料的收集管理目的就在于营销过程中加以运用,以便取得好的营销业绩。所以,在建立重点客户资料卡或管理卡后不能束之高阁,应以灵活的方式及时、全面提供给营销人员及其他有关人员,使他们能进行更详细的分析,使死资料变成活材料,提高重点客户管理的效率。

3)专人负责

鉴于重点客户资料的极端重要性,它不宜流出企业,只能供内部使用。所以重点客户管理应确定具体的规定和办法,应由专人负责管理情报资料的利用和借阅,使之成为企业制胜的法宝。

4)放眼未来

重点客户有着不同类型,资料也比较繁多,要通过这些资料不断分析他们。重点客户不仅要包括现有重点客户,而且还应包括未来重点客户。现有重点客户是企业存在的基础,未来重点客户是企业发展的动力,都不应该忽视。要为企业选择新的重点客户,为开拓新市场提供资料,为企业进一步发展创造良机。

21.2.4　重点客户管理的一般方法

重点客户管理一般有以下方法:

1)追踪制度

向客户提供有用的信息,以登门拜访、电话拜访、信函、E-mail 等方式向客户传递最新的资讯、产品信息、竞争产品信息、市场动态、公司理念等。

2)服务跟进

承诺的服务必须到位,围绕客户需求适当提供“额外服务”,以超越需求。使客户有“超位享受”的感觉,从而在增强对公司兴趣的同时、使客户逐步失去对其他公司的兴趣。

3)扩大销售

扩大销售就要求企业对顾客进行深层次服务。所谓的深层次服务就是把每一客户的工作做深、做透,为每位重点客户建立资料卡,包括顾客姓名、家庭住址、手机、办公电话、宅电、邮箱、生日、结婚纪念日、家庭成员、个人爱好、家人爱好等,并及时更新,不断完善,全面了解重点客户信息。

4)差别维护

对高档次的大客户实行急事急办、特事特办、易事快办、难事妥办的原则,进行重点服务。

5)客户访问

地区经理及更高级别企业领导应该定期对核心客户进行访问,了解客户需求,倾听客户意见,从而把客情关系维护得更好。

6)检核评估

重点客户是否在流失?重点客户满意度是否在下降?可以通过计算顾客流失率、顾客保持率和顾客推荐率等来评估。顾客流失率是顾客流失的定量表述,是判断顾客流失的主要指标;顾客保持率是顾客保持的定量表述,也是判断顾客流失的重要指标,它反映了顾客忠诚的程度,也是企业经营与管理业绩的一个重要体现;顾客推荐率是指顾客消费产品或服务后介绍他人消费的比例。顾客流失率与顾客保持率、顾客推荐率成反比。通过顾客调查问卷和企业日常记录等方式可获得上述顾客指标信息。

7)建立档案维护系统

客户资料档案库是公司销售管理的基础。客户资料档案库可大可小,小的其实就是通信地址或名片夹。大的就复杂了,客户资料不但要理解为销售客户资料,还要有竞争对手的资料。这些资料不是短时间就可以做出来的,是长时间工作的积累。所以,客户资料档案库是逐渐建立起来的,需要不断地添加完善。

21.3 重点客户管理的程序和策略

目前,许多企业的重点客户管理还存在问题,主要包括:①许多企业往往偏重新业务、新客户的发展,与老客户的沟通不够,重点客户服务呆板,缺乏人情味。重点客户的需求不能很好地采集反馈,致使提供的服务低于重点客户的期望值,往往会导致老客户的满意度下降,这会增加重点客户市场的不稳定因素。②缺乏有效的管理方法,难以对重点客户市场竞争做出准确的管理和预测。许多公司由于没有有效的管理系统与措施,难以对客户的资料进行整合分析和综合评价,更难发现某类客户、某项业务的变化趋势,无法对重点客户作出准确预测和有效的防范,不能为高层经营决策提供科学依据。这往往会造成重点客户流失,而事后补救必将付出巨大的代价。

21.3.1 重点客户管理的程序

重点客户管理过程主要包括建立、发展和维系重点客户关系三个方面。

1)建立重点客户关系

建立重点客户关系的过程可以概括为三个步骤:

（1）选择客户关系的类型

企业在具体的营销实践中，建立何种类型的客户关系，必须针对其商品的特性和对客户的定位来作出抉择。美国营销学大师菲利浦·科特勒认为，根据关系水平、程度的不同，可以将企业建立的客户关系概括为五种类型：①基本型。销售人员把产品销售出去后就不再与客户接触。②被动型。销售人员把产品销售出去，同意或鼓励客户在遇到问题或有意见时联系企业。③负责型。产品销售完成后，企业及时联系客户，询问产品能否满足客户的要求，有何缺陷或不足，有何意见或建议，以帮助企业不断改进产品，使之更好地满足客户需求。④能动型。销售完成后，企业不断联系客户，交流有关改进产品的建议和新产品的信息。⑤伙伴型。企业不断地协同客户努力，帮助客户解决问题，支持客户的成功，实现共同发展。这五种客户关系类型之间并不具有简单的优劣对比程度或顺序，因为企业所采用的客户关系类型取决于它的产品以及客户的特征，不同企业甚至同一企业在对待不同客户时，有可能选择不同的客户关系类型。通常说来，公司应当将客户分类，对于重点客户，至少应当保持能动型的客户关系；对于非常重要的重点客户，则应该选择最紧密的伙伴型的客户关系。

（2）找准客户接触点

企业在识别了重点客户，并为其选定了客户关系类型之后，就要考虑采用何种方式与客户进行接触了。对于现代企业来讲，每一个可能的客户接触点，都可能会成为发现客户需求、反映客户意见建议、进而建立牢固客户关系的基点，其重要性不言而喻。企业应当首先从企业流程的角度对公司现状和现有的影响客户关系的运作方法进行分析，并对自身与客户的接触点进行全面管理，使其保持完整性、系统性、集成性和共享性。

（3）与客户达成和谐共识

与客户达成和谐共识要从领导和决策层开始。建立重点客户关系需要与重点客户进行零距离接触，并达成和谐一致的共识。事实上，在与客户进行接触后不一定就能够真正建立客户关系。从某种程度上可以说，重点客户关系的建立是一个动态的、持续的过程。企业应当通过对客户定位、接触点、满意度和忠诚度等的管理来为企业开展全面的重点客户关系管理奠定基础，实现客户关系与企业价值链的良性循环。

2）发展重点客户关系

在与重点客户建立关系之后，还需要进一步发展重点客户关系。事实上，重点客户管理不仅是一个程序或一套工作方法，更是一种管理思想观念，一种如何挑选重点客户并发展与其进一步的关系的业务处理方式。公司必须针对重点客户的特点和企业的实际制订切实可行的重点客户管理模式，制订关键的管理制度和管理流程，不断发展重点客户关系。

重点客户的管理作为一种销售管理方法，将在企业的管理中处于越来越重要的地位，无论大小企业都应该重视重点客户的管理。毕竟现在市场竞争激烈，市场环境变化异常，只有充分把握住重点客户，企业才能很好地发展。其实重点客户的管理更是一种投资管理，是企业对未来业务和发展潜力的一种投资，重点客户管理的目的就是要充分利用销售资源做好销售工作，它将影响企业未来的发展战略和发展目标。发展重点客户关系关键要做到以下几点：

(1)真正关心重点客户的利益

企业要设身处地为重点客户着想,而不是将重点客户关系仅仅看成是一种经营手段。比如在购物时,很多商家都有凭发票保修一定时间的承诺。然而真正到需要保修的时候,才发现有诸多不便。经过一年半载的时间,要找到当初的发票多半不容易,因此起初的保修承诺就很难兑现。从法律的角度看,这也许是消费者自身的责任。但是从为客户利益着想的角度看,商家就应该设计一种更加人性化的管理方式,让客户减少不必要的麻烦。问题的关键往往在于企业到底把客户的利益放在什么位置上,这是一个理念问题。要想取得客户,尤其是重点客户,就必须从理念上认清楚这个问题。

(2)对重点客户进行差异化的服务

对重点客户,一定要在服务程序和内容上与一般客户有所不同;不仅如此,重点客户之间也应当体现出服务的差异化。因为不同的重点客户的关注点不同,这才是真正意义上的个性化服务。只有这样,才能体现对重点客户的重视,从而让重点客户获得与众不同的收益。企业可以创造性地采取各种措施,逐步建立具有自己特色的 VIP 服务体系,并定期评估和不断修正自己的 VIP 服务体系,推陈出新,真正实现良性互动的发展。互动的客户关系的实施可以将一个企业真正改变成以客户为导向、以市场为动力的社会组织,这样的企业才能在市场竞争中占到先机。

(3)让重点客户参与企业的管理

有研究表明,让客户参与企业的生产和管理过程可以极其有效地提高客户的满意度。企业可以采取以下做法:

第一,在企业进行重大的技术或者管理活动时,不要忘记邀请客户参与和见证活动过程。一方面使客户能够从自己的立场对企业提出要求,让企业一开始就将这种要求考虑到自己的产品中去,这样的产品面市后不太可能遭到客户拒绝;另一方面让客户感受到一种尊重和关怀,这种感受将换来长久的忠诚。

第二,将公司内部管理过程透明化也能提高客户的满意度。如在戴尔网站上订购电脑的客户,可以在网上非常便捷地查询到自己的产品在戴尔的运营系统中进行到了哪个阶段,以及各阶段是否达到了自己的订货要求。

(4)采用多样化的沟通手段

众所周知,信息渠道的开拓是销售业务的开端,对每一个销售组织或个体来说,信息渠道的建设与信息的共享至关重要,对重点客户的管理同样如此。作为客户经理,一项重要的工作就是充分获得客户及竞争对手的信息,并对这些信息进行准确判断。但在现实生活中,大多数信息往往无法通过与客户面对面的交流获得,而是需要多层面、多渠道的信息共享与沟通。作为一名有经验的客户经理,在获取信息时不能只听一面之词,一定要采用多样化的沟通手段,才能确定信息的可靠程度。同时,多样化的沟通手段对销售成功具有很大促进作用。每个人获得信息的途径不同,有的人喜欢面对面谈判,有的则喜欢通过电话、邮件等方式交流。对重点客户尤其应该注意沟通方式的多样性,只有多管齐下才能提高成功的几率。许多客户经理很努力,也经常去拜见客户,但业绩并不出色,很可能是因为他采用的沟通方式太单一,对决策层没有多少影响。可见,采用多样化的合适的沟通方式很重要。

运用客户满意度调查可以有效地建立起与重点客户的感情,尤其是企业根据调查的意见进行了切实的管理改进,让重点客户看到效果后,这种感情就更加深厚。重点客户满意度调查的关键在于确定合适的调查方式和方法,制作启发性的调查表,分析和改进重点客户服务管理。调查方式通常有面谈、电子邮件、传真、信件;调查方法有百分百调查、抽样调查。制作调查表时需要注意,提出的问题应该具有一定的发散性,运用联想法、词语法、情景设计、图示法等,尽量挖掘重点客户的建议和掌握客户深层心态;调查的目的是改善重点客户服务。有一点常被忽略,就是企业把满意度调查的意见整理、分析之后,要将结果反馈给重点客户并对其配合表达谢意,到这一步,调查工作才算真正完成。

(5)防止重点客户背离

维系重点客户关系不仅要提高客户忠诚度,而且必须防止重点客户背离。要了解如何防止重点客户背离,首先要知道在何种情况下重点客户会背离。通常情况下,重点客户背离的原因主要有两大方面:

一是不可控因素。包括重点客户业务发生收缩或者扩张、重点客户突然遭遇重大意外事故倒闭等。其中重点客户的业务收缩主要是由于重点客户的经营方向调整、经营范围缩小或由于经营的原因而出售部分企业,导致重点客户对原来的产品需求减少或不再需求;而业务扩张主要是由于重点客户直接进入企业所在的上游领域,成为企业竞争对手,而与企业终止业务往来。

二是可控因素。包括竞争对手的进攻、企业提供的产品或服务不能满足重点客户的需求、重点客户的投诉和问题得不到解决等。其中竞争对手的进攻主要表现在:竞争对手以更低的价格、更好的产品、更优质的服务,利用强大的宣传推广攻势等各种竞争手段进攻,赢得重点客户。企业提供的产品或服务不能满足重点客户的需求主要表现在企业研发力量薄弱,自身产品发展跟不上重点客户需求的发展。重点客户的投诉和问题得不到解决主要表现在渠道冲突、售后服务、产品质量等问题发生后,企业没有及时采取有效的方式给予解决,导致重点客户背离。

必须认识到,并不是所有的重点客户背离都能制止。重点客户管理的重点是应对可控因素带来的客户背离。要正确分析重点客户背离的原因,针对问题的症结采取相应的措施。

3)维系重点客户关系

维系重点客户关系,就是要提升重点客户的忠诚度,并防止重点客户的背离。而客户忠诚的基础是客户通过企业长期的服务表现产生了信任感,以至于即便有多家供应商可以选择,客户仍然心甘情愿、一如既往地继续与该企业合作。维系重点客户关系需要做到:

(1)实行重点客户经理制度

客户经理制是为实现经营目标所推行的组织制度,由客户经理负责对客户的市场营销和关系管理,为客户提供全方位、方便快捷的服务。重点客户只需面对客户经理,即可得到一揽子服务及解决方案。可以通过数据分析出某类重点客户是什么类型偏好的消费群,其消费热点是什么,然后派出销售代表在该用户群中开展有针对性的营销活动,这样会增加业务推介成功的机会,提高重点客户服务的工作绩效。客户经理还应为重点客户提供免费业务、技术咨询,向重点客户展示和推介新业务。要根据客户的实际需求向重点客户提供适宜的建设性方案，以优质高效的服务提高客户的能力，使客户最大限度地提高工作效率。

(2)建立重点客户管理系统

重点客户管理系统是在重点客户的整个生命周期中，为重点客户的市场开拓、信息管理、客户服务及营销决策提供的一个综合信息处理平台。要建立重点客户管理系统，企业必须了解重点客户构成与整个客户群体构成的差异，并按客户的自然属性进行分类，挖掘出影响重点客户的关键自然属性，使企业能准确地掌握市场动态，并根据市场需求及时调整营销策略。要做好重点客户服务工作，首先要在众多的客户群中找准目标，辨别出谁是重要客户，谁是潜在重点客户。其次，要摸清重点客户所处的行业、规模等情况，建立完善的重点客户基础资料。同时，要依据资料提供的信息，对重点客户的消费量、消费模式等进行统计分析，对重点客户实行动态管理，对客户使用情况进行连续跟踪，为其提供预警服务和其他有益的建议，尽可能降低客户的风险。

(3)制订重点客户解决方案

实施重点客户管理是一项系统工程，涉及企业经营理念、经营战略的转变，关系到企业的各个部门、企业流程的各个环节，要求企业拥有能及时进行信息交互与信息处理的技术手段，因此，企业应系统地制订一个重点客户管理的解决方案。

企业采取以客户为中心的经营战略是市场发展的需要。它确定了企业通过与客户建立长期稳定的双赢关系，走上一条既满足客户需求又使企业更具竞争力的发展道路。企业应建立起以客户为中心的更为灵活的组织结构体系，将组织资源投入到最能满足客户需要的方面，并在考核制度、薪酬制度、激励制度等方面贯彻以客户为中心的思想。生产制造部门要把好质量关，人力资源部门要培养高素质的员工完成高水平的服务，销售部门、财务部门、运输部门都应以客户为中心组织。要以客户需求作为流程的中心，重新整合企业流程和业务操作方法，使各部门的行动保持一致，彼此协调，积极投入到为重点客户提供最满意的服务中去，从而提高客户服务的效率。基于信息时代的重点客户管理需要利用信息时代提供的先进工具，企业应当在硬件、软件、操作技术等方面储备足够的满足重点客户需要的服务能力。

如果实施重点客户管理的目的是建立一个以客户为中心的企业，打破部门观念，根据客户的满意程度来衡量业绩，按照重点客户的需要来进行企业决策，那么企业还必须完成组织结构的转变，让每个部门及每个员工步调一致地向同一方向前进。

这种转变的实质，是构建客户驱动型组织。传统的垂直组织结构把工作划分为职能和部门，然后再划分岗位和任务。这种组织结构对客户的需求变化不能灵敏反应，不能尽快了解客户的变化并作出应对。客户驱动型组织应当是一种水平结构，它是从客户的角度建立的，由几个核心业务流程构成，比如产品开发、生产及客户服务。

重点客户是企业为自己的未来正确地投入时间、金钱及其他资源的客户。既然重点客户管理是一笔投资，就意味着企业要为自身的努力寻求一定的收益，这是重点客户管理的显著特点。同时，重点客户管理不是短期销售的驱动力。重点客户管理根本不应被视为一项销售计划，而应被看作一项与企业整体有关的计划。企业中的每个人都要理解为什么重点客户管理如此重要，以及他们如何能最好地为这些客户服务。总而言之，重点客户管理就是要建立长久的良好的客户关系,因为这种关系是企业最有价值的财产,它会在将来为企业、也为重点客户带来源源不断的收益。

(4)实施重点客户全面服务

重点客户管理需要管理人员掌握广泛的知识与技能。除了具备销售人员的基本能力,如了解产品与市场、了解客户、处理人际关系、陈述与谈判、自我组织与时间管理、独立的自我激励等之外,还必须能够进行战略策划、管理变革与创新、做好项目管理、精确分析和监控、帮助客户开发自身市场等。没有一个人可以全知全能,为此,企业可以建立专门的重点客户服务团队,团队成员彼此互补,互相促进,具备跨职能部门的执行能力,与重点客户之间建立方便和有效的联系,确保为重点客户提供及时而周到的服务。

21.3.2　重点客户的管理策略

重点客户的管理策略包括以下内容:

1)制订迎合重点客户的营销策略

制订迎合重点客户的营销策略应注意:

(1)充分尊重客户

这就是要把重点客户从情感上视作商家的亲人,讲信誉、重感情、诚信为本、笑脸常开,做到从内心深处尊重重点客户。

(2)欢迎重点客户提出疑问

客户有疑问或抱怨,说明客户既认可商家产品或服务,同时又指出了可能存在的不足或改进之处。商家必须认真考虑重点客户提出的疑问,不断提高提供给其的价值,捕捉潜在的购买信号。

(3)鼓励重点客户提出反对意见

重点客户的不满意是难以避免的,但若把这种反对意见放在心里,或是通过选择其他商家反映出来,这不是商家所希望看到的。我们鼓励重点客户提出反对意见,就是希望提高重点客户的忠诚度和满意度。

(4)注意联络情感

对于商家来说,加强同重点客户的情感联络,是培养和巩固重点客户忠诚度的有效途径。比如可以经常去拜访客户。拜访并不一定是为了销售,主要目的是让客户感觉到销售人员和企业对他们的关心,同时也是向客户表明企业对销售的商品负责。

(5)尊重风俗习惯

一定的风俗习惯,体现着客户一定的人生观、价值观,客户不同的风俗习惯产生不同的消费心理、不同的需求偏好和不同的购买行为。因此,企业及营销人员应该充分了解客户的风俗习惯,根据其风俗习惯制订相应的营销策略。

(6)避免纠缠于细节

商家与重点客户的业务往来时,总会存在一些矛盾和纠纷,对于其中的细节或无关紧要的问题,不能纠缠不放,以免影响主要问题的解决。

2)重点客户管理的具体策略

重点客户管理是一个苛刻的命题,它不是一项“销售活动”,而是一个严肃的、跨部门的管理流程,需要来自公司上层的严格管理。重点客户管理需要有年计划,有明确的目标和结果,需要寻求企业资源与市场机会之间的适当平衡。

(1)在技能上,商家要掌握重点客户管理的知识技能

除了具备销售人员的基本能力,如了解产品与市场、了解客户、处理人际关系、陈述与谈判、自我组织与时间管理、独立的自我激动等之外,还必须能够进行战略策划、管理变革与创新、做好项目管理、精确分析和监控、帮助客户开发自身市场等。为此,企业可以建立专门的大客户服务团队,团队成员彼此互补,互相促进,具备跨职能部门的执行能力,同大客户之间建立方便和有效的联系,确保为大客户提供及时而周到的服务。

(2)在系统和程序上,企业财务人员和信息、技术人员将全力支持大客户服务团队

对企业而言,要实施“全面”的大客户管理不是一件容易的事。企业应运用客户关系管理系统,为相关的部门和人员提供客户信息的实时分享,以保障部门间工作衔接,搭建良好的交流平台。还应为客户反馈提供多种渠道,促进企业与客户持续的双向沟通。

(3)在制度规范上,不少企业推行“首问负责制”,解决前后台的脱节现象

企业与客户之间的关系,是由企业所属的各个部门和人员,通过不同的事件与方式,在不同的时间、地点与客户的不同部门和人员的接触来形成、发展和维护的,是一种非常具体而又复杂的关系。企业必须实行组织上的转变,让每个部门及每个员工集中力量向同一方向前进。这种转变的实质是构建客户驱动型组织,它是从客户的角度建立的,由几个核心业务流程构成,比如产品开发,生产及客户服务。

(4)在资源上,企业必须把有限的企业资源向大客户倾斜

提供重点客户需要的附加利益,以使客户的购买得到预期回报,实现利益最大化。客户希望企业能在自己身上花费很多时间,也能和他们一起准备促销活动、调整产品种类、分析销售数据,甚至实施产品种类管理。

(5)创造客户导向特别是重点客户导向的组织文化

“以客户为中心”就是以客户及其需求为行动的主要导向,发展并维持良好的客户关系。重点客户管理是一项涉及企业的许多部门、要求非常细致的工作,要与自己的组织结构中的许多部门取得联系(包括销售人员、运输部门、技术部门、生产部门等),协调他们的工作,满足客户及消费者的需要。重点客户管理部只有调动起企业的一切积极因素,深入细致地做好各项工作,牢牢地抓住重点客户。

(6)基于客户导向的组织结构调整

公司的组织结构及部门职责要围绕重点客户管理来制订和实施。公司成立专门的重点客户管理部从事重点客户的管理工作,重点客户经理是联系企业和重点客户的主线,他和公司销售副总对公司的重点客户负责;和销售副总一起制订重点客户的目标和执行计划,协调其他部门执行重点客户管理计划。

(7)加强客户服务,提高可信客户满意度

首先要加大对重点客户的服务力度,包括优先保证客户的货源充足,安排销售人员对重

点客户的定期拜访,安排企业高层主管对重点客户的拜访工作,经常性地征求重点客户对营销人员的意见,组织每年一度的重点客户与企业之间的座谈会,听取客户对企业的意见和建议。其次,实行客户投诉与抱怨的流程管理,包括重点客户经理、销售内勤、区域经理、销售副总在处理客户投诉及客户退货时要担当起各自的角色。产品投诉由客户服务部负责,客户管理部密切协调,客户退回货物的最终处理将由大客户经理作出。对于客户投诉,必须以认真、迅速及专业的方式来处理,以更好地满足客户的需求。

【本章小结】

重点客户对企业生产的产品或提供的服务消费量大、消费频率高,通常情况下对企业的整体利润贡献大,占据企业大部分销售量。为了避免客户关系管理的盲目性和由于选错重点客户给公司造成的资源浪费和成本的增加,这就需要我们在进行重点管理之前掌握重点客户的特点、评价标准和框架以及如何识别重点客户。

在进行重点客户管理时注意重点客户对企业的作用,运用动态管理、灵活机动、专人负责和放眼未来的原则进行管理。重点客户管理过程主要包括建立、发展和维系重点客户关系三个方面。从技能、系统和程序、制度、资源、企业文化、组织结构和客户服务七个方面更好地进行重点客户管理。

【案例分析】

电信部门如何让重点客户"忠诚"起来

从"大客户"到"重点客户""集团客户",电信部门在逐步抬高客户的地位。重视用户,尤其是重视那些能给企业带来80%左右业务量的重点用户,是企业的明智之举。

但是我们仍然发现:随着电信业务的全面开放,电信市场竞争的日趋激烈,电信重点用户的"倒戈"或"双嫁"现象时有发生,也就是说,客户对电信企业的"忠诚度"在降低。

导致重点客户对电信企业"忠诚度"降低的原因很多:一是电信企业与重点客户"亲近"不够。一位外资企业的老总说,如欲取之,必先予之,你对我不够亲近,我哪有工夫亲近你。经了解,一些电信部门与重点客户的联系仿佛只建立在每年一两次的客户座谈会和发一次征询函上,平时仅有一名客户经理在充当两家企业的业务"连线"。难怪有的电信业务员这样说,我们的头儿常常带着我们围着重点客户转,头儿一句话办到的事,我们恐怕要说半天才能办到。

二是客户经理的素质和待遇不高。在电信部门,学历高的几乎都在"后台",如机房。在前台搞服务、营销的学历一般都不高。有家单位竞聘客户经理,应聘者几乎都是原来大客户科的职工,那些有着高等学历的外部门职工不来应聘,理由是不愿吃那份"求爷爷告奶奶"的苦。结果是竞聘者还不到所需的计划数,"竞聘"成了形式。另外,客户经理缺乏必要的营销、公关、新技术、新业务等方面的培训，加之单位在交通、通信等方面的费用政策不够宽松，客户经理的积极性得不到提高，也就不能为客户展示应有的“精神饱满，业务精湛，诚挚待人”的形象。

三是前后台服务时有脱节现象。尽管电信部门推行“首问负责制”已有数年，但实际上许多重点客户提出的需求问题，客户经理是负不了责的。原因是对服务有制约作用的交换、传输、维护、多媒体服务等业务流程越来越细，虽说越来越规范，但诸如哪些区域线位过剩或缺乏，哪些地段正在施工或抢修，测量台出现数据故障而无法判断故障原因等信息，客户经理大都无法在“第一时间”里掌握。另外，后台对前台的服务意识较弱，前台对后台不予理解而发生的矛盾，都能在重点客户那里产生负面作用。

电信市场竞争激烈的程度已是众所周知。在行业间的竞争中，打价格战只是浅层次的竞争，服务方面的竞争才是最重要的，因为它涵盖技术、管理、人才、资金、品牌等许多因素。电信业发展至今，服务上的优劣往往只体现在细小的地方，谁抓住了这些细节，谁就可能赢得市场的主动权。有位客户经理在接受采访时说，现在如果我们不知道大客户分管领导的联系电话、不知道他们的生日就是一种失职，我们只有用真情打动客户，用真诚取得理解和支持，增强预见性和主动性，才有可能保住已有的市场。

那么究竟采取哪些方式才能让重点客户长久地满意，长久地“忠诚”呢？

要让客户“忠诚”于“我”，必须先让自己“忠诚”于客户。首先，打造“中国电信”品牌应该是每个地方电信企业的职责和立足之本。“中国电信”品牌是否鲜亮，能否叫响市场，必须有赖于企业在“树立忠诚客户观念”基础上的各种机制的创新。要通过电信品牌的优势，促使有潜力的小客户逐步向大客户转变。其次，加快建设适合业务需求的高速率、大容量、无缝隙、安全可靠的网络，真正显示“你需我有，人有我优”的强大优势，确保自己的市场主导地位。其三，理顺内部前后台服务环节，建立保证重点客户服务的快速反应制度。服务流程和服务环节的设立不可“一蹴而就”，也不可“冥顽不化”，要根据市场变化，及时调整结构。比如无锡电信在新区实行“一站式”的立时服务，为重点客户“急事急办，特事特办”，收效显著。其四，建立灵活、先进、科学的营销机制。客户经理应具备为客户进行效益分析和营销策划的能力，也就是让客户不断尝到使用的好处；还要具备业务的拓展能力（发展农村重点客户）。对优秀的客户经理，电信公司应给予一定的权力。还要适时做好客户“忠诚度”的测评，真正实现从向产品、向广告要市场，到向营销要市场的转变。

有位电信营销专家曾这样认为：赚所有的人一次钱，是运气；赚一个人所有的钱，是学问。推而及之，如果你的业务只是重点客户选择对象之一，那么你只成功了一半，甚至更少；如果你的业务成了重点客户唯一的选择，那么你就是赢家，你就是被客户“忠诚”的最好伙伴。看来，我们要把客户的“忠诚”当作学问来做，因为这是电信公司化后站稳市场的一条重要出路。

问题：

电信部门是如何进行重点客户管理的？

复习思考题

1.重点客户的定义及特点。
2.重点客户的评价框架。
3.重点客户的评价标准。
4.重点客户管理的意义。
5.重点客户管理的原则。
6.重点客户管理的程序。
7.重点客户管理的策略。

参考文献

[1] 欧阳小珍.销售管理[M].2 版.武汉:武汉大学出版社,2013.
[2] 熊银解,查尔斯·M.富特雷尔,张广玲.销售管理[M].3 版.北京:高等教育出版社,2012.
[3] 李先国.销售管理[M].2 版.北京:中国人民大学出版社,2009.
[4] 杰拉尔德·L.曼宁,巴里·L.里斯.销售学:创造顾客价值[M].10 版.北京:北京大学出版社,2009.
[5] 小约翰·F.坦纳,小厄尔·D.霍尼克特,罗伯特·C.厄夫迈耶.销售管理[M].北京:中国人民大学出版社,2011.
[6] 于洁,杨顺勇.销售管理[M].北京:复旦大学出版社,2010.
[7] 杜向荣.销售管理[M].北京:北京交通大学出版社,2010.
[8] 罗纳德·B.马克斯.人员推销[M].6 版.北京:中国人民大学出版社,2002.
[9] 托马斯·英格拉姆,雷蒙德·拉福格,雷蒙·阿维拉,小查尔斯·施韦普克.销售管理分析与决策[M].6 版.北京:电子工业大学出版社,2009.
[10] 杜琳,刘洋.销售管理[M].北京:清华大学出版社,2011.
[11] 戴维·乔布,杰夫·兰开斯特.推销与销售管理[M].7 版.北京:中国人民大学出版社,2007.
[12] 杰拉尔德·L.曼宁,迈克尔·阿亨,巴里·L.里斯.现代推销学[M].12 版.北京:中国人民大学出版社,2013.
[13] 欧阳小珍.销售管理[M].武汉:武汉大学出版社,2003.
[14] 于洁,杨顺勇.销售管理——理论与实训[M].北京:复旦大学出版社,2010.
[15] 万晓,左莉,李卫.销售管理[M].北京:清华大学出版社,2009.
[16] 杜向荣.销售管理[M].北京:清华大学出版社、北京交通大学出版社,2010.
[17] 安贺新.销售管理实务[M].北京:清华大学出版社,2009.
[18] 陈涛.销售管理[M].武汉:华中科技大学出版社,2008.
[19] 吴健安.现代推销学[M].大连:东北财经大学出版社,2000.
[20] 石江华.销售管理[M].西安:西安财经大学出版社,2011.
[21] 万后芬.市场营销学[M].武汉:华中科技大学出版社,2011.
[22] 何晓兵.销售业务管理[M].北京:科学出版社,2011.
[23] 张欣瑞.市场营销管理[M].北京:北京交通大学出版社,2005.
[24] 陈中.人事培训设计与操作实务全书(中卷)[M].呼和浩特:内蒙古文化出版社,2001.
[25] 曹亚东,康敏.营销管理实战全案(下)团队建设卷[M].厦门:鹭江出版社,2011.

[26] 任广新.销售管理:技能与实务[M]. 北京:北京大学出版社,2013.
[27] 权锡哲,魏冠明.新员工培训管理实务手册[M].2 版. 北京:人民邮电出版社,2012.
[28] 孙宗虎,姚小风.员工培训管理实务手册[M].3 版. 北京:人民邮电出版社,2012.
[29] 罗辉,孙宗虎.人力资源管理操作全案[M].2 版. 北京:人民邮电出版社,2012.
[30] 邓恩,卡弗.零售管理[M].7 版.杨寅辉,陈娜,译. 北京:清华大学出版社,2011.
[31] 熊银解.销售管理[M]. 北京:高等教育出版社,2001.
[32] 罗伯特·E.海特,(美)韦斯利·J.约翰斯顿.管理销售人员:一种关系管理方法[M]. 张永伟,等,译. 北京:中信出版社,2003.
[33] 拉尔夫·W.杰克逊,(美)罗伯特·D.希里奇. 销售管理[M].李扣庆,等,译. 北京:中国人民大学出版,2001.
[34] 汪秀英.销售管理学[M]. 北京:中国人民大学出版,2011.
[35]《新编销售人员管理必备制度与表格》编委会.《新编销售人员管理必备制度与表格》,企业管理出版社,2010 年版
[36] 任广新.销售管理:技能与实务[M]. 北京:北京大学出版社,2013.
[37] 金丹,屈云波.销售经理:中国销售经理进阶培训手册[M]. 北京:企业管理出版社,2012.
[38] 吴作民,张珣.营销管理[M]. 北京:清华大学出版社,2012.
[39] 熊银解,查尔斯·M.富特雷尔,张广玲.销售管理[M]. 北京:高等教育出版社,2006.
[40] 李俊杰,蔡涛涛.销售管理 知识、方法、工具与案例大全[M]. 北京:企业管理出版社,2011.
[41] 柴宝亭.CEO 万能管理手册[M]. 武汉:武汉大学出版社,2008.
[42] 李先国.销售管理[M]. 北京:中国人民大学出版社,2012.
[43] 袁蔚,方青云.现代企业经营管理概论[M]. 北京:复旦大学出版社,2007.
[44] 陈晓东.长江三角洲地区销售人员报酬激励实证研究[M]. 北京:经济管理出版社,2010.
[45] 张启杰.销售管理[M]. 北京:电子工业出版社,2013.
[46] 朱飞.绩效激励与报酬激励[M]. 北京:企业管理出版社,2013.
[47] 李志畴.报酬体系设计与管理实务[M]. 南京:凤凰出版社,2012.
[48] 李中斌,李亚慧编《报酬管理》,科学出版社,2012 年版
[49] 王宇编.绩效考核量化管理全案手册[M]. 北京:企业管理出版社,2009.
[50] 孙宗虎,西楠.绩效管理工作手册[M]. 北京:人民邮电出版社,2012.
[51] 汪秀英.销售管理学[M]. 北京:中国人民大学出版社,2011.
[52] 崔明.销售管理[M]. 上海:格致出版社,2009.
[53] 陈俊宁.客户管理[M]. 广州:暨南大学出版社,2009.
[54] 韩小芸, 申文果.客户关系管理[M]. 天津:南开大学出版社,2009.
[55] 李海芹.客户关系管理[M]. 北京:北京大学出版社,2013.
[56] 苏朝晖.客户关系管理[M]. 北京:清华大学出版社,2014.

[57] 邬金涛.客户关系管理[M]. 北京:中国人民大学出版社,2014.
[58] 张晓娟,李桂陵.销售管理[M]. 上海:华东师范大学出版社,2013.
[59] 韩小芸, 申文果.客户关系管理[M]. 天津:南开大学出版社,2009.
[60] 李海芹.客户关系管理[M]. 北京:北京大学出版社,2013.
[61] 苏朝晖.客户关系管理[M]. 北京:清华大学出版社,2014.
[62] 张国政.客户终生价值管理[M]. 北京:社会科学文献出版社,2009.
[63] 邓富民.服务质量与客户忠诚关系[M]. 北京:经济管理出版社,2011.
[64] 韩小芸, 申文果.客户关系管理[M]. 天津:南开大学出版社,2009.
[65] 李海芹.客户关系管理[M]. 北京:北京大学出版社,2013.
[66] 苏朝晖.客户关系管理[M]. 北京:清华大学出版社,2014.
[67] 瓦拉瑞尔 A. 泽丝曼尔. 服务营销[M]. 张金成,等,译.北京:机械工业出版社,2011.
[68] 周仁钺.客服管理工具箱[M]. 北京:机械工业出版社,2011.